O PAPEL REVOLUCIONÁRIO DO DIREITO E DO ESTADO

Teoria Geral do Direito

Piotr Stutchka (Pēteris Stučka)

O PAPEL REVOLUCIONÁRIO DO DIREITO E DO ESTADO

Teoria Geral do Direito

Tradução: Paula Vaz de Almeida

Pesquisa, organização, revisão técnica e apresentação:
Moisés Alves Soares e Ricardo Prestes Pazello

SÃO PAULO
2023

Copyright © EDITORA CONTRACORRENTE
Alameda Itu, 852 | 1º andar |
CEP 01421 002
www.loja–editoracontracorrente.com.br
contato@editoracontracorrente.com.br

EDITORES
Camila Almeida Janela Valim
Gustavo Marinho de Carvalho
Rafael Valim
Walfrido Warde
Silvio Almeida

EQUIPE EDITORIAL
COORDENAÇÃO DE PROJETO: Juliana Daglio
REVISÃO E PREPARAÇÃO DE TEXTO: Douglas Magalhães
REVISÃO TÉCNICA: Amanda Dorth
DIAGRAMAÇÃO: Gisely Fernandes
CAPA: Maikon Nery

EQUIPE DE APOIO
Fabiana Celli
Carla Vasconcelos
Fernando Pereira
Valéria Pucci
Regina Gomes
Nathalia Oliveira

Dados Internacionais de Catalogação na Publicação (CIP)
(Câmara Brasileira do Livro, SP, Brasil)

Stutchka, Piotr, 1865–1932
   O papel revolucionário do direito e do Estado : teoria geral do direito / Piotr Stutchka ; [organização Ricardo Prestes Pazello , Moisés Alves Soares ; tradução Paula Vaz de Almeida]. --
1. ed. –– São Paulo : Editora Contracorrente, 2023.

   Título original: Революционная роль права и государства: общая теория права.
   Bibliografia.

ISBN 978–65–5396–082–4

   1. Direito e socialismo 2. Direito – Teoria 3. Direito – União Soviética 4. Filosofia do direito 5. Marxismo I. Pazello, Ricardo Prestes. II. Soares, Moisés Alves. III. Título.

23-141216   CDU-340.11

Índices para catálogo sistemático:

1. Direito : Teoria 340.11
Aline Graziele Benitez – Bibliotecária – CRB–1/3129

@editoracontracorrente
Editora Contracorrente
@ContraEditora

SUMÁRIO

NOTA DA EDIÇÃO BRASILEIRA 7

APRESENTAÇÃO – A PRÁXIS JURÍDICA
INSURGENTE DE STUTCHKA
Moisés Alves Soares & Ricardo Prestes Pazello 13

PREFÁCIO À EDIÇÃO ESPANHOLA - DIREITO,
POLÍTICA E PODER SOCIAL NO SOCIALISMO (1969)
Juan-Ramón Capella 35

PREFÁCIO À EDIÇÃO BOLIVIANA (2008)
José Gonzalo Trigoso Agudo 49

PREFÁCIO À TERCEIRA EDIÇÃO 75

PREFÁCIO À PRIMEIRA EDIÇÃO 83

CAPÍTULO I – O QUE É DIREITO? 89

CAPÍTULO II – RELAÇÕES SOCIAIS E DIREITO 107

CAPÍTULO III – INTERESSE DE CLASSE E DIREITO 129

CAPÍTULO IV – PODER ORGANIZADO DA CLASSE
DOMINANTE E DIREITO 147

CAPÍTULO V – DIREITO COMO SISTEMA DE
RELAÇÕES SOCIAIS 171

CAPÍTULO VI – DIREITO E REVOLUÇÃO 201

CAPÍTULO VII – DIREITO E LEI 245

CAPÍTULO VIII – RELAÇÃO JURÍDICA E SUA ANÁLISE 269

CAPÍTULO IX – HISTÓRIA DA CONCEPÇÃO
JURÍDICA PRÉ-REVOLUCIONÁRIA 285

CAPÍTULO X – DIREITO E JURISPRUDÊNCIA 317

REFERÊNCIAS BIBLIOGRÁFICAS 331

POSFÁCIO (1967)
Umberto Cerroni 345

ÍNDICE ONOMÁSTICO 385

NOTA DA EDIÇÃO BRASILEIRA

A tradução que aqui se apresenta, sob o título O *papel revolucionário do direito e do Estado: teoria geral do direito*, foi feita diretamente do original em russo constante de STUTCHKA, Piotr. *Революционная роль права и государства: общее учение о праве*. Moscou: Editora da Academia Comunista, 1924. Trata-se da terceira edição, revisada, ampliada e aprovada pelo próprio autor. Tal escolha se deu, pois, ao comparar os originais disponíveis, na pesquisa para estabelecer a base de tradução mais adequada, pôde-se observar algumas diferenças, cortes e/ou omissões que, embora sutis, interferiam no sentido buscado por Stutchka.

Uma vez concluída a tradução integral da obra, procedeu-se à revisão técnica, a fim de verificar e precisar a escolha vocabular, alinhada ao léxico do direito, das ciências humanas e do marxismo. Esta foi acompanhada de um cotejo detalhado, confrontando a versão aqui publicada com aquelas já existentes, tanto em língua portuguesa (STUCKA, Ivanovich Petr. *Direito e luta de classes*: teoria geral do direito. São Paulo: Editora Acadêmica, 1988) quanto em outros idiomas, como espanhol, italiano, inglês e alemão. Mais uma vez, pôde-se observar diferenças importantes, esperadas, ademais, em casos de traduções indiretas. Destaque-se, porém, que a presente tradução, mesmo se consideradas as versões para as línguas citadas, é a primeira que traz a íntegra do texto de Stutchka, sem as supressões motivadas pela leitura soviética do marxismo, seja do período stalinista ou até posterior. Não se trata aqui de criticar os trabalhos anteriormente publicados; pelo contrário: dada a época e a situação em que foram feitos, devemos sempre louvar os esforços daqueles que trabalharam em condições muito menos favoráveis que as nossas atualmente. Cabe, todavia, destacar o ineditismo da obra que as leitoras e os leitores têm diante de si, não apenas por ser uma tradução direta do original em russo, mas pela fidedignidade em relação ao original selecionado com cuidado, bem como à revisão técnica feita com a necessária atenção.

Em traduções de obras escritas em idiomas cujo alfabeto é distinto do nosso, é necessário que se proceda à transliteração, em nosso caso, do alfabeto cirílico para o latino. Esta foi feita com base na tabela elaborada pelos professores do curso de russo da Faculdade de Letras da Universidade de São Paulo.[1] Títulos de obras russas foram mantidos em cirílico, com a respectiva tradução ao português entre colchetes; já os dados de imprenta foram traduzidos, quando cabível, e os nomes dos autores foram empregados em caracteres latinos. Já os títulos de periódicos aparecem transliterados, acompanhados de sua respectiva tradução entre colchetes.

Nem sempre Stutchka oferece uma anotação precisa das obras citadas, por isso, sempre que possível, procedemos à pesquisa e à localização, tanto completando as anotações do autor quanto inserindo a referência completa em nota de rodapé. Por vezes, foi preciso corrigir a indicação feita, como nos casos relativos a datas de cartas ou dados de publicação de artigos e livros em diversas línguas. Quanto às citações, privilegiamos as traduções diretas ao português do Brasil e, secundariamente, ao de Portugal. Em várias

---

[1]   Disponível em: MELETÍNSKI, Eleazar M. *Os arquétipos literários*. 3ª ed. Trad. Homero Freitas de Andrade e Aurora Fornoni Bernardini. São Paulo: Ateliê Editorial, 2019.

NOTA DA EDIÇÃO BRASILEIRA

ocasiões, foi preciso buscar os textos em bibliotecas virtuais e físicas, o que sugere que a tradução aponta para elementos de pesquisa importantes a serem futuramente considerados. Quando não estavam disponíveis e/ou acessíveis, procedemos de duas maneiras, a depender do idioma de origem: tradução direta do original ou tradução livre a partir do russo. Além disso, o autor insere itálicos ou parêntesis com comentários nos originais que cita. Nesses casos, mantivemos seu padrão, informando em rodapé ou entre colchetes, segundo a necessidade, de quem são as inserções e/ou os destaques. Quando não há nenhuma observação, é porque se trata de interferências de Stutchka. Às vezes, na edição do original tomada como base desta tradução, encontra-se a anotação "P. Stutchka", a qual conservamos, enquanto as interferências de edição, revisão técnica ou tradução aparecem, sempre, entre colchetes.

O trabalho de tradução deparou-se com uma grande variedade de termos e categorias utilizados por Stutchka que exigiram demorada reflexão sobre como vertê-los do idioma russo para a língua portuguesa. Alguns desses vocábulos serão aqui indicados para que o leitor se familiarize com as opções da tradução e de sua revisão técnica. A palavra russa "*мировоззрение*" ("*mirovozzriénie*"), encontrada desde os prefácios, foi traduzida por "cosmovisão", pelo sentido o mais amplo possível dado a ela por Stutchka ao traduzir do alemão a expressão "*Weltanschauung*", presente em *O socialismo jurídico*, de Engels e Kautsky, apesar de a tradição marxista brasileira vir optando por traduzi-la como "concepção de mundo". A locução russa "*свобода воли*" (de "*svoboda*", "liberdade", e "*vóli*", no caso genitivo, "da vontade") recebeu a tradução mais corrente de "livre-arbítrio"; em russo, "*воля*" ("*vólia*"), forma da palavra no caso nominativo, pode significar "vontade", daí a locução "liberdade da vontade", e até mesmo "liberdade", o que em português pareceria uma redundância: "liberdade da liberdade". O termo "*порядок*" ("*poriádok*") foi vertido a maior parte das vezes como "ordenamento", por ser o sentido mais encontradiço na literatura jurídica, ainda que a noção de "ordem" também possa ser empregada em casos mais gerais. Na mesma esteira da motivação com base na linguagem jurídica, às palavras "*система*" ("*sistiema*"), "*строй*" ("*strói*") e "*организация*" ("*organizátsia*"), traduziu-se, respectivamente, como "sistema", "estrutura" e "organização".

Quatro outros pares lexicais merecem destaque. O primeiro diz respeito à distinção entre as palavras "*первоначальный*" ("*piervonatchálni*") e "*первобытный*" ("*pervobytni*"), ou seja, "originário/a" e "primitivo/a". Já o segundo trata da diferenciação entre os termos "homem" e "pessoa", no que se refere à tradução ao português do vocábulo russo "*человек*" ("*tchelovek*"), cujo significado é "pessoa" ou, ainda, "ser humano"; em nosso idioma, assim como no francês, italiano, espanhol, entre outros, a palavra "homem" adquire o sentido de "ser humano", tomado em seu aspecto morfológico, ou como tipo representativo de determinada região geográfica ou época, o que não ocorre na língua russa. Por essa razão, optou-se aqui por empregar, sempre que possível, "pessoa" quando aparece "*человек*" ("*tchelovek*") no original. O terceiro par é "força" e "poder", que em russo assumem a forma de "*сила*" ("*sila*") e "*власть*" ("*vlast*") – em seu capítulo I, ao definir o que seja o direito a partir de sua elaboração, de 1919, no contexto do colégio do Comissariado do Povo para a Justiça, Stutchka utiliza a palavra aqui escolhida como "força" ("*сила*"/"*sila*"), a qual, progressivamente, conforme os demais capítulos do livro avançam, vai transmutando-se em "poder" ("*власть*"/"*vlast*"). Por fim, o par "*роль*" ("rol"), "papel", e "*функция*" ("*fúnksia*"), "função" ensejou a mais evidente novidade da presente tradução: a modificação da usual escolha por "função" para o título da obra máxima de Stutchka; além de se poder considerar "papel" como a expressão mais filologicamente fiel ao título traduzido, evita-se também a aproximação a noções equívocas como as de "função social" ou outras do horizonte funcionalista. Esse é o conjunto terminológico sobre o qual se pretendia referir, ainda que outras palavras também pudessem ser mencionadas, no intuito de que pesquisadoras e pesquisadores tomem ciência das escolhas aqui realizadas.

NOTA DA EDIÇÃO BRASILEIRA

Para diferenciação das notas, procedemos à seguinte anotação: N.E.B. – Nota da Edição Brasileira; N.R.T. – Nota da Revisão Técnica; e N.T. – Nota da Tradução. As notas de Stutchka foram preservadas sem qualquer anotação.

Visando a proporcionar uma melhor apreensão deste livro fundamental do jurista marxista e revolucionário letão-soviético Piotr Ivánovitch Stutchka,[2] ou Pēteris Stučka, incluiu-se, nesta edição, as referências bibliográficas das obras utilizadas pelo autor e uma lista de autores e personalidades citadas, além de uma "Apresentação" dos revisores técnicos e três textos com subsídios importantes ao debate, publicados anteriormente em edições estrangeiras, de Juan-Ramón Capella (da edição espanhola) e José Gonzalo Trigoso Agudo (da edição boliviana), dois autores a quem se agradece a gentileza da permissão para que seus estudos constassem da presente edição, bem como de Umberto Cerroni (constante da edição italiana, devendo-se agradecer a Giulio Einaudi Editore pela autorização para sua publicação).

Por fim, registre-se o agradecimento a algumas pessoas que foram fundamentais para a realização deste projeto. Os quatro tradutores dos comentaristas de Stutchka, todos pesquisadores atuantes com pesquisas sobre direito e marxismo ou perspectivas jurídicas críticas, trabalharam voluntariamente e deram sua contribuição à

---

[2] Como poderão notar as leitoras e os leitores, optamos, em nossa edição, por não incluir os patronímicos nos antropônimos de personalidades russas, aparecendo somente nesta página, na ocorrência do nome de nosso autor em sua forma russificada ("Ivánovitch") ou quando mencionado, no corpo do texto, pelo próprio Stutchka ou seus demais intérpretes incluídos nesta edição. Isso porque, a nosso ver, sendo o patronímico o nome formado a partir do nome do pai, pouco ou nada comunica ao público falante de português. Desse modo, empregamos sempre segundo a norma antroponímica de nosso idioma, ou seja, "nome" e "sobrenome". Além disso, é válido ressaltar que respeitamos as distintas grafias dos nomes russos nos diferentes idiomas presentes nas notas de referências.

presente publicação – Guilherme Cavicchioli Uchimura (tradutor do prefácio à edição espanhola de Capella); Pedro Pompeo Pistelli Ferreira (tradutor do prefácio à edição boliviana, de Trigoso Agudo, além de assistente em várias buscas sobre a bibliografia em russo); Baruana Calado dos Santos e Marcel Soares de Souza (tradutora e tradutor da introdução à edição italiana de Cerroni). Do mesmo modo, proporcionaram auxílio inestimável Felipe Heringer Roxo da Mota (relativamente a vários dos termos em língua alemã encontrados no texto), Eduardo Granzoto Melo (no que toca a referências de textos clássicos do direito romano) e Pedro Eduardo Zini Davoglio (pelo suporte dado durante o processo). Por fim, o reconhecimento à Editora Contracorrente, na pessoa de Rafael Valim, que acreditou no projeto e oferece ao público brasileiro uma edição histórica e inédita da crítica jurídica marxista.

Desejamos a todas e todos uma excelente leitura!

Outubro de 2022

MOISÉS ALVES SOARES

PAULA VAZ DE ALMEIDA

RICARDO PRESTES PAZELLO

APRESENTAÇÃO

A PRÁXIS JURÍDICA INSURGENTE DE STUTCHKA

O livro de Piotr Ivánovitch Stutchka, *O papel revolucionário do direito e do Estado: teoria geral do direito*, aparece aqui pela primeira vez traduzido diretamente do russo para o português. A obra já havia sido publicada, vertida de outras línguas, em Portugal, com duas edições,[3] e no Brasil,[4] mas com seu título original modificado para *direito e luta de classes*. O preenchimento de tal lacuna editorial no Brasil vem em boa hora, já que o interesse pela relação entre direito e marxismo cresce e, em seu interior, a pesquisa sobre o primeiro debate jurídico soviético ganha destaque. Ao lado de Evguiéni Pachukanis, a contribuição de Stutchka é decisiva para a compreensão do fenômeno jurídico a partir do materialismo histórico e de uma práxis jurídica insurgente – e estas são dimensões mais que necessárias para se resgatar no atual contexto de capitalismo periférico da América Latina. A vida, a obra e a teoria de Stutchka, portanto,

---

3 STUCKA, P. I. *Direito e luta de classes*. Trad. Soveral Martins. Coimbra: Centelha, 1973 (2ª ed., 1976).

4 STUCKA, P. I. *Direito e luta de classes*: teoria geral do direito. Trad. Silvio Donizete Chagas. São Paulo: Acadêmica, 1988.

merecem o devido reconhecimento, e esta publicação pretende ser o ponto de arranque para tal.

1 Stutchka: um Lênin letão

Piotr Stutchka foi o principal dirigente bolchevique na Letônia. Liderou o Conselho de Comissários do Povo da República Socialista Soviética da Letônia, criada a 17 de dezembro de 1918. A revolução letã durou pouco mais de um ano (até janeiro de 1920), mas foi um *front* de batalha decisivo para a manutenção da revolução russa. Sua queda, apoiada pelas potências imperialistas, representou mais um episódio de "concessões" a fim de assegurar o governo bolchevique de Moscou. No final das contas, tal estratégia se mostrou correta na medida em que, já praticamente debelada a guerra civil russa, em dezembro de 1922, foi criada a União das Repúblicas Socialistas Soviéticas (URSS) e, em 1940, tal União incorporou também a Letônia.

Stutchka, assim, foi um dos entusiastas da unidade nacional entre os governos soviéticos. Por ocasião da redação da Constituição da República Socialista Soviética da Letônia, assinada a 15 de janeiro de 1919, o Congresso do Comitê Executivo do Soviete dos Trabalhadores, Soldados e Camponeses da Letônia decidiu pelo início de relações mútuas com a Rússia soviética para formação de uma união de repúblicas socialistas. Encabeçado por Stutchka, o Congresso confirmou-o como chefe do governo, sendo o principal signatário da carta política que conteve outros dez redatores.

Militante de esquerda desde os tempos em que cursara direito na Universidade de São Petersburgo, entre 1884 e 1888, foi ali que conheceu Aleksandr Uliánov, irmão de Lênin, e passou a participar de círculos estudantis revolucionários que viriam a ser perseguidos pelo tsarismo. O jovem letão, nascido a 14 de julho de 1865 no seio de uma família camponesa abastada de Riga, cedo se depararia com a literatura revolucionária, incluindo Marx e Engels, o que marcaria

APRESENTAÇÃO – A PRÁXIS JURÍDICA INSURGENTE DE STUTCHKA

indelevelmente toda sua trajetória (ele seria, inclusive, o tradutor de obras como O *Capital* para a língua letã).

Já em 1888, Stutchka retornara a Riga onde começaria sua carreira jurídica. Ao mesmo tempo que trabalhava com o direito, Stutchka passou a colaborar com textos para periódicos progressistas letões, em especial o *Dienas lapa* (*Folha quotidiana*), do qual foi editor entre 1888 e 1897 (no intervalo entre 1891 e 1895, a chefia editorial foi exercida pelo grande poeta letão Janis Plieksans – que atendia pelo pseudônimo de Rainis –, cuja irmã Dora casou-se com Stutchka). Em 1893, após Plieksans ir ao Congresso da Segunda Internacional Socialista em Zurique, o *Dienas lapa* passa a adotar um perfil editorial marxista, sob influência direta do líder social--democrata alemão August Bebel. O fato é que o jornal era editado por uma organização de esquerda – a *Nova Corrente* – existente desde 1886, tendo sido a grande responsável por inserir a literatura marxista na Letônia.

Curioso assinalar que a *Nova Corrente* criticava o nacionalismo burguês letão e, estando aberta ao marxismo, passou a ser influenciada pela União de Luta pela Emancipação da Classe Operária, que Lênin criara em 1895, em São Petersburgo – período em que Stutchka frequentara a universidade. Não tardaria para que seus componentes sofressem os efeitos da autocracia tsarista, já sob o comando do último imperador russo, Nicolau II. Seu ministro do interior, Ivan Goremykin, fechou o jornal por meses, prendeu seus principais redatores e seu editor-chefe, Stutchka, bem como os condenou a uma deportação de cinco anos a serem cumpridos na região do Volga, em Viatka. O jornal continuou existindo nesse período, mas sob direção burguesa, até que entre 1903 e 1905 retomaria sua posição social-democrata, quando foi definitivamente encerrado no calor das revoltas populares do período.

A partir de 1903, estabelecido na região de Vitebsk (na atual Bielorrússia), Stutchka retomou suas atividades políticas e revolucionárias. Nesse momento, a cisão entre mencheviques e bolcheviques já havia se dado no movimento social-democrata russo e Stutchka aderiria pioneiramente às perspectivas dos bolcheviques, liderando o partido na Letônia. Retomando contato com os social-democratas desde 1902, em 1904, participou do primeiro congresso do Partido Operário Social-Democrata Letão (POSDL), o qual também ecoou em Riga as movimentações do ensaio revolucionário havido entre os anos de 1904 e 1906. Aliás, a 7 de janeiro de 1905, Stutchka ajudou a organizar uma greve geral na capital letã, dentro de tal contexto.

Justamente por conta dessa experiência revolucionária, a qual forjaria a liderança de Lênin, na Rússia, é que Stutchka travaria seus primeiros contatos com o irmão de Aleksandr Uliánov. No ano de 1906, portanto, Lênin e Stutchka se conheceram, em São Petersburgo, e a proximidade entre os dois se manteria até a morte do mais novo dos Uliánovs.

Um ano após o encontro dos dois, e não por mera coincidência, o POSDL se funde com o POSDR (Partido Operário Social-Democrata Russo), no III Congresso daquele partido. A fusão se repetiria em 1914, quando as cisões bolcheviques dos partidos social-democratas das duas nacionalidades (a cisão letã é de 1912) decidem por unidade. Stutchka participou ativamente de tais articulações, tendo se notabilizado, inclusive, como presidente do comitê central letão.

Em 1907, após sua peregrinação entre Riga e a Finlândia por conta de perseguições políticas, Stutchka passou a residir em São Petersburgo e ali exerceu intensa atividade como advogado de presos políticos pelo regime tsarista. Um ano depois de conhecer Lênin, Stutchka passaria a ser reconhecido como um dos mais capazes juristas dentro do movimento socialista russo. Não por acaso seria escolhido como ocupante de vários cargos máximos, muitas vezes sendo o primeiro deles, da esfera jurídica após a Revolução de Outubro de 1917. Essa marca era tão presente que, em 1921 (portanto após as revoluções russa e letã), Stutchka escrevera para Lênin pedindo para que realizasse uma troca de presos políticos entre a República Socialista Federativa Soviética Russa (RSFSR) e o governo

APRESENTAÇÃO – A PRÁXIS JURÍDICA INSURGENTE DE STUTCHKA

burguês da Letônia (a esse tempo, já restaurada), em uma evidente demonstração de ativo conhecimento dos assuntos jurídico-políticos dos dois países. Lênin,[5] por sua vez, aquiesceu ao pedido.Mas sua proeminência, no futuro período revolucionário russo, também se deveu a sua liderança no movimento revolucionário letão, para além de sua atuação como jurista. Já em 1914, Lênin[6] comentava um artigo de Stutchka, em que este assinava sob o pseudônimo de Veterano, a respeito de *O problema nacional e o proletariado letão*. O líder russo parece ser bastante receptivo quanto aos comentários de seu companheiro báltico e exalta o marxismo produzido pelos proletários da Letônia. A propósito, Stutchka tornou-se, nesse mesmo ano de 1914, redator do importante periódico bolchevique *Pravda* (*Verdade*), após já escrever para o *Zvezdá* (*Estrela*) desde 1911. Por sua vez, na *História da revolução russa* escrita por Leon Trótski, também há a aparição de Stutchka referido principalmente "como líder da organização da Letônia". Na sequência, Trótski relata a repercussão da primeira declaração de Lênin e comenta que entre os seus apoiadores estava "Stutchka, em nome da social-democracia da Letônia".[7] Além disso, Stutchka foi membro do Comitê bolchevique de Petrogrado, delegado do VI Congresso do Partido, membro do Soviete de Petrogrado e delegado do II Congresso Panrusso do Soviete.À sua notoriedade como jurista e militante bolchevique letão, porém, deve-se juntar o seu heroísmo de guerra, que resultou no reconhecimento revolucionário para ocupar importantes cargos em Moscou. Isto porque, durante a guerra, cerrou fileiras com os fuzileiros letões a tal ponto de, em 1917, estar ao lado dos bolcheviques,

---

5 LENIN, V. "A P. I. Stucka". *In*: _____. *Obras completas*. Moscou: Progreso, tomo 52, 1988, p. 298.

6 LENIN, V. "Nota de la redacción al artículo de Veterán 'El problema nacional y el proletariado letón". *In*: _____. *Obras completas*. Moscou: Progreso, tomo 24, 1984, p. 361.

7 TROTSKY, Leon. *A história da revolução russa*: o triunfo dos sovietes. vol. 3, 3ª ed. Trad. E. Huggins. Rio de Janeiro: Paz e Terra, 1980, pp. 949 e 966.

na defesa do Instituto Smólni, exatamente o mesmo prédio no qual os eventos narrados por Trótski se sucederam, a 25 de outubro, no antigo calendário.

Daí que, com a consolidação da vitória da revolução de 1917, Stutchka passou a desempenhar o cargo de Comissário do Povo para a Justiça, por duas vezes: entre 15 de novembro e 9 de dezembro de 1917; depois, entre 18 de março e 22 de agosto de 1918. Conforme já mencionado, entre fins de 1918 e início de 1920, ele retornou à Letônia, para comandar o governo soviético de sua terra natal.

Ainda no ano de 1918, Stutchka participaria da delegação bolchevique em Brest-Litovsk, comandada por Trótski, o Comissário do Povo para os Assuntos Estrangeiros, para assinatura do tratado de paz com os alemães.

Após seu retorno definitivo à Rússia e já carregando no recente currículo as primeiras e mais decisivas reestruturações do sistema jurídico da revolução – como o famoso Decreto n. 1, de 24 de novembro de 1917, que extinguia o sistema judicial e criava uma justiça popular revolucionária – é que ele reassumiria, em 1921, funções de Estado como a de Vice-Comissário do Povo para a Justiça, na pasta agora encabeçada por Dmítri Kúrski. E, entre 1923 e 1932, tornar-se-ia presidente do Tribunal Supremo da Rússia, ao mesmo tempo em que exercia os encargos de professor da Universidade de Moscou, diretor do seu Instituto de Direito soviético e dirigente da Internacional Comunista letã, dentre outras funções.

A 25 de janeiro de 1932, aos 66 anos, Stutchka vem a falecer, sendo sepultado com honras revolucionárias no Krêmlin (tumba 36), reconhecido como um dos mais importantes juristas marxistas soviéticos ao lado de Pachukanis e Krylenko, que, a essa altura, gozavam igualmente de grande prestígio. Todavia, nos anos de 1937 e 1938, seria acusado "de sabotador e de inimigo da revolução por parte de

APRESENTAÇÃO – A PRÁXIS JURÍDICA INSURGENTE DE STUTCHKA

Vychínski",[8] o então procurador-geral da União Soviética. Somente sob o período de liderança de Khrushchov é que Stutchka, como os demais, viria a ser reabilitado quando Graudin escrevera um artigo resgatando sua obra. Em sua homenagem, inclusive, nomear-se-ia a Universidade da Letônia, em Riga, com seu nome, o que durou de 1958 a 1990 (dentre outras homenagens, como batismos de praça, escola e até mesmo uma cidade). Como se pode perceber, a trajetória de vida de Stutchka transcende sua contribuição intelectual para uma interpretação marxista sobre o direito, devendo-se reconhecer nele um líder e estadista soviético.

2 A obra de Stutchka: pioneira crítica jurídica marxista e sua fortuna crítica

Stutchka não dissociou teoria e prática, como não poderia deixar de ser para um marxista. Sua trajetória política vem acompanhada de grande vigor intelectual, em uma obra que revela sofisticação e pioneirismo na interpretação marxista para o direito e para o contexto revolucionário de tomada do Estado. Tendo escrito sobre uma diversidade muito grande de temas, pode-se dividir sua produção teórica em quatro campos acrescidos de uma elaboração técnica: a) teoria (e política) do direito; b) direito civil; c) escritos políticos; d) textos de popularização; e e) elaboração legislativa.

A) *Teoria do direito*: nesse primeiro âmbito, encontra-se a parte mais reconhecida de sua obra, qual seja, o conjunto de reflexões acerca de uma crítica marxista do direito. O carro-chefe é o livro *O papel revolucionário do direito e do Estado: teoria geral do direito*, no qual o jurista apresenta sua concepção de direito, propondo uma metodologia propriamente marxista para sua análise. Obra

---

8   CERRONI, Umberto. "Introduzione". *In*: STUCKA, Pëtr I. *La funzione rivoluzionaria del diritto e dello stato e altri scritti*. Trad. Umberto Cerroni. Torino: Giulio Einaudi, 1967, p. XII. Cf., neste volume, a tradução do texto de Cerroni, p. 345.

de caráter fundacional, é a grande contribuição de Stutchka para a teoria do direito sob chave de leitura marxista. O livro chegou à terceira edição em 1924, três anos após ter sido lançado, em 1921. Nesse campo, Stutchka também compilou, no final de sua vida, uma publicação com textos esparsos à qual intitulou *Treze anos de luta pela teoria marxista revolucionária do direito*, em 1931. Como se pode perceber, porém, a teoria do direito de Stutchka está prenhe de sua ação política, sem poder dela se desvencilhar. Daí fazer sentido chamar sua produção teórico-jurídica como inauguradora de uma práxis insurgente sobre o direito, em que este é usado para os embates políticos concretos exigidos pelo processo revolucionário soviético. Assim se pode compreender a aparição de uma terminologia pautada por um direito proletário, classista, soviético, socialista ou revolucionário.

B) *Direito civil*: o segundo grande campo para o qual Stutchka contribuiu foi o do direito civil, sendo esta produção menos difundida entre os autores que buscaram resgatar seus estudos para fins de construção da relação entre direito e marxismo. Em verdade, Stutchka deixou mais de 800 páginas dedicadas a seu *Curso de direito civil soviético*, dividido em três volumes: I. *Introdução à teoria do direito civil*, de 1927 (e que chegou à terceira edição em 1931); II. *Parte geral do direito civil*, de 1929; e III. *Parte especial do direito civil*, de 1931. Embora sua produção tenha alcançado várias temáticas da técnica jurídica, especialmente no período pré-revolucionário, tais quais as do direito penal, do direito público e do direito do trabalho, sua preocupação com a civilística se destacou, no sentido de sua aplicação já para o ambiente revolucionário, como atestam os volumes do curso de direito civil e o artigo de 1929 *O direito civil e a prática da sua aplicação*.

C) *Escritos políticos*: como a práxis regeu a vida de Stutchka, sua produção teórica também foi dedicada às questões políticas de seu tempo. Como líder soviético na Letônia, escreveu dois volumes sobre tal experiência, nomeados de *Os cinco meses da Letônia*

APRESENTAÇÃO – A PRÁXIS JURÍDICA INSURGENTE DE STUTCHKA

socialista soviética (1919) – experiência que, na verdade, durou um ano. Além disso, grande sucesso obteve seu *Teoria do Estado soviético e da constituição*, publicado pela primeira vez em 1921 e que chegou à sétima edição em 1931. Também consagrou parte significativa de sua reflexão política ao leninismo, notadamente após a morte de Lênin, em 1924. Assim é que aparecem os três volumes dedicados ao assunto, adotando focos de aprofundamento distintos: *O leninismo e o Estado (a revolução política)*, de 1924; *O leninismo e os camponeses (a revolução agrária)*, de 1925; e *O leninismo e a questão nacional (a revolução nacional e proletária)*, de 1926. No final da vida, porém, teve de se haver com processos de crítica e autocrítica que já prenunciavam os destinos da revolução de 1917. É o que aparece nos textos sobre *As nossas divergências* (1931); e *O meu caminho e os meus erros* (1931). Afora isso, vale citar também alguns textos com outro perfil de intervenção política, que realizam avaliações da construção socialista na União Soviética, sempre com especial interesse no direito, como é o caso de *Para o XVI Congresso do Partido* (1930); e *No XIII aniversário de Outubro* (1930).

D) *Textos de popularização*: Stutchka, educador que era, também se preocupou com a popularização dos debates marxistas e do pensamento revolucionário, para dentro e para fora do direito. Sua proposta se baseava em redação de textos baseados na técnica de perguntas e respostas. Assim o fez para debater o leninismo, no primeiro volume citado acima, como se pode perceber pelo seu subtítulo: *O leninismo e o Estado (a revolução política): perguntas e respostas* (1924); como também em artigos sobre constituição e ordenamento jurídico soviéticos. Outra iniciativa, por sua vez, que pode ser entendida neste diapasão popularizador é a da *Enciclopédia do Estado e do direito*. Os três volumes por ele dirigidos e lançados entre 1925 e 1927 contam com quase uma centena de verbetes escritos por Stutchka, indo da história do direito à política judiciária, sem deixar de passar pelos principais institutos jurídicos. Nesse caso, trata-se de um trabalho de divulgação no interior da Academia Comunista.

MOISÉS ALVES SOARES & RICARDO PRESTES PAZELLO

E) *Elaboração legislativa*: como um acréscimo aos campos em que Stutchka produziu teoricamente, cabe não esquecer sua contribuição técnico-jurídica em torno da elaboração de decretos, estatutos, princípios diretivos e outros projetos normativos. Algumas destas elaborações acabaram se notabilizando, como a do *Decreto n. 1 sobre o Tribunal* (extinguindo os tribunais e as profissões jurídicas), de 24 de novembro de 1917, ou os *Princípios fundamentais do direito penal da RSFSR*, de 1919, ambos redigidos em parceria com Kozlóvski. Afora os citados, Stutchka ainda elaborou o projeto do *Decreto n. 2 sobre o Tribunal*, também em 1917, bem como os projetos de *Instrução dos tribunais revolucionários* e do *Estatuto dos tribunais populares*, ambos em 1918.

O que se apresenta é uma obra múltipla de um militante veterano que viu sua vida entrecortada por perseguições, prisões, exílios, guerras, lutas revolucionárias e um árduo trabalho prático com o direito. Ainda assim, sua militância converteu-se em reflexão contínua, na melhor tradição possível do marxismo, e sua contribuição não pode continuar sendo desprezada pelos que se interessam por uma perspectiva marxista sobre o direito. Stutchka não é autor de um texto só (apesar de praticamente apenas um livro dele ser conhecido) e pode ser lido em várias compilações traduzidas para diferentes línguas (com relação ao letão e ao russo), dentre as quais podem ser citadas – cada uma transliterando de uma maneira diferente o seu nome – as britânicas;[9] a italiana;[10] a tcheca;[11] a espanhola;[12] a

---

9 STUCHKA, Piotr I. *et al. Soviet Legal Philosophy*. Trad. H. H. Babb. Introd. J. N. Hazard. Cambridge: Harvard University Press, 1951; STUCHKA, Piotr I. *Selected Writings on Soviet Law and Marxism*. Ed. e trad. Robert Sharlet, Peter B. Maggs e Piers Beirne. Abingdon: Routledge, 2015.

10 STUCKA, Pëtr I. *La funzione rivoluzionaria del diritto e dello stato e altri scritti*. Trad. Umberto Cerroni. Torino: Giulio Einaudi, 1967.

11 STUCKA, P. I.; PASUKANIS, J. B. *Sovětské Právní Myšlení Ve 20. Letech*. Ed. Božena Sodomková. Praga: Svoboda V Praze, 1968.

12 STUCKA, P. I. *La función revolucionaria del derecho y del Estado*. 2ª ed. Trad. Juan-Ramón Capella. Barcelona: Ediciones Península, 1974.

APRESENTAÇÃO – A PRÁXIS JURÍDICA INSURGENTE DE STUTCHKA

iugoslava;[13] a boliviana;[14] e a brasileira.[15] Ainda, além de sua tradução mais recente (incluída na referida edição brasileira), o *Decreto n. 1* foi traduzido pela primeira vez em 1934, mas sem referência a autoria nem com o título original, sendo chamado de *Decreto que instituiu o tribunal popular*;[16] mais recentemente o artigo *Três fases do direito soviético* também recebeu uma tradução.[17]

Quanto a sua fortuna crítica, há três tipos de comentários à obra de Stutchka: a) de *comparatistas*, que, ao fazerem estudos de direito comparado, citam a obra do jurista letão para se referir à formação do direito soviético;[18] b) de *polemistas*, que, por não compartilharem dos pressupostos marxistas, criticam sua proposta teórica,[19] sendo o caso mais emblemático o de Kelsen em seu livro

---

[13] STUCKA, P. I.; PASUKANIS, J. B.; RAZUMOVSKI, I.; VISINSKI; A. J. *Sovjetske teorije prava*. Ed. Firdus Dzinic. Zagreb: Globus, 1984.

[14] STUCKA, Pietr I. *Las funciones revolucionarias del derecho y del Estado*. 4ª ed. La Paz: Ministerio de Trabajo, Empleo y Previsión Social, 2016.

[15] STUTCHKA, Piotr. *Direito de classe e revolução socialista*. 3ª ed. Trad. Emil von München. São Paulo: Instituto José Luís e Rosa Sundermann, 2009.

[16] STUTCHKA, Piotr. "Decreto que instituiu o tribunal popular". *In*: CYSNEIROS, Amador. *Direito penal soviético*. São Paulo: Centro de Espansão do Livro e da Imprensa, 1934, pp. 207-212.

[17] STUTCHKA, Piotr. "Três fases do direito soviético". Trad. Marcel Soares de Souza. *Margem esquerda*, São Paulo, Boitempo, nº 30, 1º sem. 2018, pp. 131-137.

[18] Cf. DAVID, René; HAZARD, John. *El derecho soviético*: elementos fundamentales del derecho soviético. Trad. Melchor Echagüe. Buenos Aires: La Ley, t. I, 1964, p. 164; e LOSANO, Mario G. *Os grandes sistemas jurídicos*: introdução aos sistemas jurídicos europeus e extra-europeus. Trad. Marcela Varejão. São Paulo: Martins Fontes, 2007, p. 204.

[19] Mais recentemente, detectou-se a existência de estudos bálticos que resgatam o pensamento de Stutchka para proceder a uma acérrima crítica ao seu legado teórico e prático. Cf. GERMANE, Marina. "Pēteris Stučka and the National Question". *Journal of Baltic Studies*, Abingdon (Inglaterra), Routledge, vol. 44, nº 3, set. 2013, pp. 375-394.

Teoria comunista do direito e do Estado;[20] e c) de *marxistas* ou simpatizantes, que podem ser visualizados em quatro tempos. O primeiro diz respeito a posturas mais "celebratórias" (como os regates feitos por letões e russos tais quais Dauge, Dzerve, Graudins e Strogóvitch). O segundo, a posições mais "analíticas", ainda que críticas, como as do italiano Umberto Cerroni,[21] do espanhol Juan-Ramón Capella[22] (a presente edição reproduz textos de ambos os autores) ou dos autores brasileiros das teorias críticas do direito, tais quais Roberto Lyra Filho[23] e Antonio Carlos Wolkmer.[24] Além destes, vale fazer referência a prefaciadores de sua obra, nas edições

---

20 Kelsen destina todo o seu capítulo III à crítica da *Teoria do direito de Stutchka* e chega a reconhecer neste "a primeira tentativa importante de desenvolver uma teoria do direito especificamente soviética – não como um simples subproduto da teoria do Estado" (KELSEN, Hans. *Teoría comunista del derecho y del Estado*. Trad. Alfredo J. Weiss. Buenos Aires: Emecé, 1957, p. 95). A parte do direito deste livro foi traduzida para o português e editada pela Contracorrente: KELSEN, Hans. *A teoria comunista do direito*. Trad. Pedro Davoglio. São Paulo: Contracorrente, 2021, p. 87.

21 CERRONI, Umberto. *O pensamento jurídico soviético*. Lisboa: Europa-América, 1976, pp. 41-63.

22 CAPELLA, Juan-Ramón. "Prólogo: derecho, política y poder social en el socialismo". *In*: STUCKA, P. I. *La función revolucionaria del derecho y del Estado*. 2ª ed. Trad. Juan-Ramón Capella. Barcelona: Ediciones Península, 1974, p. 13. Cf., neste volume, a tradução do texto de Capella, p. 35.

23 LYRA FILHO, Roberto. *Karl, meu amigo*: diálogo com Marx sobre o direito. Porto Alegre: Sergio Antonio Fabris Editor; Instituto dos Advogados do RS, 1983, p. 11.

24 WOLKMER, Antonio Carlos. *Introdução ao pensamento jurídico crítico*. 7ª ed. São Paulo: Saraiva, 2009, p. 172.

APRESENTAÇÃO – A PRÁXIS JURÍDICA INSURGENTE DE STUTCHKA

alemã,[25] portuguesa[26] e britânica.[27] O terceiro trata de perspectivas marxistas "polarizadoras" da obra de Stutchka em face da de Pachukanis, notadamente de autores como Márcio Bilharinho Naves[28] e Alysson Leandro Mascaro,[29] que compõem o que vem sendo conhecido como marxismo jurídico brasileiro.[30] Por fim, há recepções que, mesmo apresentando eventuais juízos críticos sobre a obra do autor, destacam suas contribuições "insurgentes",[31] reconhecendo

---

25 REICH, Norbert. "Enleitung". *In*: STUCKA, Petr I. *Die revolutionäre Rolle von Recht und Staat*. Übersetzung von Norbert Reich. Frankfurt am Main: Suhrkamp Verlag, 1969, pp. 7-55.

26 MARTINS, Soveral. "Nota introdutória". *In*: STUCKA, P. I. *Direito e luta de classes*. Trad. Soveral Martins. Coimbra: Centelha, 1973, pp. 7-12.

27 SHARLET, Robert; MAGGS, Peter B.; BEIRNE, Piers. "Editors' Introduction". *In*: STUCHKA, Piotr I. *Selected Writings on Soviet Law and Marxism*. Ed. e trad. Robert Sharlet, Peter B. Maggs e Piers Beirne. Abingdon: Routledge, 2015, pp. IX-XXII.

28 NAVES, Márcio Bilharinho. *Marxismo e direito*: um estudo sobre Pachukanis. 1ª reimp. São Paulo: Boitempo, 2008, pp. 26 e ss.

29 MASCARO, Alysson Leandro. "Pachukanis e Stutchka: o direito, entre o poder e o capital". *In*: NAVES, Márcio Bilharinho (Coord.). *O discreto charme do direito burguês*: ensaios sobre Pachukanis. Campinas: IFCH/UNICAMP, 2009, pp. 46/47.

30 Cf. ainda FERREIRA, Adriano de Assis. *Questão de classes*: direito, Estado e capitalismo em Menger, Stutchka e Pachukanis. São Paulo: Alfa-Ômega, 2009, pp. 73 e ss.

31 Cf. PAZELLO, Ricardo Prestes; SOARES, Moisés Alves. "As contribuições de P. I. Stutchka para o pensamento jurídico soviético revolucionário". *In*: BATISTA, Flávio Roberto; MACHADO, Gustavo Seferian Scheffer (Coord.). *Revolução russa, Estado e direito*. São Paulo: Dobradura, 2017, pp. 52-84; PAZELLO, Ricardo Prestes; SOARES, Moisés Alves. "Stutchka e as contribuições para a cultura jurídica soviética revolucionária". *Revista culturas jurídicas*, Rio de Janeiro, UFF, vol. 7, nº 16, jan./abr. 2020, pp. 73-96; SOARES, Moisés Alves. *O direito em contraponto a partir do itinerário da teoria geral da hegemonia em Antonio Gramsci*. Curitiba: Universidade Federal, 2017, pp. 192 e ss. (Tese de doutorado em Direito); e PAZELLO, Ricardo Prestes. *Direito insurgente*: para uma crítica marxista ao direito. Rio de Janeiro: Lumen Juris, 2021, pp. 201 e ss.

MOISÉS ALVES SOARES & RICARDO PRESTES PAZELLO

em sua obra dimensões práticas e teóricas indeléveis, abrindo-se a horizontes latino-americanos.[32]

Como diria o próprio Stutchka, referindo-se à crítica jurídica soviética em 1930,

> nós identificamos três fases de desenvolvimento dos problemas jurídico-estatais: em primeiro lugar, a obra de Lênin *O Estado e a revolução* e a revolução Revolução de outubroOutubro; em segundo lugar, o decreto sobre o tribunal; só a partir de meu *O papel revolucionário do direito direito e do Estado* e da obra do camarada Pachukanis, *Teoria geral do direito direito e marxismo marxismo*, começa a revolução na teoria do direito.[33]

Assim é que se pode apresentar seu pioneirismo teórico e toda a sua fortuna crítica.

---

[32] De certo modo, a interpretação do boliviano Gonzalo Trigoso Agudo também pode assim ser considerada: AGUDO, Gonzalo Trigoso. "Prefacio". *In*: STUCKA, Pietr I. *Las funciones revolucionarias del derecho y del Estado*. 4ª ed. La Paz: Ministerio de Trabajo, Empleo y Previsión Social, 2016, pp. 8-36. Cf., neste volume, a tradução desse texto, p. 49. Veja-se, no mesmo sentido, produção mexicana: RANGEL, Jesús Antonio de La Torre. "Doctrina jurídica soviética: Stuchka". *In*: _____. *Del pensamiento jurídico contemporáneo*: aportaciones críticas. 2ª ed. San Luis Potosí: Comisión Estatal de Derechos Humanos; Universidad Autónoma de San Luis Potosí, 2006, pp. 146-148; ESCALANTE, Victor R. "Aproximaciones a Stucka y la teoría jurídica soviética". *In*: GAXIOLA, Napoleón Conde (Coord.). *Teoría crítica y derecho contemporáneo*. México, D.F.: Editorial Horizontes, 2015, pp. 151-173.

[33] STUCKA, Pëtr I. "Prefazione ala raccolta 'Tredici anni di lotta per la teoria marxista rivoluzionaria del diritto". *In*: _____. *La funzione rivoluzionaria del diritto e dello stato e altri scritti*. Trad. Umberto Cerroni. Torino: Giulio Einaudi, 1967, p. 530.

3 A teoria jurídica marxista de Stutchka: as formas do direito e seu papel insurgente

Em sua obra fundamental, *O papel revolucionário do direito e do Estado* (1921), Stutchka realiza a primeira grande aproximação a uma "Teoria Geral do Direito" (subtítulo da obra) marxista sob o calor e a urgência da Revolução de Outubro. Apesar de sua grande repercussão e importância no contexto soviético, a sua inserção não encontra um eco tão profundo no Brasil quanto a do livro *Teoria geral do direito e marxismo* (1924), de Evguiéni Pachukanis, que, por sua própria potência e truncada recepção, acaba por eclipsar a germinal contribuição de Stutchka. No país, acabou-se por reduzir Stutchka a um importante jurista e político, construtor de uma teoria politicista menos valiosa, em oposição à minúcia metódica e grandeza teórica de Pachukanis – uma caricatura que abre um abismo incompreensível entre práxis jurídica e análise estrutural da forma jurídica na história do pensamento jurídico soviético e no marxismo jurídico brasileiro.[34] Os prefácios do autor desse primeiro grande ensaio geral a uma teoria marxista do direito já dimensionam o tamanho do desafio. Em primeiro lugar, o jurista letão justifica a própria existência da necessidade da obra, uma vez que o direito representava, além de um território praticamente inexplorado pelos marxistas, um campo de estudo e ação contrarrevolucionários. Tais explicações sobre a validade de se discutir seriamente o direito, mesmo com sua história de atuação jurídico-política e expressão no interior da cúpula da Revolução de Outubro, dá o exato tom da dificuldade que o exame imanente das relações jurídicas encontrava nas fileiras revolucionárias – herança que, com a devida tradução,

---

[34] Cf. SOARES, Moisés Alves. "O equilíbrio catastrófico da teoria marxista do direito no Brasil". *Margem esquerda*, São Paulo, Boitempo, nº 30, 1º sem. 2018, pp. 43-51; e PAZELLO, Ricardo Prestes. "Jardim suspenso entre dois céus: um ensaio sobre o estado da arte da relação entre marxismo e direito no Brasil, hoje". *Revista culturas jurídicas*, Niterói, UFF, vol. 8, nº 20, 2021, pp. 65-87.

MOISÉS ALVES SOARES & RICARDO PRESTES PAZELLO

se carrega até hoje: os juristas sabem pouco sobre o marxismo e os marxistas sabem pouco sobre o direito.

O papel revolucionário do direito e do Estado é um texto desafiador por se confrontar com a jurisprudência burguesa de seu contexto geopolítico, com o psicologismo "revolucionário" nascente e com o "socialismo jurídico" (termo encontrado em texto homônimo de Engels e Kautsky, que ganhou centralidade, aliás, a partir da obra de Stutchka, ao identificar a cosmovisão burguesa com o horizonte do direito). Além disso, é uma leitura a quente, mas longe de ser superficial. Para dar uma dimensão da empreitada de sua teoria marxista do direito, Stutchka maneja um arsenal de mais de trinta obras de Marx e Engels, e confronta boa parte do pensamento jurídico burguês do período. No entanto, sem excluir outras leituras, é possível apresentar duas linhas fundamentais que norteiam o desenvolvimento do escrito: 1) o seu diagnóstico: como pode ser definido o direito e como operam as formas jurídicas em abstrato e no seu desenvolvimento histórico; e 2) a projeção de uma práxis jurídica (insurgente), isto é, pensar/atuar em relação à especificidade do direito soviético durante o processo revolucionário.

Durante a fase descrita pelo próprio Stutchka como comunismo de guerra, no colégio do Comissariado do Povo para Justiça, embora o elemento central dos *Princípios diretivos do direito penal da RSFSR* de 1919 objetivasse o estabelecimento de diretriz para defesa e controle social da revolução em curso, institui-se uma definição de direito que transcende, e muito, o âmbito da dogmática penal. Assim, transbordando para uma teoria geral do direito, demarcou-se, em seu artigo 1º, que "o direito é um sistema (ou um ordenamento) de relações sociais correspondentes aos interesses da classe dominante e protegido por sua força organizada (ou seja, dessa classe)".[35] Tal definição, em que Stutchka participa ativamente da formulação, reaparece como um ponto de partida na complexificação da categoria

---

[35] Cf., neste volume, p. 94 (capítulo I). (N.E.B.)

APRESENTAÇÃO – A PRÁXIS JURÍDICA INSURGENTE DE STUTCHKA

de direito no capítulo primeiro da obra. Ainda, pelo menos os próximos quatro capítulos do livro servem a dar sustentação teórica para o delineamento inicial. Isto é, realizam uma decomposição para depois fazer uma síntese do conceito de direito disposto acima, que pode ser esquematizada da seguinte maneira: a) no capítulo II, expressa como o direito é parte relevante e deve ser compreendido em movimento como uma relação social constitutiva das relações de apropriação e engrenagem das lutas sociais das relações de produção; b) no capítulo III, discorre sobre como o direito realiza a mediação dos interesses da classe dominante, ou seja, apoiado em *O 18 de brumário* de Marx, compreende que a forma jurídica atende de maneira mediata aos interesses essenciais de certos extratos da classe dominante – não se tratando de um voluntarismo instrumental dissociado da conjuntura da luta de classes; c) nesse ponto, fica nítida a abordagem antinormativista de Stutchka, presente no capítulo IV, ao considerar o direito como relação social e ao dizer que o direito é garantido pelo poder organizado da classe dominante, pois não o reduz, embora tenha, como referência tendencial, à forma-Estado; d) por fim, no capítulo V, recompondo os elementos em totalidade, entende o direito como um sistema de relações entrelaçado em diferentes temporalidades e composto por formas jurídicas específicas (concretas e abstratas).

Para reconstituir a tessitura desse sistema de relações, o jurista letão constrói sua teorização a partir de um método marxiano para além da famosa alegoria da base e superestrutura. Extravasando abordagens economicistas, Stutchka trabalha nos traços metódicos de Marx expostos na conhecida *Introdução de 1857* (*Grundrisse*) e em *O Capital* (livros I e III). Tal caminho o permite esboçar uma teoria geral do direito que lança mão do conceito de desenvolvimento desigual para explicar a inter-relação do sistema de relações sociais que compõem as formas jurídicas. Nesse sentido, compreende que não há apenas um único centro sob o qual orbita toda a forma jurídica, mas, utilizando-se do termo francês *pivot* derivado de Marx,

29

argumenta acerca da existência de três eixos (*pivots*) que constituem dialeticamente o direito.

As formas decifradas por Stutchka, que fazem parte desse sistema de relações sociais categorizado como direito, são de duas naturezas: forma jurídica concreta (constituída no campo da produção e apropriação) e formas jurídicas abstratas (as leis – compreendidas como normas emanadas do poder político organizado – e a ideologia jurídica). Ao entender a forma jurídica no interior da dinâmica operada por esses pivôs, Stutchka enxerga o direito como aberto a diferentes momentos predominantes, emergindo, a depender da conjuntura, uma dessas formas como mais ou menos relevante na conservação, insurgência ou mesmo na constituição de um novo poder social.

Na obra que aqui se apresenta, quando trata sobre o sistema de relações concretas, Stutchka afirma que elas são encontradas nos movimentos das formas econômicas, mas que necessitam de uma forma jurídica para operar ou se reproduzir – sistemas de produção e apropriação baseados em normatividades nem sempre estruturadas a partir do poder político organizado, mas que tendencialmente procuram segurança nestes aparatos: as formas abstratas. Aqui, Stutchka coloca a primazia do terreno da forma concreta, mas sempre em relação dialética com as formas abstratas decorrentes que podem ter um papel central a depender do contexto histórico – uma teoria dialética das formas do direito.

Por sua vez, a forma abstrata mais conhecida e entendida quase como sinônimo de direito para muitas correntes é a de identificar o fenômeno jurídico como normatividade garantida pelo poder ou força organizada da classe dominante. É importante ressaltar que, embora seja uma tendência compreender essa norma a partir da forma-Estado, o poder pode se organizar de distintas formas, não transigindo, portanto, ao normativismo jurídico, bem como abrindo a possibilidade de uma pluralidade derivada da multiplicidade de fontes de poder organizado. Assim, embora tal forma abstrata esteja

APRESENTAÇÃO – A PRÁXIS JURÍDICA INSURGENTE DE STUTCHKA

em relação com a forma concreta, Stutchka observa, com seus limites explícitos, que o direito positivado por um governo revolucionário pode ser capaz de impulsionar processos de mudança e possui como característica o máximo de flexibilidade jurídico-política em torno da tática planejada. Portanto, não se trata de voluntarismo jurídico ou mesmo de algo próximo ao socialismo jurídico, mas sim de ver as aberturas na sociedade e observar qual alcance tático essa forma abstrata do direito é capaz de atingir.

Sobre a segunda forma abstrata, o último dos pivôs a ser aqui explorado, trata-se da forma intuitiva do direito – tão usada na ideia provisória e confessadamente problemática de consciência jurídica revolucionária dos tempos do comunismo de guerra –, mas que opera conceitualmente em vários textos de Marx e Engels como ideologia jurídica. É digno de nota o jurista letão não manejar o conceito de ideologia somente para falar dos conteúdos das formas abstratas, mas, igualmente, para posicionar como tal forma social é compreendida no interior de um processo histórico. Por isso, tal fórmula é capaz de realizar a crítica dessa forma abstrata entendida como ideologia no sentido gnosiológico (falsa consciência) e, ao mesmo tempo, compreender a ideologia no interior de um processo de luta por hegemonia em que essa forma do direito pode exercer um papel na disputa.

Tal dialética das formas é vista em movimento nos capítulos posteriores de *O papel revolucionário do direito e do Estado*, em que Stutchka concretiza sua análise abstrata de teoria geral do direito por meio de uma abordagem, por que não dizer?, de história do direito. Talvez, o exemplo mais nítido sobre a questão das formas do direito em movimento possa ser extraído da transição do feudalismo diante da revolução francesa. Embora, com certo cuidado histórico, o jurista letão alerte sobre o fato de haver uma série de sistemas feudais, ele observa que a forma abstrata (norma positivada pelo poder organizado) está pouco desenvolvida ou, no mínimo, pulverizada no sistema feudal. A ideologia, como a outra forma abstrata, é falha, pouco orgânica, quando muito, determinada por influências eclesiásticas e por costumes diversos e conflitantes. Por sua vez, a partir do processo de transição revolucionário, começa o desenvolvimento de uma nova forma concreta de relações sociais, dialogando com a ilegalidade e sendo contrária aos costumes hegemônicos. Nesse momento, embora a relação concreta do mundo do capital situe-se como uma força disruptiva, são as formas abstratas que aparecem como pivôs desse grande processo de transformação: a recuperação do direito romano (em particular, seus institutos de propriedade privada) e um impulso ideológico do direito natural (o direito à rebelião contra a tirania). Como resultado, dirá o jurista letão, superada a crise, as formas tendem a se amalgamar em suas contradições: surge um sistema codificado de direito estatal burguês, bem como o jusnaturalismo revolucionário dá cena a outras ideologias jurídicas com o fito de abrir caminhos para o pleno desenvolvimento de sua forma concreta (o modo de produção capitalista).

A partir desse diagnóstico, é possível, portanto, antever que o jurista soviético possui uma preocupação com o uso do direito durante a revolução socialista. De pronto, é necessário afirmar que convivem em sua teoria duas afirmações que, eventualmente, soam antitéticas: o direito será extinto com o fim da sociedade de classes e há um direito revolucionário de transição (geralmente denominado de direito soviético). Em Stutchka, como também em Pachukanis, não há espaço para abstencionismo. O direito constituir-se em uma cosmovisão burguesa não significa que não seja possível travar uma importante e longa luta social tendo a mediação jurídica como palco. Em síntese, é um teórico cuja práxis jurídica (insurgente) consiste em traço fundamental da caracterização de sua obra.

Ao fim, conhecer a vida e obra de Petr Stutchka, mesmo que de forma introdutória, é se aproximar de um capítulo fundamental ainda rascunhado da crítica marxista ao direito. Revisitar episódios de sua vida e sua atuação jurídico-política é mergulhar, junto com os principais atores, na grande revolução do século XX. Tracejar uma

APRESENTAÇÃO – A PRÁXIS JURÍDICA INSURGENTE DE STUTCHKA

categorização das dimensões de sua postura crítica é uma tentativa de distinguir sua múltipla atuação no mundo jurídico como teórico e professor (de filosofia e teoria do direito, direito civil, direito econômico etc.), como jurista (advogado, procurador, juiz, comissário do povo para justiça etc.) e, ainda, como um quadro da revolução (tendo contribuído na formulação do desenho do direito e Estado soviético, textos de intervenção política, diversos cargos de direção etc.). Portanto, passados cem anos da primeira edição de *O papel revolucionário do direito e do Estado*, o público brasileiro terá em mãos a primeira edição integral da obra fora da Rússia – sem as supressões de trechos realizadas posteriormente por motivações políticas –, que carrega a potência de uma crítica imanente das formas do direito com uma perspectiva insurgente da práxis jurídica.

Brasil, primavera de 2022

MOISÉS ALVES SOARES

Professor da Universidade Federal de Jataí (UFJ) e coordenador do Grupo Temático de Direito e Marxismo do Instituto de Pesquisa, Direitos e Movimentos Sociais (IPDMS).

RICARDO PRESTES PAZELLO

Professor da Universidade Federal do Paraná (UFPR) e coordenador do Grupo Temático de Direito e Marxismo do Instituto de Pesquisa, Direitos e Movimentos Sociais (IPDMS).

PREFÁCIO À EDIÇÃO ESPANHOLA

DIREITO, POLÍTICA E PODER SOCIAL NO SOCIALISMO (1969)[36]

Os escritos de Stutchka,[37] o primeiro jurista soviético, têm quase cinquenta anos. Não são, no entanto, inteiramente um *documento*. Deste aspecto eles já têm, certamente, muito – e não será necessário

---

[36] Texto publicado em CAPELLA, Juan-Ramón. "Prólogo: Derecho, política y poder social en el socialismo". *In*: STUCKA, P. I. *La función revolucionaria del derecho y del Estado*. 2ª ed. Trad. Juan-Ramón Capella. Barcelona: Península, 1974, pp. 5-16 (1ª ed., 1969). Tradução de Guilherme Cavicchioli Uchimura. Revisão de tradução de Ricardo Prestes Pazello. (N.E.B.)

[37] Piotr Ivánovitch Stutchka nasceu em Riga, em 1865. Estudou na Universidade de Petrogrado. Em 1903, filiou-se ao Partido Social-Democrata Russo, logo aderindo à fração bolchevique. Seu primeiro trabalho jurídico data de 1889 e foram numerosíssimos os que escreveu ao longo de sua vida. Foi o primeiro Comissário do Povo para a Justiça após a Revolução de Outubro, desempenhando posteriormente outros cargos no novo poder, entre eles o de Presidente do Tribunal Supremo da RSFSR. Alvo das acusações de Vytchinski, foi apartado de toda função pública. Morreu em 1932 e foi sepultado sob as muralhas do Krêmilin.

alertar o leitor que a onipresente batalha teórica contra a social-democracia de direita (a social-traição) foi finalmente resolvida com a condenação desta –; porém, para se converterem definitivamente em documento, esses escritos ainda carecem do essencial: que seja consumada *praticamente* a solução para o conjunto de problemas que lhes estão subjacentes: os problemas da legalidade socialista, da participação efetiva da pessoa no poder que constrói o socialismo, o das garantias de sua esfera *privada*. E o problema de articular o bloco de forças que faz a mudança qualitativa dessas entidades más, o direito e o Estado, convertendo-as em um mal *relativo* (ou em um *"bem"* relativo, mas sendo aqui outro o termo da relação) durante o período em que ainda não foi progressivamente reabsorvida a segunda pela sociedade, nem transformada a primeira em regras de comportamento social.

Aludiu-se a uma solução *prática*, nos fatos, desses problemas. Pois na teoria há algo essencial: que o direito e o Estado são entes "a extinguir" – e isso se tem... desde os "franceses modernos", segundo Marx; desde uma centena de anos! –; a persistência dos obstáculos que dificultam e, por vezes, bloqueiam o avanço para a solução prática desses problemas, contudo, não deixou de se fazer sentir também como dificuldade teórica, e o atraso ou a paralisia teórica deixou caminho livre à ideologia ("ideologia" no mau sentido, de falsa figuração da realidade – acientífica e acrítica – que fecha o caminho para o seu verdadeiro conhecimento).

As preocupações fundamentais dos sovietes, depois da Revolução de Outubro, não eram certamente preocupações com os problemas do direito. "Temo" – escreve Stutchka em 1921, no prefácio à primeira edição de seu *O papel revolucionário do direito e do Estado*[38] – "que sem isto ninguém se colocará a ler, em tempos altamente revolucionários, reflexões sobre assuntos tão 'contrarrevolucionários', como os do direito". A observação, que – como muitas outras análogas

---

[38] Cf., neste volume, p. 83. (N.E.B.)

PREFÁCIO À EDIÇÃO ESPANHOLA – DIREITO, POLÍTICA...

que o leitor poderá encontrar ao longo de seus escritos – nos revela tanto as múltiplas e urgentes demandas das circunstâncias quanto a necessária atitude de seu autor, obrigado a iniciar na defensiva seu combate com o direito e a legalidade socialistas, reproduz-se, no entanto, no substancial quase uma década depois, em 1930, quando Stutchka descreve como em umas assembleias de juízes e promotores soviéticos, isto é, dos altos funcionários da máquina legal de um Estado com treze anos de existência em suas costas, "a maioria dos reunidos considerava a bandeira da legalidade revolucionária como uma *sobrevivência*, ou mesmo como um desvio de direita".[39] Que contrarrevolução, sobrevivência ou desvio de direita, com ou sem aspas, persistam como recorrentes valorações soviéticas da preocupação com a questão do direito significa, por ora, que o desprezo por essas matérias não pode se arraigar exclusiva ou fundamentalmente em "urgências" das circunstâncias; e alguma das incomodidades não salváveis para a mais benevolente das leituras de Stutchka sugere que nem sequer este é alheio às razões de fundo desse recorrente desprezo.

Incomodidade suscita, por exemplo, a identificação genérica, que aparece uma ou outra vez nestas páginas, da concepção burguesa do mundo com "a concepção jurídica".[40] E a também genérica condenação *desta última* não é apenas uma preocupação didática ou retórica por diferenciar as formas jurídicas do domínio de classe do proletariado das formas jurídicas do domínio de classe da burguesia. A propósito dessa diferenciação das *formas*, com a qual em última análise deve-se estar de acordo, hoje cabe perguntar-se urgentemente se a diferenciação *nas formas* é o primário, ou se o primário, nesse

---

[39] STUTCHKA, P. I. "Revolución y legalidad revolucionaria (1930)". *In*: _____. *La función revolucionaria del derecho y del Estado*. 2ª ed. Trad. Juan-Ramón Capella. Barcelona: Península, 1974, p. 336.

[40] Capella faz referência àquilo que Stutchka introduz em seus prefácios ao livro O *papel revolucionário do direito e do Estado* e que, na presente edição, foi traduzido como "cosmovisão burguesa ou jurídica". Cf., neste volume, p. 75. (N.E.B.)

sentido, é algo anterior às formas de poder, não diretamente "a economia", mas a região das relações entre os homens que se diferencia da região das relações econômicas e da região das relações políticas, de poder *público*: a organização das massas populares; mas sobre esse ponto também se voltará mais adiante. A condenação genérica da "concepção jurídica" como concepção burguesa vai além da reafirmação da tese marxista de que todo o direito é desigual (e, nesse sentido, mesmo os "direitos socialistas" são "burgueses", são desiguais os direitos proletários): chega a afirmar que *"o direito é o último refúgio da ideologia burguesa"*,[41] ou, com Engels, que *"nosso único adversário* no dia da crise e no dia seguinte a ela será a *democracia pura, em torno da qual se reagrupará toda a reação em seu conjunto"*.[42] Essas afirmações deixam passar despercebidas, a meu modo de ver, tendências do capitalismo tardio, do capitalismo monopolista e imperialista, já então teorizadas pelo pensamento marxista. Trata-se de uma involução muito essencial daquele: uma involução incompatível com o reagrupamento da reação em torno da "democracia pura": a tendência, com a passagem para os monopólios, de abandonar uma por uma o que em outro tempo foram conquistas civis da burguesia e do povo em geral e que podem resumir-se nos direitos e liberdades democráticas ("tirar a escada depois de ter subido"). O direito e a legalidade não serão mais um refúgio da ideologia burguesa, mas sim centro do reagrupamento das massas populares quando à apontada tendência da dinâmica do capitalismo se somar a crise aberta em seu seio pelo surgimento do primeiro Estado dos operários e camponeses e se produzir o giro radical. Não a democracia política que por insuficiente em si mesma se costumou chamar de formal, mas o fascismo, a regressão à Idade

---

41 STUTCHKA, P. I. "La concepción marxista del derecho (1922)". *In*: _____. *La función revolucionaria del derecho y del Estado*. 2ª ed. Trad. Juan-Ramón Capella. Barcelona: Península, 1974, p. 265.

42 Capella cita uma frase de Engels, em missiva a Bebel, que Stutchka referencia ao final de seu capítulo III. Cf., neste volume, p. 146. (N.E.B.)

PREFÁCIO À EDIÇÃO ESPANHOLA - DIREITO, POLÍTICA...

Média, *e isso como tendência geral* tanto no poder quanto em uma economia cujo estancamento impede apenas fatores não econômicos.

Assim, por trás do recorrente desprezo soviético pela preocupação jurídica, encontramos já ideologia, falsa figuração da realidade. E a encontramos também, apesar de tudo, no próprio Stutchka: aquele incômodo de sua leitura a que se aludia anteriormente origina sua ambivalência, a contraditoriedade de seu esforço próprio, pois a partir de sua perspectiva ideológica – insatisfatória do ponto de vista científico – o direito e a legalidade, como tais, se dissolvem.

É certo que nos escritos de Stutchka se traduz, efetivamente, sua duradoura preocupação em interessar aos cidadãos da jovem república soviética os problemas do direito. Trata-se de facilitar o acesso à lei, de "simplificar a máquina" para tornar possível seu manejo coletivo. Essa preocupação de fundo – que remete, definitivamente, à participação das massas, pois somente elas podem sustentar a passagem ao socialismo e reabsorver as instituições erguidas acima da sociedade –, independentemente da validade ou invalidade dos meios propostos para a servir, é a problemática mais viva; é – com toda a insuficiência percebida hoje – a problemática leninista ("cada cozinheira deve ser capaz de governar o Estado"). É importante, no entanto, ver o que acontece com as questões jurídicas.

Os elementos essenciais da teorização do direito por Stutchka aparecem em uma "definição" desse objeto elaborada anteriormente, em 1918, por um órgão do Comissariado do Povo para a Justiça. O sentido do texto devia-se principalmente a Stutchka – que viria a lhe dar no futuro diversas variantes acessórias – e se nos interessa aqui (apesar da esterilidade desse tipo de fórmulas definitórias) é por apresentar de forma abreviada o tema fundamental de sua reflexão especificamente jurídica, tema em torno do qual, como veremos, girou a reflexão soviética até o final do período de cerco capitalista: "o direito é um sistema (ou um ordenamento) de relações sociais correspondentes aos interesses da classe dominante e protegido por

JUAN-RAMÓN CAPELLA

sua força organizada (ou seja, dessa classe)".[43] A questão centra-se, portanto, nas *relações sociais*, e se trata de ver se essa categoria – apesar das precisões de sistematização, correspondência aos interesses da classe dirigente e tutela pela força organizada dessa classe – é suficientemente estrita. Stutchka identifica as relações sociais especificadas segundo as indicações que se mencionam com as relações econômicas, mais especificamente com as relações de produção, e realiza uma leitura de Marx na qual "relações de produção" e "relações de propriedade" se identificam. A observação de Marx de que as relações de propriedade são meramente *expressão jurídica* das relações de produção é entendida *como se* as relações de propriedade fossem uma forma de nomear (*expressar*, não *expressar juridicamente*) as relações de produção (o denotado pela expressão "relações de produção"). E essa interpretação que tende a identificar o direito com as relações de produção, cuja principal consequência é perder de vista a especificidade do direito precisamente para onde Marx a aponta em sua gênese, origina também uma "platonização" do próprio Marx: assim, Stutchka escreve que "Marx distingue a ideia de 'propriedade' da ideia de proteção desta por meio da justiça, da polícia etc."[44] como se as diferentes formas de propriedade (escravista, feudal, capitalista) fossem algo diferente do específico modo de proteção por meio da "justiça", da "polícia" etc., de certas relações de produção determinadas (de escravidão, de servidão, de trabalho assalariado). Não é de se estranhar que Stutchka tenha sido, em sua época, objeto de críticas a respeito desse substancial nó de problemas (e se reconhece a polêmica nestes escritos). A tendenciosa identificação das relações jurídicas com as relações econômicas, sua concepção como um *aspecto* destas – não mais como relações qualitativamente distintas, cuja raiz genética está nas relações de produção – converte em não essenciais as normas, isto é, o elemento

---

[43] Cf., neste volume, p. 94 (capítulo I). (N.E.B.)

[44] STUTCHKA, P. I. "Notas sobre la teoría clasista del derecho (1922)". *In*: STUCKA, P. I. *La función revolucionaria del derecho y del Estado*. 2ª ed. Trad. Juan-Ramón Capella. Barcelona: Península, 1974, p. 276.

PREFÁCIO À EDIÇÃO ESPANHOLA - DIREITO, POLÍTICA...

formal característico do direito. Na tese de Stutchka, o interesse de classe se manifesta fundamentalmente nas relações econômicas ("jurídicas") concretas, enquanto as normas, abstratas, cumprem apenas a função de ocultar, de encobrir o interesse de classe. As normas diferem, pois, a vontade das relações concretas e excluem as contradições internas que se manifestam nestas. A função da classe dominante mesma, por outro lado, parece esgotar-se na configuração das relações de produção (sem que para isso seja relevante o direito!) e na não essencial tarefa de "dissimular" a exploração, único terreno em que a determinação de sua vontade é tomada em conta. De tudo isso não se segue, entretanto, que Stutchka não recolha aspecto algum do objeto teorizado. Ao contrário, algo não pode passar despercebido, e é a negação radical do ponto de vista "ingênuo" da ciência jurídica – apenas medianamente temperado nessa época já por Ihering – que adverte precisamente para a vontade como o elemento configurador das relações jurídicas. "Três palavras retificadoras do legislador transformam em lixo bibliotecas inteiras", havia escrito Kirchmann. A obra de Stutchka – como a de Pachukanis – critica o privilegiamento do momento de expressão da vontade implícito em abordagens como a citada, aplicando a esse terreno as ideias gerais de Marx sobre a gênese das relações e dos produtos sociais. O "legislador" permanece no reino da necessidade. Suas "palavras retificadoras", sua vontade, estão em qualquer caso submetidas a esta. Mas se esse tipo de considerações dissolve a figuração ideológica tradicional dos juristas, não é menos certo que o momento da vontade permanece na obra de Stutchka mais do que deficientemente explicado. Os "interesses de classe" qualificam diretamente as relações de produção; as normas não as alteram nem os interesses, as normas; a própria classe sujeito de esses interesses se define consequentemente por elementos objetivos – únicos que são tomados em conta – empobrecendo-se de sua subjetividade,[45] e,

---

[45] As palavras finais da *Miséria da Filosofia* dão uma ideia da atenção concedida pelo jovem Marx, precisamente, à subjetividade na definição das classes. No mesmo sentido, interessam as seguintes linhas, extraídas

assim, finalmente a subjetividade inteira – e grande parte do poder político, que não é aspecto menor dela – desaparece do âmbito das questões jurídicas; é – uma vez mais – não essencial para elas. Essa teoria jurídica – como, por caminhos diferentes, a de Pachukanis, também insuficientemente atenta ao momento normativo do direito ainda que melhor orientada para chegar a teorizá-lo – era demasiadamente frágil para resistir às tensões a que iria ver-se submetida até os anos de 1930. Para os hábitos do pensamento de diversas concepções especulativas, talvez esta intromissão mundana das forças, das paixões e das tensões políticas no presumivelmente impoluto universo da teoria seja somente a confirmação de uma alheia servidão: a da teoria jurídica ao poder soviético, mais que insinuada por Kelsen. Mas a concepção especulativa esquece com farto descuido as suas próprias tarefas de serventia, como a conversão em critério diretor da elaboração teórica da subordinação da análise da realidade à produção ideológica,[46] ou mesmo o puro e simples

---

da análise de uma situação concreta: "os camponeses parceleiros constituem uma gigantesca massa, cujos membros vivem na mesma situação, mas não estabelecem relações diversificadas entre si. O seu modo de produção os isola uns dos outros, em vez de levá-los a um intercâmbio recíproco (...). Cada família camponesa (...) [obtém] os seus meios de subsistência mais da troca com a natureza do que do intercâmbio com a sociedade. (...) Milhões de famílias existindo sob as mesmas condições econômicas que separam o seu modo de vida, os seus interesses e a sua cultura do modo de vida, dos interesses e da cultura das demais classes, contrapondo-se a elas como inimigas, *formam uma classe*. Mas na medida em que existe um vínculo apenas local entre os parceleiros, na medida em que a identidade dos seus interesses não gera entre eles nenhum fator comum, nenhuma união nacional e nenhuma organização política, *eles não constituem classe nenhuma*" (MARX, Karl. *O 18 de brumário de Luís Bonaparte*. Trad. Nélio Schneider. São Paulo: Boitempo, 2011, pp. 142/143, os itálicos são meus).

46 Por exemplo, E. Bodenheimer escreve: "hoje, quando o direito como instrumento essencial da civilização está mais do que 'duplamente ameaçado', não podemos permitir-nos o luxo de uma teoria jurídica positivista" (BODENHEIMER, Edgar. *Teoría del derecho*. Trad. Vicente Herrero. México: Fondo de Cultura Económica, 1946, p. 13).

PREFÁCIO À EDIÇÃO ESPANHOLA – DIREITO, POLÍTICA...

emudecer, serenamente preconizado por Ihering, jurista consciente da burguesia ("esqueceria o caráter do público a que me dirijo se disser apenas uma palavra mais"), quando sua verdade ameaçava tornar-se perigosa.

Era precisamente a subjetividade, a força política e social do povo soviético a que necessitava recorrer esta "metade política do socialismo" que era o Estado dos operários e dos camponeses para construir a outra "metade" deste, sua base industrial, na terceira década do século. Isso deveria ser feito nas condições impostas pelo cerco capitalista, pelas derrotas dos proletariados dos países europeus industrializados entre 1921 e 1923 – cuja consequência tendia a ser a de identificar os interesses destes e em geral de todo o movimento revolucionário com os da industrialização da URSS –, e a partir de um proletariado russo extraordinariamente reduzido – muito mais que dizimado para a produção pela revolução e a guerra civil – para a magnitude da tarefa que aguardava. Nessas condições, a iniciativa de industrializar a URSS se traduziu em enormes tensões daquela sociedade ainda em grande parte medieval. A construção – a edificação socialista – absorvia uma fração elevada da energia social, sem que sempre houvesse a suficiente para o controle do aparato político e menos ainda para a gestão deste por parte do poder social, e não por um grupo segregado dele e especializado. Quanto aos erros – mas não houve só erros – também pode ser lembrada aqui uma característica da revolução socialista, que a diferencia das revoluções burguesas: a classe que encabeça estas últimas acede ao poder político levando adquirida já uma bagagem de experiência na organização econômica da sociedade – a burguesia dirigiu a produção antes de dirigir o Estado, enquanto o proletariado necessita conquistar previamente o Estado para dirigir a produção. Assim, com muito escassa teoria, o poder do Estado soviético iria converter-se no instrumento essencial para a realização do propósito a que se aplicava a expressão da vontade do povo; um Estado inexperiente, ignorante dos efeitos econômicos e sociais da lei do valor no socialismo, débil frente às ameaças a uma iniciativa que deveria se realizar a todo custo antes que ocorresse a conjunção de imperialismos muito concretos.

O direito soviético dos anos 1930 não podia limitar-se a "refletir" as relações econômicas do socialismo; estas não existiam e aquele havia de ser um instrumento para criá-las; tampouco tinha, no princípio, o direito soviético – ainda que esta seja outra história – por que "encobrir" o interesse de classe do proletariado: o produto deste, não a mercadoria, mas a sociedade capitalista, dissolveria o antagonismo das classes e abriria assim o caminho a uma sociedade nova, seguramente diferenciada, mas em que não terá que existir a divisão em classes. Isso trazia ao primeiro plano o elemento cuja função mais ofuscada permanecia na teoria do direito de Stutchka: a vontade, a subjetividade. E talvez nada explicite melhor a nova perspectiva imposta que a nova "fórmula", de Vychínski agora, que iria assinalar o âmbito da elaboração jurídica soviética nesse período: "o direito é um conjunto de regras de conduta que expressam a vontade da classe dominante, legislativamente estabelecidas, e de costumes e regras de vida comunitária sancionadas pelo poder estatal, cuja aplicação está garantida pela força coercitiva do Estado para tutelar, sancionar e desenvolver as relações sociais e os outros ordenamentos sociais vantajosos e convenientes para a classe dominante". Poderia firmá-la Kelsen (sem outra substituição que a de "classe" por "grupo", para salvar a alma, e a eliminação de algumas redundâncias). A mudança no que diz respeito à abordagem de Stutchka é fundamental: na caracterização do direito, as relações de produção são deslocadas do lugar privilegiado que ocupavam, substituindo-as as normas, produto exclusivo da vontade da classe dominante, vontade que sustenta também a correspondência das relações de produção aos interesses de classe, antes considerada independente dela. Em substância, identificação imediata do direito com a política e rejeição à não-essencialidade da gênese causal objetiva do primeiro a partir das relações de produção, pois a vinculação do direito às relações de produção permanece estabelecida pela vontade da classe dominante. (Poderia se acrescentar que a teoria reforça a

PREFÁCIO À EDIÇÃO ESPANHOLA - DIREITO, POLÍTICA...

série de concausas pelas quais a vontade da classe dominante foi substituída no Estado soviético da época pela vontade do grupo dirigente no Estado e no Partido, por muito que esta última coincidira com os principais interesses objetivos da classe dominante, do povo e do movimento revolucionário).

O que mais interessa dentro do reduzido âmbito de questões em que se movem estas páginas é apontar para a característica compartilhada pelas duas grandes linhas teóricas da jurisprudência soviética, ou, o que é o mesmo, a característica mais geral desta durante um longo período: a captação parcial de seu objeto, com sua redução do direito às relações de produção, em Stutchka, e redução do direito à política, em Vychínski, *faltando em ambos os casos a explicação histórica materialista do conteúdo concreto das normas jurídicas.* Só parcialmente ficam recolhidos os nexos causais que levam de relações de produção concretas, historicamente determinadas, às concretas e historicamente determinadas relações jurídicas que expressam as primeiras. É claro que na reflexão soviética se captam alguns desses nexos – os interesses de classe, o poder estatal, a vontade política... –, mas aparecem formalmente, ignorando-se as fases e a hierarquia de sua causação interna referida a algumas relações jurídicas dadas. Isso traduz, em definitivo, um insuficiente domínio desse produto social que é o direito e permite uma possível degradação deste como instrumento da construção da sociedade em que finalmente já não será causado e se extinguirá.

Essa degradação se manifesta no próprio fazer prático da jurisprudência soviética na época de referência e pode ir desde a diretiva dada à atividade judicial, de provar a "verossimilhança" – e não já a verdade – da acusação, até a identificação da insuficiência teórica com a traição política: pense-se nas acusações de "sabotador" e "espião" que Vychínski dedica a Pachukanis[47] (inclinação, sem dúvida,

---

[47] Cf., por exemplo, VYSHÍNSKI, Andrei Y. *The Law of the Soviet State.* Trad. Hugh W. Babb. Nova York: Macmillan, 1961, p. 54.

não exclusiva do cortesão stalinista de outra forma manifestada embrionariamente já em Stutchka; veja-se sua crítica a Góikhbarg,[48] na qual se misturam a atitude do cientista e a do responsável político – na suposição de que haja como diferenciá-los). Degradação que, sem dúvida, produz-se em um *contexto de superação do horizonte limitado do direito burguês*, da que dão prova instituições como o tribunal de arbitragem, não obrigado a decidir, como os tribunais burgueses, de acordo com a particular pretensão de uma ou outra das partes em litígio, mas capaz de buscar – com independência das pretensões das partes – a solução ótima do mesmo desde o ponto de vista dos interesses da nova sociedade (terreno que o capitalismo veda à deusa Justiça inclusive com olhos vendados!), ou mesmo a eliminação do diminuído estatuto jurídico do estrangeiro, terreno este em que nem sequer a burguesia havia conseguido superar o direito tribal.

As insuficiências da teoria do direito soviético traduzem seguramente deficiências substanciais – percebidas angustiada e algo desesperadamente por Lênin ao final de sua vida – da organização jurídico-política criada pelo poder dos operários e dos camponeses. A angústia de Lênin por conhecer, teorizar e corrigir o funcionamento do novo aparato estatal não encontrava eco: Stutchka adia uma e outra vez sua reflexão sobre o poder público remetendo confiadamente a *O Estado e a revolução*, a obra *pré-revolucionária*, de Lênin, e que teorizava... como Marx, a Comuna de Paris. Esse, sem dúvida, não podia ser fundamento suficiente: a eletricidade, desde então, substituía o vapor, e a eletrificação, com toda a história posterior, daria de si uma época técnica e *socialmente* mais complexa que a suscetível de ser governada simplesmente mediante os princípios descobertos por uma insurreição operária e popular do século XIX. Na URSS,

---

[48] Cf. STUCKA, P. I. "'El llamado derecho soviético': a propósito de una desviación jurídica (1925)". *In*: STUCKA, P. I. *La función revolucionaria del derecho y del Estado*. 2ª ed. Trad. Juan-Ramón Capella. Barcelona: Península, 1974, pp. 287-297.

PREFÁCIO À EDIÇÃO ESPANHOLA - DIREITO, POLÍTICA...

com a circunscrição da vida política ao interior do grupo revolucionário nesse cúmulo de condicionamentos, foi sufocado inclusive o princípio diretor da luta interna neste, o centralismo democrático (rechaçado externamente por ser um fator decisivo da regeneração do grupo), e isso com toda a série de transtornos conseguintes ainda não dominados (desde as "cadeias de transmissão", por baixo, até o problema da substituição dos grupos dirigentes, por cima).

Sobre as teses das "cadeias de transmissão", a subordinação das organizações sociais ao aparato do poder (Estado e Partido, com a particularidade de que se trata do Estado dos sovietes), que tampouco permaneceu na teoria, dá a chave de toda essa degeneração. Pois não é nas relações de produção socialista, na "base econômica", onde se originam as deficiências *principais*: pelo contrário, é esta "base" a que proporciona uma linha de força em torna da qual cristaliza o progresso e a racionalidade. Tampouco o aparato político *em si mesmo* parece razão suficiente daquela (nem, como creu com otimismo Della Volpe,[49] basta o garantismo constitucional socialista para a regeneração: se se me permite um contraexemplo, direi que o refinamento neostaliniano gosta de substituir o campo de concentração pelo hospício, isto é, de deslocar a repressão a terrenos alheios ao jurídico). É o *poder social* efetivamente organizado, a articulação social consciente e voluntária, o mediador real entre a base e o aparato público: o que foram originalmente os *sovietes*, ou os *consigli di fabbrica*, ou o que em todas as bocas corre. Esse poder, *não público*, foi o convertido em "cadeia de transmissão" nos anos trinta. Ficou, isso sim, a adesão mítica das massas – a Stálin; hoje a Mao Zedong –; ficou *inarticulada* ou *desarticulada*. Há de haver muita verdade, muita racionalidade nas relações de produção socialistas para que resista a substituição da energia social conscientemente organizada pelo mito ideológico. Isso mostra que não é estritamente no campo jurídico onde pode se esgotar a luta por uma sociedade racional e

---

[49] DELLA VOLPE, Galvano. "La legalitá socialista". *Critica marxista*, Roma, PCI, ano II, nº 1, jan./fev. 1964, pp. 148 e ss.

livre. Direito, política e poder social se acham estreitamente vinculados. A insuficiência da sua compreensão crítica abre espaço ao mito, ainda que por acaso seja finalmente vão pedir a aceitação deste pelos homens que manipulam o aparato tecnológico da segunda metade do século XX. Ao menos onde esse aparato existe, o Príncipe pode fabular novas representações ideológicas. Nem afirmar – novo mito – a tradução sem mediações do ideal em realidade. Mas pode chamar urgentemente novos funcionários que organizem – a partir da única alternativa possível: a articulação social consciente e voluntária – o *referendum permanente* sobre o qual já se falava, sem dúvida, em tempos mais tenebrosos que os nossos.

Barcelona, 7 de fevereiro de 1969

JUAN-RAMÓN CAPELLA

Jurista espanhol, professor catedrático emérito de Filosofia do Direito, Moral e Política da Universidade de Barcelona.

PREFÁCIO À EDIÇÃO BOLIVIANA (2008)[50]

1

A publicação do texto que o leitor tem em mãos sofreu uma série de avatares. Entre eles, os que o próprio autor P. I. Stutchka assinala em seus diversos prólogos, tanto na concepção da obra, no momento em que a elaborou, na oportunidade de sua publicação e no significado que deveria ser dado à legalidade socialista nos primeiros dez anos da revolução. Ainda por cima haverá o problema de sua situação pessoal logo depois da morte de Lênin e o ter que se confrontar com a nova "linha" do Partido imposta por Stálin, o que finalmente implicará que sua obra reste como "maldita", portanto, desprezada, censurada e expulsa de toda instituição soviética. Finalmente, o próprio autor teve que enfrentar a morte, marginalizado e expurgado pelo Partido.

A obra de Stutchka, praticamente esquecida, foi impressa pelas então Edições Península de Barcelona – Espanha, livro que

---

50 Texto publicado em AGUDO, Gonzalo Trigoso. "Prefacio". *In*: STUCKA, Pietr I. *La función revolucionaria del derecho y del Estado.* Trad. Juan-Ramón Capella. La Paz: Ministerio de Trabajo, Empleo y Previsión Social, 2008, pp. 8-36. Tradução de Pedro Pompeo Pistelli Ferreira. Revisão da tradução de Ricardo Prestes Pazello. (N.E.B.)

teve duas edições, as quais, pelo que se sabe, esgotaram-se quase imediatamente. Muito poucos exemplares teriam chegado à América e, entre esses poucos livros, menos ainda chegaram a mãos de juristas, e quem dirá à Bolívia.

Há cerca de cinco anos, tomou-se conhecimento da notícia de que advogados de uma organização política de esquerda no Brasil tinham realizado o enorme esforço de publicar o primeiro capítulo do livro de Stutchka. Como se compreenderá, a notícia gerou imenso interesse na possibilidade de obter um desses textos, no qual seria possível encontrar de maneira direta o pensamento desse jurista soviético, até então conhecido apenas por comentários muito superficiais, mais políticos do que propriamente jurídicos. Coisas da vida, em 2003, levaram-me a São Paulo, onde, logo após realizar a busca, pude adquirir o livro em português. Comentei sobre tão importante achado com um eminente intelectual e lutador social, Osvaldo Coggiola, docente da Universidade de São Paulo, e grande foi minha surpresa quando, ao visitar a espetacular biblioteca desse sábio, mostrou-me o livro completo em espanhol com as características indicadas linhas acima: o livro completo com mais alguns ensaios adicionais posteriores do próprio Stutchka. E dessa maneira uma cópia dessa obra chegou às minhas mãos.

Por muito tempo ponderei a ideia da necessidade de poder reimprimir o livro. A essa posição me levou a negligente ou voluntária atitude dos juristas que, em seus trabalhos de filosofia do direito ou de história do direito, desconhecem o tema ou diretamente o ignoram ou o censuram. Outro aspecto inquietante é aquele que explica que o marxismo não elaborou uma teoria jurídica, que existem alguns textos isolados ou frases clássicas de Marx, Engels ou Lênin, que são aquelas sobre as quais há que se basear. Que, ademais, por ser o direito mera ideologia não tem sentido perder tempo com o seu estudo.

Foi assombroso que, mesmo em Cuba, os juristas não conhecessem nem o trabalho nem o nome de Stutchka, os advogados e

PREFÁCIO À EDIÇÃO BOLIVIANA (2008)

antigos lutadores da Serra Maestra, sim, puderam dar notícias sobre docentes universitários que falavam sobre o tema, porém mais como um conhecimento enciclopédico do que como estudo prático ou aplicação dessa natureza em uma sociedade socialista.

Além disso, os textos jurídico-marxistas aos quais se podia acessar em nosso país não explicavam de modo algum os problemas teóricos e práticos aos quais seguramente se viram submetidos os juristas soviéticos da época heroica; além de nada aportar para o processo revolucionário, salvo as exceções que logo serão vistas.

Talvez pudessem ser divididos em três grupos: aqueles que seguiam a linha do manual estalinista (Edições Progresso) como os de Iávitch ou Aleksándrov (sob inspiração ou determinação de Vyshínski), que de direito não dizem absolutamente nada apesar de serem supostamente textos especializados; ou os textos de ruptura como os italianos e franceses, no primeiro caso, com base no pensamento de Gramsci, com trabalhos da estatura de Cerroni (mas tão teóricos, quase hegelianos e tão pouco práticos), ou os franceses, que, seguindo o marxismo estrutural de Althusser, tentaram também explicar o direito, como o casal Weyl, Edelman ou outros; finalmente, há um primeiro núcleo de juristas latinos do estilo de Eduardo Novoa Monreal que querem pôr o direito a serviço da luta prática do proletariado e de seus aliados, querendo dar razão ao marxismo jurídico como método e doutrina para entender da melhor maneira a realidade social e o próprio direito para avançar em direção à revolução.

2

Em geral, os textos de filosofia jurídica, história do direito ou introdução do direito, quando não as próprias disciplinas jurídicas particulares em seus parágrafos introdutórios, costumam mostrar desconhecimento sobre o pensamento jurídico marxista. É comum que a explicação se reduza a comentários genéricos sobre as obras de Marx e Engels, basicamente: a sociedade humana é histórica, nem sempre existiu propriedade privada dos meios de produção, houve um tempo na antiguidade no qual os seres humanos eram proprietários sociais no comunismo primitivo, com a evolução da família e a apropriação da terra se produziu o trânsito à sociedade na qual os seres humanos se dividiram em proprietários e não proprietários dos meios de produção, a partir de então a história da humanidade é a história da luta de classes; classes sociais que se caracterizam pelo lugar que ocupam no processo da produção já como proprietários ou não proprietários. Essa situação não será eterna, mas, na época do capitalismo, o proletariado, para libertar-se do jugo do capital, da lei do valor, deverá emancipar a sociedade inteira de tal modo que, ao fazê-lo, poderá instaurar um novo tipo de sociedade e de propriedade, a propriedade social de todos os seres humanos sobre os meios de produção, o modo de produção socialista. Com o advento do socialismo, da nova base econômica da sociedade, será produzida também a gênese de uma nova superestrutura ideológica, a qual implicará a princípio (na primeira fase do socialismo, na ditadura do proletariado ou o governo operário-camponês) ainda a existência do Estado e do direito, mas com o passar do tempo começarão a se debilitar até "extinguirem-se" e desaparecerem completamente, uma vez que não são essenciais à sociedade nem são um ser em si. Essas são todas as generalidades que se podem encontrar nesses textos; alguns, para manterem sua "atualidade" (há vinte anos ou mais), relacionaram essas abordagens com a antiga URSS, para além disso não há maior novidade nesses trabalhos.

Como se desde meados do século XIX, quando as teses indicadas foram lançadas, não tivesse acontecido nada na história da humanidade, como se não tivesse sido produzida a Revolução Russa de 1917, com todos os problemas que devia resolver, inclusive os jurídicos, e como se tampouco tivessem sido criados novos postulados na China e nos outros países socialistas.

PREFÁCIO À EDIÇÃO BOLIVIANA (2008)

3

Uma coisa era sustentar de forma geral as teses centrais sobre o direito pleiteadas por Marx e Engels, e outra diferente, reduzir a essas teses o problema real do direito em uma formação social dada e concreta. Os revolucionários na Rússia se veriam diante dessa problemática. Mas tampouco se deve deixar as coisas como se Marx e Engels tivessem elaborado suas teses como produto de suas elucubrações teóricas sem relação com a realidade. Eles escreveram em meados do século XIX relativamente ao desenvolvimento do modo de produção capitalista de então e baseados nas "aquisições" teóricas anteriores e no que se desenvolvia em seu tempo. De fato, a temática de que o direito não é essencial e que deve extinguir-se teria sido tomada, entre outros, de Montesquieu do *Espírito das leis*, essa mesma de que a sociedade pode autorregular-se sem necessidade de juízes ou advogados, apenas com a justiça popular em ação; essa foi parte de uma das fontes das quais Marx bebeu para elaborar sua teoria (Lênin explica-o com as três fontes do marxismo: a economia política inglesa, a filosofia racionalista alemã e a sociologia francesa). Acima de tudo, Marx e Engels trabalharam com os materiais de seu tempo, sobre sua própria realidade, e utilizaram os instrumentos teóricos e científicos que existiam nesse mesmo tempo. Daí que, por exemplo, no *Manifesto comunista*, iniciam essa obra com a célebre frase de que a história da humanidade é a história da luta de classes; mas isso foi publicado em 1848, pelo menos vinte anos antes da realização dos trabalhos de Bachofen, Morgan, Kovalevsky e outros. As ciências sociais como as conhecemos hoje nem sequer tinham sido fundadas. Mas Marx e Engels não eram charlatões nem defendiam suas posições porque assim lhes aprouvesse: sempre que houve um descobrimento científico ou um dado novo que pusesse em dúvida ou diretamente refutasse suas teorias, não tinham o menor problema em aceitá-los e reorganizar a bateria teórica. Obedece a isso a obra de Engels de *A origem da família, da propriedade e do Estado* ou os *Cadernos Kovalevsky* e os estudos antropológicos de Marx; de todo modo modificam bases substanciais da teoria marxista, penetram nesse mundo tão pouco estudado (quase virgem) relativo ao que se conhece genericamente como comunismo primitivo, tema que se aprofundará em Marx no conhecido *Formas pré-capitalistas de produção* dos *Grundrisse*. A própria modificação do caráter da tomada do Estado para a democracia que estava proclamado no *Manifesto* e que foi superado pela demolição desse Estado para a reconstrução de um novo desde as cinzas, à luz dos acontecimentos da Comuna de Paris de 1871. Marx lerá o significado estatal do novo Estado, de sua nova forma e da maneira como se dará a partir da experiência real, material, da Comuna, nessa construção parisiense, Marx verá o protótipo do novo Estado socialista, mas a experiência foi muito breve, o gérmen de desenvolvimento do primeiro Estado proletário do mundo foi esmagado rápida e cruelmente, e à temática jurídica na realidade não se atentou muito, a não ser a conclusões posteriores que estão na *Crítica ao Programa de Gotha*, que podem ingressar naquela classificação de frases célebres.

Marx e Engels, e o resto dos marxistas, socialistas científicos como se denominavam, tal como Ferdinand Lassalle, deixaram as coisas tal como sua realidade lhes impunha, escrever para além dessa realidade era especular, charlatanismo, diriam eles.

4

Em contrapartida, Lênin e o POSDR-B [Partido Operário Social-Democrata Russo – Fração Bolchevique] atuaram em outra realidade, são parte do início do século XX e por isso da terceira fase do capital, do imperialismo. Com base em um marxismo ortodoxo, aplicado a uma tão dinâmica realidade como a da Rússia, desenvolverão sua bateria teórica. Em Lênin, o fundamental foi aprofundar a temática econômica, daí o *Desenvolvimento do capitalismo na Rússia* e toda a produção e atividade do Partido durante aqueles anos prévios à Primeira Guerra Mundial (1914-1918), enfrentando a divisão com a fração menchevique e delimitando posições, estabelecendo uma linha durante a guerra russo-japonesa (1904-1905), logo

PREFÁCIO À EDIÇÃO BOLIVIANA (2008)

na primeira Revolução Russa de 1905, com a criação dos sovietes e sua explicação como canal de mobilização e construção revolucionária de poder dual etc., até o distanciamento da II Internacional social-democrata por causa da posição nacional-chauvinista dessa organização ante a iminência do que foi a Primeira Guerra Mundial.

Para o caso de que tratamos, é importante fazer referência a três obras capitais escritas de forma consecutiva por Lênin durante a guerra, entre 1914 e 1917, que foram a base do pensamento revolucionário leninista: *Imperialismo, estágio superior do capitalismo*, como resumo da obra muito maior *Cadernos sobre o imperialismo*. Além disso, temos um texto que é chave para entender o pensamento leninista, as dúvidas e os buracos negros que existem sobre a doutrina, assim como, em contrapartida, as soluções e investigações que fazem ver a riqueza e multiplicidade do marxismo, trata-se dos *Cadernos filosóficos*, obra na qual, com base na história da filosofia, nos trabalhos de outros filósofos (principalmente Hegel) etc., Lênin define suas teorias sobre o materialismo dialético, encontrando, como dissemos, as limitações e aqueles aspectos que não foram superados nem analisados anteriormente, é um trabalho muito mais profundo do que *Materialismo e empiriocriticismo* porque, no primeiro caso, é um ajuste de contas com o próprio materialismo dialético e consigo mesmo, mais do que uma ortodoxia contra as posições doutrinárias do inimigo de classe. E o terceiro grande trabalho publicado momentos antes da Revolução de Outubro de 1917 foi *O Estado e a revolução*.

Se se observam essas três obras, entende-se que ali se encontram as bases econômicas, filosóficas e estatal-jurídicas do pensamento leninista. Outras obras fundamentais daquele tempo se referiram à organização do Partido, aos problemas táticos e estratégicos etc. Mas esses três livros são o guia teórico da revolução.

Em *O Estado e a revolução*, não encontraremos maiores novidades que não sejam a ratificação dos posicionamentos fundamentais e clássicos de Marx e Engels sobre o assunto: o fato de que o Estado é um instrumento de dominação a serviço da classe economicamente dominante sobre o resto da sociedade, de que o direito é a vontade dessa classe dominante erigida em lei e de que, em última instância, ante a construção da nova sociedade socialista, o Estado e o direito se extinguirão, passarão a converter-se em "artefatos" antiquados pertencentes a um museu de história da humanidade junto com a roca de fiar e o machado de bronze.

A primeira etapa da revolução na Rússia foi produzida em fevereiro[51] de 1917, a revolução democrático-burguesa, o Partido considerou que era necessário neutralizar o Tsar e colaborar com a burguesia mediante um sistema parlamentar, em tais circunstâncias apoiando a conformação da Duma. Lênin, exilado em Zurique, com suas *Cartas de longe* e *As teses de abril*, mudará essa posição e assinalará que, nas condições existentes na Rússia, "sob a direção de orquestra da guerra mundial", elemento-chave e fundamental para seu posicionamento, era possível superar de imediato a etapa democrático-burguesa, finalmente a Rússia havia conhecido a experiência capitalista durante os últimos cinquenta anos – posição demonstrada em *O desenvolvimento do capitalismo na Rússia* –, razão pela qual não havia nenhuma esperança para as massas oprimidas com o novo sistema parlamentar, que tampouco pensava em avançar a reforma agrária (tentada timidamente pelo ministro de assuntos agrários, Stolypin, antes de 1910), portanto, o latifúndio e o sistema servil do camponês se manteriam, tampouco a burguesia no novo bloco histórico de poder com a aristocracia desejava melhorar a sorte dos operários e trabalhadores submetidos à situação de superexploração e repressão policial (tão bem descrita por Górki em *Os ex-homens* e por outras obras literárias como as de Tolstoi, Gógol e outros). As condições históricas concretas às quais fazia referência Lênin davam como resultado a necessidade de avançar à etapa insurrecional

---

[51] O autor refere-se aos fatos históricos relativos à Revolução Russa de 1917 segundo o calendário juliano, ou seja, o calendário utilizado na Rússia até a atualização para calendário gregoriano, em 1918. (N.E.B.)

PREFÁCIO À EDIÇÃO BOLIVIANA (2008)

para instaurar a ditadura revolucionária do proletariado, o governo operário-camponês e a derrocada da aristocracia e da burguesia.

Como bem se sabe, finalmente em outubro de 1917, se produz a espetacular e épica revolução socialista. O Partido bolchevique consegue depor o regime imperante e, sobre a base dos sovietes (conselhos ou assembleias) de deputados operários, camponeses e soldados, instaura o novo sistema.

A partir desse momento, o tema jurídico começa a ser um problema a se solucionar. Em princípio, o país adaptado ao "comunismo de guerra", isto é, às cotas, racionamentos e privações próprios de uma guerra (muito de uma guerra com as características da Primeira Guerra Mundial), manteve-se disciplinado sob as regulações que foram estabelecidas naqueles três anos. Quanto ao novo governo, prontamente fez-se evidente que era necessário legislar. Uma vez que Lênin foi eleito pelo Soviete Supremo como autoridade máxima do Estado, o povo esperava a nova legislação, a qual foi redigida pelo punho e letra de Lênin e aprovada pelo soviete, entre elas: i) a declaração de direitos do povo e dos explorados; ii) a finalização da guerra com a Alemanha; iii) a lei de confisco de terras dos aristocratas terratenentes e sua transferência a camponeses, já por via de colcozes (cooperativas) ou outras formas adequadas à nova situação; iv) os direitos sociais ou laborais para operários e trabalhadores; v) a lei de herança etc. Uma montanha de normas legais. Ao mesmo tempo, era necessário organizar o sistema judicial. Em princípio, se manteve a regulamentação própria daquele "comunismo de guerra", mas quase de imediato teve que se instaurar ou permitir de fato o funcionamento dos tribunais populares, que começaram a administrar justiça contra aqueles sujeitos considerados como contrarrevolucionários, mas também tiveram que administrar e fazer justiça dando a cada um o que lhe correspondia, por assim dizer. Prontamente fez-se necessário estabelecer normas jurídicas cada vez mais precisas e nítidas no substantivo e no adjetivo, assim como estabelecer tribunais com jurisdição e competência emanada diretamente dos sovietes ou do governo central.

A federação de repúblicas dos sovietes se encontrava em meio a duas guerras, uma internacional e outra civil. A internacional, no que diz respeito à Alemanha, finalmente pôde ser controlada com o Tratado de Brest-Litovsk, mas, quase imediatamente finalizada a guerra mundial, as potências estrangeiras até então inimigas entre si começaram a unir-se para invadir a Rússia soviética, dessa maneira, não era possível conter semelhante maquinaria de guerra com milícias armadas de operários e camponeses, o que deu lugar à conformação do poderoso Exército Vermelho, exército de primeira linha, regular, ainda que com diferente doutrina militar e política, mas com mando centralizado e hierárquico, apesar dos controles que exerciam os comissários políticos e a própria tropa, em um sistema similar ao do controle operário nas fábricas. Internamente se organizou um Tribunal Supremo e se criou a partir dele um sistema de tribunais federais e de base que, em última instância, substituíram os tribunais populares. Teve-se que reorganizar o exercício da advocacia com um novo sistema por meio do qual se criavam consórcios de advogados por zonas e bairros, que de maneira conjunta e colegiada atendiam os casos, deixando de lado o individualismo próprio da profissão, além de que tais consórcios não podiam ser exercidos fora dos bairros e zonas designadas, com o que se eliminavam os poderosos advogados e seus escritórios burgueses que tinham o controle de uma infinidade de casos "grandes" em todo o território. Tudo isso era novo, eram tempos de experimentação, o mesmo acontecia em outros âmbitos da vida, como no caso da renúncia de Lunatchárski como Comissário de Educação e Cultura, quando se inteirou de que o Exército Vermelho tinha demolido com sua artilharia uma igreja medieval na qual se tinham entrincheirado Guardas Brancos contrarrevolucionários; diante dessa situação, Lênin e seu gabinete ditaram uma norma jurídica que estabelecia que o Exército Vermelho, sempre que não signifique risco para a derrota quanto ao objetivo militar delimitado, nem implique maiores baixas do que as consideradas normais, devia evitar a todo custo destruir edifícios civis, políticos, eclesiásticos e outros que constituam patrimônio e herança do povo, dessa maneira, deviam atuar com o devido cuidado para evitar a

PREFÁCIO À EDIÇÃO BOLIVIANA (2008)

perda de bens artísticos e culturais, todos os quais eram considerados herança cultural do povo e, portanto, deviam ser protegidos; com essa condição o Comissário de Educação retornou a seu cargo.

Apesar de toda a doutrina e do próprio O Estado e a revolução, a realidade impunha que os aparatos repressivos do Estado, em vez de se extinguirem, precisamente se fortaleciam. A princípio, não houve necessidade de realizar justificativas ou reformulações teóricas, o tema era simples, era necessário proteger o novo Estado de operários e camponeses contra as potências imperialistas que invadiam o território nacional e havia que quebrar a resistência interna dos inimigos da revolução (Kérenski, Kornílov, Koltchak etc.). Era isso ou sucumbir.

Com o passar dos meses, o Exército Vermelho pôde deter e derrotar os inimigos externos, igualmente, a mesma força armada, a polícia e os tribunais puderam pacificar internamente o país, esmagando os grupos armados contrarrevolucionários. A revolução triunfou e se consolidou.

Mas longe de esses aparatos repressivos começarem a se extinguir, eles, na verdade, se potencializaram. Nesses anos é que Stutchka como advogado e velho militante bolchevique assumiu diversos cargos hierárquicos no aparato jurídico estatal. Mais que isso, desenhou a base do currículo das propedêuticas dos cursos de direito. É também nesses momentos que o jurista começou a refletir acerca da realidade do direito. Entende que, em um momento tão crítico como o que vive o Estado soviético, não há maior importância em polemizar sobre o ser e a essência do direito, disciplina que, por outro lado, era considerada contrarrevolucionária. Desde que os clássicos do marxismo tinham declarado que o ser em si do direito encontrava-se na economia (tal é o caso do célebre Prefácio à Contribuição à crítica da economia política, de Marx), e que, portanto, o estudo daquilo que é denominado direito não tinha sentido, pois era um estudo do ser para outro, e que, para conhecer o direito, tinha que se conhecer a economia, então, todo estudo jurídico restava cancelado.

Na realidade, era considerado como uma atividade suspeita, posto que o direito havia servido para proteger a propriedade industrial ou rural dos grandes potentados burgueses e aristocratas, e, como se crê na cultura popular universal, os advogados são considerados seres corruptos e "sanguessugas". Assim e em meio a duas guerras (estrangeira e civil), falar de direito era muito complicado.

5

Stutchka publicará sua obra em momentos mais tranquilos e que, além disso, por necessidade, esperavam novas respostas aos desafios enfrentados pela sociedade, desafios que, ademais dos próprios à construção de um novo Estado, eram também desafios jurídicos, havia muitas, muitíssimas, perguntas a responder em matéria legal. Foi em 1921 quando se realizou a publicação [de *O papel revolucionário do direito e do Estado*]. O livro se esgotou quase de imediato, havia uma intensa sede de explicar e entender o que acontecia juridicamente no Estado soviético. As teses clássicas de Marx, Engels e Lênin serviam para explicar no macro o problema do direito e a maneira de o encarar na sociedade capitalista ou em uma formação social pré-socialista, mas pareciam não ser capazes de dar conta do que acontecia em uma formação social socialista. Na realidade, a falta de detalhe e de sistematização de uma doutrina jurídica marxista, não elaborada pelos clássicos, colocava em sérias dificuldades teóricas e práticas os juristas soviéticos. Em outras palavras, uma coisa era sem guitarra e outra com guitarra. Quando se produziu a tomada do poder em outubro de 1917, os juristas da revolução tiveram que atuar em uma realidade diferente, com guitarra.

Nos primeiros anos da revolução, problemas tão urgentes como os da guerra estrangeira e da guerra civil, a falta de colheitas agrárias em decorrência do esforço militar e da conflagração que destruía tudo, assim como a reativação do aparato industrial, a contenção das epidemias e das enfermidades, a mobilidade social, a dificuldade em substituir os líderes naturais do proletariado ou do Partido que

PREFÁCIO À EDIÇÃO BOLIVIANA (2008)

tinham morrido ou que se encontravam servindo em missões que os absorviam totalmente, o controle interno do Partido com a revogação do centralismo democrático, a planificação da economia, as transferências de mercadorias do campo à cidade e vice-versa, o controle do comércio internacional, a concentração do capital bancário nas mãos do Estado; em outras palavras, o pôr de pé o Estado socialista fazia, realmente, do econômico o fundamental, o sonho de Lênin da eletrificação e os sacrifícios que ele comportava.

Por outra parte, dentro do debate teórico interno do Partido, encontravam-se temas que politicamente eram "mais" importantes e de cuja solução e aprovação como linha oficial do Partido dependia a posição "secundária" dos aspectos formais, culturais e, por certo, do direito. Discussões acerca da democratização por eleições gerais do regime (tal como a encerrada Assembleia Constituinte de 1918); discussões sobre a suspensão temporária da democracia interna no Partido ou do centralismo democrático, enquanto se superem as agressões militares contrarrevolucionárias externas e internas, as críticas de incorrer em uma ditadura e o que isso implicava para setores do Partido que não aceitavam que o Comitê Central assumisse a direção total do processo; o problema das nacionalidades, que foi tão torpe e criminalmente esmagado na Geórgia por Stálin; a derrota do Exército Vermelho às portas de Varsóvia, talvez o fato militar mais importante que marcará o limite mais alto nessa matéria e, portanto, a necessidade de assumir uma posição defensiva militar que perdurará até os anos imediatamente anteriores à Segunda Guerra Mundial. Outro ponto que gerou indignados protestos, inclusive dos camaradas em nível internacional, foi o da Nova Política Econômica (NEP), mediante a qual Lênin impôs sua posição de que, nas condições em que se vivia, não era possível avançar plenamente ao socialismo e que era necessário realizar um retrocesso à economia capitalista nas zonas rurais, em que os camponeses ricos (cúlaques) pudessem produzir segundo as modalidades anteriores à revolução, mais ainda, que parte do aparato produtivo industrial devia retornar ao sistema capitalista de produção. Em contrapartida, se sustentava que, ao se encontrar o controle do aparato do Estado em mãos do proletariado representado por seu partido, ao se centralizar e planificar-se a economia, com controle do comércio exterior e das transferências internas, e mais o controle operário coletivo nas indústrias, seria muito difícil que o capitalismo pudesse pôr em perigo, econômica ou politicamente, o novo Estado socialista. Em um opúsculo anterior à insurreição de outubro (*A catástrofe que nos ameaça e como combatê-la*), Lênin indicava que a chave para os trabalhadores no momento da revolução seria o controle, o registro e a contabilidade. Mas já ingressada a sociedade no socialismo, esses simples elementos, embora chaves, não eram suficientes. Era necessário voltar a um sistema misto, no econômico, tal como já se assinalou, com a ideia de que, permitindo o desenvolvimento da iniciativa privada, a situação econômica, pela regulação do mercado, melhoraria; além disso, permitiria ao proletariado, mediante o controle operário coletivo, aprender com os empresários capitalistas a administrar o aparato industrial e comercial; como o disse Lênin, se é necessária a recontratação dos antigos gerentes e donos das empresas, isso devia ser feito, inclusive se se tratasse de técnicos estrangeiros, mas com a finalidade de que os trabalhadores aprendessem o sistema para o aplicar posteriormente de forma autônoma e sem necessidade de recorrer a esses capitães de indústria (algo que finalmente se fez). Mas, naquele momento, grande parte do Partido, no uso do centralismo democrático partidário, apresentou sua queixa formal, inclusive foram criadas frações partidárias à esquerda com a finalidade de denunciar a atitude de Lênin, a traição, o retorno velado ao capitalismo. Finalmente, as teses leninistas se impuseram e passados poucos anos, com a guerra dupla terminada e com a produção agrícola e industrial, o país se estabilizou. A economia havia melhorado grandemente e os resultados eram visíveis, além de que a população inteira havia participado desse milagre econômico e conhecia o modo como ele foi feito, pela primeira vez, os trabalhadores eram donos de seu destino e o sabiam, ou mais, tomaram parte nas decisões da política pública. Mas também havia a compreensão leninista da revolução que considerava que, no fim das contas, por tratar-se de uma revolução realizada em um

PREFÁCIO À EDIÇÃO BOLIVIANA (2008)

país capitalista atrasado, tratava-se de uma revolução democrática burguesa, que, portanto, devia cumprir e realizar as tarefas democrático-burguesas que a burguesia havia sido incapaz de realizar, a diferença residia em que tais tarefas seriam cumpridas pelo proletariado e não pela burguesia, e, portanto, a execução e a materialização dessas tarefas estariam assinadas sob o selo socialista. Essa situação de exceção seria denominada por Trótski de revolução permanente, o fato de que uma classe social, diferente da chamada pela história para a transformação, realize essa transformação. Seria necessário saltar a longa etapa de desenvolvimento capitalista, por ser inviável na Rússia, porque nos decênios anteriores a burguesia não foi capaz de destruir o poder da aristocracia latifundiária nem a monarquia tsarista, como o fez a burguesia revolucionária francesa em 1789, ou como chegou a gerar um bloco histórico de poder a burguesia inglesa em aliança com sua aristocracia em 1648. Saltar a etapa não implicava passar diretamente ao modo de produção socialista, mas sim que o proletariado revolucionário, desde sua ditadura proletária, desde o governo operário-camponês, devia executar essas obras, essas tarefas pendentes, assentando as bases econômicas e superestruturais para o desenvolvimento do socialismo. O proletariado e as massas revolucionárias, em controle do aparato estatal, deviam desenvolver a economia e a vida social com uma marca socialista, tinha-se que cumprir as tarefas democrático-burguesas, mas sem a burguesia como classe dominante ou dirigente, era necessário substituir essa direção de classe pela direção do proletariado e seus aliados. Em algum momento, Lênin dizia que o seu era um Estado capitalista sem burguesia, ou que o Estado, de socialista, só tinha o nome, ou finalmente que o governo operário-camponês estava substituindo a burguesia no poder fazendo aquilo que a burguesia não fez.

Nessas condições do triunfo da NEP, da construção do Estado socialista e praticamente até a morte de Lênin, em janeiro de 1924, Stutchka desenvolveu o melhor de seus conhecimentos, os anos posteriores foram adversos.

6

Os aspectos da obra de Stutchka que são necessários comentar, por considerar que ajudam a compreender o significado do direito tanto em sua época como de maneira geral, são os seguintes:

Em primeiro lugar, há seu conceito de direito, aquele que tem a ver com o ser e a essência do direito, Stutchka aponta que:

> Quando, ao redigir os princípios diretivos do direito penal da RSFSR, no colégio do Comissariado do Povo para a Justiça, surgiu diante de nós a necessidade de formular a nossa, por assim dizer, concepção "soviética" do direito, detivemo-nos na seguinte fórmula: "o direito é um sistema (ou um ordenamento) de relações sociais correspondentes aos interesses da classe dominante e protegido por sua força organizada (ou seja, dessa classe)".[52]

Para além da clássica conceitualização marxiana de que o direito é a vontade da classe economicamente dominante erigida em lei e a qual se entende como parte do conceito de Stutchka e de toda compreensão marxista sobre o direito, Stutchka avançou em uma nova temática, que é o privilegiar a questão das relações sociais.

Stutchka fundamentou sua posição nos seguintes termos: "dissemos que o direito é um sistema de relações sociais ou um ordenamento social determinado. Mas o que entendemos pelas palavras relações sociais?"[53] Stutchka se apoiará em Marx: "as relações de produção, na sua totalidade, formam aquilo a que se dá o nome de relações sociais, a sociedade, e, na verdade, uma sociedade num estágio determinado de desenvolvimento histórico, uma sociedade

---

52 Cf., neste volume, p. 94 (capítulo I). (N.E.B.)
53 Cf., neste volume, p. 107 (capítulo II). (N.E.B.)

PREFÁCIO À EDIÇÃO BOLIVIANA (2008)

com caráter próprio, diferenciado".[54] (...) "'As relações de produção (e, acrescentamos, de troca) de qualquer sociedade constituem um todo',[55] diz Marx".[56] Posteriormente, encontraremos a enorme importância da temática das relações sociais como o conceito do direito em Stutchka, o qual significa toda uma revolução na concepção marxista do direito.

Stutchka toma muito cuidado para não ficar imobilizado pela correlação estrutura-superestrutura. Por isso e adiantando-se às críticas (de Popper, por exemplo, sobre o historicismo causalista), dirá:

> Marx e Engels não são simplesmente "causalistas", eles partem do *desenvolvimento dialético* de tudo o que existe. Aqui a própria palavra *desenvolvimento* não encerra em si nenhum fim (que, por exemplo, está comumente embutido na palavra "progresso"), mas emprega-se simplesmente no *sentido do movimento*. Segundo essa teoria, "tudo se move", tudo muda. Não existe, portanto, uma lei que seja imutável, uma norma inalterável. O movimento ou o desenvolvimento das relações sociais ocorre através de contradições. Ele tem suas leis gerais, mas tem, ainda, leis *historicamente condicionadas*. Isso quer dizer que cada período histórico, ou seja, cada período do desenvolvimento econômico tem *suas leis econômicas particulares*. Mas a passagem de um período histórico (de um período do desenvolvimento econômico) para outro, por sua vez, tem também as suas *leis gerais do movimento*, mas, justamente, de um movimento *não evolutivo* (como seria a simples lei da causalidade), *mas* um movimento *revolucionário*, através de oposições.[57]

---

54 MARX, Karl. "Trabalho assalariado e capital". *In*: MARX, K. *Trabalho assalariado e capital* & *Salário, preço e lucro*. São Paulo: Expressão Popular, 2006, p. 47. (N.E.B.)

55 MARX, Karl. *Miséria da filosofia*. Trad. José Paulo Netto. São Paulo: Boitempo, 2017, p. 102. (N.E.B.)

56 Cf., neste volume, p. 111 (capítulo II). (N.E.B.)

57 Cf., neste volume, p. 181 (capítulo V). (N.E.B.)

Dessa maneira, Stutchka fica a salvo de toda suspeita causalista, mas também está livre para reinterpretar a temática estrutura-superestrutura, aceito, por certo, que em última instância a estrutura determina a superestrutura. Mas já se encontra em posição de superar a denominada "lei da correspondência" (para a sociologia jurídica burguesa: a teoria da concordância).

Na continuação, Stutchka subscreve o já clássico e conhecidíssimo texto marxiano do *Prefácio à Contribuição à crítica da economia política*.[58] Stutchka transcreve Marx:

> A totalidade dessas relações de produção constitui a estrutura econômica da sociedade, a *base real* sobre a qual se eleva uma superestrutura *jurídica* e política e à qual correspondem formas sociais determinadas de consciência. (...) As forças produtivas materiais da sociedade entram em contradição com as relações de produção existentes, ou, *o que não é mais que sua expressão jurídica*, com as relações de propriedade no seio das quais elas haviam se desenvolvido até então. (...) Abre-se, então, uma época de revolução social. A transformação que se produziu na base econômica transforma mais ou menos lenta ou rapidamente toda a colossal superestrutura. Quando se consideram tais transformações, convém distinguir sempre a transformação material das condições econômicas de produção – que podem ser verificadas fielmente com ajuda das ciências físicas e naturais – e as formas *jurídicas*, políticas, religiosas, artísticas ou filosóficas, em resumo, *as formas ideológicas* sob as quais os homens adquirem consciência desse conflito e o levam até o fim.[59]

Logo complementa com o *18 de brumário de Luís Bonaparte*: "sobre as diferentes formas da propriedade, sobre as condições sociais

---

[58] Cf., neste volume, p. 182 (capítulo V). (N.E.B.)

[59] MARX, Karl. *Contribuição à crítica da economia política*. Trad. Florestan Fernandes. São Paulo: Expressão Popular, 2008, pp. 47/48. (N.E.B.)

PREFÁCIO À EDIÇÃO BOLIVIANA (2008)

da existência se eleva *toda uma superestrutura* de sentimentos, ilusões, modos de pensar e visões da vida distintos e configurados de modo peculiar".[60] Inclui também Engels, o qual, no *Anti-Dühring*, fala da investigação sobre as condições de vida, sobre as relações sociais, sobre as formas jurídicas e estatais com sua superestrutura ideológica: filosofia, religião, arte etc. Stutchka considera que "está claro que Marx e Engels atribuíam à palavra 'superestrutura' somente um sentido figurativo de comparação, e não o significado literal e arquitetônico sobre algum palacete de muitos andares".[61]Stutchka prossegue desenvolvendo sua teoria, apontando:

> nós, baseando-nos na 'introdução' a essa mesma *Crítica*, em que Marx contrapõe à propriedade *formas especiais de sua garantia* (justiça, polícia etc.), podemos dizer que ele remete o sistema de relações sociais *concretas*, como uma expressão jurídica para as relações de produção, à base, enquanto sua forma *abstrata* (lei e ideologia, cf. a seguir), à superestrutura.[62]

Nesse ponto está a chave do pensamento jurídico original de Stutchka, na identificação entre relações sociais como expressão jurídica das relações de produção, ou seja, o direito (igual a relações sociais) em situação de expressão pura das relações de produção, o direito como relações sociais na estrutura econômica; por outro lado, na superestrutura, se incluirá a forma abstrata do direito, o que propriamente conhecemos como lei e ideologia jurídica.

E logo Stutchka avançará mais em sua identificação entre relação social e direito, quando diz que:

> Em essência, todo o debate entre nós, todavia, consiste não no debate sobre a relação entre base e superestrutura, mas no

---

60 MARX, Karl Marx. *O 18 de brumário de Luís Bonaparte*. Trad. Nélio Schneider. São Paulo: Boitempo, 2011, p. 60. (N.E.B.)

61 Cf., neste volume, p. 183 (capítulo V). (N.E.B.)

62 Cf., neste volume, p. 184 (capítulo V). (N.E.B.)

debate sobre *onde buscar o conceito fundamental de direito*: no sistema de relações concretas ou no domínio abstrato, ou seja, na norma escrita ou na representação não escrita do direito, a justiça, ou seja, a ideologia. Eu respondo: *no sistema de relações concretas*. Mas faço uma ressalva: se falamos do sistema e do ordenamento das relações e de sua proteção pelo poder organizado, fica claro para qualquer um que *também consideramos as formas abstratas e sua influência na forma concreta*.[63]

Diferentemente da ideia clássica e generalizada do pensamento marxista a respeito do direito, de que se encontra na superestrutura, na ideologia, Stutchka proclama que nesse binômio não se encontra o problema do direito. Onde o localiza e o encontra? Em primeiro lugar, em sua forma pura como relação social, como expressão das relações de produção, ou seja, na estrutura ecossocial, na base material da sociedade; em segundo lugar, em sua forma abstrata como norma jurídica positiva, ou o que comumente denominamos lei, na região ideológica; e, em terceiro lugar, nas formas puramente ideológicas ou teóricas de maior abstração doutrinária que também se denomina ideologia. Portanto, com Stutchka, observamos três formas de existência do direito. É uma posição que, se de alguma maneira em seu momento e para os marxistas constituiu algo como uma heresia a respeito da doutrina oficial, em contrapartida, analisado o tema, observava-se a existência de suficiente sustentação teórica tanto nos clássicos (Marx e Engels) como na filosofia em geral (o universalismo do ser de Aristóteles: o ser é uno, mas se manifesta em vários entes), e também no materialismo dialético; pode-se apontar para o mesmo no que diz respeito à aplicação dessas disciplinas ao caso do direito, no que toca à relação base-superestrutura, já que a explicação de Stutchka permite realmente entender a relação existente entre a economia e a norma jurídica, portanto, o explicar das formas jurídicas em três formas (I, II e III), como ele as denomina, inclusive, fala-se de até quatro modos ou formas, mas o fundamental

---

[63] Cf., neste volume, p. 184 (capítulo V). (N.E.B.)

PREFÁCIO À EDIÇÃO BOLIVIANA (2008)

reside em que a essência do direito é a mesma que faz a da sociedade e a da economia, do real e do material, dessa realidade entendida como relação social (o que Stutchka denomina a forma I ou a forma concreta), é de onde se elevam as outras duas formas abstratas (II e III), já na superestrutura.

Em sua fundamentação com base em Marx, apontará:

> Comparando-se citações isoladas de Marx, podemos encontrar, num primeiro olhar, determinadas contradições ou, como se diz, um determinado tributo à terminologia de seus professores, mas hoje me parece que essa contradição aparente advém da complexidade do sistema que representa o direito em *seus três tipos de formas* realmente existentes e não imaginárias, das quais uma é a concreta e duas são abstratas. Essas diferenças das formas jurídicas já estão claramente delineadas em Marx.[64]

E prossegue:

> Em seu trabalho fundamental O *Capital*, K. Marx encara o processo de troca de materiais da época capitalista, em seu lado econômico, como um movimento de categorias abstratas: mercadoria, dinheiro, capital, força de trabalho, terra etc. Por outro lado, não se esquece nem por um momento de que cada uma dessas categorias abstratas tem, ao mesmo tempo, o seu representante personificado, que as relações entre as *coisas* são, de fato, relações entre pessoas, além disso, são justamente relações volitivas, e como tais são, ao mesmo tempo, também relações jurídicas. A passagem tão citada contra mim nos últimos tempos por diferentes adeptos das teorias volitivas, porém, não compreendidas por eles, prova-o de modo bastante destacado:

---

[64] Cf., neste volume, pp. 184/185 (capítulo V). (N.E.B.)

"As mercadorias não podem ir por si mesmas ao mercado e trocar-se umas pelas outras. [...] (...) Para relacionar essas coisas umas com as outras como mercadorias, seus guardiões têm de estabelecer relações uns com os outros como pessoas cuja vontade reside nessas coisas e que agir de modo tal que um só pode se apropriar da mercadoria alheia e alienar a sua própria mercadoria em concordância com a vontade do outro, portanto, por meio de um ato de vontade comum a ambos. Eles têm, portanto, de se reconhecer mutuamente como proprietários privados. Essa relação jurídica, cuja *forma é o contrato, seja ela legalmente desenvolvida ou não*, é uma *relação volitiva*, na qual se reflete a relação econômica (entre mercadorias – P. Stutchka). O conteúdo dessa relação jurídica ou volitiva é dado pela própria relação econômica. Aqui, as pessoas existem umas para as outras apenas como representantes da mercadoria e, por conseguinte, como possuidoras de mercadorias. (...) O possuidor de mercadorias se distingue de sua própria mercadoria pela circunstância de que, para ela, o corpo de qualquer outra mercadoria conta apenas como forma de manifestação de seu próprio valor".[65]

Uma nota de rodapé esclarece de vez a ideia de que *o conceito de direito deve ser derivado da própria relação social*, e não o contrário, ou seja, do conceito de justiça (ideologia), como o faz Proudhon. (...) Mas há ali *outra contraposição*: do ato volitivo ou jurídico, ou seja, *da forma concreta* da relação, e sua *forma legal ou abstrata* ("seja ela legalmente desenvolvida ou não"), e nessa contraposição é fundamental nos determos, como uma *marca característica de todas as relações jurídicas*. Tal contraposição encontra-se com frequência e em toda parte. O social-democrata de fama recente, professor Cunow, da Universidade de Berlim, escreve: "as relações de produção e as relações de propriedade não são, segundo Marx, relações paralelas nem absolutamente heterogêneas, mas, do ponto de

---

[65] MARX, Karl. *O Capital I – crítica da economia política*. Trad. Rubens Enderle. São Paulo: Boitempo, 2013, pp. 159/160.

PREFÁCIO À EDIÇÃO BOLIVIANA (2008)

vista do direito, as relações de produção são também relações de propriedade", e mais adiante ele distingue "ordem jurídica social" e "direito estatal codificado". Em outro autor, lemos sobre a diferença entre o *direito oficial, fixado nas leis*, e o *direito real, que funciona na vida*. Um terceiro fala em *direito proclamado "formalmente"... e a regra jurídica* que *"de fato" se aplica* etc.[66]

Em sua fundamentação sobre sua posição, Stutchka continua indicando:

> Dessas duas formas, a *forma jurídica concreta* da relação coincide com a relação econômica, enquanto a *forma abstrata*, proclamada na lei, pode não coincidir, e com bastante frequência diverge significativamente dela. Mas, além disso, há ainda *uma terceira forma*, para usar a expressão popular de Petrazycki, *a forma "intuitiva"*. Essa *"vivência"* psíquica íntima, que se dá na cabeça de uma pessoa acerca desta ou daquela relação social, a sua avaliação do ponto de vista da "justiça", "a consciência jurídica íntima", "o direito natural" etc., é, em outras palavras, a *ideologia*. (...) Essas três formas de realização das relações sociais no *início* da sociedade de classes são mais ou menos coincidentes.[67]

A explicação em detalhe de Stutchka de sua teoria pode-se ler nestas linhas:

> Dessa maneira, cada relação econômica, conquanto seja ao mesmo tempo jurídica (e não criminosa, ou simplesmente ilícita, ou seja, indiferente do ponto de vista jurídico), tem três formas: uma concreta (I) e duas abstratas (II e III). É claro que há uma influência mútua dessas formas e, na literatura, como vimos, há até uma luta sobre a primazia de uma delas.

---

66 Cf., neste volume, p. 187 (capítulo V). (N.E.B.)
67 Cf., neste volume, p. 187 (capítulo V). (N.E.B.)

Nós reconhecemos a *primazia incondicional* e imediata da primeira. Ela influencia, por um lado, já como fato, e por outro, por meio do reflexo em ambas as formas abstratas. Mas em seu caráter *jurídico* depende das últimas e a influência destas pode se revelar por vezes decisiva. Na teoria do materialismo histórico, essa questão também é expressa pelas palavras "base e superestrutura", mas sobre essa questão já me detive acima. Aqui apenas destaco mais uma vez que, de acordo com tudo o que foi dito, a primeira, ou a forma concreta da relação jurídica, relaciona-se com a base, o que, todavia, de modo algum quer dizer que se "define a base como superestrutura", mas apenas que se tenta interpretar corretamente o pensamento de Marx e Engels. (...) No sistema de relações concretas, essa unidade, esse sistema, manifesta-se em parte devido ao curso do desenvolvimento econômico, em parte mediante a pressão exercida pelo poder da classe dominante de um dado tempo (não apenas por meio da lei, mas dos demais aparatos). Contudo, também a forma abstrata (II), por meio da codificação, da elucidação etc., manifesta uma tendência ao alinhamento em um sistema único particular. E não é à toa que Marx em seus *Grundrisse* (cf. "Introdução") escreve que "o ponto verdadeiramente difícil de discutir aqui é o de como as *relações de produção, como relações jurídicas*, têm um desenvolvimento desigual (...), p. ex., a relação do direito privado romano (...) com a produção moderna".[68] Finalmente, também a forma "intuitiva", a ideologia, assume esse sistema integral. E, depois da formação desses três sistemas, os sistemas integrais influenciam-se mutuamente. "Na *ideia*, ambos os tipos de direito (real e formal) buscam a completa e absoluta coincidência". Apenas na "ideia" é o bastante para a ciência burguesa. Realizar a unidade na vida por meio da ordem revolucionária: eis a palavra de ordem do proletariado. (...) A Idade Média é o feudalismo. Trata-se de um sistema concreto integral; seria possível falar até de uma

---

[68] MARX, Karl. *Grundrisse – Manuscritos econômicos de 1857-1858*: esboços da crítica da economia política. Trad. Nélio Schneider e Mario Duayer. São Paulo: Boitempo; Rio de Janeiro: Ed. UFRJ, 2011, p. 62.

PREFÁCIO À EDIÇÃO BOLIVIANA (2008)

série de sistemas feudais; um sistema coerente e completamente concreto. A forma abstrata (II), ou seja, a lei, desenvolve-se pouco, embora já existissem sistemas legislativos conhecidos, porém, díspares. Forma abstrata (III): uma ideologia feudal particular nesse período é quase ausente, se não considerarmos a interpretação eclesiástica das teorias da antiguidade e a consciência do próprio punho. Mas, ao lado do sistema feudal, desenvolve-se *um novo sistema concreto*, por enquanto *ilegal*. Trata-se do capitalismo urbano. Sua forma II é a do direito romano adotado, enquanto a forma III é o direito natural e a filosofia (cf. adiante o capítulo VIII). Com o crescimento do poder de classe dos capitalistas, o Estado faz concessões. Devido ao equilíbrio de poder das duas classes, o poder de Estado defende os interesses ora de uma, ora de outra classe em luta, então, viola os interesses de ambas, o que conduz à revolução. A burguesia já tinha prontas, no momento da revolução, a forma concreta madura e ambas as formas abstratas. A revolução transfere o poder de Estado para as mãos da burguesia, convertendo sua forma concreta (até então semilegal ou tolerada) em prevalecente, ou seja, dominante. A forma abstrata III (ideologia) converte-se na forma II (lei) e coincide com ela. Há uma forte tendência a coincidir com a forma I, cujo processo caminha gradualmente, à medida da vitória do capitalismo, que supera todos os demais sistemas de produção e até de relações individuais. Esse processo ocorre muito mais lentamente na Europa atrasada, exceto na Inglaterra e na França, onde prossegue ainda depois dos anos de 1840. Mas um quadro especialmente interessante se obtém na Rússia, onde, devido a um determinado equilíbrio das classes, a revolução burguesa se prolongou por cem anos, em que o velho décimo volume do Corpo de Leis estava destinado a assumir o aspecto de um código civil paralelamente ao sistema feudal, e onde justamente o direito "intuitivo", a pura ideologia do direito, recebeu sua expressão teórica nos trabalhos do professor *Kadet* Petrazycki.[69]

---

[69] Cf., neste volume, p. 192 (capítulo V). (N.E.B.)

7

Quando foi publicada a obra de Stutchka, os juristas soviéticos e marxistas em geral procederam à correspondente crítica, contudo, de maneira geral, suas teorias foram aceitas, já que elas não apenas davam conta do pensamento marxista do direito, mas também permitiam a solução prática dos problemas cotidianos que se desenvolviam na realidade, realidade que subsumida ao direito, no caso do qual tratamos, denominou-se "legalidade socialista". O próprio Lênin (que era advogado) sinalizou que a posição teórica de Stutchka e de Pachukanis eram as linhas fundamentais do Estado soviético na matéria do direito. Lamentavelmente, não conhecemos trabalhos teóricos de Lênin sobre o assunto em particular; esse líder tratou de apontar que a temática do direito era um dos problemas mais complexos da sociedade e, portanto, merecia um estudo muito mais sério, razão pela qual, enquanto não se avançasse nessa linha, aceitava como corretas as posições dos juristas já mencionados.

Entregamos ao público a obra mais importante e outros ensaios de P. I. Stutchka,[70] esperando que seja parte de um movimento de renovação nos estudos jurídicos tão estancados e pouco investigados em nosso meio.

La Paz, setembro de 2008

JOSÉ GONZALO TRIGOSO AGUDO

Jurista boliviano, ex-ministro do Trabalho, Emprego e Seguridade Social da Bolívia.

---

[70] Aqui, o autor se refere a uma série de ensaios que foram adicionados como suplemento às edições espanholas e bolivianas de *O papel revolucionário do direito e do Estado: teoria geral do direito*, de Stutchka. (N.E.B.)

PREFÁCIO À TERCEIRA EDIÇÃO

Em junho de 1921, quando escrevi o prefácio à 1ª edição,[71] não esperava, evidentemente, que seriam necessárias uma segunda e uma terceira edição. Talvez eu estivesse supondo, então, que a própria luta contra a cosmovisão burguesa ou jurídica seria mais fácil do que na prática se revelou. Que eu esperava, todavia, batalhas suficientemente sérias é evidente pelo caráter semipublicista do meu livro. Agora, certamente, eu o escreveria com mais calma e com mais espírito "científico". O melhor seria reelaborar todo o livro novamente, transformando-o numa autêntica, ou seja, árida, teoria geral do direito, mas então o livro perderia o seu significado original. E a despeito de seus pontos fracos, dos quais estou plenamente consciente, ainda assim é um documento histórico. Por isso, e sem dispor, além do mais, de tempo livre suficiente para me debruçar sobre uma reelaboração sólida, limito-me literalmente a apenas algumas trocas de vírgulas, a um par de notas e à correção de um ou outro erro. Ocorre que o livro ainda é necessário, pois a luta por uma abordagem nova, de classe, do direito apenas agora começa a

---

71 Cf., neste volume, p. 83. (N.E.B.)

migrar para a província, com o que, claro, não quero dizer que a luta já está encerrada no centro.

O meu objetivo foi alcançado? Sim e não! Foi alcançado em grau significativo entre a juventude. Até lemos frases da juventude em que se diz que uma abordagem de classe do direito já está fora de discussão, e foi quase exclusivamente para a juventude que meu trabalho foi escrito. Mas a juventude se encontra ainda muito firmemente presa às garras de seus velhos professores e com zelo repetem as sabedorias jurídicas burguesas, apenas com o molho de classe por cima. Como aquele pintor espanhol que precisou colocar uma legenda sob seu quadro: "é um galo!",[72] também nós, às vezes, em nossas teorias jurídicas, precisamos pendurar o rótulo: "direito soviético". Para ser mais claro! Na ciência, assim como na vida, está extremamente na moda simplesmente trocar os nomes das ruas em vez de repavimentá-las, e pintar as paredes velhas e apodrecidas com uma tinta vermelha, em vez de sua reconstrução completa. Mas tal ato de simplesmente repintar está repleto de perigos significativos, sobre os quais também nos advertiu o camarada [Vladímir] Lênin. Quando ele, em seu testamento político, recomenda com insistência a reconstrução do nosso aparato de Estado, começando somente por bases científicas rigorosas, é nosso dever transportar suas palavras também para o direito, campo que se ocupa justamente da forma de organização de nossas relações estatais (ou seja, soviéticas) e sociais (ou seja, as relações de produção e troca). Já em relação à teoria do Estado (e, assim sendo, também à do direito), Lênin nos fez uma advertência especial ainda antes, em seu relatório ao XI Congresso

---

72 Provável referência à personagem Orbaneja, pintor de Úbeda, de *Dom Quixote de La Mancha*, de Miguel de Cervantes, citada no capítulo III, segunda parte. De acordo com a nota da edição espanhola, não se pode afirmar que a personagem seja fictícia ou real, porém, tratava-se de uma anedota popular na época do autor espanhol. Cf. CERVANTES, Miguel de. *O Engenhoso Fidalgo Dom Quixote de la Mancha*. 2 vols. Trad. Sérgio Molina. São Paulo: Editora 34, 2004. (N.T.)

PREFÁCIO À TERCEIRA EDIÇÃO

do Partido[73] (27 de março de 1922). Ele cita as seguintes palavras dos *"smenoviékhovtsy"*:[74]

> Mas esse poder soviético está construindo qual Estado? Os comunistas dizem que é o Estado comunista, afirmando que isso é uma tática: em um momento difícil, os bolcheviques contornam os capitalistas privados, e depois, dizem eles, vão pegá-los. Os bolcheviques podem dizer o que lhes agradar, mas, na verdade, isso não é tática, mas uma evolução, uma degeneração interna, para o Estado burguês habitual, e nós devemos apoiá-los.[75]

Lênin fala diretamente que semelhantes palavras explícitas são imensamente mais úteis para nós que as "doces mentiras comunistas" (*"komvránie"*).[76] E como essa *"komvránie"* nos é conveniente nas questões jurídicas. E ele termina essa parte de seu relatório com as palavras:

---

73 Trata-se do congresso do Partido Comunista da União Soviética, nesse período ainda chamado de Partido Comunista Russo (dos bolcheviques), ocorrido entre 22 de março e 2 de abril de 1922 (N.T.)

74 Termo utilizado para se referir aos membros do movimento político-ideológico *Smenoviékhostvo*, composto por um grupo de emigrados que se reunia em torno da revista *Smiena Vekh* [*Troca de Marcos*], publicada em Praga, no ano de 1921. Lênin menciona um artigo publicado em um número do referido periódico. (N.T.)

75 LÊNIN, Vladímir. "Политический Отчет Центрального Комитета РКП(Б) 27 марта" ["Informe político do Comitê Central do PCUS de 27 de março"]. *In*: _____. *Полное Собрание Сочинений* [*Obras completas*]. 5ª ed. Moscou: Editora de Literatura Política, 1970, p. 93 [LENIN, V. "Informe político del Comité Central del PC(b) de Rusia, 27 de marzo de 1922". *In*: _____. *Obras completas*. Moscou: Progreso, tomo 45, 1987, pp. 75-124]. (N.E.B.)

76 Neologismo criado por Lênin a partir da aglutinação do adjetivo *"коммунистическое/kommunistítcheskoe"* (comunista) e do substantivo *"враньe/vránie"* (mentira). (N.T.)

Falei sobre a emulação comunista do ponto de vista do desenvolvimento de *formas de economia e de formas de regime social*. Não se trata de uma emulação, mas de uma luta desesperada, furiosa, se não a última, algo muito próximo disto, *uma luta não intestina, mas de vida ou morte* entre o capitalismo e o comunismo.[77]

Ao que parece, estou correto em proclamar uma verdadeira "guerra civil" no *front* jurídico.

Depois da segunda edição, saiu uma série de livros que complementam, de uma maneira ou de outra, o meu trabalho, e ainda que em divergência comigo. Cito, em primeiro lugar, o trabalho do camarada [Evguiéni] Pachukanis *Teoria geral do direito e marxismo*.[78] O autor também defende o caráter de classe de qualquer direito, mas faz em seu trabalho uma abordagem distinta e estabelece para si tarefas de outra ordem. Aproxima a "forma jurídica" à "forma da mercadoria" e tenta executar um trabalho análogo ao de K. [Karl] Marx na economia política, ou seja, "ao basear sua análise nas generalizações e abstrações, que foram elaboradas pelos juristas burgueses, encontrar o significado verdadeiro, ou seja, as determinações históricas da forma jurídica".[79] Dessa maneira, o autor chega à

---

[77] LÊNIN, Vladímir. "Политический Отчет Центрального Комитета РКП(Б) 27 марта" ["Informe político do Comitê Central do PCUS de 27 de março"]. *In*: *Полное Собрание Сочинений* [*Obras completas*]. 5ª ed. Moscou: Editora de Literatura Política, 1970, p. 95 [LENIN, V. "Informe político del Comité Central del PC(b) de Rusia, 27 de marzo de 1922". *In*: _____. *Obras completas*. Moscú: Progreso, tomo 45, 1987, p. 75-124]. (N.E.B.)

[78] Cf. PACHUKANIS, Evguiéni. *Teoria geral do direito e marxismo*. Trad. Paula Vaz de Almeida. São Paulo: Boitempo, 2017. (N.E.B.)

[79] Ligeiramente diferente da passagem constante de: PACHUKANIS, Evguiéni. *Teoria geral do direito e marxismo*. Trad. Paula Vaz de Almeida. São Paulo: Boitempo, 2017, p. 80, que conta com tradução direta do russo baseada na edição publicada em 1980 pela Academia de Ciências da União Soviética. Stutchka não anota a referência, todavia, pela data, trata-se provavelmente da edição de 1924. (N.T.)

PREFÁCIO À TERCEIRA EDIÇÃO

conclusão de que o direito deriva da circulação de mercadorias e não surge antes desta, esquecendo, ao mesmo tempo, uma outra fonte do direito, as relações de domínio na forma da instituição da propriedade privada dos meios de produção (em primeiro lugar, da terra). Isto, por um lado. Por outro, o autor, que polemiza com os defensores da ideologia jurídica, fala, ao mesmo tempo, em "forma jurídica" como "um simples reflexo de uma ideologia pura", esquecendo, ao mesmo tempo, que a própria forma não é um simples reflexo e que a ideologia do direito é o reflexo do direito como uma forma concreta. Isso se explica pelo fato de que o autor, ao analisar apenas o direito da sociedade burguesa (ora, a economia política aos olhos de Marx é uma economia exclusivamente do período capitalista), tira conclusões sobre o direito em geral, ou seja, também sobre o direito em outros períodos da sociedade de classes. Mas, apenas com essa pequena ressalva, o trabalho é uma contribuição em elevado grau valiosa para a nossa literatura teórica marxista sobre o direito e complementa diretamente meu trabalho, que oferece apenas uma teoria geral do direito incompleta e, de longe, insuficiente. Fiz essa breve menção ao camarada Pachukanis justamente para me justificar por que não sigo aquela mesma linha da segunda edição e não incluo novos complementos ao meu trabalho, como um subsídio para uma teoria geral do direito. As anteriores "teorias gerais do direito" ou a "Enciclopédia Jurídica"[80] buscavam oferecer à audiência de primeiro-anistas conceitos gerais prontos, abstratos (da teologia ou da filosofia) ou concretos, constituídos, segundo a caracterização de [Friedrich] Engels no *Anti-Dühring*, ideologicamente ou de maneira apriorística: "primeiro, formula-se, a partir do objeto, o conceito do objeto; em seguida, inverte-se tudo e mede-se o objeto por seu

---

80 Na história do ensino do direito, a "Enciclopédia Jurídica" representou uma perspectiva de introdução panorâmica e generalista ao estudo do direito, não alcançando a autonomia didática que a "teoria (geral) do direito", de algum modo, conheceu. (N.R.T.)

retrato, pelo conceito".[81] A esses conceitos gerais foram feitas ainda algumas emendas e complementos para a insuficiente "formação média" da audiência, por exemplo, sobre o livre-arbítrio e assim por diante, explicações que agora são atribuídas à teoria do materialismo histórico, entre outras doutrinas. Fomos obrigados a iniciar nosso curso sobre a teoria marxista do direito com uma polêmica, com a luta de classes no "*front* ideológico". E levamos não tanto respostas prontas quanto problemas claros. Pois Marx disse ainda: "a formulação de uma pergunta é a sua solução".[82] Essa prática será o melhor recurso contra o "estudo demasiado acelerado" das questões, sobre o qual de algum modo nos advertiu o camarada Lênin. Nós, claro, somos obrigados a aprender de modo acelerado, mas não demasiado acelerado, não pescando no ar, não estabelecendo conceitos por meio do simples folhear dos livros, mas estudando-os com cuidado e com reflexão consciente das questões colocadas, pois a nossa tarefa não é apenas (e nem tanto) a apropriação de um ou outro conhecimento, mas a fabricação de uma cosmovisão plena e integral.

Afirmamos que todo direito, no sentido corrente da palavra, é um conceito de classe e que ele, junto com a sociedade de classes, morrerá. Mas hoje sabemos que esse processo de "morte" do Estado e do direito é um processo extremamente longo. Não podemos nos contentar com uma citação diminuta de que a sociedade burguesa passará de um período de transição da sociedade de classes para o socialismo e para o comunismo, e ao longo do caminho, quer dizer, um belo dia, morrerá. Se lembrarmos as palavras de Engels sobre a "cosmovisão jurídica", como a cosmovisão clássica da burguesia em geral, então, é preciso se preparar para uma longa luta pela abolição dessa cosmovisão burguesa, ou seja, para a degeneração

---

[81] ENGELS, Friedrich. *Anti-Dühring*: a revolução da ciência segundo o senhor Eugen Dühring. Trad. Nélio Schneider. São Paulo: Boitempo, 2015, p. 127. (N.E.B.)

[82] MARX, Karl. *Sobre a questão judaica*. Trad. Nélio Schneider. São Paulo: Boitempo, 2010, p. 34. (N.E.B.)

PREFÁCIO À TERCEIRA EDIÇÃO

dessa cosmovisão e sua troca por uma nova, também no campo do direito. Quando o camarada Lênin dizia que apenas conquistando o poder do Estado e formando um novo Estado de tipo proletário, ou seja, o Poder dos Sovietes, o proletariado seria capaz de realizar uma grande "revolução cultural", suas palavras também se referiam completamente ao direito, como a forma de organização das relações sociais, ou seja, as relações de produção e troca. Seria leviano acreditar que uma reorganização tão grandiosa das relações sociais é possível por meio de formas simplesmente adotadas da burguesia. Mais crítica, incluindo a autocrítica, no campo do direito!

12 de junho de 1924

P. STUTCHKA

PREFÁCIO À PRIMEIRA EDIÇÃO

Talvez seja um mau hábito cada livro vir precedido por um prefácio do autor. Mas eu digo abertamente: escrevo o prefácio ao meu livro pela simples razão de que considero imprescindível dizer algumas palavras *em sua defesa*, pois temo que sem isto ninguém se colocará a ler, em tempos altamente revolucionários, reflexões sobre assuntos tão "contrarrevolucionários", como os do direito. Para tal indiferença a questões essenciais da vida social, ou seja, às jurídicas, convergem tanto pessoas que não sabem nada sobre elas, e até ostentam sua ignorância, quanto aquelas que nisto, como em tudo, "sabem mais" que todos.

Acredito que se trata de uma indiferença absolutamente inadequada. Engels identificou, de maneira geral, a cosmovisão burguesa com a cosmovisão "jurídica". E essa cosmovisão burguesa ainda ocupa um lugar deveras honorário nas cabeças das massas bastante amplas. Entre os remanescentes dessa cosmovisão burguesa, ocupa um lugar ainda muito notável a sua parte jurídica. Sim, e não poderia ser diferente, pois nossa consciência não suporta o vazio, e enquanto não for trocada por uma nova, ali reinará, ainda que de modo inconsciente, a antiga. O campo jurídico permaneceu por muito tempo intocado pelo marxismo, se considerarmos os assim chamados "socialistas jurídicos", ou seja, os mais nocivos entre os representantes da cosmovisão burguesa, ainda que se coloquem sob a bandeira de Marx e Engels.

Repete-se o mesmo que se passou com o conceito de Estado. Todos nos considerávamos marxistas antes mesmo do surgimento do livro do camarada Lênin *O Estado e a revolução*,[83] mas apenas esse trabalho e a nossa revolução – não temo dizer, em grande medida – abriram nossos olhos para o papel e o significado do Estado no período de transição ao comunismo. E agora já não se encontra uma pessoa que se digne a dizer diante de nós a frase: "não gosto de tais questões, como as sobre o Estado", ou outras semelhantes. Não nos incomodaria se o mesmo se passasse com a questão do direito.

Isto seria mais fácil que o primeiro, pois, além do fundamento que os próprios Marx e Engels colocam para as questões do direito, aqui também nos ajuda o mesmo trabalho do camarada Lênin e, novamente, a nossa revolução. Mas, até há bem pouco tempo, houve um momento em que, em nossas universidades autônomas, lia-se toda essa ciência de um modo completamente inédito. E quando recentemente, em alguma parte, compôs-se um plano para o ensino futuro do direito, em um dos projetos destacava-se a divisão do direito entre direito em geral (ou seja, obviamente, o burguês) e direito *soviético* (ou seja, em particular, eu diria: *não natural*).

Não foi com o coração tranquilo que me debrucei sobre este trabalho. Parti da premissa de que, ao formular uma teoria geral do direito, seria impossível contornar em silêncio a ciência burguesa e, falando abertamente, não me considero um teórico suficientemente à altura para tal trabalho e, em especial, não me considerado conhecedor suficiente das últimas novidades da literatura jurídica. Mas, com efeito, ainda que tenha sido curta minha estada à frente do departamento jurídico da República Socialista Federativa da Rússia

---

[83] Cf. LÊNIN, Vladímir. *O Estado e a revolução*. Trad. Edições Avante! e Paula Vaz de Almeida. São Paulo: Boitempo, 2017. (N.E.B.)

PREFÁCIO À PRIMEIRA EDIÇÃO

(RSFSR),[84] na qualidade de Comissário do Povo para a Justiça (de novembro de 1917 a janeiro de 1918 e de março a agosto de 1918), sendo-me incumbida a tarefa de "encerramento do antigo tribunal e abolição do direito", vi-me obrigado a cumprir aquilo que por uma ou outra razão não puderam fazer outras pessoas, a saber, expor teoricamente o que fez a nossa Revolução no campo do direito. Mas meu incômodo se tornou ainda maior quando, ao revisar uma pilha da nova e da novíssima literatura jurídica burguesa, descobri que, "de lá para cá", nos últimos anos, essa ciência não deu sequer um passo adiante e sua situação está mais desesperadora do que nunca. Todavia, a recusa do trabalho empreendido já não era mais possível. O trabalho, a essa altura, já tinha sido confiado a mim, e me sentei humildemente para cumpri-lo.

E me animou ainda mais o fato de que, na Universidade Comunista Ia. [Iákov] M. [Mikháilovitch] Sviérdlov,[85] foi-me confiado, para um curso de formação geral de dois anos, o tema "teoria geral do direito e Estado", para o qual, entre outros, deveria apresentar um projeto de programa. Sem saber ainda quem daria esse curso, considerei necessário conferir ao meu trabalho algo como um manual para a audiência daquele curso.[86] Isso porque se considero que nós,

---

[84] Proclamada em 1917, passou a integrar a União Soviética no momento de seu Tratado de Criação em 1922. (N.T.)

[85] Instituição de ensino superior do Comitê Central e do Partido Comunista da União Soviética destinada à formação de quadros dos sovietes e do partido; funcionou de 1918 a 1937. (N.T.)

[86] Para evitar mal-entendidos, devo admitir que o curso não foi dado por mim. Também meu livro não serviu de manual na Universidade Comunista, pois o responsável pelo curso, nas "Notas" da Universidade (do Volga), não menciona meu livro entre os 31. Visto que ele menciona o meu livro em outra passagem de seu trabalho e ainda lhe dedicou, com outro sobrenome, opiniões lisonjeiras – eu naquele momento disse: demasiado lisonjeiras –, que uma "próxima edição será necessária muito em breve", de modo que essa não indicação se explica, aparentemente, pelo fato de que ele considera que meu livro está esgotado. Ou é previdência de um "mestre-escola".

da velha geração, carregaremos conosco para o caixão muitos dos velhos entulhos burgueses em nossas cabeças, eu, do fundo da alma, desejo que a nossa jovem geração salte sobre o abismo das boatarias burguesas e, principalmente, semiburguesas, para o campo de uma cosmovisão verdadeiramente socialista. E, sobretudo, desejaria que, assim como em todos os campos do conhecimento e da consciência, muito especialmente no campo do direito, não nos limitássemos a "renomear as ruas" ou "inverter os rótulos", mas nos ocupássemos de perto com uma demolição e uma reconstrução significativas. Em particular, nas questões jurídicas, temos uma frase preferida amplamente difundida, segundo a qual se compreende uma ou outra palavra no sentido "soviético" e, depois dela, repete-se nada mais que a velha interpretação burguesa dessa palavra. Involuntariamente, toda vez, lembro-me da frase da notável sátira do escritor inglês [Charles] Dickens, *As aventuras do Sr. Pickwick*,[87] dita entre os membros do clube que "essa palavra se compreende apenas no sentido *pickwick*". O conceito de direito soviético é algo demasiado sério para ser tratado com tal leviandade, pois não é mais nem menos que o *direito revolucionário* do proletariado na luta contra o *direito contrarrevolucionário* da burguesia.

Como base para meu trabalho, tomei a definição de direito que nós, no colégio do Comissariado do Povo para a Justiça, em 1919, adotamos como nossos princípios diretivos do direito penal. Devo admitir que, então, adotamos essa formulação de maneira bastante apressada e mais pela intuição do que após um estudo cuidadoso da questão. E agora me surpreendi positivamente quando me certifiquei de que a definição, em geral, resiste à crítica. Por isso, abri mão das pequenas emendas que poderiam ser feitas ali. Tive, porém, que me ocupar mais detalhadamente em meu trabalho daqueles conceitos

---

87 No original, em inglês, o título é *The Posthumous Papers of the Pickwick Club* [*Documentos póstumos do Clube Pickwick*]. Aqui, porém, optou-se por utilizar sua forma consagrada em língua portuguesa. Cf. DICKENS, Charles. *As aventuras do Sr. Pickwick*. Trad. Otávio Mendes Cajado. São Paulo: Globo, 2004. (N.T.)

PREFÁCIO À PRIMEIRA EDIÇÃO

"conhecidos por todos", como sociedade, classe, interesse de classe etc., pois nesse plano ninguém havia feito tal trabalho, não só os marxistas, como também a ciência burguesa sobre o direito.

Nossa definição de direito foi uma primeira tentativa de dar a esse conceito uma definição científica, ou seja, uma definição que abrangesse *qualquer direito*, tanto o "geral" quanto o burguês, tanto o feudal quanto o soviético etc. Minha tentativa de, por um lado, confrontá-la com os resultados da ciência burguesa e, por outro, ao mesmo tempo, revelar em toda a nudez o caráter não científico, dúplice, desamparado e ilusório de toda a assim chamada ciência burguesa sobre o direito, certamente, não se colocava, nem poderia se colocar, o objetivo de esgotar todo o tema; além do mais, estou plenamente consciente de que alguns camaradas me culparão pelo fato de prestar demasiada atenção em tais "especialistas" burgueses. Com as últimas exprobrações não concordo, pois estou convencido de que só se pode superar a cosmovisão burguesa, ou seja, jurídica, na cabeça das massas, por meio de sua análise detalhada. Nada é tão convincente a nosso favor quanto os exemplos de estudiosos que, de um modo ou de outro, se aproximaram de nossa definição, se, ao mesmo tempo, podemos mostrar que sua impossibilidade de realmente encontrar uma solução explica-se por razões objetivas. E eu ficaria contente se meu trabalho servisse de impulso para trabalhos mais sólidos nesse sentido.

De acordo com meu plano original, o trabalho deveria constar de duas partes: parte I, consagrada à doutrina geral do direito e do Estado, e parte II, tendo como seu objeto uma tarefa mais prática: a exposição científica do direito "civil" soviético, ou seja, tanto em um caso como em outro, a questão sobre o direito em geral e o direito civil, em particular, fosse investigada no confronto entre as instituições jurídicas das sociedades burguesa e proletária. Procedo, por enquanto, à publicação somente da primeira metade da primeira parte do meu trabalho – "teoria geral do direito" –, considerando que não se deve atrasar a impressão da parte pronta, pois se a segunda parte do primeiro volume, ou seja, "Teoria geral do Estado", retarda-se, é porque essa falta não será tão sentida, uma vez que já temos os aspectos fundamentais sobre o significado e o papel tanto do Estado burguês quanto do proletário.[88] Supunha eu que o mais razoável seria iniciar a abordagem pela exposição do direito civil soviético, devido a toda a dificuldade de resolução dessa questão no presente momento – de mudança no curso da revolução –, justamente porque é este o trabalho mais urgente. Mas, em nossos trabalhos literários, a pessoa supõe, e a máquina de impressão dispõe.

Moscou, junho de 1921

P. STUTCHKA

---

[88] Ainda em 1921, Stutchka elabora sua obra *Teoria do Estado soviético e da Constituição*, a qual chegou à sétima edição em 1931 (cf. STUTCHKA, Piotr. *Учение о государстве и о Конституции РСФСР* [*Teoria do Estado soviético e da Constituição da RSFSR*]. Kursk: Editora da Seção de Agitação do Comitê da Província, 1921; 7ª ed., 1931). (N.R.T.)

CAPÍTULO I

O QUE É DIREITO?

A Grande Revolução Francesa começou, como se sabe, com a proclamação triunfante da *Declaração dos Direitos do Homem e do Cidadão*. Na prática, esse *direito universal* da Grande Revolução Francesa mostrou-se apenas o direito de *classe* de cidadãos, o código da *burguesia (Code Civil)*.[89] E, na verdade, esse código do grande contrarrevolucionário Napoleão [Bonaparte] é a fórmula concisa de toda a essência da grande e, acrescentamos, de qualquer outra revolução burguesa. Trata-se do livro de cabeceira e, se se quiser, até mesmo da bíblia da classe burguesa, pois contém em si o fundamento da própria natureza da burguesia, seu sagrado direito de propriedade. Dessa maneira, aquilo que é realmente seu direito natural e inato ("hereditário") também foi proclamado como direito natural na *Declaração dos Direitos do Homem e do Cidadão*. Isso porque, como na estrutura feudal o barão considerava como homem apenas o barão, do mesmo modo, no mundo burguês, considera-se como homem, no verdadeiro sentido da palavra, apenas o burguês,[90]

---

[89] Em francês no original: "código civil". (N.T.)

[90] "Não o homem como *citoyen* (cidadão), mas o homem como *bourgeois* (burguês) é assumido como homem *propriamente dito* e *verdadeiro*"

ou seja, um homem com uma qualificação, a propriedade privada. As dimensões dessa qualificação, dessa propriedade privada que determina o peso de cada cidadão numa dada sociedade burguesa, alteram-se de acordo com o crescimento do capitalismo. Já a negação dessa qualificação não é outra coisa senão a "revolução social".

Mas se o burguês encara seu direito civil como um direito inato e o circunda com uma auréola de santidade, então o *senhor feudal* jura que direito natural é somente o seu feudal, ou para usar uma expressão popular, o direito do "punho". Sua propriedade sagrada é o direito realmente inato, pois é o direito "gentílico". E se refere de bom grado, como a seu evangelho, apenas ao pré-revolucionário "Código Civil Prussiano",[91] saído daquela mesma oficina do direito romano.

Se, contudo, dermos um passo para trás, até ao redor dos séculos XV-XVI, à época das grandes revoluções camponesas na Europa ("Guerras Camponesas"), veremos que os *camponeses* não estavam de modo algum em êxtase com o direito feudal que nascia e se consolidava, ainda que abençoado pela Igreja, e se insurgiram em nome dos seus "direitos particulares e costumes sagrados". Odiavam não apenas o próprio novo direito, mas também seus arautos, os doutores dos direitos de então, do sagrado direito romano, ao qual tanto o *"Code Civil"* quanto o *"Landrecht"*[92] prussiano se referem igualmente. Mais adiante veremos com que brutalidade eles investiram

---

(MARX, Karl. *Sobre a questão judaica.* Trad. Nélio Schneider. São Paulo: Boitempo, 2010, p. 50). [Os parêntesis foram preservados conforme a citação de Stutchka – N.T.].

[91] Assim, um representante da escola histórica de [Friedrich Carl von] Savigny, em 1840, fala da "feliz Alemanha, que não sofreu a maldição da revolução" e que, como resultado, em vez do amaldiçoado *Code Civil*, que sob a forma de um "câncer se aproxima da Alemanha", permaneceu sob seu *"Landrecht"* ["direito dos territórios"], que "lentamente, sem revolução, criou algo magnífico".

[92] Referência a *Allgemeines Landrecht für die Preußischen Staaten* ("Código Territorial Geral para os Estados Prussianos"), codificação

CAPÍTULO I – O QUE É DIREITO

contra esses criadores do direito, os quais chamavam de "ladrões" e de "bandidos". E foi apenas sobre os cadáveres dos camponeses insurgentes que o direito feudal de propriedade se fortaleceu, esse direito romano em interpretação feudal ou direito feudal em formulação romana, cujo fraco reflexo encontramos, ainda, no já citado "*Landrecht*" da estrutura burguesa-senhorial alemã.

Isso significa que há três classes, que são os três tipos de direito natural sagrado. E quando os socialistas alemães, há não muito tempo, ainda cantavam com entusiamo "Avante os que honram o direito e a verdade" ("*Wohlan wer Recht und Wahrheit achtet*"),[93] eles certamente não estavam pensando nem em um nem em outro, tampouco em um terceiro, mas no seu direito particular. E, finalmente, quando derrubamos a estrutura burguesa em novembro de 1917,[94] nós literalmente ateamos fogo a todas as leis do mundo antigo, reconhecemos todo o direito do tempo antigo como, por princípio, abolido, apesar de, depois disto, falarmos em direito, *direito soviético*, consciência jurídica do proletário etc.

Não se pode evitar a pergunta: "o que é, na verdade, esse tão variado conceito de 'direito'?"

Mas se não há outra palavra mais pronunciada que "direito", ainda assim, a resposta à nossa pergunta sobre sua essência não lograremos de maneira tão fácil. A pessoa vulgar nos remeterá aos grossos livros dos códigos ou a um corpo especial de juristas. E, na

---

prussiana promulgada em 1794, mas gestada no período de Frederico, o Grande (1740-1786). (N.R.T.)

[93] Canção escrita em 1864 por Jacob Audorf sobre melodia da *Marselhesa*, para a Associação Geral dos Trabalhadores Alemães. (N.T.)

[94] Stutchka refere-se aos eventos da Revolução Russa ora remetendo ao calendário gregoriano, ora ao juliano. Optou-se aqui por seguir o autor, de modo que quando ele se refere à primeira revolução, pode aparecer "fevereiro" ou "março", ao passo que quando se refere à revolução bolchevique, "outubro" ou "novembro", como é o caso desta ocorrência. (N.T.)

verdade, o "corpo" inteiro de juristas detém o conhecimento dessa área há séculos. A própria produção do direito assumiu a forma pura da grande produção (fabril), para sua aplicação e interpretação, foram criados verdadeiros templos, onde os sacramentos dos sacerdotes desse direito transcorriam por meio de todos os métodos da grande produção.[95] E, por trás de tudo isso, o campo do direito continua um mistério, algo incompreensível aos simples mortais, não obstante o fato de serem obrigados a sabê-lo e de que as mais ordinárias inter-relações entre as pessoas são reguladas por esse direito.

O jurista lhe perguntará, em resposta à sua questão geral, em qual direito propriamente dito você está interessado: civil, criminal ou um outro? E, como do médico a receita, talvez você receba a sua parte de direito e justiça, ainda que sem qualquer garantia. Mas assim como o médico não lhe explica o conteúdo de sua receita, também o jurista não lhe fornecerá um esclarecimento geral do direito.

Recorra a um estudioso do direito. Antes de mais nada, ele lhe perguntará a que direito propriamente dito você se refere: se é sobre o direito no sentido objetivo ou subjetivo, e lhe dirá, talvez, que o primeiro, isto é, "o direito em sentido objetivo é o conjunto de todas as normas sociais de uma determinada categoria, ou seja, das normas *jurídicas*", enquanto o direito em sentido subjetivo é "a liberdade de ação criada por essas normas a cada sujeito, a possibilidade de realização de seus interesses". Você ficará perplexo, pois não recebeu nenhuma resposta sobre a essência da questão do que é o direito, e lhe disseram apenas que esse conceito misterioso tem dois lados: o subjetivo e o objetivo.

Você recorre a outro estudioso, ele então lhe enumera uma série de características do direito segundo o seu conteúdo, mas logo lhe previne também que nenhuma dessas definições resiste à crítica,

---

95 Há o que parece ser um erro tipográfico no original, lê-se "*призводство*" (*prizvodstvo*), em vez de "*производства*" (*proizvodstvo*), que significa "produção", conforme seguimos nesta tradução. (N.T.)

CAPÍTULO I – O QUE É DIREITO

pois "mentalmente podemos representar *ordenamentos jurídicos* construídos diretamente sobre princípios opostos e, entretanto, cada um deles (ou seja, dos ordenamentos jurídicos) está baseado no direito". Mas, para apaziguar, acrescentará: "contudo, não se trata de *qual conduta se exige* das normas jurídicas, mas como *se exige* uma conduta indicada pelas normas do direito" (Chercheniévitch). [96]Deixo de lado os diversos trabalhos gerais e especializados sobre a questão do direito e recorro a um livro amplamente acessível e citado acerca de quaisquer questões. Na *Grande Enciclopédia*, leio: "*Direito*. A questão da essência do direito faz parte dos problemas mais difíceis e até agora *não resolvidos*. Até o presente momento, na teoria geral do direito, um grande número de distintas teorias significativamente diferentes umas das outras disputam o domínio exclusivo entre si".[97] Isso significa que sobre esse mesmo direito que por séculos "governa" a humanidade, em nome do qual ocorreram motins, revoltas, revoluções, até hoje permanecem em vigor as palavras de [Immanuel] Kant: "os juristas ainda procuram uma definição para o seu conceito de direito".[98] Mas os juristas, e não somente eles, acrescentamos nós, procuram em vão a definição *da eterna categoria* de direito. E veremos mais adiante por que não puderam e até não quiseram (ou seja, talvez, inconscientemente, mas ainda assim não quiseram) encontrar e oferecer uma *definição* realmente *científica* do conceito de direito.

---

96 Referência a Gabriel Chercheniévitch (1863-1912) e sua obra *Общая теория права* [*Teoria geral do direito*]. Moscou: Editora dos irmãos Bachmakov, 1912, p. 80. (N.E.B.)

97 IUJAKOV, Serguei N. (Coord.). *Большая энциклопедия: Слов. общедоступ. сведений по всем отраслям знания* [*Grande enciclopédia*: palavras acessíveis a todos os campos do conhecimento. vol 15]. São Petersburgo: Editora Prosvechenie, 1900-1907, p. 548. (N.E.B.)

98 KANT, Immanuel. *Crítica da razão pura*. Trad. Valério Rohden e Udo Baldur Moosburger. São Paulo: Nova Cultural, 2000, p. 440 (nota 1). (Coleção "Os pensadores"). (N.E.B.)

Quando, ao redigir os princípios diretivos do direito penal da RSFSR,[99] no colégio do Comissariado do Povo para a Justiça, surgiu diante de nós a necessidade de formular a nossa, por assim dizer, concepção "soviética" do direito, detivemo-nos na seguinte fórmula: "o direito é um sistema (ou um ordenamento) de relações sociais correspondentes aos interesses da classe dominante e protegido por sua força organizada (ou seja, dessa classe)". Com certeza, é possível uma formulação mais perfeita do conceito de direito. É preciso dar mais destaque às palavras "sistema ou ordenamento", ou substituí-las por outras palavras que marquem mais claramente a participação consciente de uma pessoa no estabelecimento desse "sistema ou ordenamento". Nos últimos tempos, em vez de "sistema" etc., tenho empregado a expressão "forma de organização das relações sociais, ou seja, das relações de produção e troca".[100] Talvez, deveria se enfatizar mais que o interesse da classe dominante é o conteúdo fundamental, a característica fundamental de qualquer direito. É possível, finalmente, ainda mais uma formulação, a de que o direito é "um *sistema* ou uma ordem *normativa* que fixam e protegem da violação o sistema ora citado de relações sociais etc." Contestamos essa última abordagem do direito a partir de um ponto de vista algo distinto e lhe daremos uma análise a seguir, mas, de todo modo, ela está baseada em um ponto de vista correto, a saber, o *de classe*. Em geral, considero plenamente aceitável ainda hoje a fórmula do Comissariado do Povo para a Justiça, pois conserva aquelas características principais que incluem o conceito de *qualquer* direito em geral e não somente o soviético. Seu mérito fundamental reside no

---

99 Cf. ПОСТАНОВЛЕНИЕ НАРКОМЮСТА РСФСР ОТ 12 ДЕК. 1919 Г. "Руководящие начала по уголовному праву Р.С.Ф.С.Р.", *Собрание узаконений РСФСР (СУ РСФСР)* [RESOLUÇÃO DO COMISSARIADO DO NARKOMIUST DA RSFSR DE 12 DE DEZEMBRO DE 1919. "Princípios diretivos para um direito penal da RSFSR", *Assembleia de legalizações da RSFSR (AL RSFSR)*], 1919, n° 66, p. 590.

100 Cf. o meu relatório STUTCHKA, Piotr. *Классовое государство и гражданское право* [*Estado de classe e direito civil*]. Moscou: Editora da Academia Socialista, 1924.

CAPÍTULO I – O QUE É DIREITO

fato de que, pela primeira vez, estabelece em firme solo científico a questão do direito em geral: ela recusa um ponto de vista puramente formal acerca do direito, vê nele não uma categoria eterna, mas um fenômeno social que se altera na luta de classes. Recusa as tentativas da ciência burguesa de conciliar o irreconciliável e, ao contrário, encontra uma medida aplicável aos mais irreconciliáveis tipos de direito, pois se coloca do ponto de vista dialético-revolucionário da luta de classes e das contradições de classes.

À exceção do interesse *de classe*, também os teóricos burgueses repetidamente se aproximaram de cada uma das nossas características do direito em separado. Mas eles "farejaram, farejaram e foram-se embora". E toda a jurisprudência, esse "conhecimento das coisas divinas e humanas, a ciência do justo e do injusto",[101] sem excluir nem a tendência sociológica nem, ainda mais, a socialista, até hoje rodopia em torno de algumas fórmulas miseráveis e, de vez em quando, coloca em dúvida se, em geral, trata-se de uma ciência. Respondemos diretamente: não, até agora ela não foi nem pôde ser uma ciência; ela pode se tornar ciência apenas ao se colocar do ponto de vista de classe (do ponto de vista do trabalhador ou de sua classe hostil, mas de classe). E ela pode fazê-lo? Não, não pode. Isso porque ao inserir o ponto de vista revolucionário (de classe) no conceito de direito, ela *"justificaria"*, *tornaria legal também a revolução proletária*. Apenas agora, depois da vitória do proletariado, os juristas burgueses começam a falar timidamente que cada classe tem o seu próprio direito.[102] Não os convenceu a teoria, mas a vitória da revolução na prática.

---

101 [Eneu Domício] Ulpiano define: *"Jurisprudentia est divinarum atque humanarum rerum notitia justi atque justi scientia"* (D. 1. 1. 10.2) [Cf. JUSTINIANO I. *Digesto de Justiniano*: liber primus – Introdução ao direito romano. 3ª ed. rev. Trad. Hélcio Maciel França Madeira. São Paulo: Revista dos Tribunais; Osasco-SP: UNIFIEO, 2002, p. 21].

102 Cf. professor TRAININ, Aron. *"О революционной законности"* ["Sobre a legalidade revolucionária"]. *Pravo i jizn* [*Direito e vida*], Moscou, Editora Direito e Vida, nº 1, 1922, pp. 5-8.

Por isso, também nos casos em que se encontram entre os juristas socialistas aqueles que admitem em palavras o princípio da luta de classes, todos, quase sem exceção, colocaram-se do ponto de vista do oportunismo, e tanto eram quanto permaneceram ardentes opositores da concepção revolucionária de luta de classes, ou seja, pertenciam à tendência que agora, sob a máscara marxista, trai a revolução a cada passo. E aquilo que Engels (junto com [Karl] Kautsky) escreveu em 1887,[103] em artigo do editorial contra o "socialismo jurídico" burguês, aplica-se inteiramente a eles.[104] Na atual concepção de direito não há lugar para a revolução e, como os camponeses revolucionários alemães expulsaram seus doutores dos direitos, e os espanhóis os seus *togados* (os juristas),[105] também a revolução proletária deve se colocar em guarda contra seus "juristas burgueses". E é interessante notar que uma nulidade científica como o professor alemão [Rudolf] Stammler, exitoso em criar para

---

103 Em ENGELS, Friedrich; KAUTSKY, Karl. "Juristen-Sozialismus" ["O socialismo jurídico"]. *Die Neue Zeit*: Revue des geistigen und öffentlichen Lebens [*O novo tempo*: revista da vida intelectual e pública], Stuttgart, Verlag von J. H. W. Dietz, Heft 2, Jahrgang 5, 1887, pp. 49-62.

104 O artigo apareceu em tradução ao russo após minha citação na revista *Pod známienem marksisma* [*Sob a bandeira do marxismo*], de 1923, nº 1. [ENGELS, Friedrich; KAUTSKY, Karl. "Юридически социализм" ["O socialismo jurídico"]. *Pod známienem marksisma* [*Sob a bandeira do marxismo*], Mosco, Materialist, nº 1, 1923, pp. 51-70. Em português: ENGELS, Friedrich; KAUTSKY, Karl. *O socialismo jurídico*. Trad. Lívia Cotrim e Márcio Bilharinho Naves. São Paulo: Boitempo, 2012 – N.E.B.].

105 Em suas cartas sobre a revolução espanhola, Marx cita uma expressão popular do tempo de Filipe V: "todo o mal vem dos *'togados'*" (juristas) [cf. MARX, Karl. "La España revolucionaria (IV, 27 de octubre de 1854)". *In*: MARX, Karl; ENGELS, Friedrich. *La revolución española*: artículos y crónicas, 1854-1873. La Habana: Ciencias Sociales, 1975, p. 28]. E o campesinato russo tem um provérbio: "não tema as leis, tema os legistas". Na França, de 745 deputados, 300 eram advogados (cf. Prof. Dr. HEYCK, Eduard. *Parlament order Volksvertretung?* [*Parlamento ou representação popular?*]. Halle an der Saale (Alemanha): Richard Mühlmann, 1908).

CAPÍTULO I – O QUE É DIREITO

si um nome por meio de sua caricatura burguesa do marxismo, veja como o principal, se não o único, defeito de Marx seu "insuficiente aprendizado (*Schulung*) jurídico". Entretanto, Marx, que havia passado pela antiga escola romana da Universidade de Berlim nos anos de 1830, e sem experimentar quaisquer simpatias especiais por essa ciência[106] em sua forma de então, em carta de 25/11/1871[107] (endereçada a [Friedrich] Bolte), ao caracterizar a luta pela redução da jornada de trabalho por meio da lei como uma luta política, oferece a seguinte definição sutil do conceito de direito, até agora não alcançada pela ciência jurídica:

> Assim, portanto, dos movimentos econômicos isolados dos operários, nasce, em toda parte, um movimento político, isto é, *um movimento da classe, tendo por objetivo conquistar a satisfação dos seus interesses* de uma forma geral, *uma forma que seja válida para o conjunto da sociedade.*[108]

Note que a caracterização da conquista da legislação trabalhista como parte do direito encontra-se em todas as características ora adotadas por nós.

Mas tomemos, ainda que em uma abordagem superficial, uma montanha de "trabalhos" dedicados à procura da "verdadeira" definição do conceito de direito. Embora a grande maioria parta do conceito de relação jurídica, todos, quase sem exceção, veem o direito no sentido objetivo apenas como um conjunto de normas, ou seja, como uma coleção de leis, imperativos volitivos, excluindo-se apenas os maníacos especialistas de toga (batinas, daí em espanhol

---

106 É famosa sua expressão *"juristsch, also falsch"*: "por direito, entenda-se falso".

107 A carta, na realidade, é do dia 23. (N.T.)

108 MARX, Karl. "Marx a Bolte (Londres, 23 de novembro de 1871)". *In*: MARX, Karl; ENGELS, Friedrich. *Obras escolhidas*. vol. 3. São Paulo: Alfa-Ômega, [s.d.], p. 266. (N.E.B.)

os chamarem de *togados*), para os quais o verdadeiro direito se encontra apenas em sua própria consciência, intuição, ou se acha em algum outro lugar em forma "natural" (justiça natural), *enquanto a lei positiva representa apenas uma ilusão*. Mas o antigo jurista romano (Paulus) já ensinava: *"non ex regula jus sumatur, sed ex jure, quod est, regula fiat"*, quer dizer, a lei nasce do direito, e não o direito da lei. Porém, o jurista prático [Hugo von] Sinzheimer[109] escreve: "a ordem jurídica não deve coincidir, e nem coincide, com a realidade jurídica em muitos aspectos, pois nem todo 'direito vigente' (leia-se: um conjunto de normas) é válido e *nem todo direito vigente está expresso* (em lei)". Como adverte um advogado russo de Iver: "qual artigo fala, e qual não fala".[110] De fato, parece que a partir do momento em que surgiu a tendência sociológica na ciência do direito, ao menos uma coisa se estabeleceu com firmeza, que o direito é, justamente, um sistema de relações sociais. Mas, onde houve acordo com o conceito de relações sociais e de ordem social, essa tendência sociológica se deparou com um conceito de sociedade igualmente incompreensível para eles ou com o fantasma vermelho da luta de classes e, novamente, viu-se num impasse.[111]

---

[109] SINZHEIMER, Hugo von. *Die soziologische methode in der Privatrechtswissenschaft* [*Método sociológico no direito privado*]. Munique: M. Rieger, 1909.

[110] "Existem também as normas latentes" (IHERING, Rudolf von. *Geist des römischen Rechts auf den verschiedenen Stufen seiner Entwicklung* [*O espírito do direito romano nas diversas fases de seu desenvolvimento*]. 4 vols. Leipzig (Alemanha): Breitkopf & Härtel, 1852-1865, p. 29. [JHERING, Rudolf von. *O espírito do direito romano nas diversas fases de seu desenvolvimento*. 2 vols. Trad. Rafael Benaion. Rio de Janeiro: Alba, 1943]). Cf. o capítulo a seguir: "Direito e lei" [neste volume, p. 245. (N.E.B.)].

[111] Não são poucos os juristas burgueses que chegaram perto do conteúdo de direito nas relações sociais. Assim, [Bogdan] Kitiakóvski (KITIAKÓVSKI, Bogdan. *Социальные науки и право. Очерки по методологии социальных наук и общей теории права* [*Ciências sociais e direito*: ensaio sobre a metodologia das ciências sociais e da teoria geral do direito]. Moscou: M. e S. Sabáchnikov, 1916) escreve: "na pesquisa científico-social do direito, *é necessário reconhecer* a realização do

CAPÍTULO I – O QUE É DIREITO

Assim, entre os professores burgueses, um dos líderes do "socialismo jurídico", o falecido professor vienense Anton Menger escreveu: "qualquer ordem jurídica é um grande sistema de relações de poder, desenvolvendo-se no interior de um dado povo no curso do desenvolvimento histórico". Já se tomarmos um autor mais novo, o professor Joerges,[112] leremos:

---

direito como o principal ponto para conhecê-lo e, portanto, proceder da consideração do *direito em sua implementação* nas relações jurídicas". Aqui, o autor adere ainda à tradição "volitiva", mas sua análise se dirige já não à vontade, mas à sua realização. Passemos a outros exemplos de trabalhos de juristas da assim chamada tendência sociológica. "Qualquer norma jurídica ou, pelo menos, qualquer complexo e relações jurídicas pode ser contemplada do ponto de vista jurídico e sociológico. As principais instituições jurídicas (*Rechtsgebilde*) como, por exemplo, família, propriedade, poder de Estado, comunidade correspondem a fenômenos sociais gerais. Mas é característico do direito separar-se da matéria social, ou seja, dos fatos e das relações sociais, dos quais é a forma externa e o ordenamento. Esse processo de separação (*Verselbständigung*) deve-se principalmente, ao lado do crescimento da civilização, à crescente complexidade das condições de vida, o que torna cada vez mais impossível a harmonização completa e permanente da regra geral e do caso individual. A jurisprudência, como uma técnica, é a expressão mais perfeita dessa tendência do direito à autonomia (...). Assim surge o *dualismo* entre o *direito e o conteúdo* (*Substrat*) *social do direito*" (HUBER, Max. "Beiträge zur Kenntnis der soziologischen Grundlagen des Völkerrechts und der Staatengesellschaft" ["Contribuições para o conhecimento dos fundamentos sociológicos do direito internacional e da sociedade internacional"]. *Jahrbuch des Öffentlichen Rechts der Gegenwart* [*Anuário de direito público contemporâneo*], Tübingen, J. C. B. Mohr, vol. 4, 1910, pp 56-134). "O direito pretende abarcar a sociedade não pelo que ela é e se torna, mas no sentido da ordem de sua realização" (cf. prof. JOERGES, Rudolf. "Recht und Gerechtigkeit" ["Direito e justiça"]. *Zeitschrift für Rechtsphilosophie in Lehre und Praxis* [*Revista de filosofia jurídica no ensino e na prática*], F. Meiner, vol. II, 1919, pp. 173-218). "O método sociológico consiste no conhecimento da realidade jurídica", "*Rechtswirklichkeit*" (SINZHEIMER, Hugo von. *Die soziologische methode in der Privatrechtswissenschaft* [*Método sociológico no direito privado*]. Munique: M. Rieger, 1909).

112 JOERGES, Rudolf. "Recht und Gerechtigkeit" ["Direito e justiça"]. *Zeitschrift für Rechtsphilosophie in Lehre und Praxis* [*Revista de*

tudo o que é dado no conceito de direito tomado por nós é a vida coletiva e a atividade coletiva das pessoas (*Zusammenleben und Zusammenwirken*), orientadas para a garantia dos bens necessários à satisfação de suas necessidades. Chamamos isso de vida social (...). Dessa maneira, *o direito* é uma *ordem* da vida social (uma manifestação da vida social).

Mas o mesmo Joerges, algumas linhas adiante, volta-se novamente ao "direito como sistema de normas, ou seja, linhas de orientação ou de motivação para as manifestações sociais da vida".

Deixemos de lado, por enquanto, a questão da sociedade, das relações sociais[113] e seus sistemas, sobre os quais ainda teremos que nos deter mais detalhadamente, e nos limitemos apenas à indicação de que a ciência burguesa, por enquanto apenas timidamente, chegou à concepção, ao que parece por si mesma, de que o direito é uma determinada ordem, ou seja, um sistema de relações sociais ou de inter-relações entre pessoas, e não apenas um ou outro artigo que trata dessas inter-relações, ou esta ou aquela instituição jurídica determinada formalmente.

Mas, na ausência do ponto de vista de classe, eles ainda obtêm fórmulas vazias. Tomemos, por exemplo, o "direito como liberdade" de E. [Evguiéni] Trubetskói: "o direito é um conjunto de normas que, por um lado, *expressam* e, por outro, *limitam a liberdade* externa das pessoas *em suas inter-relações*".[114] Ou o direito como "interesse tutelado" de [Nikolai] Korkunov: "o direito estabelece a delimitação dos interesses das pessoas (...) e, consequentemente, a relação

---

filosofia jurídica no ensino e na prática], F. Meiner, vol. 2, 1919, pp. 173-218.

[113] Os juristas, em geral, falam também aqui de relações entre pessoas e coisas, por exemplo, o assim chamado direito das coisas.

[114] TRUBETSKÓI, Evguiéni. *"Определение права"* ["Definição de direito"]. *Лекции по энциклопедии права.* [*Palestra para uma enciclopédia do direito*], Moscou, Tipografia A. I. Mamontov, 1917, p. 11. (N.E.B.)

CAPÍTULO I – O QUE É DIREITO

delas apenas em relação às pessoas".[115] Ou, finalmente, Stammler, esse "marxista às avessas": "o direito é, em seu sentido próprio, a regulamentação compulsória da convivência (*Zusammenleben*) entre as pessoas, considerada inabalável (*unverletzbar geltende*)". Tanto o sujeito quanto o objeto desaparecem, obtém-se uma fórmula sem qualquer conteúdo, e você lê bibliotecas inteiras acerca do tema de como delimitar o direito da moralidade ou a ciência do direito de todas as demais ciências, pois ela, por sua vez, esteve intimamente ligada tanto às ciências naturais quanto às ciências histórico-filológicas, sobretudo, à filosofia e, nos últimos tempos, à sociologia. E se tomarmos um especialista sério como o fundador da escola sociológica jurídica russa [Serguei] Múromtsev,[116] sua definição de ordem jurídica, que leva em conta tanto o direito no sentido da ordem das relações sociais quanto a defesa organizada e não organizada dessas relações, compreendendo como forma organizada de defesa justamente a forma jurídica ou do direito, admitindo ainda a característica de interesse apresentada por [Rudolf von] Ihering, limita-se a uma fórmula sem conteúdo, vazia, pois lhe era estranha a compreensão de classe das relações sociais. Apenas a compreensão de classe confere a clareza necessária, sem a qual a jurisprudência é apenas uma simples técnica de literatura, uma "serva" da classe dominante.

A segunda característica do direito é sua proteção do poder organizado da classe dominante (geralmente, o Estado), por meio da qual o principal, se não o único, objetivo desse poder é a proteção desse ordenamento como correspondente ao interesse, ou melhor, como garantidor do interesse dessa mesma classe dominante. Parece que, sobre a questão da coerção como elemento do direito, deveriam

---

115 KORKUNOV, Nikolai. *Лекции по общей теории права* [*Palestras sobre teoria geral do direito*]. São Petersburgo: Loja N. K. Martínov, 1909. (N.E.B.)

116 Cf. MÚROMTSEV, Serguei. *Определение и основание разделения права* [*Definição e bases de delimitação do direito*]. Moscou: [s.n.], 1879.

concordar incondicionalmente todos os que veem no direito um conjunto de normas, ou seja, no final das contas, de leis promulgadas ou reconhecidas justamente por esse poder.

Mas, para apresentar essa teoria abertamente, foi necessária uma mente tão corajosa como a do professor alemão Ihering. Ele proclama abertamente a força, a coerção, como característica incondicional do direito, e vê no próprio direito apenas o interesse protegido. Certamente, sentiu que se tratava do interesse da classe dominante e do poder de classe, mas, pelo visto, não se deu conta plenamente desse elemento de classe. Porém, na prática, coloca-se incondicionalmente em guarda dos interesses da classe *junker* capitalista prussiano-alemã, e quando fala de interesses, passa ao campo da teleologia, a julgamentos sobre objetivos finais e infinitas premissas, pois "nenhuma nação cultural pode sustentar-se sem a Igreja" e "nenhuma filosofia ou ciência em geral (por exemplo, a teoria de Darwin) sem a premissa de Deus". Fala sobre o "direito como uma garantia das condições de vida *da sociedade* por meio da coerção", e que sociedade ele tem em vista se revela em suas palavras, quando, por exemplo, desenha diante de seu auditório "a precariedade do direito de propriedade" (leia-se: direito dos possuidores) em comparação aos "direitos de personalidade" (ou seja, dos despossuídos). Aqui, limita-se a apenas uma frase: "estaria me esquecendo *diante de que tipo de público eu falo* se desperdiçasse ainda que uma palavra supérflua a esse respeito". Assim, o mais corajoso e o mais sincero representante da ciência burguesa do direito, e isto, sem dúvida, sobre Ihering é forçoso admitir, não chegou, ou não se decidiu a chegar, ao reconhecimento sincero do caráter de classe do direito e permaneceu no mesmo impasse.

Um eclético será capaz de, reunindo em uma só pena os diferentes autores, captar toda nossa definição do direito mesmo no seio da ciência jurídica burguesa, mas em tal combinação essas características isoladas se devoram mutuamente, pois se negam, e apenas numa perspectiva revolucionária de classe essa definição se torna vital e se liberta de qualquer inconsistência e hipocrisia.

CAPÍTULO I – O QUE É DIREITO

Mas nos perguntarão: a nossa definição corresponderia à realidade? Abarcaria todo o campo do direito, como o representam a história e a vida? Certamente, não podemos aplicar nosso direito a uma sociedade que não tem classes, mas veremos a seguir que ali também não há o direito no sentido moderno, e apenas a própria aplicação indecifrável da terminologia moderna à sociedade antiga cria semelhantes "ilusões". Contudo, apenas repete a amplamente aceita miscelânea de conceitos da ciência burguesa, buscando o capital, o proletariado etc., ainda no mundo antigo. Mas onde quer que haja, de uma forma ou de outra, a divisão da humanidade em classes e o domínio de uma classe sobre outra, encontramos o direito ou algo parecido com o direito. Em nossa pesquisa, limitamo-nos ao direito da época burguesa e da sociedade feudal que a precede, como seu modelo mais expressivo. No que se refere ao campo abarcado pelo direito, considera-se a objeção ao direito internacional como a mais perigosa. Mas veremos ainda que o direito internacional, na medida em que ele, em geral, é direito, deve corresponder completamente a essa definição, e em relação a isso, o imperialismo contemporâneo, em particular, a [Primeira] Guerra Mundial, já abriu os olhos de todos para as suas consequências. Falamos de poder, organização de classe, não a nomeando de Estado, para justamente abarcar um campo mais amplo do direito. Mas, acrescento, existem, ainda, no meio da ciência burguesa hipócrita, muitos estudiosos que colocam em dúvida o lugar do direito internacional no sistema dos direitos em geral.

Permanece, ainda, uma objeção: essa definição supostamente se aplica ao assim chamado direito civil ou privado. Está claro que nossa definição efetivamente busca colocar de novo as pessoas sobre as duas pernas[117] em suas relações recíprocas, admitindo como

---

117 Expressão russa que significa "educar", "conferir independência"; optou-se aqui por traduzir literalmente a expressão, já que não há equivalente em português e o estilo do autor destaca-se pelo uso de expressões, provérbios e modos de dizer. (N.T.)

questão fundamental do direito a relação de pessoa a pessoa, já que vemos na sociedade burguesa o domínio pleno da norma morta sobre pessoas vivas, em que a pessoa existe para o direito, e não o último para a primeira. Que o direito civil é inaugural já reconheceu [Ludwig] Gumplowicz, que escreve: "é claro e indiscutível que o ato de legislação, ao declará-lo obrigatório (ou seja, o direito privado), apenas desviou o papel da lei para o direito privado, mas isso ainda não esgotou a questão da origem do direito privado".[118] Isso significa que o "direito privado" (como ordenamento das relações sociais) existe antes da lei. Em nossa construção, todas as demais instituições jurídicas foram criadas com o único fim de assegurar esse direito fundamental e, portanto, tem apenas um caráter auxiliar, por mais que pareçam prevalecer sobre todas as outras. Mas ali onde o Estado passa ao papel de sujeito do "direito privado", o Estado atua apenas como "*Gesamtkapitalist*"[119] (expressão de Engels), ou seja, o capital personificado ou o representante de toda a classe dos capitalistas. Assim, o *eterno* conceito de direito foi sepultado por nós; foi sepultado na prática e junto com a ciência burguesa. Ao mesmo tempo, estão perecendo tanto os eternos quanto os imprecisos conceitos burgueses de verdade e justiça humanas, substituídos por nós por conceitos puramente de classe. Mas se falamos de direito e justiça no sentido de classe, está claro que não temos em vista aquele dualismo tímido das duas almas que lutam no peito de todo filisteu e as quais tão claramente se manifestam nos epígonos dos pensamentos filosóficos e revolucionários e seus papagaios jurídicos ("*vom richtigen Rechte*" – sobre o conceito de direito "devido"), mas puramente palavras de ordem revolucionárias, de classe.

---

[118] GUMPLOWICZ, Ludwig. *Rechtsstaat und Sozialismus* [*Estado de direito e socialismo*]. Innsbruck (Áustria): Wagner, 1881.

[119] Trata-se de provável remissão à expressão "*Gesamtkapital*" ("capital total") de Marx, resgatada por Engels, em seu prefácio ao livro 3 de *O Capital*. Cf. ENGELS, Friedrich. "Prefácio". *In*: MARX, Karl. *O Capital*: crítica da economia política – O processo global da produção capitalista. Trad. Rubens Enderle. São Paulo: Boitempo, livro III, 2017, p. 42, entre outras. (N.R.T.)

CAPÍTULO I – O QUE É DIREITO

Quem assimilou a maneira de pensar de Marx e Engels sobre o capital, o dinheiro etc., como relações sociais, também entenderá imediatamente nossas palavras sobre o sistema de relações sociais. Mais adiante veremos que Marx, às vezes, referia-se ao direito como uma implementação formal ou como uma mediação das relações sociais. Será mais difícil ao jurista, para o qual o direito é puramente uma superestrutura técnica, artificial, por mais que lhe pareça estranho, dominar os seus fundamentos. Marx também pagou um pequeno tributo à terminologia das teorias volitivas do direito. Ora, Marx formou-se nos conceitos do direito dos anos de 1830, que enxerga nele a expressão da "vontade comum" (*"Volkswillen"*).[120] Pela mesma razão, um proeminente representante contemporâneo do materialismo histórico como M. [Mikhail] N. [Nikoláievitch] Pokróvski, em seu valioso livro *Ensaio sobre a história da cultura russa*, escreve palavras como:

> E e uma vez que as normas naturais da vida social permanecem desconhecidas, as pessoas tentam *criar normas artificiais,*[121] *ou seja, aquilo a que chamamos de lei, de direito*. Essa artificialidade cresce à medida que nos aproximamos da nossa época, à medida que a economia se torna mais complexa, as relações de vida mais 'confusas'.[122]

---

[120] Na primeira edição, esta passagem causou mal-entendidos. É evidente que não há uma "reprovação" nem nenhuma "acusação de heresia". Marx valeu-se da terminologia dos representantes mais avançados da ciência. Hoje ele, bem entendido, falaria em uma linguagem algo diferente. A essência da coisa, como veremos, ele então já determinara correta e nitidamente.

[121] "A filosofia antiga já havia colocado o problema: o direito seria um produto da natureza ou uma obra de arte?" (Gumplowicz, I, p. 63).

[122] POKRÓVSKI, Mikhail. *Очерки истории русской культуры* [*Ensaio sobre a história da cultura russa*]. Kursk: Cooperativa Editorial do Comitê Provincial do Partido Comunista Russo de Kursk, parte I, 1924, p. 181.

Dirão a mim que tais expressões são perdoáveis a um não jurista. Não se trata disto. O camarada Pokróvski não é uma exceção; como todos os outros *não juristas, pensa ainda de maneira demasiado jurídica.* E o que dizer então dos juristas? A esta, como a outras questões, todavia, ainda voltaremos.

Quem entender que as instituições de propriedade, herança, compra e venda etc., nada mais são do que *relações jurídicas* e, dessa maneira, também formas de *inter-relações sociais entre pessoas,* abrirá seus olhos também para as relações sociais que, com efeito, estão por trás de qualquer artigo jurídico de lei. Começará a pensar de maneira dialético-revolucionária também em questões jurídicas. E se delineará com clareza diante de seus olhos o direito do mundo feudal contrarrevolucionário em luta contra o *interesse* social de um momento em que a burguesia era revolucionária, do mesmo modo, o *direito* burguês contrarrevolucionário em luta contra o *interesse*[123] revolucionário de classe do proletariado. Se o primeiro combate terminou com um compromisso das duas classes em luta, aqui não há lugar para compromissos: *"pollice verso"*,[124] "punho nos olhos e joelho no queixo!"

---

[123] Destaco as palavras "direito" e "interesse" para chamar atenção para sua oposição, e não para sua confusão. O interesse de classe converte-se em direito apenas depois da vitória da classe e perde essa qualidade com a saída da classe do poder.

[124] Em latim, no original: "com o polegar virado", frase usada nas lutas de gladiadores, na Roma Antiga. (N.T.)

CAPÍTULO II

RELAÇÕES SOCIAIS E DIREITO

Dissemos que o direito é um sistema de relações sociais ou um ordenamento social determinado. Mas o que entendemos pelas palavras relações sociais? Repete-se o mesmo quando se trata do direito. Não há palavra empregada com mais frequência que a palavra sociedade, e não tem conceito mais indeterminado e mais nebuloso que o conceito de "sociedade". Não falamos das sociedades no sentido estritamente técnico, sobre as assim chamadas sociedades de pessoas jurídicas, usamos as expressões: sociedade antiga, feudal, burguesa e até futura, debatemos sobre a sociedade humana em geral e nos referimos muitas vezes à opinião pública. Mas, aparentemente, aqui a palavra sociedade significa cada vez uma coisa, e quando se acha especialistas que desejam encontrar uma característica *comum a todos esses diferentes conceitos* que se encerra em uma palavra em geral, obtém-se ou uma grande confusão ou, novamente, uma fórmula desprovida de conteúdo real. E, como se sabe, na ciência burguesa, são exatamente tais "lugares comuns" que recebem a última palavra em ciência. Contudo, todas as línguas, sem excluir a da ciência, conhecem palavras com significados bastante diversos. Isto às vezes é um inconveniente; contudo, é um fato que precisa ser considerado. Mas não convém levar até o absurdo esses diferentes significados de uma mesma palavra, deixando sua pesquisa simplesmente para a ciência da linguagem. Aqui a saída é simples: em cada caso particular, deve-se acordar precisamente o que, em determinado caso, em determinada esfera, por exemplo, entendemos por tal palavra. Mas isso a ciência burguesa não o fez, e veremos ainda por que não pôde fazê-lo.

Em relação ao objeto da nossa área, a palavra "sociedade" denota ou um determinado *círculo*, mais ou menos amplo, *de pessoas* em suas inter-relações, ou um determinado *complexo das próprias inter-relações* entre essas pessoas. Mas que círculo de pessoas e quais inter-relações entre pessoas devem ser objeto da ciência da sociedade (da sociologia), as opiniões dos especialistas em relação a isso divergem tanto, que talvez não existam dois sociólogos que concordem completamente. Um desses estudiosos ([Émile] Maxweiler) afirma diretamente que a palavra "sociedade" é "um simples equívoco quando se lhe infere algum sentido concreto", pois "desaparece imediatamente tão logo tentamos aprofundar o seu sentido".

Como se sabe, o mundo grego antigo, segundo Aristóteles, partia da pessoa como membro da sociedade (*"zoon politikon"*).[125] Não vamos nos deter aqui na questão sobre em que sentido ele entendia a sociedade; digamos apenas que a ciência burguesa, ao partir do indivíduo isolado, do tipo de um notório Robson,[126] parece ter dado um passo atrás. E o mesmo nos parece a propósito da teoria do "contrato social" (*contrat social*).[127] Para o filósofo da época antiga, as relações sociais eram manifestas, como se estivessem na palma

---

[125] Transliterado ao russo, no original: "animal político" (cf. ARISTÓTELES. "Política". Trad. Therezinha Monteiro Deutsch e Baby Abrão. *In*: _____. *Os pensadores*. São Paulo: Nova Cultural, 2000, p. 222). (N.T.)

[126] Referência à personagem Robson Crusoé, do romance homônimo de Daniel Defoe, publicado pela primeira vez em 1719 (DEFOE, Daniel. *Robinson Crusoé*. Trad. Sergio Flaksman. São Paulo: Penguin Classics; Companhia das Letras, 2011). (N.T.)

[127] Em caracteres latinos, no original. (N.T.)

CAPÍTULO II – RELAÇÕES SOCIAIS E DIREITO

de sua mão, já a ciência burguesa começou com uma quantidade infinita de fetiches diversos. A ciência sobre essa sociedade partiu do indivíduo,[128] transferindo para a sociedade, por sua vez, todas as teorias da ciência sobre a "natureza exterior", em geral, e sobre a pessoa, em particular.

Assim, surgem, por sua vez: a escola mecanicista, biológica (orgânica, ou seja, antropológica ou zoológica), em seguida, a psicológica. É claro que todos eles representam um passo notório adiante, pois, por meio da aplicação de métodos de outras ciências, começaram, ainda assim, a elucidar as inter-relações de indivíduos pulverizados como membros de uma sociedade – de um mecanismo, de um organismo (o homem, em [Hebert] Spencer, [Albert] Schäffle, [Paul von] Lilienfeld etc., bem como o homem-Leviatã, de [Thomas] Hobbes etc.). A escola psicológica pretendia criar a teoria da psicologia de massa, ou seja, partia do mesmo organismo, porém, unicamente *de sua cabeça*. A sociologia foi proclamada como ciência autônoma, mas não era nada além da aplicação à sociologia do método histórico, que também aqui se limitava a descrições e explicações dos fenômenos. Um grande passo adiante, finalmente, foi o método de comparação e, sobretudo, o estatístico.

No meio desse caos de materiais e opiniões, foi preciso surgir uma inteligência, como as de Marx e Engels, que tirasse de todo esse material as conclusões das revoluções burguesas, que dissecasse diante de nós a essência da própria sociedade, como um *conjunto de fenômenos que se transformam e se desenvolvem por suas leis particulares, imanentes*. Seu materialismo econômico conferiu um novo conteúdo ao conceito de sociedade. Eles partiram do simples fato de que sempre conhecemos o ser humano apenas como membro de um ou outro conjunto de indivíduos. Mas o que os une nessa unidade? Na luta pela existência, "para produzirem, contraem determinadas

---

128 É interessante notar que o fundador da ciência da sociologia Auguste Comte a entendia não como ciência da sociedade, mas como "ciência *da pessoa* como membro da sociedade".

ligações e relações mútuas, e é somente no interior desses vínculos e relações sociais se efetua a sua ação sobre a natureza, isto é, que se realiza a produção". E eis que

> as relações de produção, na sua totalidade, formam aquilo a que se dá o nome de relações sociais, a sociedade, e, na verdade, uma sociedade num estágio determinado de desenvolvimento histórico, uma sociedade com caráter próprio, diferenciado. A sociedade antiga, a sociedade feudal, a sociedade burguesa são conjuntos de relações de produção desse tipo, e cada uma delas caracteriza, ao mesmo tempo, um estágio particular de desenvolvimento na história da humanidade.[129]

Assim, o conjunto das pessoas, conectadas em um determinado estágio histórico de desenvolvimento por um conjunto de condições de produção, como base de suas inter-relações, chama-se sociedade, e "as relações sociais" desses produtores são o que chamamos de relações *de produção* ou de trabalho.

A seguir, Marx adiciona, ainda, a relação de *troca* às relações de produção. Escreve Marx em 1846, em carta a P. V. Ánnienkov sobre Proudhon:

> A um nível determinado do desenvolvimento das forças produtivas dos homens corresponde uma forma determinada de comércio e de consumo. A determinadas fases de desenvolvimento da produção, do comércio, do consumo correspondem formas determinadas de organização social, uma determinada organização da família, das camadas ou das classes; em resumo: uma determinada sociedade civil. A uma sociedade civil determinada corresponde uma situação

---

[129] MARX, Karl. "Trabalho assalariado e capital". *In*: _____. *Trabalho assalariado e capital & Salário, preço e lucro*. São Paulo: Expressão Popular, 2006, pp. 46/47.

CAPÍTULO II – RELAÇÕES SOCIAIS E DIREITO

política determinada que, por sua vez, nada mais é que a expressão oficial dessa sociedade civil.[130]

Mas, ao falar sobre a sociedade como um conjunto de relações de produção e troca, Marx explica que a sociedade não é uma simples soma dessas relações, que, mais do que essa soma no processo de produção e troca, obtém-se um determinado sinal de mais puramente social. Dessa maneira, a pessoa, como parte da sociedade, não é simplesmente um indivíduo com inclinações sociais, é "a pessoa socializada" (*Vergesellschafteter Mensch*, "uma pessoa *em processo de trabalho*"). Se, em Marx, é possível encontrar a palavra sociedade também em outro sentido, como um conjunto de pessoas, é geralmente no sentido de que *as pessoas são, em geral, a personificação das relações de produção* (por exemplo, Marx fala com frequência do capitalista como a personificação do capital, da classe dos proprietários de terra como a personificação da propriedade de terra).

Assim, Marx entende a palavra sociedade, em primeiro lugar, como um conjunto de relações de produção e, em seguida, de relações de distribuição. "As relações de produção (e, acrescentamos, de troca) de qualquer sociedade constituem um todo",[131] diz Marx em seu *Miséria da filosofia*, do qual partimos para nossa definição de direito ao nos referirmos a um "sistema de relações sociais" como um todo, a ordem social, que encontra pleno acordo com a abordagem de Marx.

A princípio, a ciência burguesa se calou sobre Marx, em parte porque de fato não o compreendeu, mas acima de tudo porque não o

---

130 MARX, Karl. "Marx a P. V. Annenkov (Bruxelas, 28 de dezembro de 1846)". Em: MARX, Karl; ENGELS, Friedrich. *Obras escolhidas*. vol. 3. São Paulo: Alfa-Ômega, [s. d.], p. 244. (N.E.B.)

131 MARX, Karl. *Miséria da filosofia*: resposta à Filosofia da Miséria, do Sr. Proudhon. Trad. José Paulo Netto. São Paulo: Boitempo, 2017, p. 102. (N.E.B.)

quis compreender. Não por muito tempo, pois a teoria de Marx não era uma teoria livresca, mas viva, que bateu à porta da burguesia na forma das massas proletárias. E depois de Marx foram possíveis apenas continuadores ou revisores (revisionistas) de sua teoria. É extremamente interessante que, quase ao mesmo tempo, em todo o mundo, tenha surgido entre os socialistas uma ala direita "traidora" do marxismo, mas isto era apenas o reflexo do revisionismo puramente burguês. A burguesia, que em geral não distingue sociologia e socialismo, como constantemente confunde revolução "social" e socialista, deu origem a uma série de novas tendências revisionistas na sociologia.

Primeiro, a tendência do professor berlinense [Georg] Simmel, que prometeu no prefácio de seu *Filosofia do dinheiro* "empreender uma nova etapa no interior do materialismo histórico", mas terminou em "círculos" sociais matemáticos vazios e verdades elementares encobertas pela pirotecnia reluzente das frases. Simmel, no final das contas, define sua tarefa com estas palavras: "a descrição e a reprodução (*Herleitung*) histórico-psicológica daquelas *formas* (e somente), nas quais se realizam a interação entre as pessoas".

Segundo, tem-se a escola do palavreado de Stammler, "conhecido por sua fama", para usar a expressão de [Heinrich] Heine, que prometeu corrigir Marx, ou melhor, dar por meio de sua pessoa um Marx sem os erros de Marx, mas acabou que, no lugar da "socialização" da jurisprudência, ele "legalizou", "justificou" a sociologia, ou seja, transportou para o estudo da sociedade métodos puramente jurídicos, ou melhor, prussiano-burocráticos, pois define qualquer sociedade simplesmente como uma "coexistência *externamente normalizada (äusserlich gregeltes Zusanmensein)* de pessoas", quer dizer, ele compreende toda a sociedade humana como se fosse o "*Verein*"[132] alemão *sancionado pela autoridade.*

---

132 No original, "*ферейн*" (*ferein*): palavra alemã incorporada ao vocabulário da língua russa; significa "sociedade", "união". (N.T.)

CAPÍTULO II – RELAÇÕES SOCIAIS E DIREITO

A terceira correção, ou melhor, refutação, foi a tendência psicológica, que, como na economia política e na jurisprudência, também aqui tenta criar uma teoria infundada do individualismo filisteu. Se as escolas psicológicas de [Gabriel de] Tarde, [Lester] Ward, [Gustave] Le Bon, entre outros, buscavam as bases da sociedade ainda na dependência do fraco em relação ao forte, por exemplo, da turba ao herói, e discorriam sobre a psicologia de massas (a imitação e outras formas de influência sobre as massas), essa nova escola psicológica partiu da psicologia do indivíduo "normal", do filisteu liberal livre, e só. Seu representante característico na Rússia é o famoso jurista-*Kadet*[133] [Leon] Petrazycki. E, nesse sentido, são características as "leis" científicas de Simmel, próximas, no fim das contas, dessa escola, como, por exemplo: "os interesses sociais nos cercam, por assim dizer, como círculos concêntricos: *quanto mais estreitamente nos abarcam, mais insignificantes* devem ser por si só". Vocês se lembrarão da teoria dos círculos concêntricos da utilidade marginal, só que ao contrário. Mas, em essência, essa fórmula abstrata é vazia, pois carece de qualquer conteúdo.[134]

---

[133] Em russo, *"кадет"*: acrônimo formado a partir da sigla para Partido Constitucional Democrata (*Конституционно-демократическая партия/ Konstitutsiónno-demokratítcheskaia pártia*), empregado para referir-se aos membros dessa organização. O partido dos *Kadets* também é referido pela sigla KD. (N.T.)

[134] Por exemplo, escreve Simmel: "a inter-relação entre as pessoas, que se originam dos *mais variados impulsos* (estímulos), em relação *aos mais diversos objetos* e para *os mais diversos fins*, em seu conjunto constituem a sociedade *no sentido mais determinado* (*sensu strictissimo*) como forma da existência humana *em contraste a outro significado* do conceito, segundo o qual a sociedade encerra um conjunto de indivíduos, que se encontram em relações mútuas, tomadas com todo o conteúdo e com todos os interesses que criam essas relações". Veja, em contrapartida, a opinião de outro autor puramente burguês: "a sociedade, como tal, não é incapaz apenas de pensar, sentir, desejar, é incapaz mesmo de atuar, pois não tem um corpo próprio ao lado dos corpos dos indivíduos que o compõem. Mesmo qualquer expressão de um pensamento comum pode ser seguida *apenas individualmente*" (SCHUBERT-SOLDERN, Richard von. "Individuum und Gemeinschaft" ["Indivíduo

Ao nos voltarmos à nossa questão sobre as relações sociais como conteúdo do direito, é fundamental nos determos na concretização do nosso conceito de sociedade. Se começarmos da sociedade primitiva, na medida em que a reconstituímos, de acordo com os dados fragmentários da tradição, a partir dos resíduos da antiguidade e em comparação aos dados do cotidiano dos selvagens, os fenômenos característicos das primeiras associações que nos são conhecidas, ou seja, *as tribais* (gentílicas, de clãs), devemos notar que *não conheciam a propriedade privada*, mas viviam *em um comunismo primitivo*. O que isto significa? Significa que a associação, sua sociedade, é unida e se mantém nessa unidade pelos interesses da extração conjunta dos meios de existência, da "apropriação" conjunta "da natureza". Apesar de, nessa união, o parentesco sanguíneo, o instinto de continuidade da *gens*, também desempenhar um papel dos mais importantes, um significado mais decisivo assume, sem dúvida, esse instinto não no sentido da reprodução de descendentes, mas no sentido da manutenção de si mesmo e, mais importante, dos descendentes e, junto com isso, também de sua própria *gens*.

Nessa associação gentílica, existe um determinado plano de economia, ainda que debilmente organizado, há uma divisão do

---

e comunidade"]. *Zeitschrift für die gesamte Staatswissenschaft* [*Jornal para toda a ciência política*], Tübingen (Alemanha), Heirinch Laupp, 1899, pp. 57-75, citado em BAUER, Wilhelm. *Die öffentliche Meinung und ihre geschichtliche Grundlage* [*A opinião pública e sua base histórica*]. Tübingen (Alemanha): J.C.B. Mohr (Paul Siebeck), 1914, p. 45). E num terceiro jurista burguês lemos: "o tipo primordial de comunidade de pessoas é uma sociedade na qual existam responsabilidades que não receberam sanções de nenhuma autoridade" (Dr. [Giorgio] Del Vecchio, de Bolonha, em *Die Idee einer vergleichenden universellen Rechtswissenschaft* [*A ideia de uma ciência do direito universal comparado*] [DEL VECCHIO, Giorgio. *Sull'idea di una scienza del diritto universale comparato*: comunicazione letta al Congreso Filosofico di Heidelberg il 4 settembre 1908. [*Sobre a ideia de uma ciência do direito universal comparado*: comunicação lida no Congresso Filosófico de Heidelberg em 4 de setembro de 1908]. 2ª ed. Torino: Fratelli Bocca, 1909]).

CAPÍTULO II – RELAÇÕES SOCIAIS E DIREITO

trabalho de tipo próprio, mas *não há direito* no sentido contemporâneo da palavra. É verdade que se cria o conceito de apropriação, mas apenas a apropriação do resultado do seu trabalho, ou do de sua associação. Assim, *o próprio trabalho é a base da apropriação primitiva*. Nas suas inter-relações, os parentes guiam-se pelos hábitos (*nórov*),[135] pelos costumes.[136] Mas esses costumes, em essência, são apenas exemplos técnicos sugeridos pela experiência e pelo instinto. Já o instinto [Gustav] Ratzenhofer define como uma capacidade psicológica da pessoa (*als psychologische Anlage im Menschen*) baseada nas experiências (vivências) das gerações passadas. Do ser humano primitivo, conhecemos justamente apenas a convivência estreita, ainda que mais ou menos ampla. Não há lei, não há direito no sentido contemporâneo, mas existe uma sociedade sólida e estreita, que é como se fosse normatizada apenas pelas leis naturais.

Não há dúvidas de que entre uma sociedade desse tipo e a sociedade contemporânea há um profundo abismo. O professor [Ferdinand] Tönnies[137] denomina esse tipo de união, que nos é apresentada "como uma vida real e orgânica", de coletividade, comunidade (*Gemeinschaft*) em contraste com a "sociedade", "como uma conexão ideal e mecânica". Marx e Engels, com plena razão, não fazem essa distinção e resumem na palavra sociedade tanto a *gens* quanto a família, pois lhes é claro que também aqui as relações de produção são a base. A principal diferença entre essa sociedade primitiva antiga e a burguesa contemporânea é que a primeira constitui uma célula ou unidade de trabalho e de consumo baseada em laços naturais recíprocos, enquanto, na sociedade contemporânea, a

---

135 Em russo "*норов*", palavra arcaica, do vocabulário religioso, que significa "hábito", "caráter", "costume". (N.T.)

136 "No estágio primitivo (*primitiver*) o desenvolvimento *do direito e do costume* (mais precisamente '*nrav*': *Sitte*), em geral coincidem" (prof. Akhelis).

137 TÖNNIES, Ferdinand. *Gemeinschaft und Gesellschaft*: Grundbegriffe der reinen Soziologie [*Comunidade e sociedade*: conceitos básicos da sociologia pura]. Berlim: K. Curtius, 1922.

PIOTR STUTCHKA

organização do trabalho e do consumo (por meio da troca de mercadorias) separa-se dessas organizações primitivas e dos laços naturais.

> Quanto menos desenvolvido o trabalho, mais a estrutura social
> é determinada pelas associações gentílicas: mas essa sociedade
> antiga, baseada nos laços gentílicos, explode-se devido a uma
> colisão com as novas classes em desenvolvimento, e ocupam
> seu lugar *as associações territoriais (Orstverbände)*,[138] ou seja,
> em que sobre os laços familiares predominam completamente
> a propriedade.[139] [140]

Entre os principais meios de produção originários estão:
agricultura não sedentária ou nômade, criação nômade de animais,
caça, pesca e fabricação de meios para essas produções; e somente
o último (ou seja, a fabricação de instrumentos de trabalho) e, em
seguida, a criação nômade de animais oferecem acumulação e, em
geral, a formação de estoques (no último caso, por assim dizer, um
estoque móvel, "ambulante"). O estoque significa um determinado
excedente e prepara o terreno para a troca primitiva. Essa troca não
se dá, primeiramente, de maneira individual, mas entre as associações ("internacionalmente"), ou na forma de doação mútua ou na
forma da apropriação "gratuita", ou seja, por meio do roubo, da
guerra, do tributo.

---

[138] "A comunidade (*Gemeinschaft*) não significa o indivíduo como tal, mas
apenas os membros isolados, cada um dos quais agem por e através do
todo" (*"für und durch das Granze wirkend"*). Prof. MUCKE, Johannes
Richard. *Horde und Familie in ihrer urgeschichtlichen Entwickelung*:
Eine Neue Theorie auf Statistischer Grundlage [*Horda e família em
seu desenvolvimento pré-histórico*: uma nova teoria com fundamentos
estatísticos]. Stuttgart (Alemanha): Enke, 1895.

[139] O significado de princípio territorial na formação do Estado já foi destacado por F. Engels (*A origem da família, da propriedade privada e do
Estado*). [Edição brasileira: ENGELS, Friedrich. *A origem da família,
da propriedade privada e do Estado*. Trad. Nélio Schneider. São Paulo:
Boitempo, 2019].

[140] SIMMEL, Georg. *Philosophie des Geldes*. [*Filosofia do dinheiro*].
Leipzig (Alemanha): Duncker & Humblot, 1900.

CAPÍTULO II – RELAÇÕES SOCIAIS E DIREITO

Mas esses excedentes eram, até então, insignificantes. Marx aponta que *a primeira condição* de qualquer exploração de uma pessoa por outra, ou seja, qualquer apropriação do trabalho alheio, e em certa medida até por meio da pilhagem, é a *possibilidade* de tal apropriação, ou seja, *a possibilidade de um determinado trabalho e produto excedentes*:

> Se o trabalhador necessita de todo seu tempo para produzir os meios de subsistência necessários ao seu próprio sustento e o de sua descendência [*Race*], não lhe sobra tempo algum para trabalhar gratuitamente para um terceiro. Sem um certo grau de produtividade do trabalho não haverá esse tempo disponível para o trabalhador, sem esse tempo excedente, não haverá mais-trabalho e, por conseguinte, nenhum capitalista, tampouco senhor de escravos, barão feudal, numa palavra, nenhuma classe de grandes proprietários.[141]

Tal condição se cria, primeiro, como um fenômeno ordinário, com a *agricultura sedentária*, ou seja, a agricultura rotativa e a moradia permanente. A simples, porém genial, invenção da relha pontiaguda de madeira (em eslavo, *"sokha"* significa exatamente essa relha) ou a picareta de madeira, a enxada, com a qual o agricultor nômade (na verdade, a agricultora-esposa) cavava a fossa ou revolvia o solo para a "semeadura"; depois usou *para a execução de fossas longas* (ou seja, *os sulcos*), com a aplicação da força animal. O agricultor moderno criou o arado de madeira que destruiu o comunismo primitivo e criou, primeiro, a lavoura "emprestada", em seguida, a lavoura própria, pois o arado de madeira não apenas criou o sistema de quintas, ou seja, a possibilidade de cultivar uma determinada quantidade de terra com a força da família-quinta, mas também eliminou a necessidade indispensável de ter um campo coletivo, com exceção apenas de pastos e bosques coletivos e de certas

---

[141] MARX, Karl. *O Capital*: crítica da economia política – O processo de produção do capital. Trad. Rubens Enderle. São Paulo: Boitempo, livro I, 2013, p. 580.

"ajudas" mútuas no período da colheita. Assim, vai se formando a posse por períodos de tempo cada vez mais contínuos, primeiro, em uma colheita, ou seja, um ano, em seguida, dois anos: sistema de dois campos; três anos: de três campos etc.,[142] até que com o tempo é interrompida completamente e é criada a pequena *propriedade privada da terra e a família moderna*. Já Aristóteles dissera: "a propriedade é *parte* de uma *família* (...) pois uma parte não é apenas parte de alguma coisa, mas *pertence inteiramente* a ela".[143]

Até o advento tanto da *sokha* quanto do arado de madeira, não se podia falar seriamente em agricultura (falo sobre o clima temperado da Europa), mas ambos criaram a propriedade privada e solaparam o comunismo primitivo, deixando em vigor um tipo de situação de *semicomunismo*.

> A livre propriedade do camponês que trabalha sua própria terra é, evidentemente, a forma mais normal de propriedade fundiária para a exploração em pequena escala, ou seja, para um modo de produção em que a posse do solo é uma condição da propriedade, por parte do trabalhador, do produto de seu próprio trabalho (...). A propriedade da terra é tão necessária para o pleno desenvolvimento dessa atividade quanto a propriedade do instrumento para o livre desenvolvimento do artesanato.[144]

---

[142] O direito romano também distingue dessa maneira o uso anual (*annuum*), o bienal (*biennium*). Esse último foi por muito tempo o contrato de terra habitual. A lei sálica (período dos Francos) reconhecia a proteção de uso apenas para uma colheita.

[143] ARISTÓTELES. "Política". Trad. Therezinha Monteiro Deutsch e Baby Abrão. *In*: A_____. *Os pensadores*. São Paulo: Nova Cultural, 2000, pp. 148/149. (N.E.B.)

[144] MARX, Karl. *O Capital*: crítica da economia política – O processo global da produção capitalista. Trad. Rubens Enderle. São Paulo: Boitempo, livro III, 2017, p. 867.

CAPÍTULO II – RELAÇÕES SOCIAIS E DIREITO

Essa propriedade privada deve ser complementada por um estoque de matéria-prima (pasto e bosque comuns) e uma atividade doméstica; é esta a situação que chamei de semicomunismo.

Estamos ainda numa sociedade em que não há a exploração de uma pessoa por outra. Mas essa foi somente *a primeira fase do desenvolvimento da propriedade privada*, a passagem do comunismo primitivo para a propriedade privada dos meios de produção, com a conservação de uma certa parcela de comunismo.

Esse sistema de pequena propriedade privada da terra teve brilhante sucesso não só nos melhores tempos da antiguidade, antes da transição para a agricultura de base predominantemente escravagista, em especial em Roma, mas na Europa central antes da transição para a condição de servidão, e talvez, em certa medida, também na Rússia. A separação da família em uma só quinta com sua parcela de gado e escravos, quando havia, estabeleceu as bases para *novas relações sociais*. Como novo meio de produção, em terra virgem e imaculada, constituiu um grandioso progresso técnico, e todas as crônicas nos dão conta do bem-estar dos camponeses dessa época, que tinham excedentes, estoques e levavam uma "vida de pândego".

Surgiam, pela primeira vez, *quantidades significativas de produto excedente*, mas, em seguida, *surgiu também o requerente de todo esse trabalho excedente*. Surgia o senhor feudal. Fosse um guerreiro armado de sua comunidade, seu líder com uma tropa, ou um conquistador estrangeiro com uma tropa estrangeira, ou um senhor consagrado pelo "soberano" ou, finalmente, a classe dos sacerdotes, a Igreja etc. (todos esses tipos de manifestação do senhor feudal correm paralelamente), este era *a força*, *o poder*, "que tomara a posse" da terra ("tomar a posse" [*vladiet*] significava antigamente coletar "tributo" [*dan*]; súdito [*paddánni*] vem de "sob tributo" [*pod dániu*]).[145] "Tomou-se posse" de vez das terras comuns dos campo-

---

[145] Cf. POKRÓVSKI, Mikhail. *Русская история с древнейших времён* [*A história russa desde os tempos antigos*]. Moscou: [s.n.], 1913; e POKRÓVSKI, Mikhail. *Очерки истории русской культуры* [*Ensaio*

neses, mais corretamente, tomava-se posse agora de seu conjunto, mas nada mudara *no modo de cultivo da terra*. Como na Roma Antiga, assim como na Europa em geral, o grande proprietário de terra, como regra, de início, nem pessoalmente, nem por meio de trabalhadores, ocupa-se da agricultura, ele apenas "toma posse" da terra, recebe tributos, ou seja, todo o produto excedente ou uma determinada parte dele (por exemplo, "o dízimo"). As relações de produção permaneceram, inicialmente, como antes; apenas *o modo de apropriação* de parte do produto foi transformado e, além do mais, foi transformado com *violência*. Com o tempo, desapareceram o gênero, *a gens*,[146] o clã, ou seja, suas funções comunais, bem como a propriedade comum de pastos e bosques. Desapareceram os remanescentes do comunismo e, junto com ele, qualquer possibilidade de bem-estar do camponês, pois não havia mais onde pastar o gado, e todo o "excedente" da produção deveria ser entregue ao senhor feudal. Ficou *definitivamente preso à terra* e, para que "não escapasse", *foi adscrito*.[147] E até aquele que permanecera livre era economicamente obrigado a adscrever-se "voluntariamente". A célula economicamente inferior *continuou sendo a família, a quinta*. A maneira originária de apropriação do produto excedente dessa família era *a renda natural da terra*. "O que diferencia as várias formações econômicas da sociedade, por exemplo, a sociedade da escravatura daquela do trabalho assalariado, é apenas a forma pela qual esse mais-trabalho é extraído do produtor imediato, do trabalhador".[148] Marx associa ainda essa renda à *propriedade privada da terra*.

As novas "relações sociais" já haviam se aproximado da condição de servidão. O senhor feudal, interessado na magnitude do

---

sobre a história da cultura russa]. Kursk: Cooperativa Editorial do Comitê Provincial do Partido Comunista Russo de Kursk, parte I, 1924.

[146] Em caracteres latinos, no original. (N.T.)

[147] Provável referência ao instituto feudal do *adscriptus glebae*, em que o camponês é vendido junto à terra como servo (N.R.T.)

[148] MARX, Karl. *O Capital*: crítica da economia política – O processo de produção do capital. Trad. Rubens Enderle. São Paulo: Boitempo, livro I, 2013, p. 293.

CAPÍTULO II – RELAÇÕES SOCIAIS E DIREITO

tributo (geralmente, indeterminado), adotou medidas severas para eliminar o absentismo dos camponeses decorrente da caça e da pesca, proibiu a fabricação de cerveja etc., transformando tanto a caça e a pesca quanto a fabricação de cerveja em *seu privilégio*. Sabemos que, na Roma Antiga, a grande propriedade logo assumiu um caráter de latifúndio escravista, e na Europa medieval, de economia servil. Mas o que isso significa? Apenas que a exploração de uma pessoa por outra se refletiu de maneira perniciosa na economia. De acordo com testemunhos gerais, o campesinato começou, por um lado, a empobrecer e, por outro, a se revoltar. A espoliação, em medidas cada vez mais amplas dos pastos e dos bosques, minou completamente a pecuária camponesa e a possibilidade de fertilizar a terra que, no fim das contas, esgotou-se. Já em outro sentido, as revoltas camponesas assumiram um caráter permanente ou, como diz [Friedrich] Bezold, um historiador moderado da reforma alemã: "o campesinato encontrava-se em uma condição permanente de guerra social (leia-se: civil)".[149] A grande revolução camponesa que se prolongou por alguns séculos (as guerras camponesas do século XIV ao século XVI), em toda parte, exceto na Suécia (onde o campesinato venceu), encerrou a luta em favor dos cavaleiros e da nobreza. Assim se fortaleceu a condição de servidão absoluta.

Mas o próprio modo de exploração depois disso mudou muito pouco; surgiu apenas um novo fator: o administrador, o feitor (*Meier, villacus, bailif*),[150] geralmente ele mesmo proveniente dos servos ou escravos. O próprio produtor converteu-se em uma coisa, um simples pertencimento à terra. Tal foi *a tragédia da escravização do ser humano*. Parecia que concluíra seu longo processo de diferenciação, de

---

[149] BEZOLD, Fredrich von. *Geschichte der deutschen Reformation. [História da Reforma Alemã]*. Berlim: G. Grote'sche Verlagsbuchhandlung, 1890. (N.E.B.)

[150] Em caracteres latinos, no original, respectivamente alemão, latim e inglês. (N.T.)

separação da natureza,[151] no comunismo primitivo. Como resultado do "pecado original" da propriedade privada da terra, a humanidade se viu *sob o poder da terra*, e apenas *uma parte dela* permaneceu no papel de pessoas *livres*, a classe dominante dos proprietários de terra. Formaram-se relações sociais de três tipos: relações de produção entre camponeses; relações de apropriação e poder entre camponeses e proprietários; e relações dos proprietários entre si.

Mas esse foi apenas *um estágio de transição*. O trabalho do escravo e o trabalho do servo camponês eram, por si só, pouco produtivos. E, como vimos, além do mais, ao perderem o pasto e os bosques, não podiam, em geral, ocupar-se da criação de gado, o qual, ainda por cima, tinha migrado para as mãos do senhor feudal (algumas dessas palavras têm origem na palavra *"fiu"*,[152] que quer dizer "gado", assim como "boiardo",[153] em "proprietário do gado"), quem usurpara seu gado e seu pasto. Assim, formou-se a criação de gado mais ou menos ampla, como a primeira forma de grande produção, e junto com ela, ainda uma nova forma de renda, *a corveia, a renda do trabalho*. Os servos camponeses realizavam o trabalho "excedente" na terra do "senhor feudal", do "boiardo" (proprietário do gado), e o trabalho "necessário" em sua própria porção de terra. A exploração predatória incomensurável levou a constantes insurgências e *revoluções*.

---

151 "O mais notável (*Das Bedeutungsvolle*) na criação de animais e de pessoas é essa separação (diferenciação) do indivíduo (*des Einzelnen*) de sua conexão com o universo material inanimado (*Universum*) em um indivíduo móvel" (RATZENHOFER, Gustav. *Die Soziologische Erkenntnis*: Positive Philosophie des sozialen Lebens [*O conhecimento sociológico*: filosofia positiva da vida social]. Leipzig (Alemanha): F. A. Brockhaus, 1898).

152 Em caracteres latinos, no original. (N.T.)

153 "O estábulo (*folwark, Meierei*) é o único modo regular de produção do proprietário do feudo" (LAMPRECHT, Karl Gotthard. *Deutsche Geschichte* [*História alemã*]. 12 vols. Berlim: Hermann Heyfelder & Weidmannsche Buchhandlung, 1906-1911, II).

CAPÍTULO II – RELAÇÕES SOCIAIS E DIREITO

Estava consumada a segunda fase *do desenvolvimento do modo de apropriação, a propriedade feudal da terra* como base de *toda a sociedade feudal.*

Mas ao lado desse processo corre o processo de troca, inicialmente, o excedente do produto natural, em seguida, a troca monetária parcial e, finalmente, a troca de dinheiro por mercadoria, como regra geral. Essa troca, o advento do dinheiro e, pouco tempo depois, do capital comercial, decompõe os pilares da economia camponesa e do feudalismo. As cidades exercem uma influência completamente nova, tem lugar a divisão social do trabalho no campo e na cidade. A cidade atrai toda a indústria manufatureira do campo, mas, ainda, os camponeses foragidos, que buscam e encontram aqui a liberdade, ela prende novamente às oficinas e às guildas, em seguida, à manufatura, em um esquema que lembra a servidão. Ocorre apenas que o desenvolvimento da economia monetária não para por aí e, como resultado, atravessaremos grandiosos abalos na história, conhecidos como revoluções burguesas.

Como resultado dessas mudanças, temos a *nova*, assim chamada, *sociedade burguesa.* Todas as relações aqui estão fundadas no livre contrato entre o livre proprietário, de terra e de outros meios de produção, e o produtor – o trabalhador, pessoalmente liberto, mas livre também da terra e de todos os meios de produção, *como um trabalhador assalariado.* A propriedade feudal se converte em *capitalista*, a renda natural e do trabalho, em dinheiro. O proprietário do capital obtém o lucro, ou seja, o produto excedente, uma vez que disto o proprietário de terra não lhe pode despojar. E toda a enorme massa de trabalhadores-produtores limita-se, como anteriormente, ao produto do trabalho necessário, só que dessa vez na *forma do dinheiro.* Ele se converte em *trabalhador assalariado.* E esse sistema não trouxe liberdade ao trabalhador. Formou-se uma nova classe livre de capitalistas, mas o trabalhador novamente caiu *sob o domínio da ferramenta de produção* na manufatura e, em seguida, da máquina, na fábrica. Se antes era "possuído" pela terra e por seu proprietário, agora, ele tinha se tornado "súdito" da fábrica e do capital personificado, a classe dos capitalistas.

Essa é a terceira e última fase *do desenvolvimento da propriedade privada*: da propriedade capitalista não apenas da terra, *mas também de todos os meios de produção*.

Destaquemos, antes de mais nada, que, *na primeira e segunda fases do desenvolvimento da propriedade privada*, a preponderância das relações de produção e das relações, por assim dizer, de troca natural das coisas era evidente a qualquer um. Essa questão se complexifica extremamente na terceira fase, quando *a troca de mercadorias* assumiu a forma exclusiva da troca social de coisas e quando no mercado começou a dominar a mercadoria "cuja única qualidade é a quantidade", ou seja, o dinheiro (Simmel). Já nas relações de trabalho, a ilusão predominou sobre o fato. Os primeiros embriões da predominância dessa ilusão sobre o fato surgiram ainda na época da servidão. Roma, como se sabe, pereceu no trabalho dos escravos, ou seja, em uma forma aberta e franca de exploração impiedosa, enquanto a dependência do servo conservou a ficção, a ilusão, baseada nas tradições de independência do servo camponês, de sua ligação indissociável à "sua própria" terra.[154] E quando o rompimento se realizou, uma nova forma de exploração, ainda mais engenhosa, chegou a tempo.

"A vida se complexifica", tal é a característica geral da época do capitalismo. A vida que se complexifica deve conduzir à revolução burguesa, tal era, por exemplo, a quintessência do marxismo legal, do marxismo dos ideólogos puramente burgueses que entraram para as listas dos primeiros marxistas (cf., por exemplo, [Peter] Struve).[155] E um enorme papel entre eles desempenhou exatamente a superestrutura

---

154 Cf. as famosas palavras de um servo camponês: "somos vossos, mas a terra é nossa".

155 O "marxismo legal" foi um pequeno grupo político e cultural russo que teve publicações não clandestinas (por isso o adjetivo "legal") divulgadas

CAPÍTULO II – RELAÇÕES SOCIAIS E DIREITO

jurídica e política, a qual, em sua opinião de então, não poderia se adaptar a essa vida que se complexificava, com a qual agora, desde há muito, estavam desiludidos. E é indubitável o fato de que todo esse sistema de bancos e outras instituições comerciais, sua estrutura jurídica e política (direitos comerciais, cambiais e quaisquer outros, as relações diplomáticas e consulares, entre outras), constitui, realmente, *uma excrescência* que obscurece completamente as relações mais naturais e simples entre as pessoas.

A Revolução de Outubro promoveu enormes transformações nessas relações. Aplicando sua força real, antes de tudo, derrubou o poder da burguesia e *seu modo de apropriação*, abolindo a propriedade privada dos meios de produção ou, melhor, da produção alheia. Mas se esse trabalho destrutivo já consistiu num longo processo, então, o processo de reconstrução da nova produção, ainda mais nas condições de ruína da guerra, é um trabalho deveras prolongado. Temos diante de nós o período de uma época de transição, na qual, considerando o material social que temos, devemos aplicar de maneira consciente as leis obtidas, ou, ainda, extraídas do desenvolvimento da sociedade capitalista, a fim de transformar nossas relações sociais. E esse trabalho deve oferecer uma síntese do comunismo primitivo e de todo o subsequente desenvolvimento da propriedade privada na ciência do comunismo. Evidentemente, essa época de transição também é uma época de domínio de classe, apenas da classe da maioria até agora escravizada. Mas ela coloca às claras todas as relações, torna-lhes compreensível e evidente a todos. Em vez da complexificação anterior, introduz *uma simplificação natural*. Mas ao ter sua forma de Estado, a estrutura soviética, ela tem ainda a sua própria estrutura social característica, e do mesmo modo também o seu *direito soviético, proletário*.

---

entre 1894 e 1901, por Peter Struve, Serguei Bulgákov, Nikolai Berdiáev, Semen Frank e Mikhail Tugan-Baranóvski. (N.R.T.)

O caso é especialmente complexo para a Rússia, onde a maioria da população ainda não pertence à sociedade puramente burguesa, aos proletários e aos capitalistas, mas ao campesinato, incluído de maneira frágil na dependência do capital.[156] Agora, estamos até dando um passo atrás, ou melhor, corrigindo a nossa linha, que se moveu demasiado adiante nas condições de um *front* externo ininterrupto. Se, dessa maneira, com a abolição da propriedade privada dos meios de produção, estamos longe de estabelecer completamente uma nova produção, ainda estamos em um estágio mais atrasado no estabelecimento de relações de produção socializadas. Com efeito, estamos novamente introduzindo, ou melhor, legalizando a troca privada de mercadorias e, junto com isso, devemos considerar um período ainda prolongado não apenas nas relações externas, mas nas internas, com a nova *complexificação da vida* que nos espera. Nossa tarefa é evitar o crescimento artificial, desnecessário em nossa sociedade, pois a nossa força deve encerrar-se na sinceridade e na franqueza, e não na hipocrisia e na insinceridade, próprias da sociedade burguesa. Nós vencemos a *classe* dos proprietários de terra e da grande burguesia, nossa tarefa é não permitir a dominação de um ou de outro, por qualquer nova forma que seja.

Tal é a última fase *da propriedade privada dos meios de produção*, a saber, a sua *abolição*, ou melhor, a sua *erradicação* gradual. Sua duração depende do estágio de desenvolvimento do capitalismo e é inversamente proporcional à altura desse desenvolvimento. Vimos nessa exposição o conteúdo concreto historicamente mutável das relações sociais que constituem o conteúdo do direito como o entendemos. A ciência burguesa, com suas abstrações e generalizações,

---

156 K. Marx, no volume III de O *Capital*, define o capitalismo na agricultura como a dependência da terra em relação ao capital. Depois da nacionalização do capital, essa dependência não apenas continua, mas ainda se complexifica (contudo, ao mesmo tempo, também se simplifica) com a inclusão do camponês no plano econômico geral do Estado operário e camponês.

CAPÍTULO II – RELAÇÕES SOCIAIS E DIREITO

não nos oferece nada semelhante. Até um estudioso estritamente burguês como [Wilheim] Wundt renega semelhante ciência que

> em círculos matemáticos une todas as inter-relações entre as pessoas, sem exceção, seja a da produção, do consumo ou de um jogo de cartas etc. De Simmel obtemos esquemas vazios (*reine*), não oferecendo nem determinações (definições) de um dado resultado, nem quaisquer conclusões acerca da realidade, em oposição direta à geometria, incluída aqui por ele para comparação".[157]

Para nós, aqui, era importante fornecer apenas uma definição de sociedade e de relações sociais adequada à nossa definição de direito, e demonstrar historicamente o conteúdo concreto aproximado dessas relações sociais. Trataremos mais adiante de como essas relações sociais expressam-se na forma das relações jurídicas e, ademais, assumem a forma de instituições jurídicas. Mas aqui pretendemos apenas assinalar que as relações de produção e troca são sempre as relações *primárias*; *já as relações de apropriação*, ou seja, jurídicas ou do direito, e igualmente as morais, nas quais por enquanto não tocamos aqui, são apenas relações derivadas, o que, contudo, não lhes impede de desempenhar, sob determinadas condições, em determinadas fases históricas, *um papel predominante.*

Para um jurista burguês, tais reflexões são incompreensíveis, pois em toda parte há diante dele, por um lado, uma série de fetiches e, por outro, generalizações abstratas. Sonha com um tipo de fenômeno eterno e imutável quando fala da instituição jurídica, enquanto nós vemos na instituição jurídica apenas um tipo de forma historicamente mutável de relações sociais.

---

[157] WUNDT, Wilhelm. *Völkerpsychologie*: Eine Untersuchung Der Entwicklungsgesetze Von Sprache, Mythus Und Sitte – Die Gesellschaft I [*Psicologia popular*: um exame das leis de desenvolvimento da linguagem, do mito e do costume – A sociedade I]. vol. 7. Leipzig (Alemanha): Engelmann, 1917, p. 37.

CAPÍTULO III

INTERESSE DE CLASSE E DIREITO

Assinalamos a característica fundamental do sistema de relações sociais, que é abarcado pelo conceito de "direito", em sua correspondência com o interesse da classe dominante, o qual é, ainda, a base de proteção desse sistema por parte do poder organizado da referida classe. Na vida cotidiana, entendemos a palavra "interesse" como "a utilidade ou o benefício para um indivíduo em particular ou um conjunto de indivíduos em oposição ao benefício ou à utilidade para outros indivíduos", ou a parcela de participação de alguém em algo. Mas o que entendemos pela expressão "interesse de classe"? O que significa a própria palavra "classe"?

Na base de sua compreensão de história, Marx colocava a luta de classes decorrente de suas contradições de classe. Mas em sua carta a [Joseph] Weydemeyer escreve:

> (...) No que me concerne, não me cabe o mérito de haver descoberto, nem a existência das classes, nem a luta entre elas. Muito antes de mim, historiadores burgueses já haviam descrito o desenvolvimento histórico dessa luta entre as classes e economistas burgueses haviam indicado sua anatomia econômica. O que eu trouxe de novo foi: 1) demonstrar que a

existência das classes está ligada somente a determinadas *fases de desenvolvimento da produção (Entwgicklungskämpfe der Produktion)*; 2) que a luta das classes *conduz, necessariamente, à ditadura do proletariado*; 3) que essa própria ditadura nada mais é que a transição à abolição de todas as classes e a uma sociedade sem classes.[158]

Em outras palavras, K. Marx foi o primeiro a criar a *sociologia revolucionária*, a ciência da revolução social, por isso Engels e, depois dele, [August] Bebel e outros social-democratas falavam de "socialismo científico".

Nessa mesma carta a Weydemeyer, Marx diz:

[David] Ricardo escreve na primeira página as seguintes palavras, com as quais inicia o seu prefácio:

"O produto da terra – tudo que se obtém de sua superfície pela aplicação combinada de trabalho, maquinaria e capital – se divide entre três classes da sociedade, a saber: o proprietário da terra, o dono do capital necessário para seu cultivo e os trabalhadores cujos esforços são empregados no seu cultivo".[159]

O próprio Marx adiou a análise detalhada desse conceito para o final de sua obra sobre o capital, mas esse trabalho permaneceu inacabado. "O que vem a ser uma classe?" – pergunta Marx e responde:

---

[158] MARX, Karl. "Carta a Weydemeyer (Londres, 5 de março de 1852)". *In*: MARX, Karl; ENGELS, Friedrich. *Obras escolhidas*. vol. 3. São Paulo: Alfa-Ômega, [s. d.], pp. 253/254. [Heinrich] Cunow e toda a social-democracia alemã tentam apagar de Marx precisamente esse seu aspecto revolucionário da luta de classes, mas, de todo modo, ainda declaram lealdade à abordagem de Marx.

[159] RICARDO, David. *Princípios de economia política e tributação*. Trad. Paulo Henrique Sandroni. São Paulo: Abril Cultural, 1982, p. 39.

CAPÍTULO III – INTERESSE DE CLASSE E DIREITO

E é claro que isso decorre da resposta a esta outra pergunta: o que faz com que assalariados, capitalistas e proprietários de terra constituam as três grandes classes sociais?

A resposta se encontra, à primeira vista, na identidade entre rendimentos e fontes de rendimento. Trata-se de três grandes grupos sociais, cujas partes integrantes, os indivíduos que os formam, vivem respectivamente de salário, lucro e renda da terra, da valorização de sua força de trabalho, de seu capital e de sua propriedade fundiária.

Sob essa ótica, no entanto, médicos e funcionários públicos, por exemplo, também formariam duas classes, porquanto pertencem a dois grupos sociais distintos, nos quais os rendimentos dos membros de cada um deles provêm da mesma fonte. O mesmo valeria para a fragmentação infinita dos interesses e das posições em que a divisão social do trabalho separa tanto os trabalhadores quanto os capitalistas e os proprietários fundiários; esses últimos, por exemplo, em vinicultores, agricultores, donos de bosques, donos de minas e donos de pesqueiros.[160] (Aqui se interrompe o manuscrito do terceiro volume de *O Capital*).

Na questão do significado e do desenvolvimento das classes e de suas lutas mútuas sobressaem precisamente duas tendências: a revolucionária, cujos criadores e representantes são Marx e Engels, e os contrarrevolucionários, que pregam, em vez da revolução social e da ditadura do proletariado, toda sorte de *conciliação* de divergências de classes, começando dos representantes puramente burgueses e chegando até o novíssimo tipo dos social-traidores, que, nas palavras, falam de luta de classes, mas, na prática, buscam conciliação, coalizão etc. com a "democracia" burguesa.

Já o estadunidense [Henry] Carey, em sua polêmica com Ricardo, buscou provar que "as condições econômicas: a renda

---

[160] MARX, Karl. *O Capital*: crítica da economia política – O processo global da produção capitalista. Trad. Rubens Enderle. São Paulo: Boitempo, livro III, 2017, pp. 947/948.

(propriedade fundiária), o lucro (capital) e o salário do trabalho (trabalho assalariado), em vez de serem condições de luta e antagonismo, são, muito mais, *condições de associação e harmonia*".[161] E esse movimento, depois da revolução de 1848, abarcou toda a burguesia, sem exceção, e depois da Revolução de 1917, e já desde 1914, quase todos os dirigentes social-democratas do mundo todo. E os acontecimentos de 1917 e 1914 apenas revelaram que a social-democracia estava degenerando e disto também padecia toda a literatura marxista, quase sem exceção, a saber: *o revolucionarismo verbal de um oportunismo interno absoluto.*

Antes da revolução de 1848, os escritores burgueses, amiúde, refletiram na sua crítica da sociedade contemporânea de maneira sensata e, com frequência, até corretamente. Como exemplo, tomo apenas um grande jurista, Lorenz von Stein, cujo primeiro trabalho *Socialismo e comunismo* foi publicado em 1842.[162] Ele vê com clareza que significado tem para a sociedade burguesa "a segurança *da propriedade privada*".

> Em relação à medida e ao tipo de propriedade, temos duas categorias: classe social e forma social ("ordem social"). (...) A formação das classes é um processo por meio do qual, por força da distribuição da propriedade (literalmente, da posse:

---

161 MARX, Karl. *Carta de Karl Marx a Joseph Weydemeyer (Londres, 5 de março de 1852)*. Trad. Emil Asturig von München. Disponível em: http://www.scientific-socialism.de/FundamentosCartasMarxEngels050352.htm. Acessado em: 15.12.2022. A íntegra dessa carta de Marx não foi publicada em livro, em português, tendo sido publicada pela primeira vez em alemão, em 1907, no periódico *Neue Zeit*. Para a versão em inglês, consultar MARX Karl; ENGELS, Frederick. *Collected Works*: Letters 1852-55. vol. 39. Dagenham (Inglaterra): Lawrence & Wishart Electric Book, 2010, p. 62. (N.R.T.)

162 STEIN, Lorenz von. *Der Socialismus und Communismus des heutigen Frankreichs*: ein Beitrag zur Zeitgeschichte [*Socialismo e comunismo da França contemporânea*: uma contribuição para a história contemporânea]. Leipzig (Alemanha): O. Wigand, 1842. (N.E.B.)

CAPÍTULO III – INTERESSE DE CLASSE E DIREITO

des Besitzes), decorre a distribuição dos direitos espirituais, de bens e funções entre membros isolados da sociedade.

Stein divide a sociedade em 3 classes, de acordo com a dimensão da propriedade: alta, média e baixa (os despossuídos). Entre essas classes, surge, por um lado, uma luta incessante pelo *aumento* da sua propriedade; por outro, cada uma das classes sociais dominantes procura submeter a si o poder de Estado conquistado, algo que procura também a classe dos despossuídos por meio da revolução social. Acrescentando, a seguir, também os bens espirituais (desenvolvimento intelectual) aos outros bens da propriedade privada, Stein assim define a classe: "quando essas classes, definidas por características econômicas, *atingem a consciência* de sua posição em comum, obtém-se *a compreensão de sua classe em comum*", como "um conjunto de indivíduos que ocupa, devido à sua posição econômica homogênea, uma posição social homogênea". Em suas obras posteriores, Stein insiste cada vez mais em que *"toda salvação está na conciliação desses interesses de classe*, para cuja conciliação assume significado decisivo (*das Zünglein an der Wage*) a classe média" (ou, como se diz agora: "a democracia").

Não vamos mais nos deter nos escritores burgueses que falam sobre as classes, mas nos voltemos diretamente à tentativa de Kautsky de completar o trabalho interrompido de Marx de definição de classe. Em uma ocasião particular, Kautsky escreveu em *Neue Zeit*, nº 31, 1902:

> As distintas classes se formam não apenas da comunidade da fonte de rendimento comum, mas são decorrentes ainda da *comunidade de interesses* e da comunidade de oposição às outras classes, em que *cada uma procura restringir a fonte de rendimento* da outra, para enriquecer (*reichlicher fliessen lassen*) a fonte de seu próprio rendimento.[163]

---

[163] KAUTSKY, Karl. "Krisentheorien" ["Teorias da crise"]. *Die Neue Zeit*: Wochenschrift der deutschen Sozialdemokratie [*O Novo Tempo*:

Mas Kautsky logo reconhece que tal contradição de interesses existe também entre os distintos segmentos dessas classes, por exemplo, industriais, do comércio etc.

Sem mencionar a palidez da formulação dessa definição, agora ficou claro para nós o sentido oculto dessa explicação de classe, o qual em Kautsky se revelou de modo tão claro quanto era possível. Ao examinar todos os escritos de Marx sobre a luta de classes, que ele, inclusive, no volume 1 de O *Capital* até *identifica* com a guerra civil, qualquer um dirá que Marx, claro, não poderia reduzir a essência das contradições de classe à tentativa de uma classe *conseguir para si parte do rendimento* em troca do rendimento de outra classe, pois ele via essa essência *na própria extinção* da classe inimiga, assim como não poderia limitar o conceito de contração do rendimento da classe inimiga, uma vez que tinha em vista sua completa abolição.

Pensemos um pouco mais: haveria uma lição mais convincente que essa que agora oferece a luta de classes dos capitalistas de todo o mundo, que tem como objetivo *a redução dos salários* pela via da redução dos preços dos produtos de consumo de massa, a qual, por sua vez, tenta alcançar por meio *da redução dos salários*? Tal é sua *luta de classes pacífica* ou *legal* pela distribuição e amplitude do rendimento e nela *joga milhões de desempregados na rua*, condenando-lhes à morte certa, pois *seu direito de classe lhe permite isso*. A isto os trabalhadores respondem, por enquanto, com a greve, uma espécie de *greve de fome*, a qual, contudo, dessa vez, mostra-se impotente. Para *a classe trabalhadora*, *o único* meio verdadeiro de luta continua sendo a luta radical, ou seja, *a luta de classes revolucionária*, em outras palavras, a guerra civil.[164] Esta é, por enquanto, ilegal, ou, no melhor dos casos, semilegal, mas será legitimada pela

---

semanário da social-democracia alemã], Stuttgart, Verlag von J. H. W. Dietz, Heft 5 (31), Jahrgang 20, 1901-1902, pp. 133-143. (N.E.B.)

164 E se agora diferentes social-traidores pregam uma profunda dissensão entre luta de classes e guerra civil, é apenas porque não conhecem Marx, e não querem conhecê-lo, servem aos interesses de classe dos capitalistas.

CAPÍTULO III – INTERESSE DE CLASSE E DIREITO

vitória da revolução. Tal é a crítica que hoje a revolução faz à conotação oportunista da definição de luta de classes dada por Kautsky.

Mas já então (1906), em seu artigo "Classe e partido",[165] [Aleksandr] Finn-Enotáevski opôs-se decididamente a essa definição, apontando que a apropriação em si depende da existência das classes e de seus interesses, e não o contrário. E que o antagonismo, a contradição de interesses, de acordo com Marx, é dado *pelas condições de produção*, e não de distribuição. Ele recorre, a fim de comprovar sua abordagem, a uma série de citações de Marx (*O Capital*, parte III, volume 2; *Teorias da mais-valia* e *O 18 de brumário*), das quais advém que, de acordo com Marx, "a definição de desmembramento da sociedade decorre de uma forma determinada de produção material" (ou seja, da produção social dos meios materiais de existência da vida humana). A distribuição de produtos é dada pela distribuição dos elementos da produção, e

> em contrapartida, essas relações de distribuição (dos elementos da produção) formam os fundamentos de funções sociais específicas que, no interior da própria relação de produção, competem a determinados agentes dessa última, em oposição aos produtos imediatos. Elas conferem, assim, uma qualidade social específica às próprias condições de produção e a seus representantes, determinando completamente o caráter e o movimento da produção.[166]

E

---

165 FINN-ENOTÁEVSKI, Aleksandr. "Класс и партия" ["Classe e partido"]. *Obrazovánie* [*Formação*], São Petersburgo, Tipo-litografia de B. M. Wolf, nº 12, dez. 1906, pp. 10-39.

166 MARX, Karl. *O Capital*: crítica da economia política – O processo global da produção capitalista. Trad. Rubens Enderle. São Paulo: Boitempo, livro III, 2017, p. 941.

Quanto à renda fundiária, seria possível pensar que se trata de mera forma de distribuição, porquanto a propriedade fundiária enquanto tal não desempenha nenhuma função, ao menos nenhuma função normal no próprio processo de produção.[167] Mas o proprietário fundiário desempenha uma função no processo de produção capitalista, não só pela pressão que faz sobre o capital, tampouco somente pelo fato de a grande propriedade fundiária ser um pressuposto e uma condição da produção capitalista (...), mas fundamentalmente pelo fato de aparecer como *personificação de uma das condições mais essenciais* da produção.[168] As forças de trabalho da produção social têm aqui uma forma de desenvolvimento especial: elas se opõem ao trabalhador como forças independentes do capital e estão, por isso, em contradição direta com seu próprio desenvolvimento, do trabalhador.

A vida das classes sociais e, consequentemente, também o conflito entre elas são determinados pelo estágio de desenvolvimento da estrutura econômica, pelo seu papel característico na produção e na troca determinada pela produção.

De tudo isto, Finn-Enotáevski tira a conclusão:

Quer dizer que a distribuição dos elementos da produção determina as classes: o antagonismo de classes, as contradições dos interesses *são dadas pelas condições de produção*, e não *de distribuição*. E o que faz de trabalhadores, capitalistas e proprietários de terras três classes sociais? *Seu papel, suas relações no processo de produção.*[169]

---

[167] MARX, Karl. *O Capital*: crítica da economia política – O processo global da produção capitalista. Trad. Rubens Enderle. São Paulo: Boitempo, livro III, 2017, p. 944.

[168] MARX, Karl. *O Capital*: crítica da economia política – O processo global da produção capitalista. Trad. Rubens Enderle. São Paulo: Boitempo, livro III, 2017, p. 884.

[169] FINN-ENOTÁEVSKI, Aleksandr. "Класс и партия" ["Classe e partido"]. *Obrazovánie [Formação]*, São Petersburgo, Tipo-litografia de

CAPÍTULO III – INTERESSE DE CLASSE E DIREITO

Está correto, mas nessa definição está assinalado, ainda de modo insuficiente, o ponto de vista *dialético e revolucionário* de Marx, que ele próprio indica na carta anteriormente citada e que salta aos olhos já em seus primeiros trabalhos. Ainda em 1847, em polêmica com [Karl] Heinzen,[170] escreveu:

> Heizen nega a classe. É possível que os indivíduos isolados nem "sempre" são determinados por interesses da classe à qual pertencem, mas isto nunca pode ser em relação à classe como um todo, cuja existência baseia-se *em condições econômicas* independentes de sua vontade e que, *graças a essas condições*, colocam-nos em relações hostis uns contra os outros. (...) Uma vez que, por exemplo, a propriedade privada não é uma simples relação ou mesmo um princípio abstrato, mas se encerra no conjunto das relações de produção burguesas, e uma vez que todas as relações de produção burguesas *são uma relação de classes integral* (...), a mudança ou mesmo a eliminação (*Abschaffung*) dessas relações pode ter *sua fonte apenas na mudança* dessas classes e de suas inter-relações, mas *a mudança das inter-relações de classes* é *uma viragem histórica*, um produto da atividade da sociedade em todo o seu conjunto, um produto de determinado movimento histórico. (...) Proletariado e riqueza estão em contradição. Como tais, constituem um todo único. Eles formam a estrutura (*Gestaltuugen*) do mundo da propriedade privada. A propriedade privada, como propriedade privada, como riqueza, é obrigada a se conservar na integridade e, com isso, também o seu oposto, o proletariado. Ela é o lado *positivo* da oposição, a propriedade privada autossuficiente. O proletariado, ao contrário, é obrigado *a se anular* e, com isso, o oposto que o condiciona, que faz dele justamente o proletariado, ou

---

B. M. Wolf, nº 12, dez. 1906, pp. 10-39. (N.E.B.)

170 Cf. MARX, Karl. "La crítica moralizante o la moral crítica". *In*: MARX, Carlos; ENGELS, Federico. *La sagrada familia*: o crítica de la crítica crítica contra Bruno Bauer y consortes. 2ª ed. Trad. Carlos Liacho. Buenos Aires: Claridad, 1971, pp. 253 e ss.

seja, o direito à propriedade privada. Ele é o lado negativo da contradição (...). Se o proletariado vencer, isto não o fará de modo algum o lado absoluto da sociedade, pois ele vencerá apenas na medida em que anula a si mesmo e o seu oposto.

E esse pensamento são as mesmas palavras de Marx em *Miséria da filosofia*: "acondição de libertação da classe laboriosa é a abolição de toda classe, assim como a condição da libertação do terceiro Estado, da ordem burguesa foi a abolição de todos os Estados e de todas as ordens".[171]

Assim, Marx olha para a luta da classe dos capitalistas contra a classe dos proprietários de terra, ou seja, da classe feudal, como uma luta de vida ou morte. Para o capital industrial (incluindo o capitalista arrendatário), "a abolição da propriedade privada da terra é uma questão importantíssima da apropriação, como existe na burguesia industrial inglesa, e a luta contra as leis do trigo não teve outro sentido". Essa luta terminou com um compromisso,[172] em vista de uma nova luta que se iniciava entre a classe dos capitalistas e do proletariado. Essa luta novamente assume um caráter de luta de vida ou morte, ainda mais encarniçada, pois é de fato "a última e decisiva batalha".

A partir dessa concepção do curso do desenvolvimento da sociedade burguesa, seria mais correto denominar toda sociedade de "sociedade de guerra civil permanente (ininterrupta)". É este

---

171 MARX, Karl. *Miséria da filosofia*: resposta à Filosofia da Miséria, do Sr. Proudhon. Trad. José Paulo Netto. São Paulo: Boitempo, 2017, p. 147. (N.E.B.)

172 "A renda, no sentido de Ricardo, é a propriedade fundiária no Estado burguês, isto é, a propriedade feudal *submetida* às condições da produção burguesa" (MARX, Karl. *Miséria da filosofia*: resposta à Filosofia da Miséria, do Sr. Proudhon. Trad. José Paulo Netto. São Paulo: Boitempo, 2017, p. 135 [Onde se lê "a propriedade fundiária no Estado burguês", lê-se, no original em russo, "é o mesmo direito de propriedade numa aparência burguesa" – N.T.]).

CAPÍTULO III – INTERESSE DE CLASSE E DIREITO

o quadro que Marx tem em vista o tempo todo, inclusive em seu trabalho mais objetivo *O Capital*, quando chama de guerra civil a luta pela jornada de 10 horas e de rebelião aberta a insubordinação em massa à lei por parte da classe dos empresários. É claro que aqui a essência da questão está na consolidação do papel de cada classe na produção, ou seja, *no próprio modo de apropriação*, em outras palavras, *na propriedade privada*, pois a luta *não* se dá *em torno da mudança dessa propriedade, como modo* de apropriação, ou de sua dimensão, mas *em torno de sua abolição*.[173] "Ser ou não ser".

Uma excelente formulação do conceito revolucionário de classe foi dada pelo camarada Lênin ainda em 1919, em seu "Uma grande iniciativa":

> São chamadas de classes grandes grupos de pessoas que se diferenciam por seu lugar em um sistema de produção social historicamente determinado, por sua relação (em grande parte *estabelecida*, formulada *por leis*) com os meios de produção, por seu papel na organização social do trabalho e, consequentemente, pelo modo e pela dimensão da parcela de riqueza social de que dispõem. As classes são grupos de pessoas nos quais uma pode se apropriar do trabalho de outra, graças à diferença de seus lugares em um regime determinado de economia social.[174]

---

[173] "O direito de propriedade, dependendo do grau de desenvolvimento da indústria, sempre foi uma questão vital para uma determinada classe. Nos séculos XVII e XVIII, quando se tratava de abolir as relações de propriedade feudal, a questão da propriedade era uma questão vital para a classe burguesa. No século XIX, quando se trata da abolição das relações burguesas de propriedade, a questão da propriedade tornou-se uma questão vital para a classe trabalhadora".

[174] LÊNIN, Vladímir. "Великий почин (О героизме рабочих в тылу. По поводу коммунистических субботников)" ["Uma grande iniciativa. O heroísmo dos trabalhadores na retaguarda. Sobre os 'sábados comunistas'"]. *In*: _____. *Полное Собрание Сочинений* [*Obras completas*]. vol. 39, 5ª ed. Moscou: Editora de Literatura Política, 1970, p. 15 [LENIN, V. "Una gran iniciativa (El heroísmo de los obreros en la retaguardia.

Se, depois disto, falamos de interesse de classe, fica claro que não se trata de uma simples soma de interesses isolados. Não, esse interesse é o elemento que deixa uma marca em todo o conjunto de uma dada classe. É o foco no qual se reflete todo o interesse vital de uma dada classe. Esse interesse existe de maneira objetiva a despeito da vontade dos próprios membros da classe, e o estágio de consciência de classe sobre seu interesse é um fenômeno puramente histórico:

> Sobre as diferentes formas de propriedade, sobre as condições sociais da existência se eleva toda uma superestrutura de sentimentos, ilusões, modos de pensar e visões da vida distintos e configurados de modo peculiar. Toda a classe os cria e molda a partir do seu fundamento material e a partir das relações sociais correspondentes.[175]

Esse interesse, consciente ou sentido instintivamente, é tão forte que Ihering, que não se coloca abertamente de um ponto de vista de classe, pôde dizer a respeito da interpretação do direito via judiciário: "até a lógica se subordina ao interesse".[176] Mas a consciência chega devagar; até as inteligências mais visionárias da classe dominante afastam-se aterrorizados disto que lhes parece o fantasma da morte ou buscam salvação em compromissos, enquanto a massa simples crê cegamente na eternidade de seu domínio. E é com plena razão que Engels (em seu *Anti-Dühring*) diz:

A propósito de los 'sábados comunistas' – 28 de junio de 1929"). *In*: _____. *Obras completas*. Moscou: Progreso, tomo 39, 1986, pp. 1-31]. (N.E.B.)

[175] MARX, Karl. *O 18 de brumário de Luís Bonaparte*. Trad. Nélio Schneider. São Paulo: Boitempo, 2011, p. 60. (N.E.B.)

[176] IHERING, Rudolf von. *Geist des römischen Rechts auf den verschiedenen Stufen seiner Entwicklung* [*O espírito do direito romano nas diversas fases de seu desenvolvimento*]. 4 vols. Leipzig (Alemanha): Breitkopf & Härtel, 1852-1865, II, 2, p. 465 [JHERING, Rudolf von. *O espírito do direito romano nas diversas fases de seu desenvolvimento*. 2 vols. Trad. Rafael Benaion. Rio de Janeiro: Alba, 1943].

CAPÍTULO III – INTERESSE DE CLASSE E DIREITO

quando excepcionalmente se chega a reconhecer o nexo interno entre as formas de existência sociais e políticas de certa época, via de regra, isso acontece no momento em que essas formas já passaram da idade e estão em decadência.[177] [178]

Desse modo, ao falar do interesse de classe, temos em vista algo diferente do que quando se fala de interesses de indivíduos ou de coletivos jurídicos, sobre os quais falam Ihering, entre outros. Para uma melhor ilustração, destaquemos de maneira breve as fases de desenvolvimento da propriedade privada, descritas em nosso segundo capítulo,[179] em que determinamos o interesse da classe dominante da vez em cada momento específico.

Em Roma, a primeira luta de classes ocorre entre *os patrícios* (tribo dominante, e em seguida também a classe) e *os plebeus*, pelo poder como meio de garantir *a posse* sobre a terra coletiva (*ager publicus*). Os plebeus pagam tributos de suas terras, os patrícios, tendo usurpado seu monopólio do "*ager publicus*", não pagam. *A luta pelo poder* conduz a uma equivalência dos plebeus nos direitos políticos e civis.

A luta de classes seguinte refere-se à luta do capital comercial contra o campesinato. "A luta de classes no mundo antigo, por exemplo, apresenta-se fundamentalmente sob a forma de uma luta entre credores e devedores e conclui-se, em Roma, com a ruína do devedor

---

[177] Hegel declara: "sobre o ensinar como o mundo deve ser, para falar ainda uma palavra, de toda maneira a filosofia chega sempre tarde demais. Enquanto pensamento do mundo, ela somente aparece no tempo depois que a efetividade completou seu processo de formação e se concluiu" (HEGEL, Georg Wilhelm Friedrich. *Filosofia do direito*. Coord. trad. Draiton Gonzaga de Souza, Agemir Bavaresco e Jair Tauchen. Porto Alegre: Editora Fênix, 2021, p. 28).

[178] ENGELS, Friedrich. *Anti-Dühring*: a revolução da ciência segundo o senhor Eugen Dühring. Trad. Nélio Schneider. São Paulo: Boitempo, 2015, p. 121. (N.E.B.)

[179] Cf., neste volume, pp. 107-127. (N.E.B.)

plebeu, que é substituído pelo escravo".[180] O capital usurário e o capital comercial, em geral, são os primeiros germes do capitalismo em geral. Essa luta de classes é resultado direto da troca primária de uma determinada sobra, ou seja, do trabalho excedente. Observamos o mesmo em toda parte até o momento da completa escravização do camponês, por exemplo, na Rússia, no instituto do *"zákup"*.[181] Ao mesmo tempo, observamos meios bastante originais de luta de classes, por exemplo, a *abolição ou anistia de dívidas privadas*, presentes no projeto do odiado [Lucius Sergius] *Catilina*, ou uma série de leis que extinguem uma determinada parcela dos juros acumulados e que limitam o tamanho do crescimento, assim como leis contra a usura em Roma, na Grécia (leis de Sólon) etc.[182]Essa luta termina com a formação da classe dos grandes proprietários de terra, por um lado, e de escravos ou servos, por outro. Mas enquanto, na sociedade burguesa, a classe dos exploradores segue reproduzindo a classe do proletariado, no mundo antigo, "o latifúndio arruinou Roma", o trabalho escravo se mostrou improdutivo e, principalmente, com o campesinato livre, a força de defesa externa foi arruinada. Roma foi submetida a ataques militares e sucumbiu, pois as cidades não

---

[180] MARX, Karl. *O Capital*: crítica da economia política – O processo de produção do capital. Trad. Rubens Enderle. São Paulo: Boitempo, livro I, 2013, p. 209.

[181] Em russo *"закуп"*: na Rússia medieval, referia-se ao camponês que vivia em um regime de semisservidão, ou seja, era dependente do senhor, em cujas terras trabalhava, mas poderia se tornar liberto depois de lhe pagar o *"zákup"*, uma espécie de tributo ou empréstimo. Situação análoga à da servidão, as relações entre o senhor e o *zákup* eram reguladas pelo conjunto de leis conhecido como *Rússkaia Pravda [A verdade/justiça russa]*, em que o senhor poderia lhe impingir castigos corporais; se fugisse e fosse pego, tornava-se um servo, podendo, todavia, sair para trabalhar a fim de saldar as dívidas. (N.T.)

[182] Cf. o estatuto de Monômaco na Rússia em POKRÓVSKI, Mikhail. *Русская история с древнейших времён [A história russa desde os tempos antigos]*. Moscou: [s.n.], 1913, pp. 92 e ss. [Stutchka faz referência ao código de leis promulgado por Vladímir Monômaco (1053-1125), conhecido como o "grão-príncipe de Kíev", que constitui a segunda parte da *Rússkaia Pravda (A verdade/justiça russa)* – N.T.].

CAPÍTULO III – INTERESSE DE CLASSE E DIREITO

puderam desenvolver uma nova força, capaz de substituir a classe escravista dos grandes proprietários.

Como consequência da queda da classe escravista de Roma, tem-se um *novo campesinato, que tem como seu polo oposto uma nova força: o senhor feudal eclesiástico e secular, incialmente, mais uma vez na forma de um credor ou na forma de um conquistador, incluindo a Igreja, no papel de poder secular.* No fim da Idade Média, um terço de todas as propriedades de terra da Europa encontrava-se nas mãos da Igreja.

A coleta de tributos, a "posse" da terra, *não estava limitada* por nenhuma norma: *é este o interesse de classe* dos exploradores desse período, e não a extinção da classe dos explorados. O campesinato que acordara tardiamente se levanta em revoltas como resposta, *com o objetivo* de eliminar *direta e até fisicamente* os exploradores e seus castelos, como fortalezas do poder; essa luta termina com a completa derrota e escravização do campesinato, ou seja, a renda natural se converte em renda de trabalho, isto é, a corveia.

Tendo saído vencedora sobre o campesinato, a classe dos senhores feudais cai sob o fogo de um novo adversário, a classe dos comerciantes capitalistas urbanos. "Na Idade Média, a luta tem fim com a derrocada do devedor feudal, que perde seu poder político juntamente com sua base econômica".[183] O capital se converte em capital industrial, mas "sua premissa necessária é a existência de uma classe que não tem nada além de sua capacidade de trabalho". *O interesse da nova classe* dos capitalistas industriais é *a nacionalização da propriedade fundiária,* ou seja, a eliminação da classe dos proprietários de terra, mas, ao mesmo tempo, a criação e a ampliação do *proletariado,* bem como sua organização *em uma nova força.* Ela se reconcilia e se une à classe dos proprietários de terra

---

[183] MARX, Karl. *O Capital*: crítica da economia política – O processo de produção do capital. Trad. Rubens Enderle. São Paulo: Boitempo, livro I, 2013, p. 209.

contra o proletariado, o qual *não pode sequer desejar eliminar,* mas cujo *interesse direto encerra-se na supressão das classes unidas de capitalistas e proprietários de terra.*[184]

A partir desse breve resumo do desenvolvimento gradual das contradições de classe e do caráter da luta de classes desde a supressão do comunismo primitivo puro, da passagem da sociedade ao estágio da propriedade privada da terra e do semicomunismo até a época da revolução proletária, estamos convencidos não apenas de que as classes e seus interesses mudam, como, ainda, o caráter da luta de cada lado é distinto em sua essência.

A classe dos exploradores nunca pode buscar a eliminação ou o completo extermínio da classe por ela explorada.[185] Nos casos em que renunciou a tal princípio, pereceu junto com a classe explorada. Daí decorre a *adaptabilidade*, o caráter de *conciliação de classe* dos opressores e, às vezes, a condescendência para com a classe dos explorados, que é, para aqueles, incompreensível. Todo o desenvolvimento leva, inevitavelmente, à ditadura do proletariado, mas o proletariado, como classe explorada, *não pode deixar de desejar a eliminação da classe de seus exploradores.*[186] Com essa vitória do

---

[184] "O proletariado executa sentença que a propriedade privada pronuncia sobre si mesma (sobre a burguesia) ao engendrar o proletariado" (MARX, Karl; ENGELS, Friedrich. *A sagrada família ou A crítica da Crítica crítica contra Bruno Bauer e seus consortes*. Trad. Marcelo Backes. São Paulo: Boitempo, 2003, p. 48).

[185] Aqui devemos lembrar as famosas palavras de Karl Marx (MARX, Karl. "Discurso sobre o problema do livre-câmbio". *In*: _____. *Miséria da filosofia*: resposta à Filosofia da Miséria, do Sr. Proudhon. Trad. José Paulo Netto. São Paulo: Boitempo, 2017, p. 177): "vocês, milhares de trabalhadores que sucumbem, não se desesperem. Vocês podem morrer tranquilos. Sua classe não desaparecerá. Será sempre suficientemente numerosa para que o capital possa dizimá-la, sem o temor de liquidá-la totalmente".

[186] Aqui, claro, trata-se de sua eliminação como classe. Em relação às pessoas em particular, por exemplo, os especialistas, após a vitória da revolução, convém que sejam tratados com certa medida de cautela.

CAPÍTULO III – INTERESSE DE CLASSE E DIREITO

proletariado se encerra, como diz Marx, o desenvolvimento pré-histórico da humanidade.

Ao mesmo tempo, dessa diferença no caráter do principal interesse de classe, surge também o caráter da luta e de seus métodos.

> Enquanto os pequenos burgueses democratas querem concluir a revolução o mais rapidamente possível, depois de terem obtido, no máximo, os reclamos supramencionados, os nossos interesses e as nossas tarefas consistem em tornar a revolução permanente até que seja eliminada a dominação das classes mais ou menos possuidoras, até que o proletariado conquiste o Poder de Estado (...) Para nós, não se trata de reformar a propriedade privada, mas de aboli-la; não se trata de atenuar os antagonismos de classe, mas de abolir as classes; não se trata de melhorar a sociedade existente, mas de estabelecer uma nova.[187]

Mas esse mesmo caráter da luta define também o campo dos adversários "nessa última e decisiva batalha": "em todo caso, *nosso único adversário* no dia da crise e no dia seguinte a ela será a *democracia pura, em torno da qual se reagrupará toda a reação em seu conjunto*".[188]

---

[187] MARX, Karl; ENGELS, Friedrich. "Mensagem do Comitê Central à Liga dos Comunistas". *In*: _____. *Obras escolhidas*. vol. 1. São Paulo: Alfa-Ômega, [s. d.], pp. 86/87.

[188] ENGELS, Frederick. "Engels to August Bebel (London, 11-12 December 1884)". *In*: MARX, Karl; ENGELS, Frederick. *Collected Works*: Letters 1883-86. vol. 47. Dagenham (Inglaterra): Lawrence & Wishart Electric Book, 2010, p. 234.

CAPÍTULO IV

PODER ORGANIZADO DA CLASSE DOMINANTE E DIREITO

"Quando Rink perguntou aos nicoborianos qual deles era o chefe, eles, sorrindo surpresos, responderam com a pergunta por que ele pensava que uma pessoa *poderia ter poder* sobre muitos". Esse relato anedótico de um viajante, narrado por Herbert Spencer, expressa de maneira muito clara uma ideia que não foi assimilada, ou não se quis assimilar, não apenas pelos estudiosos burgueses, mas, ainda, por seus seguidores socialistas. Mas por que eles não a podem compreender? Porque estão demasiado presos à ideologia jurídica da burguesia ou, melhor, à da sociedade de classes em geral, para compreender a caraterística racionalista ingênua do selvagem, que ainda não conhece as diferenças entre as classes; além disso, o domínio de classe de uma minoria ou de uma pessoa sobre a imensa maioria, tal como ela existe na ditadura de classe dos capitalistas, dos magnatas da terra ou de semelhantes governos de minorias.

Mas tão antigo quanto a existência das classes é o domínio da classe dos opressores sobre os oprimidos, dos possuidores sobre os despossuídos. E esse domínio elaborou uma organização de poder determinada à manutenção da obediência por uma imensa maioria, ou seja, a classe dos despossuídos, dos escravizados.

Em nossa definição de direito, notamos como uma de suas características *sua proteção por meio do poder organizado dessa classe*. Com essa expressão, tínhamos em vista, em primeiro lugar, o Estado, mas reconhecemos como necessária uma formulação mais cautelosa, comportando os momentos transicionais a um Estado primitivo, e, no curso posterior da história, o duplo poder – o poder paralelo de outra classe com força equivalente ou quase equivalente à do poder governamental, e, finalmente, o assim chamado direito internacional. No período da Revolução, essa questão se tornou mais evidente para nós enquanto persistia um duplo poder, perfeitamente claro e formal, na forma de um governo burguês ou de coalizão, ao lado de um poder de fato da classe trabalhadora e da pequena burguesia, representado pelo Comitê Executivo de Leningrado [São Petersburgo]. Essa situação de duplo poder foi, a seu tempo, assinalada por Lênin, e só um jovem estúpido e malformado poderia deixar de notá-la ou negá-la. Tínhamos em vista, ao mesmo tempo, a circunstância de que anteriormente havia casos, e nos Estados imperialistas existiram constantemente e ainda agora existem, de determinadas organizações de classes, normas e decretos que, no sentido da obrigatoriedade, puderam e podem concorrer com as leis de qualquer governo. Tais casos, enfim, representam de maneira geral apenas exceções, e não um fenômeno normal, e podemos até, em vez da expressão "poder organizado da classe dominante", dizer diretamente: "poder de Estado", tomando-o em sentido mais amplo.

Mas é preciso dizer que *o próprio elemento da coerção* no direito encontra críticas por parte dos juristas burgueses. Do mesmo modo, por parte daqueles que veem no direito o ditame de Deus e, portanto, não se satisfazem com a proteção do direito apenas pelo poder secular; também daqueles que veem nele apenas a encarnação de uma ideia eterna, que não precisa da coerção externa; e, ainda, em maior medida, por parte daqueles que, ao se colocar seja do ponto de vista da teoria volitiva do direito, seja do ponto de vista da teoria psicológica, negam o elemento da coerção como seu critério obrigatório. Escolhemos uma expressão mais geral, suave, do que a palavra coerção, a saber: proteção, segurança, não porque duvidemos

CAPÍTULO IV – PODER ORGANIZADO DA CLASSE DOMINANTE...

da necessidade da coerção, mas porque essa palavra corresponde melhor à situação factual do caso, já que o direito, na imensa maioria dos casos – ao adentrar a consciência das pessoas e se converter em sua segunda natureza, até um determinado momento revolucionário, quando surge uma nova classe já consciente, que pretende um novo poder e um novo direito, *o seu* –, é exercido sem qualquer coerção, seja pelo hábito, pela inércia, em consequência da submissão voluntária etc., embora *a vigilância do poder*, *a proteção possível*, *a coerção admissível*, *eventual* continuem, ainda assim, em vigor.

Não sei se, para nós, que nos colocamos a partir do ponto de vista revolucionário e de classe de Marx e Engels, seria necessário, em geral, entrar em pormenores para provar o significado essencial desse traço da coerção para uma caracterização fiel do direito como defesa do interesse de classe, pois, diz Engels, seria incompreensível como se poderia, de outro modo, manter submissas enormes massas oprimidas. Mas tomemos, de qualquer maneira, algumas opiniões encontradas em distintas plataformas de estudiosos burgueses, as quais assinalam a necessidade dessa mesma característica da coerção. Ihering, já citado, declara abertamente: "o poder (a força), se houver oportunidade (*zur Not*) pode existir sem o direito, e isto ele prova pelos fatos. *O direito sem o poder é um som vazio sem qualquer realidade*".[189] Ihering revela sua fisionomia de classe, talvez de modo excessivamente declarado, quando diz:

> Os déspotas e malfeitores que castigavam o povo com varas e escorpiões fizeram tanto para inculcar o direito na humanidade quanto os sábios legisladores que posteriormente criaram esse direito. Foram precisos anos dos primeiros até que os últimos pudessem nascer.

---

[189] IHERING, Rudolf von. *Der Zweck im Recht* [*A finalidade do direito*]. 2 vols. Leipzig (Alemanha): Breitkopf & Härtel, 1877-1883, p. 196. [IHERING, Rudolf von. *A finalidade do direito*. 2 vols. Trad. José Antônio Faria Correa. Rio de Janeiro: Rio, 1979].

Tamanha franqueza e sinceridade só era possível, claro, na Alemanha dos *junkers*, sempre exalando o cheiro do estábulo, mas, na realidade, ele está apenas "manifestando o que aconteceu".

O prof. Simmel, citado acima, em seu artigo sobre "a sociologia do comando e da subordinação" diz que

> o comando e a subordinação não surgem (*stellen sich ein*) em absoluto, pela primeira vez, apenas ali onde existe uma sociedade, mas são uma das formas (*Arten*) por meio das quais, em geral, surge a sociedade; não são a causa, mas justamente aquilo que denota o conceito coletivo abstrato de sociedade.[190]

É evidente que essa definição de sociedade está, em geral, absolutamente incorreta, segundo os nossos conceitos, mas Simmel está, de modo geral, correto em sua abordagem do papel do poder no direito. E, nesse sentido, está correto o apontamento de Ihering de que, "segundo a abordagem inicial da ciência do direito, o direito decorre da lei (do poder legislativo), e somente depois (no século XIX) passam a focar no papel de fonte do direito *os costumes*, o espírito do povo".[191] Mas, nesse caso, eles falaram hipocritamente das ideias de justiça que guia o Estado ou, como Ihering expressa de modo figurativo, "nossa teoria se ocupa mais da *balança*[192] do que da *espada* da justiça".

---

[190] SIMMEL, Georg. "Die Soziologie der Über- und Unterordnung" ["A sociologia da superioridade e subordinação"]. *Archiv für Sozialwissenschaft und Sozialpolitik* [*Arquivos para ciências sociais e políticas sociais*], Tübingen (Alemanha), Mohr, 24, n° 6, 1907, pp. 477/478.

[191] IHERING, Rudolf von. *Geist des römischen Rechts auf den verschiedenen Stufen seiner Entwicklung.* 4 vols. Leipzig (Alemanha): Breitkopf & Härtel, 1852-1865, II, pp. 22-29. [JHERING, Rudolf von. *O espírito do direito romano nas diversas fases de seu desenvolvimento.* 2 vols. Trad. Rafael Benaion. Rio de Janeiro: Alba, 1943].

[192] A propósito, a "balança" da deusa da justiça está aqui desprovida de qualquer sentido figurado.

CAPÍTULO IV – PODER ORGANIZADO DA CLASSE DOMINANTE...

Quais são, pois, em essência, as objeções à teoria da coerção no direito? Por um lado, acreditam que o direito é somente a encarnação de uma ideia, do espírito do povo ou de uma *vontade suprema* que se realizaria sem qualquer coerção. Nessas teorias, parece-nos, não há aqui nada em que se deter. Outros objetam que nem todo direito exige uma execução realmente coercitiva. A essa consideração, já respondemos. Também já falamos dos defensores do direito internacional, uma vez que este não tem um órgão coercitivo, e a essa questão ainda teremos que voltar. Finalmente, restam os defensores da escola psicológica mais recente ([Leonl] Petrazycki). Se o direito é compreendido apenas como uma vivência psicológica interna (cf. Petrazycki), então "o poder de Estado e o social não são nem a vontade *nem a força, não são, em geral, nada real*, mas apenas um fantasma emocional". Notem que isto foi escrito por um *Kadet*, um professor russo[193] à véspera da guerra, momento no qual, em todo o mundo, dominava a ditadura da burguesia, algo bastante real.

Mas, como eu já disse, a maioria dos juristas sérios, de uma maneira ou de outra, ainda assim admite a teoria do poder coercitivo, ainda que com ressalvas do tipo de que o Estado em si não é uma organização dessa coerção, mas que "a organização da coerção somente se realiza pelo Estado".[194]

Contudo, isto não significa de modo algum que todos eles tenham uma visão comum sobre o sentido e o caráter desse poder. Começando da abordagem romana primitiva do direito: "*se in armis jus ferre et omnia fortium virorum esse*"[195] ["seu direito estava nas armas e que tudo pertenceria aos mais fortes"], ou seja, em referência direta à força física da arma e ao direito do punho, terminando nas

---

193 No momento da redação deste livro, a Polônia fazia parte do Império Russo, daí Stutchka se referir a Petrazycki (Petrajítski, na transliteração da forma russificada) como "professor russo". (N.T.)

194 CHERCHENIÉVITCH, Gabriel. *Общая теория права* [*Teoria geral do direito*]. Moscou: Editora dos Irmãos Bachmakov, 1912.

195 LÍVIO, Tito. *História de Roma*. vol. 1. Trad. Paulo Matos Peixoto. São Paulo: PAUMAPE, 1989, p. 429 (Livro V, 36).

diferentes construções metafísicas da ideia de Estado da refinada ciência de salão contemporânea; a essência dessas reflexões encerra-se no fato de que a força, o poder, ou seja, o Estado atual, não apenas conserva, mas, ainda, *cria o direito*, como simples conjunto de todas as normas jurídicas, ou seja, das leis. E, para eles, as teorias de qualquer escola sociológica (por exemplo, as de Múromtsev ou de Menger) já cheiram a socialismo, ainda que aludam à base econômico-social do direito.[196]

Quanto a Menger, em seu informe de 1895, escreveu:

> Qualquer ordenamento jurídico é um vasto sistema de correlações *de poder*, que se formam (*sich herausgebildet haben*) no interior de uma nação no curso do desenvolvimento histórico. (...) Os interesses das classes dominantes, se o seu poder se torna duradouro (*wenn sie sich behaupten*), transformam-se em direitos e normas jurídicas, *que são reconhecidas* por outros membros do Estado, como algo objetivamente dado. Se essas correlações de poder mudam durante um tempo contínuo, os direitos e as normas jurídicas perdem sua base natural e se transformam novamente em uma situação de interesses e em uma luta de interesses.

Não importa como olhemos para o papel do Estado na questão do direito, a íntima ligação dos conceitos de direito e de Estado está fora de qualquer dúvida. Surge naturalmente a questão da inter-relação do direito e do Estado. O que veio antes, o direito ou o Estado? E quem define quem? O direito, o Estado; ou o Estado, o direito? Se

---

196 "O Estado é não apenas reconhecido, mas, ainda, o único detentor do poder coercitivo: o direito de coerção constitui monopólio absoluto do Estado" (IHERING, Rudolf von. *Geist des römischen Rechts auf den verschiedenen Stufen seiner Entwicklung* [*O espírito do direito romano nas diversas fases de seu desenvolvimento*]. 4 vols. Leipzig (Alemanha): Breitkopf & Härtel, 1852-1865, p. 247 [JHERING, Rudolf von. *O espírito do direito romano nas diversas fases de seu desenvolvimento*. 2 vols. Trad. Rafael Benaion. Rio de Janeiro: Alba, 1943]).

CAPÍTULO IV – PODER ORGANIZADO DA CLASSE DOMINANTE...

descartarmos as teorias da procedência divina do direito e do Estado, bem como a teoria do espírito do povo e da ideia eterna, segundo as quais ambos, tanto o direito quanto o Estado, advêm paralelamente de *uma fonte única*, poderia se dizer que, para a ciência burguesa, resta apenas uma solução: o Estado promulga as leis, também as revoga e as protege, *consequentemente, o Estado, o poder, é o elemento fundamental*. Os juristas mais consequentes, como, por exemplo, Gumplowicz, assim colocam a questão: "o direito em virtude de sua origem em toda e qualquer parte é a forma do ordenamento do Estado, a saber, do domínio da minoria sobre a maioria". E até o pai da economia política burguesa Adam Smith escreve: "o governo civil, na medida em que é instituído para garantir a propriedade, de fato o é para a defesa dos ricos contra os pobres, ou daqueles que têm alguma propriedade contra os que não possuem propriedade alguma".[197] Mas, hoje em dia, essa linguagem é demasiado franca para a burguesia. Por isso, "a ciência do direito do Estado" criou o conceito de *Estado de Direito (Rechtsstaat)*[198] não apenas no sentido de que nesse Estado tudo se faz de acordo com o direito,[199] mas, sobretudo, no sentido de que o próprio direito é *o fundamento do Estado* e que o direito, ainda que seja um produto do monopólio do

---

[197] SMITH, Adam. *A riqueza das nações*: investigação sobre sua natureza e suas causas. vol. 2. Trad. Luiz João Baraúna. São Paulo: Abril Cultural, 1983, p. 167.

[198] O professor I. [Ióssif] Hessen, por exemplo, escreve: "chama-se Estado de Direito o Estado que reconhece as normas jurídicas como obrigatórias para si, na qualidade de governo, e as leis por ele criadas, na qualidade de um legislador". Na forma de uma objeção será interessante escutar a opinião de uma sumidade como o professor [Paul] Laband: "o poder do Estado *in abstracto* nunca esteve vinculado pelas leis, ou seja, o poder do Estado pode mudar e revogar as suas leis". Compare com o conto de "Otchischénni", de Schedrin, sobre os benefícios do "roubo de acordo com a lei". [Stutchka se refere aqui à personagem Ivan Ivánovitch Gádiuk-Otchischénni, de *Современная идилия – Idílio moderno –*, de Mikhail Saltykov-Schedrin – N.T.].

[199] O professor [Georg] Jellinek coloca essa questão com as seguintes palavras: "o ordenamento jurídico é o direito para os seus subordinados, mas seria ele o direito também para o próprio Estado?"

Estado, consiste, ao mesmo tempo, em seu *criador, genitor*. Mas a sociedade burguesa não se detém em contradições e equívocos tão pequenos. E com a introdução da "estrutura democrática" da ficção do contrato social, de boa vontade, concede ao governo todos os tipos de direitos, pois está certo de sua gratidão de classe.

Und der König absolut

Wenn er unsern Willen tut

– assim cantavam os *junkers*: "deixe que o rei seja o monarca absoluto, desde que cumpra a nossa vontade (de classe)".

Mas como um marxista encara a origem do Estado e seu papel no direito? A isto, Engels dá a resposta em seu *A origem da família, da propriedade privada e do Estado*. Ele parte da condição de que o Estado é

> um produto da sociedade em determinado estágio de desenvolvimento; é a admissão de que essa sociedade se enredou em uma contradição insolúvel e é incapaz de resolvê-los. Porém, para que esses antagonismos, essas classes com interesses econômicos conflitantes não consumam a sociedade e a si mesmos em uma luta infrutífera, tornou-se necessário um poder que aparentemente está acima da sociedade e visa abafar o conflito, mantê-lo dentro dos limites da "ordem"; e esse poder, que é oriundo da sociedade, mas colocou-se acima dela e tornou-se cada vez mais estranho a ela, é o Estado.[200]

No capítulo anterior,[201] examinamos de maneira mais detalhada o caráter e o grau de intransigência dessas contradições de classe e,

---

200 ENGELS, Friedrich. *A origem da família, da propriedade privada e do Estado*. Trad. Nélio Schneider. São Paulo: Boitempo, 2019, p. 157. (N.E.B.)

201 Cf., neste volume, pp. 129-145. (N.E.B.)

CAPÍTULO IV – PODER ORGANIZADO DA CLASSE DOMINANTE...

portanto, para nós, é plenamente compreensível a necessidade desse destaque do poder de classe, que é circundado por uma auréola de santidade e inviolabilidade não apenas de si em particular, mas de todos os seus funcionários, até os mais insignificantes. Engels estabelece de maneira detalhada o papel do Estado como órgão de repressão e exploração da classe oprimida e sublinha como um traço característico particular

> a instalação de *um poder público* que não coincide mais com a população (...); consiste não só em homens armados (em contraposição a todas as populações anteriores), mas também em penduricalhos próprios, prisões e instituições coercitivas de todo tipo, dos quais a sociedade gentílica (de clãs) nada sabia.[202]

"Excepcionalmente, porém" – continua Engels – "há períodos em que as classes em luta mantêm um equilíbrio tão justo que o poder do Estado, na condição de aparente mediador, *momentaneamente* adquire certa autonomia em relação às duas classes",[203] como um aparente intermediário entre elas. Tal é o caso da monarquia absolutista dos séculos XVII e XVIII, do bonapartismo do I e do II Impérios, de Bismarck na Alemanha etc.

Mas nem mesmo em tais momentos, podemos acrescentar em relação à nossa questão, o Estado *em sua atividade legislativa* jamais violou a base do interesse de classe da classe dos possuidores em geral. E, em todo caso, junto à passagem da época de transição, voluntária ou compulsoriamente, tornou-se de novo o poder de uma

---

202 ENGELS, Friedrich. *A origem da família, da propriedade privada e do Estado*. Trad. Nélio Schneider. São Paulo: Boitempo, 2019, p. 157. [O destaque é de Engels, e os parêntesis, de Stutchka – N.E.B.].

203 ENGELS, Friedrich. *A origem da família, da propriedade privada e do Estado*. Trad. Nélio Schneider. São Paulo: Boitempo, 2019, p. 158 [Destaque de Stutchka – N.E.B.].

classe dominante,[204] o que havia sido, em essência, o tempo todo. Dessa maneira, teremos que considerar brevemente como se formou o Estado no papel de organização, total ou, pelo menos, de modo predominante, do domínio de classe, como entendemos as funções coercitivas desse poder e em que consiste sua organização.

Parte dos especialistas burgueses, por exemplo, Ratzenhofer, Gumplowicz, entre outros, afirmam de maneira categórica e unilateral que somente a conquista, ou seja, a força física, é a base da formação do Estado.[205] Outros, sobretudo os economistas, gostam de representar o período de passagem do comunismo primitivo para a propriedade privada e o domínio de classe como se fosse um tipo de "crescimento" pacífico da velha sociedade para a nova e encaram, especialmente, as revoltas agrárias, como "um lapso de tempo imperceptível". E, de fato, em todas as línguas, se fixaram tantos conceitos claramente relacionados à comunidade primitiva e que foram transferidos para a estrutura feudal ou mesmo burguesa que, num primeiro olhar, há uma porção de verdade nessa abordagem. De fato, os antigos chefes ancestrais, os patriarcas, líderes das *gens*, das tribos, dos clãs etc. aparecem posteriormente já como simples proprietários feudais individuais de terra e de pessoas. Sem dúvida, ocorreu, ainda, que o tributo primitivo entregue ao chefe da *gens* ou do clã era um tributo *voluntário* para sua proteção e do corpo armado que dirigia contra os ataques militares, além disso, esse tributo poderia se expressar ou no cultivo do campo, em virtude da ausência do chefe e de seu corpo armado em batalha, ou

---

204 Aqui, evidentemente, pressuponho o conhecimento por parte do leitor do trabalho capital do camarada Lênin *O Estado e a revolução* [cf. LÊNIN, Vladímir. *O Estado e a revolução*. Trad. Edições Avante! e Paula Vaz de Almeida. São Paulo: Boitempo, 2017 – N.E.B.].

205 "A classe dominante consiste ou nos vencedores de uma guerra externa, que fazem de si mesmos senhores de terra e dos habitantes nativos com suas propriedades, os seus súditos, ou a classe possuidora, que conquista (*erzwungen*) por meio do peso de seu poder econômico também a influência política" (ZENKER, E. *Die Gesellschaft* [*A Sociedade*]. vol. I. Berlim: G. Reimer, 1899, p. 197).

CAPÍTULO IV - PODER ORGANIZADO DA CLASSE DOMINANTE...

na entrega de parte da colheita. Mas também está fora de discussão que isso pôde existir apenas no momento inicial, e antes ou depois, essas relações atingiriam uma explosão aberta, pois os "apetites" dos recém-criados senhores feudais começaram "a se manifestar na hora da refeição" e assumiram proporções terríveis quando a força armada da classe dominante ainda tinha significado decisivo nas relações internas.

Mas a "conquista" originária ou a escravização interna tiveram sempre o mesmo objetivo: seja o cativeiro, isto é, a transformação em escravo (dentro do Estado a transformação do devedor insolvente em escravo ou sua venda para a escravidão), seja o tributo, se houvesse com o que pagá-lo. M. [Mikhail] N. [Nikoláievitch] Pokróvski mostra de maneira convincente em sua história que *volodéti*, ou seja, possuir a terra, entre nós, significava *recolher tributo* de seus *súditos* [*padáni*], dos grupos familiares (quintas [*dvóri*]) que viviam em uma dada terra ou, se a terra abarcasse um território mais amplo, de toda a *gens* etc. Roma, um Estado mundial, não era nada além de um "proprietário", ou seja, procedia também ao cativeiro, à escravidão e ao pagamento de tributo. Esse não era um tributo recolhido de um indivíduo em particular, mas um tributo recolhido de unidades territoriais mais ou menos extensas, sem qualquer interferência nas relações internas dessas unidades. Marx, por exemplo, no volume I de *O Capital* descreve detalhadamente como as comunidades indianas e, em geral, asiáticas, ao pagar o tributo, conservaram inteiramente suas relações sociais internas e, comumente, não sabiam ou não se interessavam em saber sobre a questão de qual dinastia os dominava.

Enquanto o poder não recolhia o tributo com demasiada assiduidade e não interferia de modo desorganizado nos assuntos internos, mas, ao contrário, apoiava instituições sociais locais, por exemplo, dispositivos de irrigação e drenagem, levou até um certo benefício às comunidades locais: a segurança contra um inimigo externo em virtude da autoridade de um Estado poderoso. Mas quem tirar disso a conclusão de que havia uma "situação jurídica" idílica nessa época estará plenamente enganado.

Basta tomar conhecimento das expressões jurídicas enérgicas do léxico da antiguidade para se convencer de que foi uma época *de pilhagem e violência impiedosas*. "Serei eu obrigado a ir a um tribunal se capturar um ladrão",[206] diz a lei da Roma Antiga. Propriedade é algo que é "tomado com a mão", e uma vez que uma coisa é minha, então, "onde a encontro, tomo-a para mim" (*ubi rem meam invenio, ibi eam vindico*). Se esse tributo, por vezes, foi, ainda, denominado *"lex"* (lei), então é preciso ter em vista que *"lex"* originalmente significava o mesmo que contrato ou acordo (*pactum*), um acordo, evidentemente, *de caráter internacional*, ou seja, um acordo baseado na coerção. Se esse tributo ultrapassar o produto do trabalho excedente, os súditos empobrecem e, finalmente, são convertidos em escravos ou ficam insolventes para qualquer que seja o tributo. Eis o *único limite* da violência: *o esgotamento completo* ou *a resistência armada!*Aqui não é o lugar para se ocupar da questão do caráter de classe do poder de Estado na Roma Antiga. Mas, de todo modo, é fundamental nos determos um pouco no extremamente interessante desenvolvimento do Estado romano, ainda que à luz burguesa. Diz a lenda que Roma se formou a partir de duas ou mais tribos dominantes unidas, que compuseram o quadro dos assim chamados patrícios. As outras tribos, embora seus membros entrassem no corpo dos cidadãos (*cives*), permaneciam membros sem todos os direitos do novo Estado (casamentos entre patrícios e plebeus, por exemplo, estavam proibidos), ou seja, eram a plebe, os plebeus. É óbvio que, originalmente, havia simplesmente o *campesinato*, a classe dos cultivadores da terra. Eis aqui, pois, a primeira luta de classes de Roma. O aparato do Estado está nas mãos dos patrícios vencedores (o rei, o senado dos "pais" e a assembleia popular: tudo isto lembra demasiadamente a organização gentílica do

---

206 *"Neque enim qui potest in furem statuere, necesse habet adversus furem litigare"*. Mas *"fur manifestus"*, o ladrão apanhado em flagrante pertence ao reclamante, ou seja, de início, ele simplesmente tinha o direito de matá-lo, depois poderia tomá-lo "em cativeiro", *mancipium* (em propriedade). Comprar *"emere"* significava anteriormente, na língua latina, simplesmente "tomar" ("possuir").

CAPÍTULO IV – PODER ORGANIZADO DA CLASSE DOMINANTE...

período patriarcal). Mas em que consistem as funções e os órgãos do Estado originário? Havia a organização *militar*, ou seja, a organização de cidadãos armados, e isto é tudo. "A julgar pelo que sabemos (...), pode-se pensar que até o fim do período monárquico, em Roma, não havia leis (...)".[207] Não havia sequer um poder judicial oficial; o direito era criado pelo próprio cidadão-reclamante com a participação de suas "testemunhas" (*testes*), se não considerarmos as liturgias da justiça sacerdotal. O poder armado coletava o tributo militar (*tributum*) tanto pelas terras dos plebeus camponeses quanto dos demais territórios conquistados.[208]

Se acreditarmos nas lendas, então, a queda dos reis e a passagem para uma forma republicana de governo foi consequência da séria guerra civil que a acompanhou. A luta dos plebeus, antes de mais nada, girava em torno do direito de utilização do *"ager publicus"*, a terra coletiva, privilégio de uso que apenas os patrícios tinham, com total isenção de tributo (*tributu*). Já em segundo lugar, essa luta se deu em torno de cargos, uma vez que cada vitória da democracia plebeia terminou com um aumento do número de "funcionários" (dois cônsules em vez de um, pretores plebeus, tribunos, edis, decênviros etc. etc.). Tudo como no período da democracia burguesa! Em vez do tribunal de sacerdotes, introduzem-se, primeiramente, os sacerdotes civis seculares e, em seguida, um corpo de juristas, estes os verdadeiros criadores do direito romano, que lembra muito o modo casuístico inglês de surgimento do direito, embora a iniciativa privada fosse admitida em grau muito maior.

---

207 BOGOLIÉPOV, Nikolai. *Учебник истории римского права* [*História do direito civil romano*]. Moscou: Ziérkalo, 2004, pp. 43/44.

208 Tal coletor de tributos não lidava com indivíduos em particular, mas com células, e a unidade administrativa inferior era a família na pessoa do "chefe de família" (o *pater familias*, pai de família). A família (*familia*) era geralmente uma "pessoa jurídica" e abarcava não apenas todo o corpo de indivíduos (livres e escravizadas), mas todo o conjunto da propriedade.

O direito fundacional da classe dominante, *"jus civile"*, tinha, em geral, um círculo limitado de sujeitos,[209] era mais um privilégio do que um direito.

Assim, o aparato de Estado tinha dois objetivos: 1) as tarefas de conquista e conservação do poder da tribo dominante e, consecutivamente, da classe; 2) manutenção do *privilégio* de uso da terra coletiva, o primeiro tipo de opressão foi o cativeiro ou *a posse de escravos* e a coleta de tributo (*tributu*). Este foi o mesmo objetivo perseguido pelo aparato de Estado posterior, quando Roma fez uma campanha imperialista e converteu as alianças entre cidades italianas em um império mundial. Os funcionários o tempo todo eram algo intermediário entre *um chefe militar e um cobrador de impostos*, e habitualmente para os cargos oficiais eram nomeados funcionários "responsáveis" para, por assim dizer, "recuperá-los", como, por exemplo, é até hoje o serviço colonial da Inglaterra. O tempo todo, o mesmo sistema inglês de fácil adaptação. Assim foi criada a "elucidação" liberal pretoriana do direito formal, o direito dos estrangeiros *"jus gentium"*, o direito natural como um direito vigente.[210] Mas a sorte de Roma foi decidida quando o trabalho de prisioneiros ou de escravos prevaleceu sobre o trabalho livre, quando, em vez do prisioneiro ou do escravo que trabalhavam em igualdade com a família camponesa e em liberdade, exércitos inteiros de escravos *acorrentados* suplantaram completamente o campesinato. Os césares-imperadores converteram o funcionalismo na sua

---

209 Cf. GUMPLOWICZ, Ludwig. *Rechtsstaat und Sozialismus* [*Estado de direito e socialismo*]. Innsbruck (Áustria): Wagner, 1881: "mas não era a pessoa como tal, o habitante do território romano, em geral, apenas os 'quirites', membros das tribos dominantes, (...) tinham o direito a essa propriedade. Essa propriedade original é resultado do domínio".

210 Cada novo pretor, ao assumir o cargo em um édito especial (ordens a si mesmo), promulgava, por assim dizer, o seu próprio programa jurídico. Em seguida, foi proibido trocar os éditos antes de um ano (cf. MÚROMTSEV, Serguei. *Гражданское право Древнего Рима* [*O direito civil na Roma Antiga*]. Moscou: Tipografia de A. I. Mámontov e Cia., 1883).

CAPÍTULO IV – PODER ORGANIZADO DA CLASSE DOMINANTE...

própria burocracia, e o lugar da antiga força militar de camponeses livres foi tomado por tropas de mercenários. Já a classe dominante começou a procurar salvação da cosmovisão secular nos braços da Igreja, para a qual transferiu a jurisprudência e o poder seculares, dessa vez, para a Igreja católica.

Como em qualquer Estado, o poder já tinha aqui um método duplo de influência: o método da coerção e o método da persuasão. O aparato coercitivo era o poder militar, os órgãos de persuasão eram, primeiramente, o corpo de sacerdotes, depois, os corpos de juristas e os variados tribunos do povo e, ao final, como em qualquer período de decadência da classe dominante, novamente a Igreja, dessa vez, simultaneamente, nos papéis de poder e de agitador.

Nesse Estado, todas as instituições, tanto as militares do Estado quanto as sociais e eclesiásticas, têm uma estrutura única, adaptada do modo original de exploração de uma pessoa pela outra, por meio *do cativeiro e do tributo*. Mas o poder centralizado nesse estágio não dispunha, aparentemente, de solo suficiente. Teve que atravessar uma forma descentralizada de dominação e opressão: o *feudalismo*. No feudalismo, o caráter de classe do poder se torna claro imediatamente: *o corpo dos proprietários de terra, coletores de impostos* que, por sua vez, devem sua parte de tributo e prestam serviço a um chefe superior, ao suserano, o qual, por sua vez, é vassalo de um outro etc. O camponês explorado continua a trabalhar em sua comunidade ou separa-se em uma quinta com a família, em seu quintal. Esse sistema gozava de certa vitalidade, como vimos, enquanto o senhor feudal ainda não havia logrado esgotar a fonte principal do seu bem-estar, ou seja, o campesinato. No momento em que do trabalho de servidão passa à corveia, apenas uma forma suavizada (às vezes, pior), repete *a economia escravagista anterior*, e o campesinato é fisicamente morto em massa, o que se revela muito útil à economia monetária que o suplanta, o capitalismo.

No sentido estatal, o feudalismo se nos apresenta como um sistema descentralizado de governo que se forma seja voluntariamente (dos representantes das *gens*, clãs ou domínios eclesiásticos), seja por meio da conquista (a conquista normanda da Inglaterra, dos varegues na Rússia,[211] dos cavaleiros germânicos no Báltico etc.). Mas não se pode pensar que essa conquista era pura e simplesmente um assunto militar. Não, esse sistema prosperou somente onde foi capaz de se adaptar ao novo ambiente, assimilar parte dos elementos locais ou, com frequência, de sua parte, a língua e os costumes da população nativa.

É evidente que, nesse período, não há muito o que dizer sobre o *ordenamento jurídico*. O juiz era o próprio senhor feudal ou um agente dele (às vezes, o "comprador do tribunal"),[212] que julgava *em benefício próprio ou seu tribunal lhe rendia artigos lucrativos*. Foi, para usar as palavras de um historiador, um período de *"guerra interna permanente"* (hoje em dia, diríamos, "civil"), que terminou em uma grandiosa revolução camponesa (*as guerras camponesas*), na qual, pela dimensão, a Alemanha ocupou um lugar central. Mas em toda parte, com exceção apenas da Suécia, terminou em vitória do senhor feudal. E essa vitória resultou, em se tratando de crueldade, em formas diante das quais todas as contrarrevoluções posteriores empalidecem. Calcula-se que, na Alemanha, o número de camponeses executados após um ano de repressão das revoltas chega a 100.000 pessoas, sem mencionar as centenas de aldeias inteiramente queimadas. E as crônicas relatam páginas terríveis sobre o massacre de camponeses desarmados e indefesos a centenas e milhares, já sem mencionar as sentenças de longa duração a trabalhos forçados (por

---

[211] Nome dado aos viquingues que, ao longo dos séculos XI e XII, viajaram por rotas fluviais para o território composto, atualmente, por Rússia, Bielorússia e Ucrânia. (N.T.)

[212] Cf., por exemplo, em POKRÓVSKI, Mikhail. *Очерки истории русской культуры* [*Ensaio sobre a história da cultura russa*]. Kursk: Cooperativa Editorial do Comitê Provincial do Partido Comunista Russo de Kursk, parte I, 1924: "concede-se ao seu servo (...) a aldeia (...) com todo o gado e o trigo semeado, excluindo-se (exceto) homicídio e roubo de dinheiro". Quer dizer, concede a renda do tribunal em todos os casos, exceto em caso de homicídio e de ladrão pego em flagrante.

CAPÍTULO IV – PODER ORGANIZADO DA CLASSE DOMINANTE...

exemplo, "*9 Jahre lang im Eisen arbeiten*" ["Trabalhando em ferro há 9 anos"]).[213]

É interessante notar que, depois das primeiras tentativas de codificação do século IX, tentativas semelhantes desapareceram completamente na Alemanha até o período da recepção do direito romano. Uma caracterização da codificação do século IX é oferecida pelo prof. [Heinrich] Brunner[214] em palavras breves: foram codificados apenas *institutos jurídicos* de cuja fixação se tinha *particular necessidade*; a corveia era limitada (*gemessen*) para os libertos da condição de servidão, e ilimitada (*ungemessen*) aos servos da gleba (*Knecht*) etc. Os historiadores russos (por exemplo, M. Pokróvski) oferecem uma mesma caracterização em relação às primeiras codificações do direito russo.

Mas, ainda no florescer do poder de classe dos senhores feudais, entra em cena uma nova classe: *os habitantes das cidades*. Estes, por um lado, eram representantes do capital usurário, a qual, por sua vez, envolvia em sua teia tanto os camponeses quanto os senhores feudais, por outro, o artesanato urbano, que arruinava da indústria rural e tomava também em suas mãos a indústria doméstica do senhor

---

213 O historiador Jansen cita o exemplo da matança de 800 camponeses detidos durante uma fuga (*"im Nu waren 800 Bauren erstochen und zusammen gehauen"* ["em um momento 800 camponeses foram esfaqueados e cortados juntos"]). JANSEN, Johannes. *Die Geschichte des deutschen Volkes seit dem Ausgang des Mittelalters* [*A história do povo alemão desde o final da Idade Média*]. 8 vols. Freiburg (Alemanha): Herder, 1878-1894. O arcebisto de Tréveris esfaqueou e matou camponeses com suas próprias mãos. A justiça exige reconhecer que também o terror "vermelho" ou "verde" dos camponeses não conhecia piedade: centenas de castelos e milhares de pessoas das fileiras dos cavaleiros perecerem. Depois da batalha de Sempach (1386), "o povo respondeu com uma vingança popular contra os excessos feudais com o massacre de 686 condes, barões, cavaleiros, entre outros" (cf. SCHERR, Johannes. *Deutsche Kultur und Sittengeschichte* [*História cultural e moral alemã*]. Leipzig: Wigand, 1858).

214 BRUNNER, Heinrich. *Deutsche Rechtsgeschichte* [*História do direito alemã*]. 2 vols. Leipzig (Alemanha): Duncker & Humblot, 1887.

feudal. É necessário acrescentar aqui o crescimento da riqueza das cidades decorrentes dos descobrimentos e das invenções do período do século XV. Aquilo que a cidade não conseguia pela força da arma era feito pela força do dinheiro.

> Como o dinheiro se converte em poder para seus possuidores, como a propriedade se transporta (*umschlägt*) ao domínio político (...), pode se convencer facilmente, se vir como o servo vendeu sua liberdade, a cidade vendeu os direitos municipais, o burguês (o habitante da cidade) fez evaporar a propriedade do senhor feudal, e o monarca absolutista comprou seus privilégios.[215]

Assim se criou o fortalecimento de um poder de Estado central, em consequência do equilíbrio da força de duas classes de que fala Engels, até que se deu a vitória da burguesia sobre o feudalismo em decomposição. O poder centralizado do período do absolutismo permaneceu, mas passou à burguesia, ou seja, o velho aparato foi substituído por um novo corpo de pessoas. A burguesia se libertou definitivamente da influência da Igreja. No lugar da forma anterior de poder *pessoal*, o Estado assume o caráter de poder como se fosse atribuído *a um portador* "designado" pela campanha eleitoral, um tipo de *Estado acionista*.

O aparato técnico que começa a ser discutido teoricamente ainda antes da revolução burguesa, em vista da separação dos poderes, de um autogoverno local etc., assumiu formas cada vez mais complexas e complicadas, que criaram, sob a aparência da democracia, o poder forte da burguesia, da classe dos capitalistas, que se desenvolve na época imperialista no poder do capital financeiro, na ditadura da burguesia.

---

[215] MARX, Karl. "La crítica moralizante o la moral crítica". *In*: MARX, Carlos; ENGELS, Federico. *La sagrada familia*: o crítica de la crítica crítica contra Bruno Bauer y consortes. 2ª ed. Trad. Carlos Liacho. Buenos Aires: Claridad, 1971, pp. 243/244.

CAPÍTULO IV – PODER ORGANIZADO DA CLASSE DOMINANTE...

Pode-se dizer que se trata de um sistema diabólico de opressão da humanidade, que esconde as ideias mais nefastas sob frases do liberalismo humanitário. Vale-se não apenas de um complexo aparato de separação dos poderes, como um órgão de coerção impiedoso, mas, ainda, por meio do "instinto da propriedade" (segundo definição de [Adolphe] Thiers) e dos sistemas "de fome mediante livre acordo", eleva a intensidade do trabalho e a massa de mais-valia apropriado até o absoluto extremo. Tem à sua disposição um exército de intelectuais vendidos de todos os tipos; não se furta de atirar-se nos braços até mesmo da Igreja, que parecia derrotada para sempre, e tudo isso não em nome da luta de classes aberta, mas em nome da conciliação de classes (*Burgfrieden*), da harmonia, do acordo de interesses contraditórios, em resumo, *"da democracia pura"*. À questão da democracia, nós ainda voltaremos. Por enquanto, fiquemos com uma citação de Engels (de seu artigo "Progresso da reforma social no continente", publicado no *New Moral World* [*Novo Mundo Moral*], em 1843):

> A democracia é no fundo, como considero todas as formas de governo, uma contradição em si mesma (*in sich selbst*), uma inverdade, nada além de hipocrisia (*heuchelei*) ou teologia, como nós, alemães a chamamos. Liberdade política é liberdade simulada, a pior escravidão possível; a aparência da liberdade e, portanto, *a realidade da servidão*. A igualdade política é o mesmo; portanto, a democracia, assim como todas as outras formas de governo, deve fundamentalmente despedaçar-se (*in Stückegehen*): a hipocrisia não pode subsistir, a contradição nela oculta deve aparecer; em vez de uma escravidão regular – isto é, um despotismo indisfarçado –, devemos ter a liberdade real e igualdade real, isto é, o comunismo.[216]

---

216 ENGELS, Friedrich. "Progresso da reforma social no continente". Trad. Ronaldo Vielmi Fortes. *Revista Libertas*, Juiz de Fora, UFJF, vol. 20, nº 2, jul./dez. 2020, pp. 643-660. [À tradução, acrescentamos os destaques e os parêntesis com os termos em alemão inseridos por Stutchka – N.T.].

Se, em nossa definição de direito, falamos de "poder organizado da classe dominante" é porque tínhamos em vista, como um fenômeno normal, o Estado. Em geral, o Estado possui o monopólio no papel de proteção da normatização do direito. Em relação a isso, falamos, claro, do Estado em geral, ou seja, incluindo aí todo o seu aparato, sem excluir também o autogoverno local, do qual costuma-se tentar construir artificialmente um esquema especial de democracia contraposta ao Estado. Do mesmo modo, abarcamos aqui, com a expressão "poder de Estado", todo o conjunto do poder dividido, pois mesmo nos casos em que os poderes legislativo e judicial compõem-se de um "elemento popular", sua composição de classe garante a homogeneidade da direção de classe, e qualquer desvio nessa relação a riqueza corrige, como sugeriu Engels, indiretamente: "a compra de parlamentares e a dependência do capital por parte de altos funcionários administrativos e do Judiciário é algo indiscutível". Mas à questão do autogoverno e de qualquer outro elemento popular no poder de Estado ainda teremos que voltar.

Resta, ainda, em relação ao período burguês, abordar a questão referente ao direito internacional. Com base na nossa definição de direito, dedicamos um espaço relativamente insignificante ao direito internacional. Se [Léon] Duguit[217] encara o Estado apenas como um fato simples (*un simple fait*), em relação ao direito internacional até o período imperialista, pode-se dizer que todo o direito, realmente, consiste em simples relações factuais (*de facto*). Por isso, surgiram planos de ligas das nações com particular poder coercitivo e fantasias similares que não possuem *base real*. Não há nenhuma dúvida de

---

217 Duguit: "*La vérité est, que la puissance politique est un fait, qui n'a en soi aucun caractère de légitimité ou d'illégitimité*" [Em francês, no original: "a verdade é que o poder político é um fato que não tem em si qualquer caráter de legitimidade ou de ilegitimidade". DUGUIT, Léon. *Manuel de droit constitutionnel*: théorie générale de l'État, le droit de l'État, les libertés publiques, organisation politique / *Manual de direito constitucional*: teoria geral do Estado, direito do Estado, liberdades civis, organização política. Paris: Fontenoing & Cie, E. de Boccard, successeur, 1918 – N.E.B.].

CAPÍTULO IV – PODER ORGANIZADO DA CLASSE DOMINANTE...

que o período imperialista do capitalismo cria associações de classe internacionais e, junto com isso, *a luta de classe* ou, melhor, uma guerra civil *em escala internacional*. Daí advém, ainda, uma certa base para o poder da burguesia internacional como classe dominante organizada. Ocorre que tal poder é efêmero, brevemente transitório no sentido da união da burguesia, tendo em vista o inevitável conflito entre as burguesias dos distintos países e entre os capitalistas dos distintos setores. Mas tal poder é completamente real para o proletariado na medida em que se torna dominante. A forma soviética de Estado é em si uma união internacional da humanidade ou de parte dela. Do mesmo modo, o direito soviético tem uma tendência direta ao internacionalismo. E, para ela, o poder organizado em escala internacional nasce na Internacional Comunista e na união das Repúblicas Socialistas Soviéticas.[218] Uma fração significativa da segunda parte do meu trabalho é dedicada à organização do Estado do proletariado vitorioso.[219] Por isso, sobre o Estado soviético, limito-me aqui a apenas uma citação da crítica de Marx do *Programa de Gotha*:

> Entre a sociedade capitalista e a comunista, situa-se o período da transformação revolucionária de uma na outra. A ele corresponde também um período político de transição, cujo Estado não pode ser senão a *ditadura revolucionária do proletariado*.[220]

De tudo o que foi dito, fica claro o quanto deve ser séria a diferença da estruturação e do aparato do Estado burguês com a ditadura do proletariado, em particular, em relação ao direito.

---

[218] Cf. a Declaração da Constituição da URSS: "a entrada na União Soviética é aberta a todas as repúblicas socialistas soviéticas, tanto as existentes quanto as que venham a existir no futuro".

[219] Ver nota 88, à p. 88. (N.E.B.)

[220] MARX, Karl. *Crítica do Programa de Gotha*. Trad. Rubens Enderle. São Paulo: Boitempo, 2002, p. 43. (N.E.B.)

Para melhor elucidação do caráter do direito soviético, ofereço aqui algumas considerações daquilo que expressa a essência da proteção ou do suporte coercitivo do direito no Estado da classe burguesa e da proletária.[221] Pego casualmente o representante médio da ciência burguesa do direito, Chercheniévitch, e leio:

> Na base da obediência na família, estão *o medo e a confiança*.[222] Com o poder do Estado, em essência, dá-se o mesmo, o medo em relação ao bem-estar e a confiança nos órgãos de poder do Estado, como um meio de segurança, em que tais sentimentos são transmitidos de geração a geração.[223]

Desenha-se aqui, de modo um tanto ingênuo e idílico, o caráter de coerção do Estado burguês. Esse aparato de coerção, na realidade, é bastante complexo e extremamente nebuloso. Nas palavras dóceis sobre a liberdade de rescisão de um acordo contratual, tanto entre pessoas quanto de um arrendamento, embute a ameaça da morte por fome, mesmo que a pena de morte já tenha sido abolida etc. Mas isto é apenas um dos lados; à disposição da classe dos capitalistas e de seu Estado estão a Igreja, a escola, a ciência, a imprensa, que formam, convencem e, quando necessário, aterrorizam. Contudo, cada uma dessas instituições, à sua maneira, busca *encobrir as contradições de classe*, propagar o progresso e a união, a paz e a harmonia, a

---

221 Engels, a esse respeito, escreve em sua carta a Bebel: "enquanto o proletariado ainda *faz uso do* Estado, ele o usa não no interesse da liberdade, mas para submeter seus adversários" (ENGELS, Friedrich. "Friedrich Engels a August Bebel (março de 1875)". *In*: KARL, Marx. *Crítica do Programa de Gotha*. Trad. Rubens Enderle. São Paulo: Boitempo, 2012, p. 56).

222 O autor toma dois exemplos: a "felicidade" familiar burguesa (amor à mulher, ordem familiar, tranquilidade doméstica – encantador, não é?) e as relações recíprocas de dois sócios. Em ambas, prevalecem o medo – uma conhecida desvantagem, e a confiança – uma conhecida vantagem!

223 CHERCHENIÉVITCH, Gabriel. *Общая теория права* [*Teoria geral do direito*]. Moscou: Editora dos Irmãos Bachmakov, 1912, p. 207.

CAPÍTULO IV – PODER ORGANIZADO DA CLASSE DOMINANTE...

verdade e a justiça da sociedade burguesa. E assim como o cérebro humano é sujeito à influência externa,[224] na mentalidade das massas oprimidas, em vez da consciência de classe, reina, no melhor dos casos, o vazio. Toda a essência de qualquer coerção e persuasão burguesas consiste justamente *no silenciamento, no desvanecimento do caráter de classe de seu poder.*

Sem o elemento coercitivo e persuasivo no período de transição, evidentemente, também a transição para uma nova sociedade sem classes é impossível, algo de que trataremos mais adiante. Mas tanto um quanto o outro têm aqui um caráter abertamente de classe e sobretudo: persuasão. É preciso criar um aparato especial de educação e formação políticas, mas que seja declaradamente de classe. Isto para convencer os operários e, em geral, as massas trabalhadoras, é fundamental que não lhes obscureça, mas lhes desperte e lhes aprofunde a consciência de classe. E vimos, também a partir dos reconhecimentos de nossos adversários nos *fronts*, que esse meio de persuasão, se bem colocado, operou milagres em frações do Exército Vermelho, assim como nas massas trabalhadoras, pois aqui a persuasão verbal vem acompanhada da ação propagandista. E ao antigo exército não era estranho o agitador político, qual seja o capelão militar: ele, às vezes, tinha suas realizações, mas não passava de um mercenário e devia pregar ensinamentos deliberadamente falsos, nos quais em geral nem ele acreditava. O agitador soviético é a pessoa com mais consciência de classe, e à sua propaganda, de fato, aplica-se o termo "influência psíquica" no mais nobre sentido da palavra. À medida que os *fronts* interno e externo se apaziguam, de acordo com a penetração na vida das massas de uma nova disciplina, a coerção definha e morre, e se fortalece o elemento da persuasão,

---

224 Isso foi expresso de modo bastante científico pela estrela da escola psicológica da ciência jurídica, Petrazycki: "a comunicação psicológica é, por assim dizer (uma definição surpreendentemente precisa), *um contágio recíproco* e, além disso, não apenas intelectual, mas, ainda, emocionalmente". Se, na realidade, aqui (claro, é apenas no sentido figurado) também se pode falar de um contágio, a diferença apenas é que *não será*, infelizmente, *recíproco.*

mas é uma persuasão honesta, franca, de classe, partidária, e não hipócrita, mentirosa, conciliatória.

Esse sistema de persuasão tem uma base sólida em relação à classe dos oprimidos; mas, bem entendido, é impotente em relação a um adversário de classe que, no melhor dos casos, responde com uma luta franca, embora muito frequentemente respondam com subordinação hipócrita, com simulação de humildade e sabotagem real. Que quadro claro sobre a atual revolução esboçou o grande profeta Engels, quando, em 1891, escreveu:

> Hoje temos força suficiente para suportar e digerir qualquer quantidade de lixo (*Quarks*) formada e prevejo que, dentro de 8-10 anos, para recrutar nossos próprios jovens técnicos, médicos, juristas, professores, assim como transferir grandes propriedades para a direção em nome da nação para nossos membros do partido. *Nesse caso, nossa tomada do poder transcorrerá de maneira suave. Mas se nós, graças a uma guerra, conquistarmos o poder prematuramente, os técnicos* (ou seja, os especialistas) *serão nossos principais adversários e nos enganarão e nos trairão em tudo que puderem*. Teremos que empregar o terror (*Schrecken*), e mesmo assim vão nos enganar. Isso, em menor medida, sempre se deu com todos os revolucionários franceses... E mesmo nas administrações mais ordinárias, tiveram que colocar antigos reacionários em postos realmente inferiores e eles "sabotaram" (*hammten und lähmten Alles*) e tudo minaram.[225]

---

[225] ENGELS, Frederick. "Engels to August Bebel (London, 24-26 October 1891)". *In*: MARX Karl; ENGELS, Frederick. *Collected Works*: Letters 1890-1892. vol. 49. Dagenham (Inglaterra): Lawrence & Wishart Electric Book, 2010, p. 272. (N.E.B.)

CAPÍTULO V

DIREITO COMO SISTEMA DE RELAÇÕES SOCIAIS[226]

Nossa definição de direito afirma que não se denomina como direito as relações em geral, ainda que sejam as sociais, no sentido de K. Marx, *mas seu sistema como um todo, e não qualquer sistema* de

---

226 Cf. meus artigos STUTCHKA, Piotr. "Заметки о классовой теории права" ["Notas sobre a teoria classista do direito"]. *Soviétskoe Prava* [*Direito soviético*], Moscou, Revista do Instituto do Direito Soviético, nº 3, 1922, pp. 3-18. [STUTCHKA, P. I. "Notas sobre la teoría clasista del derecho". *In*: _____. *La función revolucionaria del derecho y del Estado*. 2ª ed. Trad. Juan-Ramón Capella. Barcelona: Península, 1974, pp. 340-365]; STUTCHKA, Piotr. "Марксистское понимание права" ["A concepção marxista do direito"]. *Kommunistítcheskaia rievolútsia* [*Revolução comunista*], Moscou, Departamento de Edição do Comitê Central do Partido Comunista Russo, nº 13/14, nov. 1922. [STUTCHKA, P. I. "La concepción marxista del derecho". *In*: _____. *La función revolucionaria del derecho y del Estado*. Trad. Juan-Ramón Capella. La Paz (Bolívia): Ministerio de Trabajo, Empleo y Previsión Social, 2008, pp. 312-340]; e STUTCHKA, Piotr. "Материалистическое или идеалистическое понимание права?" ["Concepção materialista ou idealista do direito?"]. *Pod známeniem marksizma* [*Sob a bandeira do marxismo*], Moscou, Materialist, nº 1, 1923, pp. 160-178. [STUTCHKA, P. I. "A Materialist or Idealist Concept of Law?". *In*: _____. *Selected Writings on Soviet Law and Marxism*. Ed. e trad. Robert Sharlet, Peter B. Maggs e Piers Beirne. Abingdon: Routledge, 2015, pp. 65-80].

relações sociais, mas somente o *sistema com a característica* do interesse *de classe* e a defesa da classe dominante que disto decorre. Tem-se, portanto, de modo evidente, características genéricas e específicas. Em seu aspecto formal, e mesmo do ponto de vista de uma lógica obsoleta, as objeções se baseiam em equívocos. Mas nos resta, em essência, examinar mais de perto o conceito desse sistema ou desse ordenamento e seu caráter.

O *sistema* jurídico é um sistema absolutamente *peculiar* em comparação com qualquer outro sistema, por exemplo, o sistema de rotação dos planetas, o sistema nervoso e mesmo o sistema econômico. Denominamos sistema, em geral, a unificação de distintas unidades em um todo único e coerente e vimos que, nesse caso, o elemento de unificação é o interesse de classe ou, dizendo mais concretamente, o tipo de apropriação a ele correspondente, a propriedade.[227] Mas enquanto, em todos os outros sistemas, temos um único princípio definido, um único eixo determinante (Marx usava, em caso seme-lhante, a palavra francesa *"pivot"*)[228] em torno do qual gira todo o sistema, temos diante de nós, no direito, uma *dualidade*, ou mesmo uma *triplicidade*, nessa relação. Tal circunstância explica a confusão que domina as questões da teoria do direito.

Já vimos que Marx – diferentemente da ciência burguesa – en-tende por relações sociais somente as relações de produção e troca, ou seja, as relações recíprocas entre pessoas que têm lugar na produção e na troca. A totalidade dessas relações de produção constitui, segundo Marx, *a estrutura econômica de uma dada sociedade* ou a assim chamada *"base real"*. Apenas o analfabetismo burguês confunde o conceito de relações de produção com o conceito de forças produti-vas, o qual se refere inteiramente ao campo *das relações do homem com a natureza externa* na luta pela existência. Refere-se aqui aos

---

227 Já indiquei anteriormente [cf. p. 94] que hoje se formula por meio da expressão "forma de organização das relações sociais".

228 Em francês, no original: "pivô". (N.T.)

CAPÍTULO V – DIREITO COMO SISTEMA DE RELAÇÕES SOCIAIS

"instrumentos sociais do trabalho" (ou seja, a técnica), incluindo a força de trabalho (ou seja, o trabalhador vivo). Marx atribui ao desenvolvimento, ou seja, ao florescimento das forças produtivas, da técnica social, um *significado determinante* no tocante às relações de produção, mas misturá-las (como o fazem, por exemplo, P. [Peter] Struve e outros) é completamente inadmissível.

Sabemos que na luta pela existência, ou seja, antes de tudo na produção, e em seguida também na troca (na sociedade de produtores de mercadorias simples, esse último parece desempenhar um papel primordial), as pessoas entram nessas relações recíprocas ou mesmo se encontram em tais relações de modo ininterrupto. Conhecemos historicamente o ser humano apenas nas inter-relações com outros indivíduos, apenas em "estado social", e qualquer debate sobre o indivíduo fora do estado social, em qualquer espaço extrassocial, por assim dizer, no vácuo – método habitual de toda a ciência burguesa individualista – é uma ficção infrutífera, que não esclarece, mas só obscurece a colocação das questões.

Além dessas relações de produção e de distribuição entre as pessoas, existem ainda outras relações, decorrentes, em parte, direta ou indiretamente, das primeiras como derivadas, em parte, bastante distantes das primeiras, embora não sem a sua influência. Essas últimas têm, em certo sentido, um "caráter casual"; não são "historicamente necessárias", com frequência sequer são explicáveis a partir simplesmente de suas relações sociais básicas. Todas essas, tanto as relações derivadas quanto as casuais, são o que Marx denominou de *superestrutura* em relação à base, ou seja, às relações de produção ou, falando em linguagem jurídica, relações de propriedade (apropriação). Mas à questão *"da base e da superestrutura"* ainda voltaremos mais adiante. Por enquanto, vamos nos deter aqui apenas na base, ou seja, nas relações de produção e troca.

Por mais estranho que possa parecer, de todos os conceitos, este de "relações sociais", sem as quais não pode, ao que parece, passar nenhuma pessoa, compreende as maiores ambiguidades, para o que contribui o curso de desenvolvimento da sociedade burguesa. Por exemplo, um proprietário de terra que recebe sua renda pode nunca sequer ter visto um camponês. Já o capitalista que recebe seu lucro, sua porcentagem (por exemplo, da apólice de ações), pode mesmo nem sequer saber onde fica sua fábrica e quantos operários há ali. Para eles, os conceitos – de terra, capital, dinheiro, mercadoria, força de trabalho etc. – converteram-se em conceitos abstratos. Que inter-relação eles têm com os camponeses arrendatários (pagadores de renda), com os operários-escravos? Esta é a abordagem de toda a economia política puramente burguesa. O operário, por sua vez, ao trabalhar em uma fábrica ou na indústria, talvez nunca veja o dono da fábrica, mas, na prática, tem diante de si o terrível diretor adjunto ou seus agentes, os quais, segundo suas palavras, por bondade, lhe concede "o direito ao trabalho", e ainda lhes pagando por isso um "salário". De que inter-relações se fala aqui?[229] Trata-se de uma relação de domínio-escravidão unilateral, como define corretamente Marx. E também no mercado, ou seja, na loja, é o comerciante que lhe dita os preços. De que relações "recíprocas" se pode falar? E, entretanto, trata-se de um conceito fundamental.

Tentam encobri-lo, assim como, em geral, todo o desenvolvimento das relações burguesas leva a relações despersonalizadas de domínio ou de produção, pois tal *domínio impessoal* recebe o caráter de coisa, converte-se em fetiche e, principalmente, dificulta uma visão correta sobre essa exploração como a exploração de uma pessoa por outra. Decorre daí a abordagem que busca *opor* as relações jurídicas, como volitivas, às relações econômicas, por exemplo, as de produção, como *não volitivas*, simplesmente *de coisas*. Tal abordagem está radicalmente incorreta.

As inter-relações entre dois sujeitos das quais falamos aqui, ainda que sejam *econômicas*, sempre pressupõem um determinado

---

[229] A teoria psicológica da sociologia estadunidense tem, para essas "relações recíprocas", um exemplo peculiar retirado da natureza: "O lobo come a ovelha, a ovelha come a grama".

CAPÍTULO V – DIREITO COMO SISTEMA DE RELAÇÕES SOCIAIS

movimento volitivo das partes dessa relação, e não simples reflexos. Isto devem ter em vista os defensores de quaisquer teorias volitivas do direito, os quais se detêm perplexos diante do conceito de relações sociais. Por isso, para esclarecer o significado da vontade humana nessas relações, devemos começar, brevemente, pelo conceito de vontade. Por vontade, compreende-se, segundo um velho hábito, uma *"capacidade espiritual autônoma"* particular, de desejar ou querer algo. A "psicologia fisiológica", uma ciência relativamente nova, todavia, com um futuro brilhante, nega diretamente a hipótese da vontade. O professor alemão [Theodor] Ziehen, proeminente representante dessa ciência, escreve:

> Aqui esbarramos na hipótese aceita por quase todos na psicologia, e à qual em todo tempo recorreu, aparentemente, de maneira inconsciente, o bom senso da humanidade, a saber, *a hipótese da vontade*, como *a razão das nossas condutas*. Admite-se que entre o processo de associação de ideias e a conduta age ainda a influência da vontade, como uma *capacidade espiritual autônoma* particular. A associação de ideias fornece apenas os motivos, e a vontade seleciona qualquer um deles... Para a psicologia fisiológica, *não há necessidad*e de *supor um fator psicológico hipotético* complementar e absolutamente *hipotético da vida psicológica*. (...) A psicologia fisiológica explica todos os processos psicológicos independentemente dessa hipótese.[230]

Isto, bem entendido, não quer dizer que se deva de repente jogar fora a própria palavra vontade, mas apenas que é preciso usá-la *em sentido condicional estrito e, consequentemente, limitado* de um determinado fenômeno, devido a processos psicológicos (emoções, sensações, representações, associações de ideias), cujo último elo é

---

[230] Cf. ZIEHEN, Theodor. *Leitfaden der physiologischen Psychologie in 15 Vorlesungen* [*Elementos de psicologia fisiológica em 15 lições*]. Jena (Alemanha): Gustav Fischer, 1891, p. 236.

a conduta, e não como uma capacidade particular, como a razão das nossas condutas.

A vontade, como se sabe, desempenha um enorme papel em toda a ciência do passado. No livre-arbítrio, baseou-se tanto o direito (em especial o penal, mas também o civil), assim como toda a cosmovisão da burguesia. E por mais avassaladora que tenha sido a revolução do pensamento, ainda resta muita coisa por ser dita, ser desenvolvida. Agora, a teoria do determinismo já é um lugar-comum até para a ciência burguesa, apenas com a exceção, novamente, dos fenômenos da vida social. Isso porque, pelo menos aqui, faz-se ainda determinadas ressalvas. Mas até há pouco tempo, ainda no terreno dos fenômenos sociais, incluindo o direito, o *indeterminismo*, a inaplicabilidade ou a aplicabilidade parcial do princípio das relações causais eram considerados dominantes.

Essa questão remeto aqui, em geral, a outros campos da ciência, ao materialismo histórico, por exemplo, mas não podemos contorná-la em completo silêncio. É improvável que, hoje em dia, alguém insista no livre-arbítrio absoluto, mas ainda se escrevem volumosos livros para provar, embora para nós já seja fato evidente, que o fator econômico influencia na criminalidade, ou seja, na "vontade corrompida" do ser humano. Quer dizer, para muitos a questão ainda não está clara. Mas, hoje, basta ler um par de páginas de qualquer livro de psicologia experimental para, finalmente, rejeitar o *livre*-arbítrio *absoluto* (das relações causais). Não é assim tão simples quando se trata do *livre*-arbítrio *relativo*. Aqui, antes de mais nada, confunde-se *a ignorância* da relação causal com a inexistência dela. Mas a ignorância não é uma prova nem contra nem a favor. "É assim que uma criancinha julga apetecer livremente o leite, um menino irritado a vingança, e o medroso a fuga".[231] Mas esses

---

[231] ESPINOSA, Baruch de. "Ética (demonstrada à maneira dos geômetras)". Trad. Joaquim de Carvalho, Joaquim Ferreira Gomes e Antônio Simões. *In*: ESPINOSA, Baruch de. *Os pensadores*. São Paulo: Nova Cultural, 2000, p. 280. (N.E.B.)

CAPÍTULO V – DIREITO COMO SISTEMA DE RELAÇÕES SOCIAIS

exemplos, claro, não significam que é fácil estabelecer com exatidão a relação causal. Antigamente, as pessoas facilitavam muito essa tarefa: *"Post hoc, ergo propter hoc"*. "Depois disto, logo, *causado por isto"*. Agora já falamos de uma multiplicidade de causas, entre as quais diferenciamos as necessárias e as "casuais", ainda que essas casuais sejam tão condicionadas pela relação causal comum quanto as necessárias. Em todo caso, partimos da posição de que aquele que afirma à vontade *uma exceção especial* da lei geral da natureza da relação causal universal (causa – efeito – causa) deve *provar essa exceção*, e não é suficiente invocar algo que não saibamos ou não nos tenha sido esclarecido. Esse último se refere, sobretudo, ao campo da assim chamada ideologia.

Isto quer dizer que se nós, as pessoas, falamos em relações volitivas, tendo diante de nós as relações sociais, devemos saber que tais conversas sobre atos volitivos *livres* são simplesmente absurdas e enganosas. Enquanto existir uma dada condição de forças produtivas e uma dada distribuição delas, as relações sociais estarão mais ou menos predeterminadas e não se pode falar de sua modificação livre. É possível, dentro de limites determinados, a luta de associações ou de indivíduos em particular como membros destas. Pode-se falar, portanto, apenas da liberdade *da vontade associada ou da vontade de associação do todo.*

Agora eis o que faz a ciência burguesa. Ela transfere essa liberdade, que não existe para a vontade individual da pessoa, para uma certa vontade *externa ao indivíduo*, uma vontade absoluta (Deus), a vontade do povo (a vontade imanente do povo), a vontade de toda a nação (democracia) etc. Mas se a ciência coloca sob suspeita até mesmo a vontade do indivíduo, no sentido de sua existência, o que dizer de tal ficção como a vontade da sociedade ou do povo? Mas, dizem-nos, pois existe a lei, o costume, em resumo, tudo aquilo que a ciência burguesa chama de "direito em sentido objetivo". E o que seria isto senão *atos volitivos*, quando não da vontade de Deus ou de qualquer coisa absoluta em geral, a vontade de algum coletivo (povo, sociedade, classe)? E, repetem-nos, essa *vontade coletiva* manifesta no direito determina, ainda, nossas relações jurídicas e, portanto, as relações econômicas, cujas expressões jurídicas são as relações jurídicas. É fundamental nos determos no "livre-arbítrio", manifesto no direito, na lei ou em outro conceito social semelhante.

Também nos dizem: o próprio conceito de sociedade, na opinião de alguns estudiosos (por exemplo, Stammler ou, entre nós, o professor [Evguiéni] Engel), pressupõe uma regulação externa, quer dizer, um estatuto, uma lei, ou um *ato volitivo*, enquanto a lei é uma livre criação do ser humano. Já repudiamos a teoria de Stammler (capítulo II),[232] assim como repudiamos a teoria do livre-arbítrio do legislador. Suponhamos que um monarca absoluto promulgue uma lei ordenando interromper o curso de um rio, um decreto sobre o nascimento de um herdeiro etc. Essas leis serão aplicadas? Claro que não! Elas simplesmente não "vigoram". Por mais absoluto que seja o monarca, também a sua "vontade" é "limitada", ele *não vai promulgar* tais leis, apenas os sátiros lhes atribuem tais feitos. E ele sabe que apenas as leis humanas que não contradizem as leis da natureza e do movimento (do "desenvolvimento") das relações sociais podem representar uma influência substancial sobre o sistema de relações sociais. É evidente que temos exemplos em todos os países de leis natimortas, mas, de todo modo, num primeiro olhar, pode parecer estranho que sejam tão poucas mesmo em um tempo em que ninguém suspeitava, ninguém tinha conhecimento, de quaisquer leis do desenvolvimento. Isso se explica, como veremos, pelo próprio percurso do surgimento das leis. Os primeiros legisladores eram bastante cautelosos e proclamaram como leis somente aquilo que *já tinha entrado para o costume* (por exemplo, o precedente judicial, como um fato)[233] ou *já tinha se consumado*. Daí advém a especial cautela de todos os revisionistas, em especial daqueles que negam,

---

[232] Cf., neste volume, p. 112. (N.E.B.)

[233] A repetição em quantidade de um único fato converte-o em precedente, em costume, em lei.

CAPÍTULO V – DIREITO COMO SISTEMA DE RELAÇÕES SOCIAIS

em geral, se não a existência das leis do desenvolvimento social, pelo menos, a possibilidade de descobri-las.

Como se sabe, o "semimarxista" [Serguei] Bulgákov escreveu em 1900 em seu livro *Capitalismo e agricultura*:

> Marx considerava possível medir e prevenir o futuro com base no passado e no presente, entretanto, cada época traz novos fatos e novas forças do desenvolvimento histórico – a criação da história não se esgota. Por isso, qualquer prognóstico referente ao futuro, baseado em dados do presente, será inevitavelmente errôneo. (...) O véu do futuro é impenetrável.[234]

Em seguida, o autor vai ainda mais longe e declara que também o véu do passado (a revelação das causas) era impenetrável e lançou-se nos braços da Igreja salvadora. E, ao examinar toda essa matilha de ex-revisionistas que, hoje em dia, declaram-se filósofos da religião ([Nikolai] Berdiáev, Frank) ou que servem diretamente à Igreja ortodoxa (Bulgákov), vê-se que o fenômeno não é casual. Ao não encontrar satisfação, como intelectuais, nas pesquisas, para eles, infundadas, de base materialista, ou seja, de uma cosmovisão que partisse da lei geral da relação causal, passam para o lado oposto e, rejeitando a relação causal, encontram um solo sob os pés somente na fé em Deus e na teologia fatalista. A burguesia acreditará até no diabo se, por meio dessa fé, for possível construir um novo mundo burguês.[235] Trata-se apenas de uma simplificação da cosmovisão: o olhar "científico" acerca dos fenômenos, como de causa – efeito – causa etc.; mas com a correção: *a fé na causa original*, "faça-se a luz" etc. Outros fazem acréscimos à teoria da relação causal geral

---

234 BULGÁKOV, Serguei. *Капитализм и земледелие* [*Capitalismo e agricultura*]. vol. 2. São Petersburgo: Tipografia e Litografia V. A. Tíkhanov, 1900, pp. 457/458. (N.E.B.)

235 Cf., de Anatole France, *A revolta dos anjos* [Cf. FRANCE, Anatole. *A rebelião dos anjos*. Trad. Merle Scoss. São Paulo: Axis Mundi, 1995 – N.E.B.].

no sentido de que estabelecem, entre outras causas, um fim ou fins, aos quais tudo no mundo se subordina e para os quais tende, no encadeamento geral da relação causal, o "desenvolvimento". Compreende-se esse fim ora como um fim abertamente declarado pela providência, ora como um fim imanente aos fenômenos da natureza e da sociedade, investido também de alguma força desconhecida. Segundo essa visão, a regularidade é substituída pelo consequencialismo ou pelo fatalismo, mas, na essência, a questão permanece a mesma, sobre *um ser superior* que, conscientemente, estabelece esses fins, pois um fim inconsciente é uma contradição interna. Nesse sentido, muitas confusões são geradas pelo fato de que a lei humana – que persegue, como toda atividade consciente do ser humano, fins colocados por si mesmos, e essa única palavra abarca dois conceitos diferentes (como os juristas às vezes se expressam de lei natural e artificial) – contribui para as concepções teleológicas (finalismo). Mas, contestam-nos outros "finalistas", já compreendemos o fim do desenvolvimento somente como uma totalidade ou uma média determinada, um resultado dos fins conscientes de pessoas concretas vivas; portanto, estamos completamente livres de uma orientação idealista. Isto, nas condições atuais, é, no melhor dos casos, um autoengano, pois a consciência que atua nas cabeças das pessoas, entre outras coisas, e também ao colocar um fim para si, está impregnada da antiga ideologia. Já os marxistas também colocam fins para si, palavras de ordem de luta, mas o fazem baseando-se apenas *nas leis do movimento da sociedade de que têm consciência*. Isso significa que os marxistas pesquisam antes, estudam as leis gerais do movimento, para com base nisso estabelecer conscientemente seus fins, e *não o contrário*.

Marx e Engels não são simplesmente "causalistas", eles partem do *desenvolvimento dialético* de tudo o que existe. Aqui a própria palavra *desenvolvimento* não encerra em si nenhum fim (que, por exemplo, está comumente embutido na palavra "progresso"), mas emprega-se simplesmente no *sentido do movimento*. Segundo essa teoria, "tudo se move", tudo muda. Não existe, portanto, uma lei que

CAPÍTULO V – DIREITO COMO SISTEMA DE RELAÇÕES SOCIAIS

seja imutável, uma norma inalterável. O movimento ou o desenvolvimento das relações sociais ocorre através de contradições. Ele tem suas leis gerais, mas tem, ainda, leis *historicamente condicionadas.* Isso quer dizer que cada período histórico, ou seja, cada período do desenvolvimento econômico tem *suas leis econômicas particulares.* Mas a passagem de um período histórico (de um período do desenvolvimento econômico) para outro, por sua vez, tem também as suas *leis gerais do movimento*, mas, justamente, de um movimento *não evolutivo* (como seria a simples lei da causalidade), *mas* um movimento *revolucionário*, através de oposições. Aqui, duas ideias tomadas de Hegel desempenham um papel decisivo. Primeiro, uma quantidade de um determinado patamar de crescimento salta em qualidade, por exemplo: o crescimento quantitativo das relações capitalistas em um determinado patamar salta por meio de uma revolução (industrial, política, social) para o sistema econômico capitalista, a sociedade burguesa. Segundo, também as leis do desenvolvimento econômico (movimento), no decorrer do desenvolvimento, passam ao seu oposto, em vez de positivas, as influências no desenvolvimento tornam-se negativas: o modo de produção capitalista, por exemplo, revolucionário de início, converte-se em um elemento que retarda o desenvolvimento, em um elemento contrarrevolucionário.

Aqui exponho de modo demasiado sucinto (e temendo não ser suficientemente claro) a mudança ou o complemento mais importante feito, no princípio causal, pelo método dialético de Marx e Engels. (Precisamos desesperadamente de um trabalho fundamental, se possível de divulgação ao público, sobre essa questão, com a atenção voltada, sobretudo, para o campo do direito). Mas Marx não se limitou a essas conclusões gerais; sua teoria, para o enorme período até o desaparecimento definitivo da sociedade de classes, atribui um significado decisivo às *causas econômicas* (em seu conjunto) em relação a todas as demais. Aqui, desempenham o papel principal a produção, as relações produtivas e, em sua base, *as forças produtivas.*

Já se escreveu bastante sobre essa questão. A tese de que "não é a consciência que determina a vida, mas a vida que determina a consciência"[236] está, entre os marxistas, até mesmo entre os juristas, fora de discussão. Mas, em relação ao direito (entre outras coisas), Marx fez uma comparação entre base e superestrutura, e logo começaram os falatórios e as especulações: onde está a base, onde está a superestrutura? O direito de propriedade é a base ou a superestrutura? O sistema de relações sociais se refere à base ou à superestrutura? Alguém até achou que confundi base e superestrutura ("parece que define a base como superestrutura"). A expressão figurativa superestrutura, que não foi inventada pelo próprio Marx, mas por ele tomada de empréstimo, caracteriza de modo magnífico a ideia de "ser e consciência" sociais, mas de fato é capaz de introduzir confusões nas cabeças quanto à influência recíproca de superestrutura e base.

K. Marx, no "Prefácio" à *Contribuição à crítica da economia política*, escreve: "a totalidade dessas relações de produção constitui a estrutura econômica da sociedade, a *base real* sobre a qual se eleva uma superestrutura *jurídica* e política e à qual correspondem formas sociais determinadas de consciência". Mais adiante, Marx diz que

> As forças produtivas materiais da sociedade entram em contradição com as relações de produção existentes, ou, *o que não é mais que sua expressão jurídica*, com as relações de propriedade no seio das quais elas haviam se desenvolvido até então. (...) Abre-se, então, uma época de revolução social. A transformação que se produziu na base econômica transforma mais ou menos lenta ou rapidamente toda a colossal superestrutura. Quando se consideram tais transformações, convém distinguir sempre a transformação material das

---

236 MARX, Karl; ENGELS, Friedrich. *A ideologia alemã*: crítica da mais recente filosofia alemã em seus representantes Feuerbach, B. Bauer e Stirner, e do socialismo alemão em seus diferentes profetas. Trad. Luciano Cavini Martorano, Nélio Schneider e Rubens Enderle. São Paulo: Boitempo, 2007, p. 94. (N.E.B.)

CAPÍTULO V – DIREITO COMO SISTEMA DE RELAÇÕES SOCIAIS

> condições econômicas de produção – que podem ser verificadas fielmente com ajuda das ciências físicas e naturais – e as formas *jurídicas*, políticas, religiosas, artísticas ou filosóficas, em resumo, *as formas ideológicas* sob as quais os homens adquirem consciência desse conflito e o levam até o fim.[237]

Em suas *Teorias da mais-valia*,[238] Marx fala de determinadas camadas da intelectualidade como uma superestrutura necessária. No *18 de brumário*, escreve: "sobre as diferentes formas da propriedade, sobre as condições sociais da existência se eleva *toda uma superestrutura* de sentimentos, ilusões, modos de pensar e visões da vida distintos e configurados de modo peculiar".[239] Já Engels fala no *Anti-Dühring* que "investigam o decurso histórico e o resultado atual das condições de vida dos seres humanos, *das relações sociais, das formas do direito e do Estado, com sua superestrutura ideal* composta de filosofia, religião, arte etc."[240] Está claro que Marx e Engels atribuíam à palavra "superestrutura" somente um sentido figurativo de comparação, e não o significado literal e arquitetônico sobre algum palacete de muitos andares.[241] E nós, baseando-nos na "introdução"

---

[237] MARX, Karl. *Contribuição à crítica da economia política*. Trad. Florestan Fernandes. São Paulo: Expressão Popular, 2008, pp. 47/48.

[238] Cf. MARX, Karl. *Teorias da mais-valia*: história crítica do pensamento econômico – Livro 4 de "O Capital". vol. I, 2ª ed. Trad. Reginaldo Sant'Anna. Rio de Janeiro: Bertrand Brasil, 1987, p. 267 (cap. IV.15). (N.E.B.)

[239] MARX, Karl. *O 18 de brumário de Luís Bonaparte*. Trad. Nélio Schneider. São Paulo: Boitempo, 2011, p. 60. (N.E.B.)

[240] ENGELS, Friedrich. *Anti-Dühring*: a revolução da ciência segundo o senhor Eugen Dühring. Trad. Nélio Schneider. São Paulo: Boitempo, 2015, pp. 120/121. (N.E.B.)

[241] Mas o que seria tal conceito de "muitos andares" podemos ver no "*Curso de Constituição*" do professor Reisner, 1920 (REISNER, Mikhail. "Курс конституции" ["Curso de Constituição"]. *Основы Советской Конституции*: лекции, читанные М. А. Рейснером на ускоренном курсе Академии Генерального Штаба Р.-Кр. Кр. Армии в 1918/1919 учебном году [*Fundamentos da Constituição Soviética*: palestras proferidas por

a essa mesma *Crítica*, em que Marx contrapõe à propriedade *formas especiais de sua garantia* (justiça, polícia etc.), podemos dizer que ele remete o sistema de relações sociais *concretas*, como uma expressão jurídica para as relações de produção, à base, enquanto sua forma *abstrata* (lei e ideologia, cf. a seguir), à superestrutura.

Em essência, todo o debate entre nós, todavia, consiste não no debate sobre a relação entre base e superestrutura, mas no debate sobre *onde buscar o conceito fundamental de direito*: no sistema de relações concretas ou no domínio abstrato, ou seja, na norma escrita ou na representação não escrita do direito, a justiça, ou seja, a ideologia. Eu respondo: *no sistema de relações concretas*. Mas faço uma ressalva: se falamos do sistema e do ordenamento das relações e de sua proteção pelo poder organizado, fica claro para qualquer um que *também consideramos as formas abstratas e sua influência na forma concreta*.

Comparando-se citações isoladas de Marx, podemos encontrar, num primeiro olhar, determinadas contradições ou, como se diz, um determinado tributo à terminologia de seus professores, mas hoje me parece que essa contradição aparente advém da complexidade

---

M. A. Reisner no curso avançado da Academia do Estado-Maior Geral do Exército Vermelho de Operários e Camponeses no ano letivo de 1918-1919], Editora da Academia do Estado-Maior Geral do Exército Vermelho de Operários e Camponeses, 1920, p. 95): "vê-se aqui que é possível construir sobre *a base econômica* não um andar, mas *alguns andares*, o que confirma a teoria do marxismo (?): uma vez estabelecida, a ideologia pode *sempre dar origem a uma nova* ideologia, *a superestruturas ideológicas*, e assim a construção pode ser extraordinariamente alta. Por exemplo, no campo do direito, se comparamos *superestruturas isoladas* (e há uma montanha delas! P. Stutchka), veremos que ele pode ter *vários andares*: embaixo, a base econômica, *imediatamente* sobre a base econômica estará adjunto aquilo que definimos pela palavra *direito de propriedade*, *direito privado* – esta é a primeira superestrutura. O segundo andar é o direito político, de Estado. Acima dele, a '*mística*'" (aquilo que os alemães chamam de "*Oberstübchen*"? P. Stutchka) etc. Em resumo, um exemplo de como não se deve vulgarizar Marx.

CAPÍTULO V – DIREITO COMO SISTEMA DE RELAÇÕES SOCIAIS

do sistema que representa o direito em *seus três tipos de formas* realmente existentes e não imaginárias, das quais uma é a concreta e duas são abstratas. Essas diferenças das formas jurídicas já estão claramente delineadas em Marx.

Em seu trabalho fundamental O *Capital*, K. Marx encara o processo de troca de materiais da época capitalista, em seu lado econômico, como um movimento de categorias abstratas: mercadoria, dinheiro, capital, força de trabalho, terra etc. Por outro lado, não se esquece nem por um momento de que cada uma dessas categorias abstratas tem, ao mesmo tempo, o seu representante personificado, que as relações entre as *coisas* são, de fato, relações entre pessoas; além disso, são justamente relações volitivas e, como tais, são, ao mesmo tempo, também relações jurídicas. A passagem tão citada contra mim nos últimos tempos por diferentes adeptos das teorias volitivas, porém, não compreendidas por eles, prova-o de modo bastante destacado:

> As mercadorias não podem ir por si mesmas ao mercado e trocar-se umas pelas outras. (...) Para relacionar essas coisas umas com as outras como mercadorias, seus guardiões têm de estabelecer relações uns com os outros como pessoas cuja vontade reside nessas coisas e que agir de modo tal que um só pode se apropriar da mercadoria alheia e alienar a sua própria mercadoria em concordância com a vontade do outro, portanto, por meio de um ato de vontade comum a ambos. Eles têm, portanto, de se reconhecer mutuamente como proprietários privados. Essa relação jurídica, cuja *forma é o contrato, seja ela legalmente desenvolvida ou não*, é uma *relação volitiva*, na qual se reflete a relação econômica (entre mercadorias – P. Stutchka). O conteúdo dessa relação jurídica ou volitiva é dado pela própria relação econômica. Aqui, as pessoas existem umas para as outras apenas como representantes da mercadoria e, por conseguinte, como possuidoras de mercadorias. (...) O possuidor de mercadorias se distingue de sua própria mercadoria pela circunstância de que, para ela,

o corpo de qualquer outra mercadoria conta apenas como forma de manifestação de seu próprio valor.[242]

Uma nota de rodapé[243] esclarece de vez a ideia de que *o conceito de direito deve ser derivado da própria relação social*, e não o contrário, ou seja, do conceito de justiça (ideologia), como o faz Proudhon. Leia-se, ao mesmo tempo, outra passagem: "a mediação (*Vermittlung*) *formal* da relação capitalista, o contrato entre trabalhador e capitalista (contrato pessoal de trabalho)".[244] E depois disso, leia-se, em seu "Prefácio" à *Crítica da economia política*, a célebre passagem de que as "relações de propriedade" não são "mais que a expressão jurídica" das "relações de produção". Tem-se aqui, diante de vocês, quase todo o direito burguês: direito de propriedade, contrato de

---

242 MARX, Karl. *O capital*: crítica da economia política – O processo de produção do capital. Trad. Rubens Enderle. São Paulo: Boitempo, livro I, 2013, pp. 159/160.

243 Eis a nota, cuja chamada na citação acima encontra-se depois de "relação econômica": "Proudhon cria seu ideal de justiça, a *justice éternelle* [justiça eterna] a partir das relações jurídicas correspondentes à produção de mercadorias, por meio do que, diga-se de passagem, também é fornecida a prova, consoladora para todos os filisteus, de que a forma da produção de mercadorias é tão eterna quanto a justiça. Então, em direção inversa, ele procura modelar de acordo com esse ideal a produção real de mercadorias e o direito real a que ele corresponde. O que se pensaria de um químico que, em vez de estudar as leis reais do metabolismo por meio das 'ideias eternas' da '*naturalité*' [naturalidade] e da '*affinité*' [afinidade]? Por acaso se sabe mais sobre um agiota quando se diz que ele contraria a '*justiça éternelle*', a '*équité éternelle*' [equidade eterna], a '*mutialité éternelle*' [mutualidade eterna] e outras '*verités éternelles*' [verdades eternas] do que os padres da Igreja o sabiam quando diziam que ele contradiz a '*grâce éternelle*' [graça eterna], a '*foi éternelle*' [fé eterna] e a '*volonté éternelle de Dieu*' [vontade eterna de Deus]?" (MARX, Karl. *O Capital*: crítica da economia política – O processo de produção do capital. Trad. Rubens Enderle. São Paulo: Boitempo, livro I, 2013, pp. 159/160). (N.E.B.)

244 MARX, Karl. *O Capital*: crítica da economia política – O processo de produção do capital. Trad. Rubens Enderle. São Paulo: Boitempo, livro I, 2013, p. 469.

CAPÍTULO V – DIREITO COMO SISTEMA DE RELAÇÕES SOCIAIS

compra e venda (de troca) e contrato pessoal de trabalho. Encontram-se, todavia, pessoas que descobrem na primeira das citações a oposição entre as relações econômica e volitiva ou jurídica. Nada disso. A última é a expressão jurídica, a realização formal da primeira, afirma o sentido de todas as três citações, e todas elas são relações volitivas.

Mas há ali *outra contraposição*: do ato volitivo ou jurídico, ou seja, *da forma concreta* da relação, e sua *forma legal ou abstrata* ("seja ela legalmente desenvolvida ou não"), e nessa contraposição é fundamental nos determos, como uma *marca característica de todas as relações jurídicas*. Tal contraposição encontra-se com frequência e em toda parte. O social-democrata de fama recente, professor Cunow, da Universidade de Berlim, escreve: "as relações de produção e as relações de propriedade não são, segundo Marx, relações paralelas nem absolutamente heterogêneas, mas, do ponto de vista do direito, as relações de produção são também relações de propriedade", e mais adiante ele distingue "ordem jurídica social" e "direito estatal codificado". Em outro autor, lemos sobre a diferença entre o *direito oficial, fixado nas leis*, e o *direito real, que funciona na vida*. Um terceiro fala em *direito proclamado "formalmente"*... e a regra jurídica que *"de fato" se aplica* etc.

Dessas duas formas, a *forma jurídica concreta* da relação coincide com a relação econômica, enquanto a *forma abstrata*, proclamada na lei, pode não coincidir, e com bastante frequência diverge significativamente dela. Mas, além disso, há ainda *uma terceira forma*, para usar a expressão popular de Petrazycki, *a forma "intuitiva"*. Essa *"vivência"* psíquica íntima, que se dá na cabeça de uma pessoa acerca dessa ou daquela relação social, a sua avaliação do ponto de vista da "justiça", "a consciência jurídica íntima", "o direito natural" etc., é, em outras palavras, a *ideologia*.

Essas três formas de realização das relações sociais no *início* da sociedade de classes são mais ou menos coincidentes. A produção em si ainda está fora de circulação. É a simples troca de produto por produto, mercadoria por mercadoria, serviço por serviço, *do ut des*, *facio ut des*, *do ut facias*, *facio ut facias* ("dou para que dês, faço para que dês, dou para que faças, faço para que faças"). Tal era o direito romano originário das obrigações na lei e na prática. Completa coincidência de todas as formas. E se saltamos dessas fórmulas simples do direito romano das obrigações à letra de câmbio, à hipoteca, às ações do mundo burguês, em que um simples cupom destacável dá direito a uma partícula "do sangue e do suor" do camponês e do operário (na forma da renda e do lucro), involuntariamente nos perguntaremos como isso pôde acontecer.

Mas, para um jurista de hoje em dia, tal condição é tão corriqueira, que ele, ao contrário, desse ato formal-abstrato (cheque, ações, cupom, recibo de penhor), deduz todas as suas relações jurídicas concretas. Para ele, um pedaço de papel, o texto de um artigo de lei ou sua interpretação (a "justiça" do tribunal) são tudo, enquanto as inter-relações humanas não são nada, são juridicamente "irrelevantes", ou seja, um fato "indiferente". Pego aleatoriamente um livreto sobre direito de um jurista contemporâneo, conhecido especialista em direito comercial e civil, o recém-falecido Chercheniévitch:[245] "o credor exige a dívida, porque existe a lei etc." Mas note que, para cada um de nós, parece que o credor exige a dívida, porque ele "deu" ou "fez" alguma coisa. Para o jurista contemporâneo, mesmo para um civilista, a "ideia da dívida" (e tal ideia existe!) está "acima da própria relação da dívida".

Dessa maneira, cada relação econômica, conquanto seja ao mesmo tempo jurídica (e não criminosa, ou simplesmente ilícita, ou seja, indiferente do ponto de vista jurídico), tem três formas: uma concreta (I) e duas abstratas (II e III). É claro que há uma influência mútua dessas formas e, na literatura, como vimos, há até uma luta sobre a primazia de uma delas. Nós reconhecemos a *primazia*

---

[245] Cf. o seu "Filosofia do direito" em CHERCHENIÉVITCH, Gabriel. *Общая теория права* [*Teoria geral do direito*]. Moscou: Editora dos Irmãos Bachmakov, 1912, p. 275.

CAPÍTULO V – DIREITO COMO SISTEMA DE RELAÇÕES SOCIAIS

incondicional e imediata da primeira. Ela influencia, por um lado, já como fato, e por outro, por meio do reflexo em ambas as formas abstratas. Mas em seu caráter *jurídico* depende das últimas, e a influência destas pode se revelar por vezes decisiva. Na teoria do materialismo histórico, essa questão também é expressa pelas palavras "base e superestrutura", mas sobre essa questão já me detive acima. Aqui apenas destaco mais uma vez que, de acordo com tudo o que foi dito, a primeira, ou a forma concreta da relação jurídica, relaciona-se com a base, o que, todavia, de modo algum quer dizer que se "define a base como superestrutura", mas apenas que se tenta interpretar corretamente o pensamento de Marx e Engels.

Mas falamos de *sistema de relações*. Isso significa que as relações sociais, para se tornarem jurídicas, devem ingressar e se integrar em um único sistema. Essas relações, antes de mais nada, vão se defrontar com uma série, talvez até um sistema inteiro, de relações, as quais já *não são* direito ou *ainda não são* direito. Tais sistemas, não jurídicos, talvez até criminosos, são absolutamente comuns em momentos de transição, como ainda veremos. No entanto, por enquanto, teremos que nos deter numa objeção professoral acerca da palavra "sistema". "É difícil deduzir o sentido atribuído pelo camarada Stutchka a esse conceito. Esperamos que ele não o compreenda como *a famigerada unidade do direito*, que é um *preconceito dominante entre a jurisprudência burguesa*" (Reisner). Pelo visto, não é fácil para o meu oponente distinguir o que é um preconceito burguês e o que é uma abordagem científica correta. Em vez de declarar a escola psicológica do direito como um preconceito burguês, como tal declara uma ideia que tanto Marx quanto Engels defenderam. Já citei Marx (*A miséria da filosofia*) no capítulo I,[246] aqui recorrerei a F. Engels. Em carta de 27 de outubro de 1890, Engels escreve:

> Dentro de um Estado moderno, o direito não deve apenas corresponder à situação econômica geral e constituir sua

---

246 Neste volume, p. 111. (N.E.B.)

expressão legítima; deve, além disso, ser uma expressão coerente em si mesma, e que *não se volte contra si mesma* através de contradições internas.[247]

No sistema de relações concretas, essa unidade, esse sistema, manifesta-se em parte devido ao curso do desenvolvimento econômico, em parte mediante a pressão exercida pelo poder da classe dominante de um dado tempo (não apenas por meio da lei, mas dos demais aparatos). Contudo, também a forma abstrata (II), por meio da codificação, da elucidação etc., manifesta uma tendência ao alinhamento em um sistema único particular. E não é à toa que Marx, em seus *Grundrisse* (cf. "Introdução"), escreve que "o ponto verdadeiramente difícil de discutir aqui é o de como as *relações de produção, como relações jurídicas*, têm um desenvolvimento desigual (...), por exemplo, a relação do direito privado romano (...) com a produção moderna".[248] Finalmente, também a forma "intuitiva", a ideologia, assume esse sistema integral. E, depois da formação desses três sistemas, os sistemas integrais influenciam-se mutuamente.[249] "Na *ideia*, ambos os tipos de direito (real e formal) buscam a completa e absoluta coincidência". Apenas na "ideia" é o bastante para a ciência burguesa. Realizar a unidade na vida por meio da ordem revolucionária: eis a palavra de ordem do proletariado.

Em cada um desses sistemas, a vontade desempenha um papel, mas em nenhum deles como vontade livre e livremente determinada.

---

247 ENGELS, Friedrich. "Engels a Schmidt (Londres, 27 de outubro de 1890)". *In*: MARX, Karl; ENGELS, Friedrich. *Obras escolhidas*. vol. 3. São Paulo: Alfa-Ômega, [s.d.], p. 289.

248 MARX, Karl. *Grundrisse – Manuscritos econômicos de 1857-1858*: esboços da crítica da economia política. Trad. Mario Duayer, Nélio Schneider, Alice Helga Werner e Rudiger Hoffman. São Paulo: Boitempo; Rio de Janeiro: UFRJ, 2011, p. 62.

249 No próximo capítulo [cf. pp. 209-232, capítulo VI, neste volume], veremos o exemplo da recepção, na adoção do sistema romano como um sistema novo e integral.

CAPÍTULO V – DIREITO COMO SISTEMA DE RELAÇÕES SOCIAIS

Na relação concreta, o caráter de classe decorre da própria distribuição dos meios de produção e, consequentemente, também da distribuição das pessoas em suas inter-relações. No segundo sistema (da lei), esse caráter de classe é atribuído pelo poder de classe do Estado. No terceiro, pela ideologia, pela consciência de classe. Em todos eles, em especial nos dois últimos, "o morto mantém o vivo".[250] Em cada uma das três formas, tem lugar a luta contra os sistemas de interesses que lhes são alheios, que ameaçam vencê-los. E é isto a luta de classes.

É extremamente interessante observar historicamente o desenvolvimento dos sistemas dessas três formas de relações, seguindo o mesmo esquema da história das próprias relações sociais (no capítulo II).[251] Para isso, falta-me aqui espaço. Darei somente uma breve e incompleta visão panorâmica, correndo o risco de cometer uma série de erros, mas importam não os detalhes, e sim o quadro completo.[252]

A Idade Média é o feudalismo. Trata-se de um sistema concreto integral; seria possível falar até de uma série de sistemas feudais; um sistema coerente e completamente concreto. A forma abstrata (II), ou seja, a lei, desenvolve-se pouco, embora já existissem sistemas legislativos conhecidos, porém, díspares.

Forma abstrata (III): uma ideologia feudal particular nesse período é quase ausente, se não considerarmos a interpretação eclesiástica

---

[250] Provável jogo de palavras de Stutchka aludindo ao direito de "saisine", de origem germânica, mas conhecido pela expressão francesa *le mort saisit le vif* ("o morto constitui o vivo" ou "o morto mantém o vivo"), utilizada no âmbito do direito das sucessões para indicar que o herdeiro do falecido adquire a propriedade de seus bens imediatamente após a morte do mesmo. (N.R.T.)

[251] Cf., neste volume, pp. 107-127 (capítulo II). (N.E.B.)

[252] Ofereci uma abordagem mais detalhada no relatório impresso STUTCHKA, Piotr. *Классовое государство и гражданское право* [*Estado de classe e direito civil*]. Moscou: Editora da Academia Socialista, 1924.

das teorias da antiguidade e a consciência do próprio punho. Mas, ao lado do sistema feudal, desenvolve-se *um novo sistema concreto*, por enquanto *ilegal*. Trata-se do capitalismo urbano. Sua forma II é a do direito romano adotado, enquanto a forma III é o direito natural e a filosofia (cf. adiante o capítulo VIII).[253] Com o crescimento do poder de classe dos capitalistas, o Estado faz concessões. Devido ao equilíbrio de poder das duas classes, o poder de Estado defende os interesses ora de uma, ora de outra classe em luta, então, viola os interesses de ambas, o que conduz à revolução. A burguesia já tinha prontas, no momento da revolução, a forma concreta madura e ambas as formas abstratas. A revolução transfere o poder de Estado para as mãos da burguesia, convertendo sua forma concreta (até então semilegal ou tolerada) em prevalecente, ou seja, dominante. A forma abstrata III (ideologia) converte-se na forma II (lei) e coincide com ela. Há uma forte tendência a coincidir com a forma I, cujo processo caminha gradualmente, à medida da vitória do capitalismo, que supera todos os demais sistemas de produção e até de relações individuais. Esse processo ocorre muito mais lentamente na Europa atrasada, exceto na Inglaterra e na França, onde prossegue ainda depois dos anos de 1840. Mas um quadro especialmente interessante se obtém na Rússia, onde, devido a um determinado equilíbrio das classes, a revolução burguesa se prolongou por cem anos, em que o velho décimo volume do Corpo de Leis[254] estava destinado a assumir o aspecto de um código civil paralelamente ao sistema feudal, e onde justamente o direito "intuitivo", a pura ideologia do direito, recebeu sua expressão teórica nos trabalhos do professor *Kadet* Petrazycki.

O período do *direito burguês* é o da sociedade puramente capitalista. O desejo incondicional de sua forma concreta, o capitalismo, é o de se tornar onicompreensivo, mas essa estrutura é caracterizada

---

253 Neste volume, pp. 269-283. (N.E.B.)

254 Referência ao *Свод законов Российской империи* [*Corpo de leis do Império Russo*]: código penal e civil da Rússia imperial, vigorou de 1835 até 1917. (N.T.)

CAPÍTULO V – DIREITO COMO SISTEMA DE RELAÇÕES SOCIAIS

intrinsecamente pelo dualismo, a hipocrisia. A burguesia tomou o poder em nome do povo, declarou o seu direito natural na ideia como sendo o direito positivo ideal de toda a humanidade. A Declaração dos Direitos do Homem e o *Code Civil* é *a implementação formal* de todo o *capitalismo* em seu conjunto. No início, a própria burguesia não estava consciente, mas, depois, começou a esconder conscientemente que o seu direito é apenas um direito de classe. Eis porque nessa época, por mais estranho que pareça, depois da vitória da burguesia, a forma concreta cada vez mais se diferencia da abstrata.

Mas e o proletariado? Que ele não pode, antes da revolução, criar as suas próprias relações sociais *proletárias* de forma concreta não há o que se provar. Afinal, implicaria a abolição da propriedade privada dos meios de produção. E estão profundamente errados os juristas de "esquerda" que afirmam que as vitórias do proletariado no campo da legislação trabalhista, bem como no terreno dos sindicatos e associações, seriam supostamente "pedaços de socialismo". As vitórias permanecem vitórias: elas dão novas forças ao proletariado, mas isso não é uma parte do socialismo, como não é uma parte do socialismo o capitalismo de Estado (ou, como até já se o denominou, socialismo de Estado), na medida em que *o poder do Estado* é da classe *dos capitalistas*. Uma conquista revolucionária como a jornada de trabalho de 8 horas é abolida tão logo deixe de ser "econômica", vantajosa para o capitalismo, devido à impossibilidade de levar a cabo uma nova revolução nos meios de produção.[255] Tão logo ameaça chegar ao poder, ainda que de uma ala moderada da classe operária representada por seus líderes socialistas, procede-se à *desnacionalização*.

Não se cria, é claro – e ainda em menor medida – a forma abstrata II, a lei. Mas e quanto à ideologia, a forma III? Não há elementos para a sua elaboração até a vitória da revolução, mesmo que seja em um só país. Pelo contrário, seus líderes governam

---

255 Cf. a ofensiva econômica de Ford.

justamente no terreno – consciente ou inconscientemente – da linha da traição, da conciliação. Adiante veremos pérolas dessa ideologia. E essa ideologia continua a arrastar para trás até depois da vitória do proletariado, como, por exemplo, no nosso caso.

As relações sociais na Rússia depois de Outubro de 1917 são bastante complexas. A propriedade privada dos meios de produção está sendo abolida na prática. Na produção, não há, ou quase não há, capitalismo privado, se não se considerar o campesinato. Mas a produção, e numa nova forma, é muito pouca; as forças produtivas estão adormecidas. Na esfera da troca, a tentativa de nacionalização plena fracassou; há uma rede enorme *de sistema especulativo*, por lei, criminoso, mas, na prática, organizado e extremamente forte. Na ideologia, o direito burguês "intuitivo" ou "natural" domina também a mentalidade do proletariado. Desse jugo, ele apenas começa a se libertar lentamente, não tanto graças a, mas contra a vontade de seu pensamento "jurídico". Não se toma consciência desse perigo enquanto o recuo econômico não revele demasiadamente a ideologia do "terceiro estado" e não conduza à explosão do elemento revolucionário. Em 1922, deu-se início também nesse *front* a uma luta específica, que recrudesce cada vez mais.

Está claro para todos que, caso a consciência de classe do trabalhador tivesse adquirido um conteúdo revolucionário ainda antes da revolução, essa luta "pelo direito" teria começado antes, de modo mais planejado. Isso porque, se houve um tempo em que os marxistas, por exemplo, na luta contra os *naródniki*,[256] tiveram que se deter, sobretudo, no aspecto econômico, agora, ao contrário, é preciso advertir contra o economismo puro e unilateral. Com muita frequência, observamos que a juventude que se apaixona pela doutrina de Marx e que, ao mesmo tempo, conduz uma luta de classes tensa no *front* civil em nome da revolução, em sua consciência, em

---

256 "*Naródniki*", ou os "populistas russos", são um grupo surgido na década de 1860 na Rússia, tendo como elemento central de sua ideologia, grosso modo, a aproximação da intelectualidade da vida do povo (*народ/narod*, em russo). (N.T.)

CAPÍTULO V – DIREITO COMO SISTEMA DE RELAÇÕES SOCIAIS

sua cabeça, não está organicamente conectada a essa teoria tecnicamente distinta, mas unitária, do desenvolvimento econômico e da luta de classes.

No presente momento, não são poucos os ex-marxistas que se encontram nas fileiras da burguesia. Desde 1917, na esteira de Kautsky, toda a burguesia avançada empreende uma luta contra o comunismo em nome da teoria econômica de Marx. Os Struves, Petrazyckis, Novgoródtsevs "anunciam de maneira correta" a teoria econômica de Marx, mas para provar que na Rússia (ou até na Alemanha) a revolução não está madura. O que isso prova? Isso prova que, até a revolução burguesa, a teoria econômica de Marx coincidia com os interesses da burguesia e que, consequentemente, o *economismo puro* é a teoria da revolução burguesa. Mas quando, hoje em dia, repetem essa mesma teoria diante dos comunistas e tentam na teoria *substituir a revolução pela evolução*, isto é, no mínimo, antirrevolucionário. Eis por que é preciso tratar com muita cautela frases do tipo: "o centro de gravidade da regulamentação jurídica está na proteção, *na defesa* das relações sociais *anteriormente existentes*" (ou seja, dos costumes? P. Stutchka), pois o "atraso do direito em relação à vida" deve ser considerado como o fenômeno mais característico. Daqui é um passo até a conclusão: "a propriedade *coletiva e individual* representa *apenas os polos extremos do desenvolvimento* das instituições jurídicas aqui referidas, entre as quais existe uma série de degraus intermediários".[257] Quer dizer: evolução e não revolução. Contra tais abordagens devemos protestar em nome do marxismo revolucionário.

Se entendemos o direito como um sistema de relações sociais sustentado pelo poder de classe, então, com a queda desse poder, cai também o sistema jurídico. A propriedade privada converte-se em propriedade de uma classe, ou seja, *é partilhada* entre toda a classe vitoriosa, por exemplo, o campesinato, ou *se nacionaliza*, ou seja, transforma-se em propriedade do Estado da classe vencedora, ou

---

[257] Cf. BERMAN, Iákov. "Экономия и гражданское право" ["Economia e direito civil"]. *Anais da Universidade Comunista Sverdlov*, Moscou, Universidade Comunista Sverdlov, nº 1, 1923.

seja, "a classe organizada em Estado". O futuro depende dos rumos futuros da luta de classes: a classe vencedora será bem-sucedida em conservar o poder, será bem-sucedida em organizar a produção dos meios de produção nacionalizados, dará conta da questão da distribuição etc.? Em todo caso, o salto, ou seja, a revolução está aí. A derrota da classe vencedora seria um salto para trás, ou seja, uma contrarrevolução. As teorias conciliatórias burguesas simplesmente negam nossa revolução, escrevem, em geral, sobre "o que *restará* do nosso direito depois do caos temporário". Essa é uma teoria diametralmente oposta à nossa, para a qual não há conciliação.

Baseamos nossa teoria revolucionária no fato de que o desenvolvimento econômico caminha aos saltos, mas também o do direito, ou seja, por meio da revolução e não da evolução. É claro que um salto como esse é possível apenas em uma "revolução madura". Mas uma revolução não madura não vence; e se vencesse, também fracassaria rapidamente. Outra medida, ou outro atestado, de maturidade da revolução não existe.

Assim, vimos como as relações jurídicas são complexas em sua forma tripla. Mas acredito que tudo o que foi dito nos dá a possibilidade de resolver completamente, de maneira objetiva, a questão de onde buscar o elemento objetivo do direito, a saber: nas relações concretas, e não em seus reflexos diretos ou indiretos. Pego, aleatoriamente, da literatura russa, um estudioso do século passado, o professor Korkunov e leio:

> Se assumirmos como base do estudo dos direitos não as normas jurídicas (...), mas *as relações jurídicas, obtém-se conclusões mais sólidas e estáveis* (...). Por isso, para a estruturação de um sistema, é necessário voltar-se ao estudo das relações jurídicas. Apenas o estudo das relações jurídicas, e não a interpretação de decretos legislativos isolados, fornece o sentido sistemático e em termos gerais do direito, o sentido científico.[258]

---

[258] KORKUNOV, Nikolai. *Лекции по общей теории права* [*Palestras sobre teoria geral do direito*]. São Petersburgo: Loja N. K. Martínov, 1909, p. 348.

CAPÍTULO V – DIREITO COMO SISTEMA DE RELAÇÕES SOCIAIS

Assim argumentava um estudioso de tendência reacionária, em termos políticos, mas dos velhos tempos. Compare-se as suas palavras com as de um estudioso "moderno" do tipo do *Kadet* Petrazycki:

> O método introspectivo, o *autoconhecimento* simples e experimental, é não apenas o *único* meio de observação e *de conhecimento direto* e fidedigno *do estudo dos fenômenos jurídicos*, mas, ainda, é um meio *sem o qual*, em geral, exclui-se *toda possibilidade de qualquer conhecimento dos fenômenos jurídicos*.[259]

Onde buscar, então, o objeto de estudo do direito? No sistema das relações sociais ou na "alma" de um filisteu "normal", porquanto *Kadet*? Petrazycki denomina seu método de método psicológico. O camarada A. [Arkádi] Timiriázev caracteriza muito bem essa ciência quando diz: "anos do velho trabalho experimental pelo método de I. [Ivan] P. [Petróvitch] Pávlov ofereceram incomparavelmente mais do que o século de *palavrório* contínuo *de psicólogos que se apoiam em auto-observações desprovidas de qualquer solo científico*".[260]

Na ciência do direito, e na literatura em geral, ainda recentemente, e até hoje em dia, domina a "ideologia". É conhecido como Engels encarava a assim chamada ideologia. Ainda em seu *Anti-Dühring* escreveu sobre o "velho e apreciado método ideológico, em outras partes também chamado apriorístico, de identificar as propriedades de um objeto não a partir do *próprio* objeto, mas de derivá-las argumentativamente do conceito de objeto. Primeiro, formula-se, a partir do objeto, o conceito do objeto; em seguida, inverte-se tudo

---

[259] PETRAZYCKI, Lev. *Введение в изучение права и нравственности основы эмоциональной психологии* [*Introdução ao estudo do direito e da moralidade baseado na psicologia emocional*]. São Petersburgo: Tipografia Iu. N. Erlikh, 1908, p. 33. (N.E.B.)

[260] TIMIRIÁZEV, Arkádi. *Наука в Советской России (за 5 лет)* [Ciência na Rússia Soviética (aos 5 anos)]. *Krásnaia Nov* [*Terra Virgem Vermelha*], Moscou, 1922.

e mede-se o objeto por seu retrato, pelo conceito"[261] etc. E eu fui acusado de basear a definição de direito não a partir da ideologia, mas da própria coisa, ou seja, das próprias relações sociais. É claro que não negamos nem a influência da ideologia, nem da tradição, nem de outros resquícios; do contrário, não lutaríamos contra semelhantes ideologias. Mas se, contra Engels do *Anti-Dühring*, enfocam o velho Engels, suas correspondências dos anos de 1890, então, tomo a liberdade de recorrer ao mesmo [Vladímir] Adorátski[262] para citar a carta de Engels de 14 de julho de 1893:

> A ideologia é um processo que o chamado pensador realiza conscientemente, é verdade, *mas levado por uma consciência falsa. As verdadeiras forças propulsoras* que o põem em movimento *permanecem ocultas para ele*; se não fosse assim, *não se trataria de um processo ideológico*. (...) Como se trata de um processo intelectual, seu conteúdo e sua forma são deduzidos do pensamento puro – seja do próprio pensador, seja de seus predecessores. (...) É essa aparência de uma história independente das constituições políticas, dos sistemas jurídicos e dos conceitos ideológicos, em cada campo específico de investigação, que *cega e fascina a maioria dos homens*.[263]

Agora que já conhecemos parte das forças motrizes, que sobrevivemos à maior revolução do mundo, está tarde demais para alimentar velhas fábulas. Mas, à medida que se toma conhecimento das forças

---

261 ENGELS, Friedrich. *Anti-Dühring*: a revolução da ciência segundo o senhor Eugen Dühring. Trad. Nélio Schneider. São Paulo: Boitempo, 2015, p. 127. (N.E.B.)

262 ADORÁTSKI, Vladímir. *Программа по основным вопросам марксизма. Пособие для студентов и для кружков повышенного типа* [*Programa sobre as questões fundamentais do marxismo*. Manual para estudantes e para os círculos de tipo avançado]. Moscou: *Krásnaia Nov* [*Terra Virgem Vermelha*], 1922.

263 ENGELS, Friedrich. "Engels a Mehring (Londres, 14 de julho de 1893)". *In*: MARX, Karl; ENGELS, Friedrich. *Obras escolhidas*. vol. 3. São Paulo: Alfa-Ômega, [s.d.], p. 293. (N.E.B.)

CAPÍTULO V – DIREITO COMO SISTEMA DE RELAÇÕES SOCIAIS

motrizes, essa ideologia (no sentido anterior) desaparece. Não deixamos de incinerar nenhuma das velhas leis; já é hora de fazer o mesmo com a velha teoria do direito. Eis por que devemos convocar a ir adiante *na luta por um novo sistema de relações sociais* segundo os interesses da classe trabalhadora, em vez da velha "ideologia" superada, vencida.

No início, pois, a forma concreta das relações sociais coincidia mais ou menos com a forma abstrata. Por meio da revolução, ao se desenvolver de maneira dialética, as relações de produção na forma concreta afastaram-se muito da forma abstrata. A última revolução, a proletária, avança, e as formas concretas e abstratas das relações sociais de novo se aproximam, pois a última baseia-se cada vez mais nas leis do desenvolvimento da sociedade descobertas pela humanidade. Aproxima-se o tempo de uma liberdade real, e não imaginária, em que a pessoa poderá propor, de fato, os seus objetivos livremente, pois o fará com a consciência da necessidade.

Ainda no *Anti-Dühring*, F. Engels diz que Hegel representou corretamente a relação entre liberdade e necessidade. Para Hegel, a liberdade é a compreensão da necessidade, pois *"cega a necessidade só é enquanto não é conceituada"*.[264] Isso quer dizer que, com uma compreensão mais correta das forças motrizes, nossa consciência jurídica (forma III) se aproximará cada vez mais das formas II e I. A completa coincidência leva ao "reino da liberdade" na prática, pois "a liberdade consiste (...) no domínio sobre nós mesmos e sobre a natureza exterior baseado no conhecimento das necessidades naturais; desse modo, é necessariamente um produto do desenvolvimento

---

264 HEGEL, Georg Wilhelm Friedrich. *Encyclopädie der philosophischen Wissenschaften im Grundrisse*: Die Logik. vol. I. Berlim: Leopold von Henning, 1840, p. 294 [HEGEL, Georg Wilhelm Friedrich. *Enciclopédia das ciências filosóficas em compêndio*: ciência da lógica. Trad. Paulo Meneses e José Nogueira Machado. vol. I. São Paulo: Loyola, 1995, p. 275]. *In*: ENGELS, Friedrich. *Anti-Dühring*: a revolução da ciência segundo o senhor Eugen Dühring. Trad. Nélio Schneider. São Paulo: Boitempo, 2015, p. 145. (N.E.B.)

histórico".[265] Esse momento coincide com o momento do completo definhamento e morte do direito, bem como do Estado...

Considerar o direito contrarrevolucionário, na melhor das hipóteses um elemento antirrevolucionário, como uma força da inércia que retarda qualquer revolução, era algo universalmente admitido entre nós. Aquele que vê apenas *no costume o elemento fundamental do direito* não pode refletir de outro modo. Não nego a importância dessa característica para o direito classista de uma classe deposta, recuada. Mas, na prática, *sempre* surge um *novo* direito *mediante a revolução*, ele é um dos meios para a realização organizada de qualquer revolução, a saber: para a *reorganização* das relações sociais segundo os *interesses da classe vencedora*. Foi para prová-lo que me lancei à escrita deste livreto, e a esse fim se dedica especialmente o próximo capítulo.

---

265 ENGELS, Friedrich. *Anti-Dühring*: a revolução da ciência segundo o senhor Eugen Dühring. Trad. Nélio Schneider. São Paulo: Boitempo, 2015, p. 146. (N.E.B.)

CAPÍTULO VI

DIREITO E REVOLUÇÃO

"A revolução não tem nada em comum com o ponto de vista do direito; do ponto de vista do direito, qualquer revolução está sujeita simplesmente a uma condenação incondicional".[266]

De fato, a revolução foi definida pelos luminares científicos da comissão editorial do *Código Penal* do regime tsarista como "a derrubada criminosa da estrutura social e estatal". E eles não criaram essa definição: ela é resultado de um trabalho secular da ciência burguesa do direito. Por isso, não há nada mais ridículo do que o comportamento de um jurista da velha (e talvez de qualquer outra) escola no momento da revolução.

Mantiveram-se mais livres os líderes da Grande Revolução Francesa, por maior que fosse o amor deles pelas formas da antiga República de Roma. Em seu notável discurso pela condenação à morte de Luís XVI, Robespierre exprime de modo simples e direto

---

266 IHERING, Rudolf von. *Der Zweck im Recht* [*A finalidade do direito*]. 2 vols. Leipzig (Alemanha): Breitkopf & Härtel, 1877-1883. [IHERING, Rudolf von. *A finalidade do direito*. 2 vols. Trad. José Antônio Faria Correa. Rio de Janeiro: Rio, 1979].

suas ideias demasiado ousadas 125 anos depois até para alguns "marxistas" da Revolução Russa. Disse Robespierre:

> A Assembleia foi arrastada, à sua revelia, para longe da verdadeira questão. Aqui não há processo a mover. Luís não é um acusado; vós não sois juízes; não sois, nem podeis ser, senão homens de Estado, e representantes da Nação. Não tendes uma sentença a pronunciar a favor de um homem ou contra ele; mas uma medida de salvação pública a tomar, um ato de providência nacional a exercer. (...) Luís não pode ser julgado; já foi julgado. Está condenado, ou a República não está absolvida. Propor o processo de Luís XVI, seja da maneira que for, é retroceder ao despotismo real e constitucional; é uma ideia contrarrevolucionária; pois é colocar a própria Revolução em litígio. (...) Os povos não julgam como as cortes judiciárias; não pronunciam sentenças; fulminam; não condenam os reis, mergulham-nos de novo no nada; e essa justiça bem vale a dos tribunais.[267]

Como, depois disso, são vergonhosamente ridículas as tentativas do governo Lvov-Miliukov-Kérenski entre nós, ou Ebert--Scheidemann-Haase, na Alemanha, ao se fazer uma revolução, de conservar a ingenuidade jurídica. Assim, [Aleksandr] Kérenski, após sua nomeação como ministro revolucionário da justiça, propôs comunicar a anistia por ele mesmo promulgada ao seu camarada de ministério, *que tinha mandato de Nicolau II*, pois temia a "consciência jurídica" contrarrevolucionária de seus procuradores "revolucionários". O príncipe [Gueórgui] Lvov é, "perante o povo", representante do conselho de ministros por decreto de Nicolau II, assinado por este antes da abdicação "voluntária". Entretanto, também a derrubada de Nicolau II e a nomeação do governo provisório

---

[267] ROBESPIERRE, Maximilien de. *Discursos e relatórios na Convenção*. Trad. Maria Helena Franco Martins. Rio de Janeiro: EDUERJ; Contraponto, 1999, pp. 55, 56 e 58.

CAPÍTULO VI – DIREITO E REVOLUÇÃO

de Lvov-Miliukov-Kérenski e companhia partiram unicamente do poder de fato do comitê executivo de Leningrado [São Petersburgo].

E, quando em 9 de novembro de 1918, depois da revolução alemã, em nome do Conselho de Deputados Operários e Soldados, [Friedrich] Ebert foi ao vice-chanceler [Friedrich] von Payer com o comunicado de que ele era o representante do governo revolucionário, sendo ao mesmo tempo proposto o ex-chanceler Max von Baden para a chancelaria do Estado, à pergunta de von Payer se ele, Ebert, estaria exigindo a transferência do poder com base na Constituição ou por ordem do Conselho de Deputados Operários e Soldados, Ebert respondeu a von Payer com as palavras de um sábio diplomata: "nos limites (?) (*im Rahmen*) da Constituição Imperial (!)", e depois de uma breve reunião, o gabinete dos ministros guilherminos decidiu: "levando em conta que o exército perdeu (*Abfall*) a administração (*Wahrnehmung*), mais precisamente, a administração sem a instrução do chanceler de Estado, transfere-se a Ebert, sob a condição (*Vorbebaltlich*) de que ele obtenha um consentimento *legal*".[268] Finalmente, lembro-me da seguinte passagem do protocolo judicial do caso sobre a farsa de [Wolfgang] Kapp no levante da primavera de 1920: "quando Kapp foi ter com o vice-chanceler de Estado [Eugen] Schiffer, deixado aqui pelo governo Ebert-Scheidemann, que fugiu de Berlim vergonhosamente e sem combate, para que o poder fosse entregue a Kapp, que exigiu que o poder lhe fosse transferido, Schiffer afirmou que não deixaria seu posto de vice-chanceler de Estado. Quando Kapp observou: 'nesse caso, usaremos a força', como

---

268 Relato de W. Jellinek, o filho, em JELLINEK, Walter (filho). "Revolution und Reichsverfassung: Bericht über die Zeit vom 9 November 1918 bis zum 31 Dezember 1919" ["Revolução e Constituição imperial: relatório sobre o período de 9 de novembro de 1918 a 31 de dezembro de 1919"]. *Jahrbuch des Öffentlichen Rechts der Gegenwart* [*Anuário de direito público contemporâneo*], Tübingen (Alemanha), J. C. B. Mohr, nº 9, 1920, pp. 1-128, ao qual Jellinek, em tom malicioso, citando como fonte uma carta de Haussmann, acrescenta: "depois disso, Ebert e Scheidemann partiram daqui para o bufê do Reichstag para petiscar (*zum lmbiss*)".

resposta a essas palavras, Schiffer referiu-se à sua 'situação *legal*', então, esse último recebeu uma réplica bastante séria do ex-chefe de polícia [Gottlieb] von Jagow ali presente: 'sobre que *direito* você fala depois do 9 de novembro de 1918?' E a Schiffer só restou murmurar: 'a história mostrará se nossa revolução é *criadora do direito* (!) ou não (*rechtsbildend oder nicht*)'. 'Eu só me rendo pela força'".

E imediatamente entregou o poder de acordo com as instruções que já trazia no bolso.

O próprio professor burguês W. Jellinek, que comunica a conversa de Ebert, não se absteve da observação irônica de que Ebert se encontrava, em 9 de novembro de 1918, em uma relação de equívoco jurídico, pois o próprio Max von Baden não tinha nenhum *direito* de nomear um sucessor para si. Mas Nicolau II, Guilherme e todos os demais "reis no exílio" podem provar com segurança que, segundo as leis civis de todos os países do mundo, qualquer abdicação realizada sob coerção é inválida, talvez com exceção apenas do "direito" internacional, em que as assinaturas se dão quase sempre por pressão de uma força maior.

Muito mais honesto se mostra um professor fiel como Ihering quando continua a passagem citada no início do presente capítulo:[269]

---

[269] IHERING, Rudolf von. *Der Zweck im Recht* [*A finalidade do direito*]. 2 vols. Leipzig (Alemanha): Breitkopf & Härtel, 1877-1883. [IHERING, Rudolf von. *A finalidade do direito*. 2 vols. Trad. José Antônio Faria Correa. Rio de Janeiro: Rio, 1979]. É interessante notar que esse direito à revolução foi apresentado pelos estudiosos pela primeira vez na guerra de 1914, no campo do direito internacional. Assim, P. [Paul] Eltzbacher (*Totes und Lebendes Völkerrecht* [*Direito internacional morto e vivo*]. München und Leipzig: Duncker & Humblot, 1916) parte do ponto de vista de que no campo do direito internacional a "revolução" é admissível, ou seja, a súbita declaração desse direito por aqueles que não têm força. E com relutância a esse fervoroso revolucionário imperialista apenas o não menos patriota professor Laband objeta que também tal revolução não é admissível: *pacta sunt servanda* [os pactos devem ser cumpridos], mas são possíveis "elucidações" desses acordos.

CAPÍTULO VI – DIREITO E REVOLUÇÃO

"na verdade, se tal ponto de vista fosse a última palavra da ciência, então, a sentença sobre qualquer revolução estaria pronta (...), mas, em determinados casos, *a força sacrifica o direito* e salva a vida (...), e a sentença da história permanece definitiva e decisiva". No fim das contas, claro, também essa reflexão de Ihering, por mais revolucionária que soe, representa no presente caso apenas uma fraseologia vazia. Mas Robespierre, naquele mesmo discurso – dirão –, referiu-se com eloquência às palavras do "contrato social": "quando uma nação foi forçada a recorrer ao direito de insurreição, volta ao estado natural com relação ao tirano".[270] Tais belas frases hoje em dia, depois de 125 anos de "liberdades burguesas", até na França, soariam ingenuamente infantis. Mas o que dizer dos nossos revolucionários burgueses de Leningrado [São Petersburgo] e de Berlim, se seu direito natural eles obtêm dos *Kadets* e dos oficiais liberais do tipo de um Petrazycki ou Stammler, os quais, brincando de chapéu de mágico ou de política de avestruz, simplesmente declaram que a lei que não corresponde ao seu direito interno natural, tanto faz se "correto" ou "intuitivo", "não existe socialmente", é somente uma ilusão?Em qualquer caso, aquilo que, talvez, fosse um gesto magnífico ou surpreendente, quando em 1776, na América do Norte, ou em 1789 e 1793, em Paris, os povos insurgentes proclamaram *o seu direito inalienável à revolução*, agora, perdeu tanto o brilho quanto a fé. E nesse terreno, hoje em dia, cria-se apenas um jogo de palavras eloquente, do tipo "a vitória da força sem direito sobre o direito sem força" etc. Porém, não apenas antes da Revolução de 1917, mas ainda hoje, floresce de maneira suntuosa a tendência do "socialismo jurídico", que separa a revolução *social* da revolução política e que prova que a revolução social é um simples "processo jurídico". "Governar com a força", mas "roubar, apenas de acordo com a lei".

---

[270] ROBESPIERRE, Maximilien de. *Discursos e relatórios na Convenção.* Trad. Maria Helena Franco Martins. Rio de Janeiro: EDUERJ; Contraponto, 1999, p. 57. (N.E.B.)

PIOTR STUTCHKA

O representante mais eminente desse "socialismo jurídico" na ciência burguesa era o professor vienense Anton Menger, dono de grande fama de socialista entre os juristas e de jurista entre os socialistas. E, de fato, todos os socialistas que se ocuparam das questões jurídicas seguiram mais ou menos os passos dele. Mas se Menger, como professor burguês, ainda assim desempenhou um grande papel e merece uma atenção séria, seus seguidores socialistas são absolutamente incolores, cujas ousadas teorias, sem exceção (por exemplo, tanto o artigo de [Jean] Jaurès quanto os trabalhos do ex-chanceler austríaco do Reich Karner-Renner), reduzem-se ao *"frisch-fromm-fröhlich-freie Hineinwachsen des alten Staates in die Sozialistische Gesellschaft"* (o crescimento despreocupado do velho Estado na sociedade socialista). Aparentemente, Engels, em seguida, avaliou todo o perigo dessa tendência para a revolução proletária,[271] pois a propósito de um dos primeiros trabalhos de Menger, se não

---

271 "Alguns deles vão ainda mais longe, quando afirmam: 'o socialismo será necessariamente um socialismo jurídico ou não será' (LASKINE, Edmond. "Die Entwicklung des juristischen Sozialismus" ["O desenvolvimento do socialismo jurídico"]. *Archiv für die Geschichte des Sozialismus und der Arbeiterbewegung*: In Verbindung mit einer Reihe namhafter Fachmänner aller Länder, herausgegeben von Carl Grünberg [*Arquivo para a história do socialismo e do movimento operário*: em conjunto com vários especialistas conhecidos de todos os países, editado por Carl Grünberg], Leipzig, Verlag von C. L. Hirschfeld, nº 3, 1913, pp. 17-70). Adler denomina de socialistas aquelas doutrinas que pretendem eliminar a pobreza (*d. Elends*) com a ajuda de uma reforma do direito. O próprio professor A. Menger se opôs a tais abordagens extremamente oportunistas dos socialistas: "contudo, essa visão de que o direito representa um desenvolvimento lento e gradual (*allmählige Entwickelunk*) é desmentida por aquelas insurgências radicais, as quais levaram à recepção, a adoção do direito romano no fim da Idade Média e a passagem aos ordenamentos constitucionais ingleses, bem como o direito civil, penal, processual e administrativo dos franceses, no século passado (ou seja, o XIX)" (MENGER, Anton. *Die neue Staatslehre* [*A nova doutrina do Estado*]. Jena: Gustav Fischer, 1902).

CAPÍTULO VI – DIREITO E REVOLUÇÃO

o primeiro, escreveu no *Neue Zeit*, em 1887, (com Kautsky) um editorial contra o *"Juristen Sozialismus"*:[272]

> A bandeira religiosa tremulou pela última vez na Inglaterra no século XVII, e menos de cinquenta anos mais tarde aparecia na França, sem disfarces, a nova concepção de mundo, fadada a se tornar *clássica para a burguesia, a concepção jurídica de mundo* [cosmovisão jurídica]. Tratava-se da secularização da visão teológica. O dogma e o direito divino eram substituídos pelo direito humano, e a Igreja pelo Estado.[273] [274]

E depois dessa crítica de Engels, Menger simplesmente continua a expressar perplexidade do porquê Marx era tão hostilmente disposto contra os juristas, e tenta explicar a hostilidade dele em relação à jurisprudência devido ao fato de que ele a ouvira na universidade, sob coerção paterna.

Dito propriamente, o assim chamado "democratismo" social em sua forma contemporânea, como um meio *pacífico* de revolução social,[275] é apenas uma simples variação desse "socialismo jurídico".

---

272 A expressão *"Juristen Sozialismus"*, que dá título ao texto de Engels com Kautsky, poderia ser traduzida como "Socialismo de juristas", mas sua versão mais corrente no Brasil é "Socialismo jurídico", tal como se encontra na seguinte edição: ENGELS, Friedrich; KAUTSKY, Karl. *O socialismo jurídico*. Trad. Lívia Cotrim e Márcio Bilharinho Naves. São Paulo: Boitempo, 2012. (N.R.T.)

273 Um dos mais recentes "juristas socialistas" franceses, [Emmanuel] Lévy assim escreve: "a convicção jurídica cria o *direito*, o qual, desse modo, consiste *no parentesco com a religião*, graças à *fé social*, que constitui a sua base".

274 ENGELS, Friedrich; KAUTSKY, Karl. *O socialismo jurídico*. Trad. Lívia Cotrim e Márcio Bilharinho Naves. São Paulo: Boitempo, 2012, p. 18. (N.E.B.)

275 Como se sabe, Menger criou todo um sistema de "Estado completamente popular" (*colkstümlicher Arbeitsstaat*), ou seja, "socialista". Para sua caracterização, remeto aqui somente a uma passagem: "se o proletariado alemão, o que é bem provável em se tratando dos povos

Ele vai mais longe e considera até mesmo conquistar *o poder político* por meio de simples eleições. Mas a essa questão teremos que voltar no estudo geral sobre o Estado.

O que, em realidade, a "ciência do direito" poderia oferecer à questão da revolução, se não assume, de maneira corajosa e aberta, o ponto de vista de classe? Como ela poderia explicar de outro modo esse dualismo objetivo entre o direito "positivo" vigente da classe dos opressores e a consciência "revolucionária negativa" da classe, hoje, oprimida? Apenas assumindo o ponto de vista revolucionário e de classe, adentramos também aqui num terreno real, objetivo, em relação ao direito futuro, ou seja, àquela justiça da qual nos velhos tempos se ocuparam os estudiosos da filosofia do direito. E somente nessas condições nossos olhos se abrem para a própria essência *de qualquer* direito *novo* como um *fator revolucionário*. Isso porque, não obstante as nossas antipatias internas para com a instituição da propriedade privada, não obstante nossa luta irreconciliável contra a classe dos capitalistas, e ainda em maior medida contra os senhores feudais proprietários de terras, devemos reconhecer que as reviravoltas que estabeleceram a propriedade privada, em geral, e a feudal e a capitalista, em particular, foram revoluções historicamente necessárias.[276] Partindo, finalmente, de nosso ponto de vista da luta

---

alemães, na introdução do Estado nacional do trabalho, expressar seu acordo com a manutenção da monarquia, isso poderia ocorrer apenas sob determinadas condições: a condição mais importante, em qualquer caso, seria a de que as classes pobres *da corte*, das tropas e do funcionalismo desempenhassem um papel decisivo". Não teria saído daqui a ideia de Kautsky em seu trabalho de que a ditadura do proletariado na Rússia seria, na realidade, uma aristocracia de operários, ou seja, por assim dizer, "uma nobreza operária"?

276 Engels escreve (no *Anti-Dühring*): "jamais devemos esquecer que todo o nosso desenvolvimento econômico, político e intelectual tem como pressuposto um estado em que a escravidão era tão necessária quanto universalmente reconhecida" [ENGELS, Friedrich. *Anti-Dühring*: a revolução da ciência segundo o senhor Eugen Dühring. Trad. Nélio Schneider. São Paulo: Boitempo, 2015, p. 209 – N.E.B.].

CAPÍTULO VI – DIREITO E REVOLUÇÃO

de classes, segundo o qual a classe dos capitalistas, apesar de toda a sua intransigência, ainda assim está interessada na existência do proletariado, e até *não pode desejar* seu completo aniquilamento; já o proletariado, por sua vez, conduz e deve conduzir sua luta para o completo aniquilamento da classe dos capitalistas e proprietários de terras, entenderemos também o próprio caráter do direito burguês, como a instituição do *dualismo* interno, *da hipocrisia*, *da ilusão e da reticência*. E apenas em tais condições poderemos falar, em geral, do direito como de uma ciência. E isso é necessário tendo em vista o enorme papel que cabe ao direito *em todas as épocas de transição* como "locomotiva da história". Aqui vemos de fato os momentos de coincidência do próprio processo de desenvolvimento com o processo jurídico, mas de modo algum no sentido da conciliação, e sim no sentido positivamente revolucionário (ou, ao contrário, temporariamente contrarrevolucionário). Em tais momentos e em tal sentido, podemos falar na relação *Direito-Revolução*.

Seria, é claro, extremamente leviano acreditar em todas as lendas e hipóteses que contam como, nos velhos tempos, os antigos e sábios legisladores, por si mesmos ou através das palavras de seu deus protetor, esboçaram nas leis o sistema ideal para seu povo. Pelo contrário, mesmo todas as tradições populares de como foram criadas as leis e que não são passíveis de completa verificação, por exemplo, as *Doze Tábuas de Roma*, os *10 Mandamentos de Moisés* etc., têm sua publicação precedida ou acompanhada de motins populares ou golpes de Estado, os quais, em todas as partes e todas as vezes, se dão com uma solenidade especial de surgimento de um novo direito, com referência ao sobrenatural ou, pelo menos, a uma origem estrangeira. E uma coisa sempre foi indiscutível: tratou-se a cada vez de um novo ordenamento jurídico, de modo algum aceito por todos de boa vontade nem reconhecido unanimemente, pois é evidente o fato de que, em geral, não era registrado e, se era cumprido, isso ocorria simplesmente de modo instintivo ou por ter "se tornado proverbial" ou assumindo a forma de fé ou da superstição do costume.

Petrazycki, o "psicólogo" entre os juristas mais recentes, pronunciando-se contra a única coisa real que resta na ciência burguesa do direito, a saber, contra as relações jurídicas como inter-relações entre pessoas, coloca aos juristas uma tarefa insolúvel, a união do conceito de *"fato jurídico"* com o conceito de *"relação jurídica"*. Não nos cabe, claro, defender a "casta dos defensores", dos juristas, mas o próprio professor se confunde nos conceitos. Não podemos falar em fato jurídico, mas apenas na transformação do fato *social*, de uma relação social determinada em uma relação *jurídica*, ou seja, *em direito*. O próprio Petrazycki oferece exemplos eloquentes, como a coabitação matrimonial de fato que, no *decorrer de um ano*, segundo o direito romano, converte-se em um casamento legal, como a posse de fato que, no decorrer de um tempo determinado, transforma-se em propriedade etc., ou seja, como o fato social que, com determinada quantidade de relações, converte-se em direito. O que seria isso se não aquela mesma velha observação já feita por Hegel, de que mudanças quantitativas, acumulando-se gradualmente, conduzem, finalmente, a mudanças de qualidade, e que essas mudanças de qualidade representam um momento de salto, de quebra da gradualidade?

E essa ideia, aplicada ao direito, K. Marx ilustra de maneira brilhante no volume 1 de *O Capital*, ao tratar da legislação trabalhista. Mostra como tentativas isoladas de redução da jornada de trabalho preparam o terreno para a conversão desse fato em direito, que se espalha como ordem legiferante em uma produção depois da outra, e nota como uma medida especialmente revolucionária a sua instalação em toda a indústria de um dado país (num continente) em geral.[277]

---

[277] Marx nota como e por que nessa luta os operários recebem apoio da ala progressista da classe dos capitalistas. A "economia" de altos salários e a redução da jornada de trabalho *não contradizem* os interesses da classe dos capitalistas como um todo.

CAPÍTULO VI – DIREITO E REVOLUÇÃO

A história da regulação da jornada de trabalho (...) provam palpavelmente que, quando o modo de produção capitalista atinge certo grau de amadurecimento, o trabalhador isolado (...) sucumbe a ele sem poder de resistência. A *criação de uma jornada normal* de trabalho é, por isso, o produto de uma longa e mais ou menos oculta *guerra civil* entre as classes capitalista e trabalhadora. (...) a luta teve início, no âmbito da indústria moderna (...), inicialmente, na pátria dessa indústria, a Inglaterra. Os trabalhadores fabris ingleses foram os paladinos não apenas da classe trabalhadora inglesa, mas da classe trabalhadora em geral, assim como seus teóricos foram os primeiros a desafiar a teoria do capital. (...) Temos de reconhecer que nosso trabalhador sai do processo de produção diferente de quando nele entrou. (...) No lugar do pomposo catálogo dos "direitos humanos inalienáveis", tem-se a modesta *Magna Charta* de uma jornada de trabalho legalmente limitada, que "afinal deixa claro quando acaba o tempo que o trabalhador vende e quando começa o tempo que lhe pertence". *Quantum mutatus ab illo* [Quanto se mudou do que era!].[278]

E adiante: "a legislação fabril, essa primeira reação consciente e planejada da sociedade à configuração natural-espontânea de seu processo de produção, é, como vimos, um produto tão necessário da grande indústria quanto o algodão, as *self-actors* e o telégrafo elétrico".[279] Transferindo essas conclusões a uma outra situação revolucionária, à qual hoje em dia não somos simpáticos, mas, ainda assim, é necessária, por exemplo, à época do nascimento da

---

[278] MARX, Karl. *O Capital*: crítica da economia política – O processo de produção do capital. Trad. Rubens Enderle. São Paulo: Boitempo, livro I, 2013 [Nota da tradução de Marx: VIRGÍLIO. *Eneida*. Trad. Carlos Alberto Nunes. São Paulo: Editora 34, 2014, livro 2, verso 274]. (N.E.B.)

[279] MARX, Karl. *O Capital*: crítica da economia política – O processo de produção do capital. Trad. Rubens Enderle. São Paulo: Boitempo, livro I, 2013, p. 551. (N.E.B.)

propriedade privada da terra, encontraremos também ali uma analogia perfeita, pois veremos que as normas jurídicas têm também ali o mesmo *significado revolucionário* que na legislação trabalhista, só que em outra direção.

Mas isso não é tudo. Ao examinar toda a história do direito, desde suas manifestações mais antigas até o presente, chegaremos à conclusão de que a primeira revolução fundamental na vida econômica da humanidade, segundo nossos dados, foi a transição do comunismo primitivo para a propriedade privada, como meio de exploração de uma pessoa por outra. Em seguida, vemos uma série de golpes revolucionários, cujo resultado é a mudança da classe dos exploradores, a forma de exploração de uma pessoa por outra, mas a própria exploração permanece. É perfeitamente natural que o direito no qual se expressa a reviravolta fundamental da situação de comunismo para a situação de exploração de uma pessoa por outra, bem como o direito que, embora temporário, tem como objetivo a completa abolição de qualquer exploração em geral, sejam bastante diferentes das distintas transformações jurídicas que mudam apenas o meio e a forma de exploração. Peca por incompreensão dessa posição fundamental (não importa se consciente ou inconscientemente) qualquer compreensão jurídica conhecida, com exceção apenas da de Marx e Engels. A tarefa de meu breve ensaio reside em: revelar os principais traços dessa profunda diferença. E me parece que será suficiente uma rápida revisão do desenvolvimento do direito, no sentido que damos à palavra, para se convencer de seu caráter condicionalmente revolucionário e para esclarecer os fenômenos, à primeira vista bastante complexos, diante dos quais até agora estiveram paralisadas, por impotência ou por indesculpável indiferença, tanto a ciência burguesa quanto a crítica revolucionária.

Deixaremos de lado todos os embriões do direito do mundo antigo e nos voltaremos diretamente para a Roma Antiga,[280] essa

---

[280] Acabo de receber o trabalho de A. [Aleksandr] Tiuménev, que confirma completamente nossa visão da legislação de Sólon: "Sólon, talvez, não

CAPÍTULO VI – DIREITO E REVOLUÇÃO

fonte primária de amostras do direito da sociedade burguesa moderna. E aqui ouviremos, em primeiro lugar, a maior autoridade burguesa, o professor Ihering, já citado anteriormente. Esta talvez seja a figura mais marcante entre os juristas do século passado, ao menos no campo do direito romano. Conservador declarado em política, jurista que se coloca, em essência, do ponto de vista da classe da burguesia, dono de um estilo brilhante e, ao mesmo tempo, confuso em filosofia, fomentou uma revolução completa na ciência do direito, talvez, devido à sua incomum sinceridade para um jurista. Ele, claro, é contrário à anarquia, o que sugeriria que é contrário *também à revolução*. Mas, não, para ele, revolução não é sinônimo de anarquia, pois compreende "revolução não como uma negação de qualquer ordem, mas apenas da ordem existente". Ele se coloca do ponto de vista da doutrina de Darwin e acrescenta que suas pesquisas sobre a história do direito romano confirmaram em tudo as conclusões dessa doutrina, mas, ao mesmo tempo, introduz na doutrina de Darwin e no direito romano, como um pressuposto necessário, o pensamento religioso sobre Deus.[281] Desenha, de modo incomparável, o curso de emergência do direito no processo da luta,

---

possa ser considerado como um teórico decidido a criar um sistema social e político ideal. Era precisamente um político prático, agindo definidamente segundo os interesses de sua classe. Por isso sua atuação deve ser avaliada, antes de tudo, do ponto de vista da satisfação dos *interesses dessa classe*". Sua primeira medida foi a resolução das dívidas, ou seja, a eliminação das relações de escravidão (de servidão). No direito civil, seu principal objetivo era criar leis que correspondessem às novas relações de propriedade (a decomposição da propriedade gentílica) e a concessão de mais liberdade à iniciativa privada e *disposição privada* da propriedade" etc. (TIUMÉNEV, Aleksandr. "Очерки экономической и социальной истории Древней Греции" ["Ensaio de história econômica e social da Grécia Antiga"]. *In*: *Революция* [*Revolução*]. vol. 1. São Petersburgo: Editora do Estado, 1920, p. 67 e ss.).

281 "Na minha opinião, a aceitação de um objetivo colocado por Deus, ou seja, a existência no mundo da ideia divina de um objetivo, concorda plenamente com a definição da lei da causalidade" (IHERING, Rudolf von. *Der Zweck im Recht* [*A finalidade do direito*]. 2 vols. Leipzig: Breitkopf & Härtel, 1877-1883 [1905]. [IHERING, Rudolf von. *A*

PIOTR STUTCHKA

valendo-se de lendas da história antiga de Roma, complementadas por dados verificados com base em rico material jurídico. "Foram os ladrões e aventureiros, expulsos de seus próprios ambientes, apoiando-se exclusivamente no punho e na espada, que introduziram uma *ordem* originária na Roma Antiga". "O suor e o sangue humanos, *cujo cheiro envolve a gênese de qualquer direito*, comumente, cobertos com a auréola da origem divina. Em Roma, a situação já é outra. Os vestígios do suor e do sangue, as características dele (ou seja, do direito), aqui nenhum tempo foi capaz de destruir". Já em seu trabalho *Luta pelo direito*, escreve:

> uma luta que tenha persistido muitas vezes por mais de um século; e mais ainda quando os interesses se tenham revestido do caráter de direitos *adquiridos*. Então, há dois partidos em presença um do outro, levando cada um escrito em sua bandeira – santidade do direito. Um invoca a santidade do direito histórico, do direito do passado; e o outro a santidade do direito que se desenvolve e se renova continuamente, do direito primordial e eterno da humanidade em constante mudança (...). O direito é como Saturno devorando seus próprios filhos (...).[282] "O colapso das antigas normas jurídicas e o nascimento das novas custam à humanidade, não raro, rios de sangue".

Descarte-se a fraseologia sobre o direito sagrado e coloque-se em seu lugar *a luta de duas classes* pelo seu interesse vital no campo da produção de sua vida material: obtém-se um quadro bastante claro. E, evidentemente, não menos encarniçada foi a luta travada quando do *primeiro nascimento do novo direito em geral* no lugar do comunismo primitivo, como uma condição pré-jurídica. Falar dessa época que, nela, "a força regulatória era o costume, ou seja,

---

finalidade do direito. 2 vols. Trad. José Antônio Faria Correa. Rio de Janeiro: Rio, 1979]).

[282] IHERING, Rudolf von. *A luta pelo direito*. Trad. Sílvio Donizete Chagas. São Paulo: Acadêmica, 1993, pp. 20/21.

CAPÍTULO VI – DIREITO E REVOLUÇÃO

também um tipo de norma jurídica", significa apenas transportar para o tempo passado abordagens que lhe são estranhas, que são da burguesia contemporânea, para a qual a vida sem o direito – sem as normas, ou seja, sem, no final das contas, a propriedade privada – parece impensável.

O primeiro "corpo de leis", as assim chamadas *Doze tábuas de Roma*, foi composto, ou melhor, foi codificado não antes do século III e, talvez, até do século II anterior à nossa cronologia. "Esse direito do período *de transição*,[283] *jus civile*, pelo conteúdo, é o direito dos cidadãos-quirites, que não vigora antes dos séculos IV e V",[284] escreve outro proeminente autor do direito romano, o professor S. Múromtsev. O código em si não chegou até nós, e somente a partir de diferentes citações de juristas posteriores, é possível de algum modo restabelecer as partes mais importantes de seu conteúdo. Esse direito ainda

> respirava os princípios da arbitrariedade e da vingança (...). Nas instituições desse direito, está expresso um grau extraordinário de energia e potência pessoais. O próprio autor convoca e conduz ao tribunal (*in jus vocatio*), ele mesmo arrasta à servidão o devedor insolvente (*manus injectio*) ou captura os seus bens (*pignoris captio*). É o próprio proprietário que busca os seus bens (*vindicatio*); tudo isto dá razões para se afirmar que *a ideia de domínio* é especialmente peculiar ao direito quiritário.

Assim, a linguagem altamente figurativa do antigo direito romano é o que melhor denuncia a história de seu surgimento. Ao estudar as

---

[283] "A propriedade quirite segundo as *12 Tábuas* não era ainda uma autêntica propriedade em seu sentido posterior", escreve Khvostov (KHVOSTOV, Veniamin Mikháilovitch. *История римского права* [*História do direito romano*]. 7ª ed. Moscou: Editora Científica de Moscou, 1919).

[284] Cf. MÚROMTSEV, Serguei. *Гражданское право Древнего Рима* [*O direito civil na Roma Antiga*]. Moscou: Tipografia de A. I. Mámontov e Cia., 1883).

condições do cotidiano militar daquele período, podemos concordar com a opinião do professor Gumplowicz, de "que o rigoroso *jus civile*, no fim das contas, era apenas o seu tipo de direito público (*Staatsrecht*). Apenas os quirites como membros do *clã dominante*, membro da *gens* (tribo), gozavam da capacidade de possuir uma propriedade (*eigentumsfähig*)". "Somente o progresso e a vitória dos plebeus individualmente livres levou à transformação desse *jus civile* original em *jus gentium, jus naturale*" ("direito natural", "internacional").

Não nos deteremos aqui em semelhantes questões sobre suposições e materiais precários acerca do surgimento desse direito original, os quais por enquanto não foram verificados nem estudados do ponto de vista do materialismo dialético. Uma coisa é clara: na sociedade de camponeses-proprietários de terras livres com uma determinada circulação local, o surgimento, pela primeira vez, de uma classe ou clã dominante introduziu um novo "instituto" (ou instituição), o direito, como um sistema de novas relações sociais imposto pela força. E entre os juristas não há duas opiniões distintas sobre o fato de que esse primeiro direito foi justamente *resultado de abalos revolucionários*. Assim, Múromtsev[285] escreve:

> Não há por que repetir todas as peripécias (estágios) de uma luta semissecular: basta lembrar seus principais traços. Encontramos aqui um processo de *decomposição da posse comum da terra por meio da conquista forçada pela classe dominante, sob protesto constante, mas inútil, da maioria oprimida da população*; encontramos, ainda, relações de dívida marcadas pela insensibilidade dos credores e a injustiça do poder judicial, cujos representantes *pertencem ao patriciado e lhe estendem a mão*. As decisões dos tribunais se tornaram arbitrárias e tendenciosas. As concepções do povo sobre o devido e o não devido, sobre a justiça e a injustiça, claro, não mudaram, as instituições vigentes não se enraizaram, mas a fragilidade

---

[285] Em seu MÚROMTSEV, Serguei. *История римского права* [*História do direito romano*]. Moscou: [s.n.], 1877, p. 106.

CAPÍTULO VI – DIREITO E REVOLUÇÃO

das instituições jurídicas foi sentida (...). O direito antigo (?) não desapareceu, mas poderia parecer, legitimamente, que desaparecera (!), quando o poder o abalou. A parte oprimida da cidade levantou a demanda da promulgação de leis e, no final das contas, obteve-as.

Muito mais pálida é a caracterização de um luminar universitário impotente como I. [Ióssif] A. [Alekséievitch] Pokróvski, que, a respeito das *12 Tábuas*, encontra apenas as palavras: "uma das razões do descontentamento (!) dos plebeus em relação aos patrícios nos primeiros tempos da república era a *ambiguidade* (!) *do direito consuetudinário* (?) *vigente*".

Não estaríamos fazendo caso dos juristas burgueses se eles não tivessem trazido aqui seu motivo favorito sobre *a felicidade e a prosperidade justamente da parte oprimida da população*, que "logrou" (?) o primeiro código romano. Esse direito foi, na realidade, logrado pela classe que alcançara o domínio de fato, e a nova lei apenas introduziu o fato social do saque e da violência na norma jurídica, ou seja, converteu-o em lei.

É forçoso gastar ainda algumas palavras para provar o lado *revolucionário* desse primeiro *direito de propriedade privada*, não apenas em Roma, mas, devido à sua coerência e constância, no mundo em geral. Foi um ato revolucionário como poucos semelhantes na história, pois é um ato que, pela primeira vez, estabeleceu uma *regra geral, a negação* do *comunismo* primitivo e sua substituição pela sociedade baseada na propriedade privada. Essa sociedade dominou por dois mil anos sem ser contestada em essência e mudando apenas a forma, mas conservando em vigor a própria essência dessa propriedade.

O ora citado especialista em direito romano Ihering[286] exclama com entusiasmo: "e três vezes Roma ditou as leis ao mundo: no

---

[286] IHERING, Rudolf von. *Geist des römischen Rechts auf den verschiedenen Stufen seiner Entwicklung* [*O espírito do direito romano nas diversas fases de seu desenvolvimento*]. 4 vols. Leipzig (Alemanha):

PIOTR STUTCHKA

tempo da poderosa Roma unificada, no período bizantino – através da Igreja – e, finamente, mediante a recepção na Europa".

Digamos aqui apenas um par de palavras a respeito do período bizantino, quando o direito romano, já em uma nova formulação (na forma de uma correção, uma adição, ou melhor, deturpação) passou a ser conscientemente aplicado às relações feudais. E aqui, nas mãos da Igreja, na esfera do poder secular, serve como um meio nada pequeno para implantação dessa nova instituição do feudalismo tanto eclesiástico quanto secular (cf. a instituição do *beneficium* – do dízimo). Assim, no direito romano, o direito do proprietário de escravos rural foi se acumulando ao lado da formulação dos direitos da classe dos comerciantes urbanos, e veremos, ainda, como tanto um quanto outro aspecto foram úteis para a Europa Ocidental e Central.

Citei apenas alguns exemplos de origem romana do primeiro ato revolucionário *criador do direito*. Nossa antiga e medieval *Rus*[287] oferece uma adição magnífica e não menos pictórica do que aquela. O espaço aqui não permite um uso abrangente desse material, disponível em abundância pelo menos nos valiosos trabalhos do camarada M. N. Pokróvski.[288] A mesma linguagem figurativa das fontes antigas do direito russo oferece a mesma base para afirmar que também aqui, embora um pouco mais tarde, ocorreu a mesma luta revolucionária que terminou com uma determinada ordem jurídica na Rússia, baseada na propriedade privada. Claro, não se pode culpar o camarada Pokróvski se ele repete as palavras das velhas

---

Breitkopf & Härtel, 1852-1865. [JHERING, Rudolf von. *O espírito do direito romano nas diversas fases de seu desenvolvimento*. 2 vols. Trad. Rafael Benaion. Rio de Janeiro: Alba, 1943].

[287] Em russo: "*Русь*"; denominação histórica das terras eslavas orientais, é considerada ancestral cultural da Rússia, da Ucrânia e da Bielorússia; também: Rússia kievana ou Rússia de Kíev, e do latim *Ruthenia*. (N.T.)

[288] Cf. POKRÓVSKI, Mikhail. *Русская история с древнейших времён* [*A história russa desde os tempos antigos*]. Moscou: [s.n.], 1913; e *Очерки истории русской культуры* [*Ensaio sobre a história da cultura russa*]. Kursk: Cooperativa Editorial do Comitê Provincial do Partido Comunista Russo de Kursk, 1924.

CAPÍTULO VI – DIREITO E REVOLUÇÃO

autoridades jurídicas[289] *sobre o poder do costume* na comunidade primitiva, como uma ordem jurídica severa ("a tribo – um tribunal rígido – podia declarar um boicote, e ao insubordinado restava apenas partir"). Não, também na antiga *Rus* o costume tinha o mesmo significado de regra puramente técnica, e a *gens* era uma união da qual não se podia partir para nenhum lugar,[290] a não ser para o cativeiro de outra *gens* ou para a servidão. O príncipe que detinha a posse (*"volodiévchi"*) da terra, ou seja, que recebia tributos de seus "súditos", e fazia aqui somente o mesmo que fazia em toda parte o proprietário-"nobre" primitivo: pegava parte do produto do trabalho alheio (comumente, pelo visto, o excedente) da natureza, por isso, é incorreto lhe atribuir, nesse período, *objetivos financeiros*. O tributo adquiriu um caráter financeiro, aparentemente, apenas com a expansão do sistema feudal mediante a união dos principados em algo parecido com o Estado moderno, no qual se formou toda uma classe de pessoas "conectando a posse da terra com o poder sobre as pessoas que viviam na terra de um dado proprietário de terras". Entre outras coisas, a servidão do devedor na antiga *Rus* desempenhava quase o mesmo grande papel daquele da antiga Roma, e o poder do credor sobre seu *"zákup"* (devedor) era um poder sobre sua vida e sua morte, ou seja, sobre ele como escravo. "Mas quem detém uma pessoa pelo dinheiro é a mesma pessoa que a julga, e os *okólnitchnye*[291] (funcionários do príncipe) não vão interferir". Em geral, todas as primeiras leis dos príncipes, ou seja, o direito originário, eram uma confirmação desse mesmo domínio e, talvez, em escala ainda maior que em Roma.

---

[289] Embora o autor avalie de maneira perfeitamente correta as pesquisas dos juristas, quando, a respeito do feudalismo, lamenta que "entre nós, a questão tem sido tratada mais pelos juristas do que pelos economistas".

[290] Para essa condição dos que deixavam (voluntária ou coercitivamente) a *gen*, os alemães da época tinham a expressão adequada, "*Vogelfrei*", "livre como um passarinho", que pode ter a liberdade de voar, mas também a liberdade de ser morto por qualquer pessoa.

[291] Em russo, "*окольничные*": designação para um alto cargo na corte da Rússia entre os séculos XIII e XVIII; na hierarquia, em importância, até o século XVI, era o segundo depois do tsar, a partir de então, passou a referir-se ao segundo posto da Duma (depois do boiardo). (N.T.)

PIOTR STUTCHKA

O caráter desse direito originário em Roma ou na Rússia se manifesta muito claramente. A frequência dos fatos sociais do novo ordenamento generaliza-se, ou seja, por um lado, espalha-se como regra *geral*, mas, por outro, com isso, às vezes, suaviza-se. E não há melhor caracterização desses processos do que a do grande historiador (minto, devo dizer: sátiro) da Rússia, [Mikhail] Saltykov-Schedrin, no discurso de "Otchíschenki" (Gádiuk):[292]

> Enviaremos mensageiros aos varegues e ordenaremos que digam: senhores varegues, se querem nos invadir e nos arruinar, que arruínem de vez; saqueiem a propriedade, queimem as cidades, estuprem as esposas, mas apenas que *no futuro o façam tudo isso conosco... de acordo com a "lei"*. E à pergunta do decano Gostomysl: "e por que uma pessoa bem-intencionada como você, Gádiuk, acredita que o saque de acordo com a lei é melhor do que sem a lei? – a resposta foi curta: "como é possível! De acordo com a lei ou sem a lei, *todo mundo sabe que de acordo com a lei é melhor*".[293]

Passaram-se mais de mil anos desde o período romano e não surgiu nenhum novo direito em lugar nenhum, nem ouvimos falar sobre a publicação de novos grandes atos jurídicos. E de repente "no século XII, deu-se início a um extraordinário afluxo a Bolonha de jovens de todo o mundo". Atraiu-os a universidade local, como *um foco de intérpretes do direito romano*, glosadores que fizeram grande fama. E esse não foi o único foco de onde partiu a difusão do direito romano para toda a Europa. Havia, ainda, outros três focos como esse: em Provença, em Ravena e na Lombardia, formados quase ao

---

292 Stutchka se refere à personagem Ivan Ivánovitch Gádiuk-Otchíschenki, da obra *Современная идилия* [*Idílio moderno*], cf. nota 198, à p. 153 deste volume. (N.E.B.)

293 SALTYKOV-SCHEDRIN, Mikhail. "Современная идилия" ["Idílio moderno"]. *In*: _____. *Собрание сочинений в 20 томах* [*Obras reunidas em 20 volumes*]. vol. 15. Moscou: Literatura Artística, livro 1, 1973. (N.E.B.)

CAPÍTULO VI – DIREITO E REVOLUÇÃO

mesmo tempo no século XI. Como explicar tal renascimento e a "adoção" voluntária de um sistema jurídico que já parecia obsoleto ao seu próprio século? De todo modo, não foi por simples acaso que o interesse pelo direito romano e sua "recepção" surgiu de repente e ao mesmo tempo em toda a Europa Ocidental, inclusive na Inglaterra, e que a Roma morta, realmente, pôde "pela terceira vez ditar as leis a todo o mundo".

O professor [Pável] Vinográdov[294] escreve a esse respeito:

> Como pôde suceder de um sistema jurídico conectado a determinadas condições históricas não apenas sobreviver a essas condições, mas, ainda, conservar sua vitalidade até o presente, em que a situação política e social mudou completamente. (...) Essa história (ou seja, a história da recepção do direito romano) pode ser chamada de *a história de um fantasma*.

Vinográdov, ao chamar muito apropriadamente a ressurreição do aparentemente falecido direito romano de ressureição de um fantasma, não estava consciente do sentido mais profundo desse fantasma. Mas se Marx pôde, às vésperas de 1848, dizer, em seu *Manifesto Comunista*, "um espectro ronda a Europa – o espectro do comunismo",[295] sobre os séculos XI e XII, era possível dizer: um espectro passeia pela Europa – o espectro do capitalismo. Esse espectro (representado pelos seus precursores: o direito de servidão na aldeia e o capital comercial nas cidades) estava à procura de suas vestes. E ele as encontrou nos artigos do direito romano. Vimos que era adaptável tanto à cidade quanto à aldeia, tanto ao feudalismo quanto ao capitalismo, ele estava, por assim dizer, com a ferradura nas quatro patas.

---

[294] VINOGRÁDOV, Pável. *Римское право в средневековой Европе* [*O direito romano na Europa medieval*]. Moscou: Editora A. A. Kartsev, 1910.

[295] MARX, Karl; ENGELS, Friedrich. *Manifesto comunista*. Trad. Álvaro Pina e Ivana Jinkings. São Paulo: Boitempo, 2010, p. 39. (N.E.B.)

PIOTR STUTCHKA

O mesmo Vinográdov escreve (no trabalho ora citado): "o século XI foi um tempo marcado por muitos pontos de viradas na história da civilização europeia".[296] Como exemplos de tais acontecimentos, ele cita o fortalecimento do poder papal, *a cristalização do feudalismo* em um sistema acabado e consequente, a introdução de novas ordens políticas dos Estados normandos, a manifestação de um esplêndido progresso econômico e cultural na comuna da Lombardia... Mas se Vinográdov apenas alude, de passagem, às viradas econômicas, qualquer história da vida econômica dos séculos XI e XII a caracteriza *como uma época de transição a uma nova estrutura*. No campo, foi um tempo de fratura do sistema econômico, a época final da introdução e do fortalecimento do sistema de *três campos* de uso da terra, em conexão com e dependência direta dos anos intermitentes da fome do século IX ao XII.[297] Foi a época das Cruzadas, das primeiras mobilizações camponesas na Europa (na França) etc. etc.

O historiador afirma que a recepção do direito romano atuou de maneira semelhante a um "dilúvio" (*wie eine Sintflut*).[298] É interessante averiguar quais eram, nos trabalhos dos autores que escreveram sobre a recepção do direito romano, as questões jurídicas que ocupavam especialmente as mentes de então.

---

[296] VINOGRÁDOV, Pável. *Римское право в средневековой Европе* [*O direito romano na Europa medieval*]. Moscou: Editora A. A. Kartsev, 1910, p. 24.

[297] A fome não era, naquele tempo, um fenômeno tão excepcional como agora, era constante. A partir da comparação, apenas das greves de fome ocorridas na Bélgica, na Alemanha, sem a parte nordeste, e a atual Áustria, que entraram para a história, nota-se que no século IX foram registrados 21 casos, no XI, 25, incluindo 2 gerais, no século XII, 38, incluindo 5 greves de fome gerais (DJIVILIÉGOV, Aleksandr. *Крестьянское движение на Западе* [*O movimento camponês no Ocidente*]. Petersburgo-Moscou: Kniga [Livro], 1920).

[298] JANSEN, Johannes. *Die Geschichte des deutschen Volkes seit dem Ausgang des Mittelalters* [*A história do povo alemão desde o final da Idade Média*]. 8 vols. Freiburg (Alemanha): Herder, 1878-1894, p. 478.

CAPÍTULO VI – DIREITO E REVOLUÇÃO

Vinográdov, por exemplo, aponta:

> 1) A questão sobre a diferença fundamental entre *propriedade e posse da terra*, sobre a defesa da posse.[299] A posse no decorrer do "prazo de um ano", de acordo com o direito romano, dava o direito de defesa legal. O que isso significa? Isso significa *conquistas* crescentes e, acrescentamos, *conquistas pelo senhor feudal* das terras comunitárias, da propriedade privada (*Beati possidentes* – feliz daquele que possui!)
>
> 2) Em relação a isso, a *res judicata*, o poder irrevogável de decisão do tribunal (do tribunal feudal).
>
> 3) Fortalecimento do poder dos príncipes ("a palavra do príncipe tem força de lei").
>
> 4) Introdução (nas cidades) do direito *contratual* romano.
>
> 5) Para a aldeia, equiparação *da servidão ao escravo romano.*

Já Múromtsev acrescenta:

> A população rural (com a introdução do direito romano) ficou insatisfeita, porque a doutrina dos glosadores e comentadores do direito romano *fortaleceu o direito do senhor feudal* sobre os dominados, *incitou* os proprietários de terra a *apropriar-se da terra*, intensificou a destruição artificial da comunidade rural e a multiplicação dos proprietários privados, a *escravização* das massas camponesas (igualando-os a escravos), e no campo da herança, em vez da esposa, introduziu a sucessão dos parentes secundários.

Isso parece suficiente para compreender o significado do direito romano *quanto ao lema da propriedade privada* no campo, e nas

---

[299] "Na Alemanha antiga, a propriedade privada da terra era bastante limitada qualitativamente; *a disputa da propriedade* se dava *entre as gens*, entre as aldeias e instituições eclesiásticas". (VINOGRÁDOV, Pável. *Римское право в средневековой Европе* [*O direito romano na Europa medieval*]. Moscou: Editora A. A. Kartsev, 1910).

cidades, *da liberdade de contrato* em vez de cadeias monopolistas. Em outras palavras, o direito romano novamente desempenhou um papel *revolucionário*. Eis por que é compreensível o enorme interesse da jovem intelectualidade progressista do século XII pelo direito romano e sua afluência a Bolonha e aos demais focos do direito romano. Foi daí que extraíram os novos princípios por meio dos quais espalharam o pânico, um verdadeiro terror, sobretudo, no campo.

Os camponeses responderam esse terror "revolucionário" dos juristas com uma hostilidade sem precedentes e, em alguns lugares, até com o contraterror. Assim, por exemplo, uma das demandas dos camponeses alemães rebeldes era a eliminação da casta dos "doutores dos direitos", a erradicação de três tipos de ladrões: "os ladrões de estrada, os mercadores e os juristas". E essa não era uma demanda ocasional, surgida espontaneamente no momento da revolta. Não, lemos nas crônicas uma série de violências das massas contra os juristas. "Em 1509, em Cleves, em uma feira, bateram tanto em um jurista, que ele gritava feito um animal (*wie ein Vieh*) e o afugentaram". Em 1513, em Worms, exigiram que os juristas não tivessem acesso aos processos. Apelidos rudes para os juristas, como "usurários e sanguessugas", "trapaceiros e vampiros" etc., são bastante frequentes nos documentos dessa época. E um cronista de Frauenfeld (Turgóvia) informa como os *Schöffens*[300] atiraram porta afora a pancadas um jurista que apelava a Bartolo e Baldo (estudiosos do direito romano), com as palavras: "nós, os camponeses, não pedimos vossos Bartolos e Baldos, temos *os nossos próprios costumes e direito particulares*, fora daqui!" "*N'aus mit euch*".

Mas sabemos que nesse "litígio" com os camponeses no campo de batalha, saíram vitoriosos os senhores feudais e seus defensores, os juristas, os quais, todavia, passaram a aplicar com astúcia o

---

300 No original, transliterado ao cirílico; na Alemanha medieval, os *Schöffens* eram os membros do colegiado judiciário que determinavam a punição junto com o juiz, como presidente do tribunal; mais tarde, tornaram-se juízes com distintos poderes. (N.T.)

CAPÍTULO VI – DIREITO E REVOLUÇÃO

mesmo direito romano contra os senhores feudais nos processos de seus credores. Sob a aparência da recepção do direito romano, criaram o direito que defendia com firmeza *a propriedade privada como meio de exploração* e, de maneira imperceptível, introduziram o domínio da nova classe. Mas, como uma camada avançada, "a camada dos juristas" – essa personificação do direito romano, com a mesma facilidade que, em Roma, substitui-se o deus latino pelo Deus cristão –, no século XVI, passou para o lado da reforma contra o direito católico e, ainda dois séculos mais tarde, tornou-se ardente opositora de qualquer religião. "*Toujours avec la minorité!*" – como disse Rochefort. "Sempre pelo poder *da minoria*"!

Mas na época da transição da *corveia feudal* (no lugar do tributo originário), ou seja, *pelo trabalho* em vez da renda *natural*, a propriedade privada e a conquista das terras comunitárias foram apenas um elemento. Eram necessárias uma *disciplina e uma forma de trabalho* novas. A história mostra que cada vez que a humanidade passa de um período de um modo de produção para outro, *a disciplina trabalhista anterior desmorona*, e que essa transição não é um ato puramente mecânico de tomada de posição. Assim, a transição da condição de "súdito", mas livre lavrador da terra, para a condição da corveia e, a seguir, de servidão da gleba, assume um tipo específico de direito que generaliza fatos sociais isolados.

Lemos no volume 1 de *O Capital*, de K. Marx, como a Inglaterra tentou introduzir (a partir do século XIV) por lei a jornada de trabalho de 6 dias por semana (em vez da de 4-5 anteriores) com duração de 10 horas (em vez do tempo absolutamente indeterminado), reduzindo o salário ao mínimo. (Já Thomas More, em sua *Utopia*, fala da jornada de trabalho de 6 horas). O que era ideal como jornada de trabalho máxima (10 horas), passados 400 anos, foi considerado *ideal* como jornada mínima de trabalho.[301] Já estamos familiarizados com as queixas dos séculos XIV, XV e XVI.

---

[301] Cf. MARX, Karl. *O Capital*: crítica da economia política – O processo de produção do capital. Trad. Rubens Enderle. São Paulo: Boitempo,

PIOTR STUTCHKA

O entusiasmo da alma de lacaio do estudioso patriota alemão Jacob Grimm, em seu *Antiguidades jurídicas alemãs*, é característico: "os direitos e os deveres dos camponeses do século XV são indicadores magníficos (*herrlich*) do modelo livre e nobre (*Art*) do direito nativo".[302] Já vimos que tais palavras em relação ao século XV são pura mentira, e sobretudo a alimentação era muito pobre (por exemplo, segundo informações de um autor de 1545): "a comida consistia em pão de centeio, aveia e ervilha ou lentilha cozidas; as bebidas eram água ou soro de leite, a roupa de chita, um par de calçados, um chapéu de feltro; mas direitos não tinham nenhum". É característico, porém, o fato de que essas coletâneas de leis do século XV contenham *normas que antes se considerava como máximas.* Sabemos que, em algum momento, na Áustria, o *colonus* – o camponês – trabalhava em corveia *não mais que 12 dias* ao ano, que "a comida devia ser boa" e os camponeses "comiam carne diariamente" etc. Ainda mais curiosas e lembrando os contos fantásticos da América nos parecem as descrições de outro historiador, Bezold),[303] sobre o fato de que, no sul da Alemanha, amenizavam-se (*erheiterten*) os

---

livro I, 2013, pp. 337-349, em que Marx expõe de forma concisa a história dessa legislação na Inglaterra e apresenta citações do sonho de um escritor do século XVIII sobre "a casa ideal de trabalho": "'tal *workhouse* ideal deve ser transformada numa Casa de Terror (*House of Terror)*'. Nessa 'Casa de Terror', esse 'ideal de uma casa de trabalho' [*workhouse*], 'deve-se trabalhar 14 horas diárias, inclusive o tempo reservado às refeições, de modo que restem 12 horas completas de trabalho'". Isso vigorava ainda em 1770.

302 Cf. JANSEN, Johannes. *Die Geschichte des deutschen Volkes seit dem Ausgang des Mittelalters* [*A história do povo alemão desde o final da Idade Média*]. 8 vols. Freiburg (Alemanha): Herder, 1878-1894, I, p. 30 [Stutchka referencia a obra de Jansen, apesar de estar citando GRIMM, Jacob. *Deutsche Rechtsalterthümer / Antiguidades jurídicas alemãs.* Göttingen: Dieterich, 1828 – N.R.T.].

303 BEZOLD, Fredrich von. *Geschichte der deutschen Reformation.* [*História da Reforma Alemã*]. Berlim: G. Grote'sche Verlagsbuchhandlung, 1890.

CAPÍTULO VI – DIREITO E REVOLUÇÃO

trabalhos da corveia com música e danças.[304] E se os proprietários posteriores chegaram até a "obrigação ranina", ou seja, a obrigação dos camponeses de espantar as rãs durante a noite, movendo uma vara pelo lago, para que as rãs não incomodassem o sono do senhor, ou até a "corveia da pulga" (*Flohfohne*), ou seja, a obrigação de, diariamente, catar as pulgas da cama senhorial, e se em [Vassíli] Semiévski, acerca dos camponeses da época de Catarina,[305] lemos que "existem proprietários que *não dão sequer um dia* para trabalhar *para si*, e dando a todos eles uma provisão mensal, empregam-nos sem exceção nos trabalhos senhoriais", e que "todas as tentativas de Panini de estabelecer o trabalho de não mais que 4 dias por semana foram em vão" etc., entendemos por que os camponeses "estão cada vez mais fazendo oposição", não aceitando quaisquer ordens dos governadores para que "os opositores não façam reuniões".

Com frequência, a literatura assinala essas leis que estabeleciam a extensão da corveia como *uma intervenção* benéfica *do poder em favor* dos camponeses. Ao menos para o primeiro período, isso é *indiscutivelmente incorreto*. Ao contrário, essas foram *as primeiras medidas de coerção* para a introdução de uma disciplina de trabalho, ainda que mínima. A corveia nos campos do proprietário foi o primeiro estágio preparatório para a grande agricultura capitalista. O camarada M. N. Pokróvski se exprime muito acertadamente a esse respeito da seguinte maneira: "a necessidade de tribunal e da polícia ainda nessa época (...) decorre da manutenção da disciplina social", a qual "antigamente se baseava no costume", ou seja, como já assinalei, em regras puramente técnicas da organização social, e não num sistema de domínio de classe, ou seja, o direito. É claro

---

[304] "No norte da Alemanha, o primeiro pagante do aluguel (*Zins*) recebia do senhor dois pares de calças e de calçados, depois disto, colocava-se palha no fogo e se ordenava que tocasse o violino até que ele adormecesse" (Cf. Jansen e Bezold).

[305] SIMIÉVSKI, Vassíli. *Крестьяне в царствование Императрицы Екатерины II* [*Os camponeses no reinado da Imperatriz Ekaterina II*]. vol. I. São Petersburgo: Tipografia F. S. Suschínski, 1881, p. 65.

que o cronista, ao falar que o juiz era convocado a "julgar de acordo com o direito", não suspeitava qual era realmente o sentido desse direito, mas, para usar uma expressão de Marx, "aquilo que não sabe, exprime". Ora, o tribunal foi, como vimos, o primeiro "criador" do direito positivo de classe.

Assim, a legislação, por um meio "revolucionário", expandiu a servidão para círculos cada vez mais amplos de camponeses, até que a condição de servidão se tornasse um instituto plenamente *legal* e, consequentemente, quaisquer leis determinando as proporções da corveia se tornaram supérfluas e, eventualmente, até *ilegais*. Esses artigos em favor dos camponeses deixaram de "viger" (permaneceram "*latent*").

Mas se a tarefa da *servidão* do camponês à terra e à corveia não foi fácil, também não foi fácil sua posterior *emancipação e fixação à manufatura* e, depois, à fábrica: a libertação do camponês da terra e da terra do camponês, como base da transformação da posse da terra em propriedade capitalista. Como já vimos, a economia política expressa essa mudança em poucas palavras: a simples transformação *da renda do trabalho e natural em dinheiro*. Mas essa única palavra custou à humanidade não menos sangue e violência que as duas primeiras.

Ao passarmos em revista, com um voo de pássaro, toda a história do período feudal, parece, em alguns momentos, que o fio guia desse sistema é a concentração gradual nas mãos do feudalismo ou de seus credores (ou seja, o capital) de toda *a terra* e de todo o *gado* do camponês, e em seguida a emancipação do mesmo camponês, para que ele, com um pássaro, o proletário livre, fosse expelido para um novo campo de trabalho. Isso fica mais evidente na Inglaterra, onde tudo aquilo que contradizia os interesses do capital foi simplesmente varrido: "foram varridas não apenas as moradias e povoações rurais, mas também a própria população". E em quais atos jurídicos tudo isso se expressou? Diversos fatos sociais assumiram a forma, inocente à primeira vista, de *Law of enclosures*, uma lei *sobre cercar* a terra

CAPÍTULO VI – DIREITO E REVOLUÇÃO

comunal, ou seja, a defesa dessa terra (já como proprietário) de pastagem do gado do camponês e a lei de *Clearing of states* (limpeza da propriedade, parecido com o nosso "inventário"). Mas é claro que, sem a pastagem, o camponês, se ainda lhe restara alguma partícula de gado, não tinha nenhuma possibilidade de mantê-lo. E ali onde se deu a limpeza da propriedade, nada restou, incluindo o próprio camponês. O camponês fugiu, como uma ovelha e, em alguns lugares, como a caça que querem "devorar". *Mas* as leis *revolucionárias* da expulsão do camponês, dada a sua hipocrisia, permanecerão como um marco da era capitalista que, naquele momento, emergia.

No entanto, ainda restava a tarefa do reagrupamento social, a introdução de *nova disciplina do trabalho*. Se, como vimos, o regime da servidão, junto com o chicote, valia-se, ainda, dos meios da isca, o regime capitalista conhecia apenas o "escorpião". A história do disciplinamento originário do trabalho assalariado é descrita com exaustiva completude, mais uma vez, no volume 1 de *O Capital*:

> Expulsos pela dissolução dos séquitos feudais e pela expropriação violenta intermitente de suas terras, esse proletariado inteiramente livre[306] não podia ser absorvido pela manufatura emergente com a mesma rapidez com que fora trazido ao mundo. Por outro lado, os que foram repentinamente arrancados de seu modo de vida costumeiro tampouco conseguiam se ajustar à disciplina da nova situação. Converteram-se massivamente em mendigos, assaltantes, vagabundos, em parte por predisposição, mas na maioria dos casos por força das circunstâncias. Isso explica o surgimento, em toda a Europa ocidental, no final do século XV e ao longo do século XVI, de uma legislação sanguinária contra a vagabundagem. Os pais da atual classe trabalhadora foram inicialmente castigados por sua metamorfose, que lhes fora imposta, em vagabundos e *paupers*. A legislação os tratava como delinquentes "voluntários" e

---

306 Em russo, "livre como um passarinho". (N.T.)

supunha depender de sua boa vontade que eles continuassem a trabalhar sob as velhas condições, já inexistentes.[307]

Mais adiante, Marx oferece uma relação detalhada de todas as leis prisionais contra os "pobres" "que não queriam trabalhar" (*"Poors"* e *"Armen"* era como, então, designava-se oficialmente os operários na Inglaterra e os camponeses na Alemanha), até o início do século XVIII.

> Assim, a população rural, depois de ter sua terra violentamente expropriada, sendo ela expulsa e entregue à vagabundagem, viu-se obrigada a se submeter, por meio de leis grotescas e terroristas, e por força de açoites, ferros em brasa e torturas, a uma disciplina necessária ao sistema de trabalho assalariado.
>
> Não basta que as condições de trabalho apareçam num polo como capital e no outro como pessoas que não têm nada para vender, a não ser sua força de trabalho. Tampouco basta obrigá-las a se venderem voluntariamente. No envolver da produção capitalista desenvolve-se uma classe de trabalhadores que, por educação, tradição e hábito, reconhece as exigências desse modo de produção como leis naturais e evidentes por si mesmas. A organização do processo capitalista de produção desenvolvido quebra toda a resistência; a constante geração de uma superpopulação relativa mantém a lei da oferta e da demanda de trabalho e, portanto, o salário, nos trilhos convenientes às necessidades de valorização do capital; a coerção muda exercida pelas relações econômicas sela o domínio do capitalista sobre o trabalhador. A violência extraeconômica, direta, continua, é claro, a ser empregada, mas apenas excepcionalmente. Para o curso usual das coisas, é possível confiar o trabalhador às "leis naturais da produção", isto é, à dependência em que ele mesmo se encontra em relação ao

---

[307] MARX, Karl. *O Capital*: crítica da economia política – O processo de produção do capital. Trad. Rubens Enderle. São Paulo: Boitempo, livro I, 2013, p. 806. (N.E.B.)

CAPÍTULO VI – DIREITO E REVOLUÇÃO

capital, dependência que tem origem nas próprias condições de produção e que por elas é garantida e perpetuada. Diferente era a situação durante a gênese histórica da produção capitalista. A burguesia emergente requer e usa a força do Estado para "regular" o salário, isto é, para comprimi-lo dentro dos limites favoráveis à produção de mais-valor, a fim de prolongar a jornada de trabalho e manter o próprio trabalhador num grau normal de dependência. Esse é um momento essencial da assim chamada acumulação primitiva.[308]

Marx cita as mesmas leis de países capitalistas antigos como da "Holanda" (1537, 1614, 1649 etc.) e da França (1777) etc. E depois de descrever todas essas inacreditáveis medidas violentas segundo *os interesses da nova disciplina* do trabalho, Marx chega à seguinte conclusão:

> Tais métodos, como, por exemplo, o sistema colonial, baseiam-se, em parte, na violência mais brutal. Todos eles, porém, lançaram mão do poder do Estado, da violência concentrada e organizada da sociedade, para impulsionar artificialmente *o processo de transformação do modo de produção feudal em capitalista e abreviar a transição de um para o outro.* A violência é a parteira de toda sociedade velha que está prenhe de uma sociedade nova. Ela mesma é uma potência econômica.[309]

Tal era *o novo direito* da mais "humana" dentre todas as sociedades, a burguesa, na Inglaterra. O direito inglês, em geral, assemelha-se mais ao sistema de "fatos sociais" que se convertem

---

[308] MARX, Karl. *O Capital*: crítica da economia política – O processo de produção do capital. Trad. Rubens Enderle. São Paulo: Boitempo, livro I, 2013, pp. 808/809. (N.E.B.)

[309] MARX, Karl. *O Capital*: crítica da economia política – O processo de produção do capital. Trad. Rubens Enderle. São Paulo: Boitempo, livro I, 2013, p. 821.

casuisticamente (por precedentes judiciais isolados), ou seja, conserva mais a forma primitiva da formação do direito, como em Roma. E até agora, na Inglaterra, não há nenhum código ou compilação de leis, e o direito inglês no nosso tempo é baseado nas decisões do tribunal de classe "independente".[310]

De outro modo se formou o direito burguês no continente. A Grande Revolução Burguesa na França destruiu com um só golpe toda a estrutura feudal e inaugurou uma nova época, a era burguesa da sociedade com a declaração ou, mais precisamente, com algumas declarações (1789 e 1793) consequentes dos direitos do homem e do cidadão. O último artigo da Declaração de 1789 diz: "sendo a propriedade um direito inviolável e sagrado, ninguém pode ser dela privado, a não ser quando a necessidade pública, legalmente verificada, o exigir de modo evidente, e sob a condição de uma justa e prévia indenização". Já o artigo 2 diz: "(...) Tais direitos (naturais e imprescritíveis) são a liberdade, *a propriedade*, *a segurança* (*sûreté*) e a resistência à opressão".[311]

Como já apontei no início de meu trabalho, o direito civil ou, do nosso ponto de vista, a essência de todo o direito, foi formulado no código napoleônico, e a quintessência desse código reside *na propriedade privada* em uma formulação puramente romana, sem as impurezas bárbaras dos costumes estrangeiros e as excrescências feudal-canônicas do período bizantino. A propriedade privada capitalista caracteriza-se pelo direito à renda da terra e ao lucro. E esse princípio se expressa na liberdade de *disposição* da propriedade e na liberdade de trabalho. A primeira é caracterizada no artigo

---

[310] Cf. K. Marx, *O Capital I* (p. 237 da edição alemã de Kautsky [mantida a referência tal como Stutchka a anotou (N.E.B.)]), a decisão *dos próprios fabricantes* na qualidade de juízes em casos contra seus próprios operários.

[311] DECLARAÇÃO DOS DIREITOS DO HOMEM E DO CIDADÃO DE 1789. *In*: COMPARATO, Fábio Konder. *A afirmação histórica dos direitos humanos.* 12ª ed. São Paulo: Saraiva, 2019, pp. 166/167. (N.E.B.)

CAPÍTULO VI – DIREITO E REVOLUÇÃO

16 da declaração de 1793 com as seguintes palavras: "o direito de propriedade é o que pertence a todo cidadão, para a fruição e disposição, como ele bem entender, de seus bens, de suas rendas, do fruto de seu trabalho e de sua indústria".[312] A segunda, ou seja, a liberdade de trabalho, é a proibição de coalizões de trabalhadores que, na opinião da revolução francesa, representam a restauração das corporações. E se tomarmos o antigo código do século XIX, como o alemão, o suíço, entre outros códigos civis, na definição de direito de propriedade privada e na definição de liberdade de trabalho, quase não houve alterações.

Anton Merger caracteriza bem o fenômeno: "a Grande Revolução Francesa apenas encobriu a desigualdade (*Missverhältniss*), não a eliminou (...) Ela apenas pintou as cadeias novamente, mas não as rompeu". Foi mais longe do que qualquer uma das revoluções europeias e, ao abolir o feudalismo, transferiu a terra dos senhores feudais para os camponeses por meio de uma ordem revolucionária, mas, da mesma forma ilimitada, seguiu o princípio da propriedade privada absoluta, como em nenhum tempo ou lugar. E ao espírito dessas leis correspondem inteiramente as palavras sarcásticas e irônicas que [Simon-Nicholas Henri] Linguet,[313] escritor burguês do século XVIII, dirigiu contra *O espírito das leis*, de Montesquieu: "*O espírito das leis é a propriedade*".

Folheando com surpresa todos os códigos e os volumosos tomos da prática jurídica de 2000 anos inteiros, a começar das *12 Tábuas* da Roma Antiga, Karner (Renner), único escritor jurídico de algum modo sério do "marxismo" europeu ocidental contemporâneo, pergunta: "como é possível? As normas permaneceram sem alterações, mas as funções jurídicas das instituições foram alteradas até

---

312 A DECLARAÇÃO DOS DIREITOS DO HOMEM E DO CIDADÃO DA CONSTITUIÇÃO DE 1793. *In*: COMPARATO, Fábio Konder. *A afirmação histórica dos direitos humanos*. 12ª ed. São Paulo: Saraiva, 2019, p. 170. (N.E.B.)

313 Em caracteres latinos no original. (N.T.)

se tornarem irreconhecíveis". Examinaremos essa questão de modo mais detalhado adiante. O mesmo aconteceu com a língua. Mas não se pode esquecer que, se as relações sociais também mudaram, com frequência, até se tornarem irreconhecíveis, tais relações eram, de qualquer maneira, *homogêneas*, relações de exploração de uma pessoa por outra.

Mas o crepúsculo da era capitalista está se aproximando. Ainda muito antes, talvez, simultaneamente à revolução burguesa, tem-se início a discussão de como e quando terá lugar o "colapso" dessa era. Para alguns, trata-se de um sonho utópico ("da igualdade econômica") de um futuro incerto; para outros, um fato de um futuro relativamente próximo. Apenas para os últimos nossa questão tem um significado sério, para os demais, é um romance ou um poema longo de 2000 ou 3000 anos. Já falamos do "movimento revolucionário pacífico ou violento" e a essa questão ainda retornaremos. Aqui abordaremos só uma questão: o método de abolição da propriedade privada.

Não há necessidade de explicar aqui em detalhes como a revolução francesa resolveu a questão da terra e como depois da *ficção* da abolição dos direitos feudais na tão cantada noite de 4 de agosto de 1789, nada menos que seis grandes ondas consecutivas de insurgências camponesas conduziram aos decretos da Convenção de 17 de julho de 1793, em que um artigo diz literalmente que todos os contratos feudais sobre a terra *devem ser queimados*... Mas os camponeses da França já tinham, até aquele momento, *escrito com fogo a sua revolução*, e a Convenção somente selou *o autogoverno vitorioso* do campesinato. Temporariamente, a classe dos camponeses *venceu* ao lado da burguesia, e somente a contrarrevolução uniu a burguesia à classe dos proprietários de terras, aos quais, de todo modo, a terra dos camponeses não foi devolvida, mas uma certa recompensa foi deixada, e o direito capitalista de propriedade ficou reservado à metade de todas as terras.

CAPÍTULO VI – DIREITO E REVOLUÇÃO

O restante da Europa, embora mais de 50 anos depois, todavia, ainda não levou a cabo tão decididamente a sua revolução. As revoluções do século XIX não foram além da noite de 4 de agosto de 1789, ou seja, *do resgate dos direitos feudais*. Como ainda mais atrasada, claro, deve ser encarada a "revolução", ou melhor, "a grande reforma" de 1861 na Rússia, que terminou com um resgate extremamente caro de apenas uma parte da posse da terra camponesa.

Não há, aparentemente, exemplo mais claro para ilustração do caráter de classe do direito do que, justamente, o desenvolvimento da propriedade da terra, convertida por meio da legislação da sociedade burguesa em simples título anônimo à renda da terra, na forma de hipotecas, títulos ao portador etc. Como já indiquei em um dos capítulos anteriores, essa tendência ao "título ao portador" tem *todo o poder* na sociedade burguesa em geral. O sinal característico desse fenômeno é celebrado em uma combinação de palavras: *mobilização de imóveis*, "a transformação em mobilidade dos bens imóveis". E Marx, já há 50 anos, notou que um dos principais méritos do modo de produção capitalista foi que ele *"levou até o absurdo o próprio conceito de propriedade da terra"*.

Como se dará a expropriação dos expropriadores? É característico comparar de modo breve as abordagens dessa questão dos representantes das duas tendências do socialismo alemão: Marx e Lassalle.

Como se sabe, Lassalle escreveu dois grandes trabalhos em dois volumes sobre jurisprudência, *Sistema dos direitos adquiridos*, do qual esperava não apenas uma revolução nas relações sociais entre as pessoas, mas mesmo na própria ciência do direito: "a reflexão do nosso tema, pelo seu conteúdo, no mais alto e geral entendimento, não é nada além de uma reflexão decorrente da própria ideia de direito e que corresponde à recriação (*Hinüberführung*) de uma condição jurídica antiga para uma nova". "Se se lograsse criar acerca disto uma *teoria aceita como ciência*, esta poderia contribuir de maneira extraordinária para o trabalho de reorganização, por um lado, já por outro, impedir que as ondas rebeldes deixassem a costa". É por isso que ele "se coloca a tarefa de arrebatar pela força (*Herausringung*) politicamente a ideia realmente fundamental, subjacente a todo esse período". E a essência de sua pesquisa, repetida depois dele, só que de forma mais rasa, por todos os "juristas-socialistas", reduz-se à ideia de que o "o curso histórico-cultural de todo o desenvolvimento do direito consiste no fato de que a esfera de ação da propriedade privada está se reduzindo e cada vez mais os materiais (os objetos) estão colocados fora da esfera da propriedade privada".

No que se refere à abolição dos "direitos adquiridos", Lassalle tenta (*juridicamente*) provar que

> a) nenhuma lei deve ter força retroativa que afete um indivíduo apenas pela mediação de seus atos volitivos [, mas que] b) pode ter força retroativa qualquer lei que afete a pessoa sem a mediação de tal ato volitivo, o qual significa que afeta uma pessoa diretamente em suas qualidades humanas gerais e que lhe são imputadas pela sociedade, ou que o afete apenas por que muda a própria sociedade em relação às instituições por ela organizadas, ou seja, pela sociedade.

Todo esse trabalho de Lassalle não atingiu seu objetivo, pois não conseguiu convencer a ciência burguesa do direito e tampouco influenciou a consciência da classe operária, em particular, porque sua teoria dos direitos adquiridos era ousada demais para a burguesia, posto que Ihering, como vimos, disse que também a lógica se subordina ao interesse. Mas ela era muito medíocre para a consciência jurídica revolucionária e nem a Grande Revolução Francesa nem a revolução proletária suportaram ou poderiam suportar tais visões.

Marx fala apenas *de expropriação*, ou seja, da alienação dos exploradores, sobre "o roubo do saque". E se Engels fala em restituição dos camponeses ou Marx de "regaste dessas gangues" de suas riquezas, é apenas do ponto de vista da *conveniência* puramente

CAPÍTULO VI – DIREITO E REVOLUÇÃO

prática, *e não* do ponto de vista do "sagrado" e inviolável direito "adquirido".

Quando triunfara na Rússia a revolução de março de 1917, todo o direito tsarista permaneceu em vigor e nem mesmo a "propriedade privada" do monarca deposto foi tocada. (Na revolução alemã e em outras revoluções de 1918, chegou-se até a destinar *somas* especiais *de resgate* aos monarcas depostos pela alienação de "seus direitos de supremacia legitimamente adquiridos"). Não foi nada surpreendente o fato de que pensassem da mesma forma *Kadets* monarquistas como [Pável] Miliukov ou seus advogados, tais como Kérenski. Mas tal era também a linha de pensamento da maioria dos revolucionários – e mesmo não só entre a fração traidora.

Esse fato se revelou claramente em um caso insignificante em particular. Como se sabe, o palácio da bailarina [Matilda] Kchessínskaia, construído com o dinheiro roubado do povo por Nicolau II, entre outros palacetes da "família imperial", foi ocupado pelo povo, por meio da ordem revolucionária, e outorgado para o uso do Comitê de Petrogrado [São Petersburgo] e do Comitê Central do partido bolchevique e do clube dos carros blindados. A "proprietária" encontrou um advogado que, por uma remuneração decente, apresentou uma ação ao juiz de paz "democrático" pedindo o despejo dos invasores e a restituição do direito à "sagrada propriedade". Que controvérsia jurídica poderia haver aqui? Mas, para fins de agitação, o Comitê de Petrogrado encarregou os camaradas [Metchislav] Kozlóvski e [Serguei] Bogdatev da defesa de seus interesses. Decidimos, entre outras coisas, usar um conhecido discurso de Marx perante os jurados de Colônia:

> Mas, meus senhores, o que se entende por defesa do terreno do direito? A defesa de leis pertencentes a uma época social passada, elaboradas por representantes de interesses sociais decadentes ou declinantes, portanto apenas a elevação a lei desses interesses que estão em contradição com as necessidades gerais. Mas a sociedade não se baseia na lei. Isso é uma

ilusão jurídica. Ao contrário, a lei deve basear-se na sociedade, deve ser expressão de seus interesses e necessidades comuns, resultantes do modo de produção material atual, contra o arbítrio do indivíduo isolado. (...) Assim que deixar de corresponder às relações sociais, ele [o código] não passará de um pedaço de papel. Os senhores não podem fazer das velhas leis o fundamento do novo desenvolvimento social, assim como tampouco estas velhas leis geraram as velhas condições sociais.

Elas nasceram destas *velhas condições e devem desaparecer com elas*. (...) Essa defesa do terreno do direito pretende que tais interesses particulares vigorem como dominantes quando eles não são mais dominantes; pretende impor à sociedade leis que foram condenadas pelas próprias relações vitais desta sociedade, por sua forma de trabalho, seu intercâmbio, sua produção material. (...) Ela entra, pois, a todo momento em contradição com as necessidades existentes, inibe a circulação, a indústria, ela prepara *crises sociais que explodem em revoluções políticas*.

Eis o verdadeiro sentido da fidelidade ao terreno do direito e da defesa do terreno do direito. E sobre essa frase do terreno do direito, decorrente do logro consciente ou do autoengano consciente (...).[314]

Já no que se refere ao julgamento do poder deposto, Marx diz:

Quando uma revolução é bem-sucedida, seus adversários podem ser enforcados, mas não julgados. Podem ser varridos do caminho como inimigos vencidos, não podem ser julgados como criminosos. Depois de consumada uma revolução ou contrarrevolução, as leis derrubadas não podem ser usadas

---

[314] MARX, Karl. "O processo contra o Comitê Distrital Renano dos Democratas: discurso de defesa de Karl Marx". *In*: _____. *Nova Gazeta Renana*. Trad. Lívia Cotrim. São Paulo: Expressão Popular, 2020, pp. 449/450. (N.E.B.)

CAPÍTULO VI – DIREITO E REVOLUÇÃO

contra os defensores dessas mesmas leis. Isto é uma *covarde hipocrisia.*[315]

Não há necessidade de desperdiçar palavras com um processo que foi irremediável e juridicamente perdido "no tribunal revolucionário" (mas o palácio, de qualquer maneira, ficou com o Comitê de Petrogrado), nem com o fato de a imprensa burguesa ter insultado por todos os meios possíveis o camarada Kozlóvski. Mas também não foram poucos os social-democratas que zombaram das "teorias anarquistas dos camaradas Stutchka e Kozlóvski". Eu fiz questão de levar ao Comitê Executivo de Leningrado [São Petersburgo] o texto do discurso de Marx, para ridicularizar esses marxistas ignorantes.

Tudo permaneceu como antes e apenas emitiram-se novas leis nos campos do direito, nos quais o próprio povo de fato se impôs ou, como se expressavam nossos pseudorrevolucionários, criou instituições revolucionárias por meio de uma ordem anarquista, como, por exemplo, autogovernos locais, a fim de conter esses direitos, ou seja, com fins contrarrevolucionários. E quando os camponeses começaram a tomada da propriedade privada dos latifundiários por meio da ocupação, ou seja, simplesmente iniciaram uma revolta, os socialistas-revolucionários e os social-democratas mencheviques, como ministros dos assuntos internos, para *repressão de semelhante anarquia*, enviaram a força armada.

Então veio a *Revolução de Outubro*. O poder estava nas mãos *da classe trabalhadora* e do campesinato, o qual a acompanhava, e desde o primeiro dia, a propriedade privada da terra foi abolida pelos sovietes. Mas nos campos em que a revolução social tinha sido mais bem preparada, ou seja, nas grandes *indústrias, a nacionalização ocorreu de maneira gradual.* É claro que o poder

---

[315] MARX, Karl. "O processo contra o Comitê Distrital Renano dos Democratas: discurso de defesa de Karl Marx". *In*: _____. *Nova Gazeta Renana*. Trad. Lívia Cotrim. São Paulo: Expressão Popular, 2020, p. 447. (N.E.B.)

soviético *não podia manter nem por um dia as leis anteriores em seu conjunto*. Mas mesmo os camaradas mais conscientes ou não pensavam absolutamente em tais questões "contrarrevolucionárias", como as jurídicas, ou, o que é ainda pior, olhavam para o campo do direito como um tipo de "tabu". E quando apresentamos um projeto para abolir o velho tribunal, que continuava a julgar segundo o decreto do governo provisório e as leis tsaristas, esses camaradas argumentaram que era impossível criar um novo tribunal antes de emitir leis segundo as quais julgar. Indicamos, em vão, que o *Code Civil* na França foi promulgado somente em 1804, ou seja, dentro de 15 anos depois do início da Revolução – levou duas semanas até que a indiferença dos camaradas fosse vencida, e no Soviete dos Comissários do Povo (e não no Comitê Executivo Central Panrusso) passou o decreto (n. 1) sobre o tribunal popular. Mas não pensem que dessa vez a compreensão marxista revolucionária do direito venceu. Não, *ela não podia vencer, porque não existia!* Venceu a ficção do direito "intuitivo" de Petrazycki.[316]Mas, ao mesmo tempo, não obstante o fato de que, nas cabeças dos revolucionários, triunfara a compreensão *burguesa* do direito, na prática, a *revolução* vencera! A histórica fórmula da abolição do direito burguês na Rússia diz (decreto sobre o tribunal, artigo 5º):

> Os tribunais locais (ou seja, populares) decidem os casos em nome da República da Rússia e *se guiam* em suas decisões e sentenças *pelas leis dos governos depostos* somente *na medida em que estas não foram abolidas pela revolução e não entrem em contradição com a consciência revolucionária e a consciência jurídica revolucionária.* Consideram-se abolidas todas *as leis* que entrem em contradição com os decretos do Comitê Executivo Central, dos Sovietes de deputados operários, soldados e camponeses e dos governos operário-camponês,

---

[316] Cf. o artigo de LUNATCHÁRSKI, Anatóli. "Революция и суд" ["Revolução e tribunal"]. *Pravda* [*A verdade*], São Petersburgo, Comitê Central do Partido Bolchevique, nº 193, 1917, que teve um significado quase decisivo sobre a questão do decreto.

CAPÍTULO VI – DIREITO E REVOLUÇÃO

bem como os programas mínimos do Partido Operário Social-Democrata Russo e do Partido Socialista Revolucionário.

De algum modo instintivamente, previmos, naquele momento, a marca do domínio e do interesse de classe, o qual, em seguida, colocamos na base de nossa definição de direito e, graças a isso, desarmamos o conceito burguês de consciência jurídica, que, dessa maneira, recebeu um sentido completamente oposto, concreto. Não foram poucos, todavia, os membros do Partido Operário Social-Democrata Russo e do Partido Socialista Revolucionário que riram diante da última parte desse artigo (inclusive, alguns dos comunistas atuais). Para facilitar minha posição, cheguei até a me esconder atrás de Vladímir Ilitch [Lênin], afirmando que a ideia pertencia a ele e fora por ele aprovada. De qualquer maneira, tal autoridade facilitou nossa posição, mas eu não teria que ter evocado o nome de Ilitch em um debate tão relativamente pequeno, se nós, então, já tivéssemos uma abordagem revolucionária sólida sobre o direito.

Engels, por exemplo, escreve:

> Isso naturalmente não significa que os socialistas renunciem a propor determinadas *reivindicações jurídicas*. É impossível que um partido socialista ativo não as tenha, como qualquer partido político em geral. As reivindicações (*Ansprüche*) resultantes dos interesses comuns de uma classe só podem ser realizadas quando essa classe conquista o poder político e suas reivindicações alcançam validade universal sob a forma de leis. *Toda classe em luta precisa, pois, formular suas reivindicações em um programa, sob a forma de reivindicações jurídicas.*[317]

---

[317] ENGELS, Friedrich; KAUTSKY, Karl. *O socialismo jurídico*. Trad. Lívia Cotrim e Márcio Bilharinho Naves. São Paulo: Boitempo, 2012, p. 47. [O destaque da frase final é de Stutchka – N.E.B.].

Se ao menos o trabalho fundamental do camarada Lênin sobre o Estado, que ele escreveu durante sua reclusão de julho, tivesse aparecido antes da revolução e os camaradas tivessem tido a chance de assimilar antes a abordagem correta de Marx sobre a grande insurreição, teríamos algo mais claro no campo do direito. Mas começamos com uma busca infinita e ainda hoje não temos normas e formas satisfatórias do novo direito de classe.

Proclamar um decreto de abolição da propriedade privada foi fácil, e era necessário fazê-lo, ou melhor, sancionar, pois já tinha sido feito pelo autogoverno, "anarquicamente". Mas nem em 25 de outubro (7 de novembro), nem hoje em dia, a luta de classes contra a propriedade privada está encerrada. Tivemos que repetir alguns decretos, e somente na segunda ou terceira vez, tiveram efeito. Por quê? Porque os primeiros decretos, em geral, apenas preparavam o terreno, expunham o programa e se convertiam em fatos sociais apenas em casos isolados. E quando esses fatos se tornaram mais frequentes, a repetição do decreto na forma aplicada às condições já tinha se tornado um fator revolucionário realmente generalizado. A burguesia como classe ainda está vida, e mesmo renasce; o capitalismo, em sua pior forma, do capital especulativo, está travando uma luta encarniçada. O comunismo está ainda apenas buscando meios para estimular *a iniciativa e a atividade independente* das massas, tateando os meios para elevar *a nova disciplina de trabalho*. A destruição das velhas relações de produção era necessária, mas ainda falta substituí-la por uma nova organização. Mas um caminho absolutamente incorreto tomaria aquele que, em uma canetada, rejeitasse tudo que era velho e tentasse cientificamente, por assim dizer, "normalizar", ou seja, declarar como normal, e mesmo ideal, a nossa destruição puramente russa, que se explica até certo grau pelas condições puramente russas do atraso. Mas raciocinam de modo cem vezes ainda mais errado os olimpianos da Europa Ocidental que consideram que tal destruição é, para eles, facultativa. Aqui se lhes pode responder: vocês terão uma destruição talvez ainda pior,

CAPÍTULO VI – DIREITO E REVOLUÇÃO

mais amarga, se não estudarem antecipadamente a Rússia Soviética e não tirarem as próprias e devidas conclusões.

Parece-me que uma breve revisão é suficiente para caracterizar o papel revolucionário do direito, como assinalou Marx em relação à legislação trabalhista. Como direito de uma classe ascendente, tem um enorme significado criativo no momento da grande insurreição, mas como direito de uma classe dominante "que está saindo" tem apenas um significado contrarrevolucionário. Sobretudo no presente momento, convém não esquecer as palavras de Engels sobre *a cosmovisão jurídica* como *uma cosmovisão burguesa em geral*.

Não convém superestimar em demasia o significado do direito e da lei, como fator revolucionário, mas, ainda em menor grau, convém subestimar esse papel. E para isso é preciso elucidar muito bem a correlação entre os conceitos de "direito" e "lei".

CAPÍTULO VII

DIREITO E LEI

Direito e lei? Qual é a oposição? O direito em sentido objetivo, como dizem os juristas, é a lei, ou seja, o conjunto ou o sistema de todas as normas ou leis jurídicas. Mas já o filósofo L. Feuerbach escreveu: "originalmente, *não é o direito* que depende *da lei*, mas a lei, do direito". E o jurista romano, como já vimos, diz diretamente: *regula est quae rem, quae est, breviter ennarat; non ut ex regula ius sumatur, sed ex jure, quod est regula fiat.*[318]Depois de tudo o que foi dito por nós, não é necessário, certamente, debater com o ponto de vista da escola jurídica pura, que considera a jurisprudência apenas no papel de técnica da verdade e da justiça, com a indicação de receitas de como, no atacado ou no varejo, liberar para cada cidadão seu devido quinhão de verdade e de justiça, ou na forma de uma oficina para o método fabril de confecção dessa verdade, na forma de códigos, conjuntos de leis e leis isoladas. Para que não haja divergência entre a verdade e o direito, ou seja, a lei, foi criado um

---

[318] "A regra (ou seja, a lei) expõe brevemente o que é; não é da regra que o direito é retirado, mas é da lei existente que a regra decorre".

PIOTR STUTCHKA

meio especial auxiliar na forma de tribunais "elucidativos",[319] que interpreta quaisquer "ambiguidades, incompletudes e contradições", sempre de uma lei completa e universal.

Nosso ponto de vista acerca do direito exige, ainda, uma revisão da questão da correlação entre os conceitos de direito e de lei. Já vimos que, até mesmo entre os juristas, surgem tendências que consideram "o direito subjetivo como elemento primário" ([Edgar] Loening).[320] E ainda Múromtsev, um dos maiores representantes da escola sociológica russa, escreve: "em vez de um conjunto de normas, compreende-se por direito *um conjunto de relações jurídicas* (de ordenamento jurídico). As normas se apresentam como um certo atributo desse ordenamento". Que a lei não abarca todo o direito, que não é correspondente ao direito, é algo há muito reconhecido. Ihering já falou do *"latente Gesetze"*, "artigos que não pegam", e o já citado por nós Sinzheimer[321] declara diretamente que nem todos os direitos são expressos nas leis vigentes e que nem todas as "leis

---

[319] Não estou me referindo aqui ao nosso falecido tribunal de cassação [órgão legislativo, judicial e executivo do Império Russo, instituído por Pedro, o Grande – N.T.], que foi um dos piores. Laskine (LASKINE, Edmond. "Die Entwicklung des juristischen Sozialismus" ["O desenvolvimento do socialismo jurídico"]. *Archiv für die Geschichte des Sozialismus und der Arbeiterbewegung*: In Verbindung mit einer Reihe namhafter Fachmänner aller Länder, herausgegeben von Carl Grünberg [*Arquivo para a história do socialismo e do movimento operário*: em conjunto com vários especialistas conhecidos de todos os países, editado por Carl Grünberg], Leipzig, Verlag von C. L. Hirschfeld, nº 3, 1913, pp. 17-70) cita as palavras do presidente do tribunal de cassação da República Francesa [Paul Magnaud]: "a tarefa é aplicar o texto da lei de maneira liberal e humana, de acordo com a realidade e as necessidades da vida moderna" (p. 59). O autor deveras moderado não se absteve de uma nota: "é proposto extrair do direito atual *um significado social que lhe é estranho*, sutilmente ou, para usar a expressão de Mater, uma interpretação *hipócrita*" (p. 61).

[320] Em caracteres latinos, no original. (N.T.)

[321] SINZHEIMER, Hugo von. *Die soziologische methode in der Privatrechtswissenschaft* [*Método sociológico no direito privado*]. Munique: M. Rieger, 1909.

CAPÍTULO VII – DIREITO E LEI

vigentes" vigoram. Os juristas que entendem o direito como uma demarcação de interesses[322] viram nas normas um determinado gênero de "pilares fronteiriços", por assim dizer, de marcos para a esfera da liberdade de ação dos interesses de indivíduos. A escola psicológica dos *Kadets* considera que "o direito regula *diretamente não os nossos interesses, mas as nossas condutas*".[323]

Chamamos de norma jurídica ou lei a regra coercitiva proveniente do poder de Estado e que se relaciona ao domínio do direito. Mas já ouvimos as conclusões das pesquisas do marxista Karner-Renner de que as disposições do direito romano, ou seja, das normas da Roma Antiga, permaneceram quase inalteradas por mais de dois mil anos, enquanto o conteúdo delas, no direito contemporâneo, mudou ao ponto de se tornar irreconhecível. Quer dizer, então, que em um domínio provido de todos os tipos de rigores e sutilezas, para uma execução *precisa*, obtém-se a completa *arbitrariedade*?

Mas isso não é tudo. Como entre nós, no tempo antigo, bem como em todo o mundo "civilizado", existe uma determinada suposição, diretamente expressa na lei ou simplesmente subentendida, de que as leis são conhecidas por todos e de que ninguém pode alegar ignorância da lei. Entretanto, na prática, muitas vezes, uma única e mesma palavra recebe, por parte de distintas instituições tribunalícias e em distintas épocas, um sentido oposto, e sabemos – da interessante pesquisa de Karner – que o conteúdo de um mesmo artigo recebeu, em essência, um sentido diretamente oposto. É

---

[322] Gareis: "Durch die Norm wird das Interesse abge grenzt, innerhalb der Ahgrenzung geschützt, garantiert; ausserbalb derselben ist es nicht garantiert, nicht geschützt" ["Pela norma, o interesse é delimitado, protegido dentro da delimitação, garantido; fora isso, é não garantido, não protegido"] (GAREIS, Karl von. *Encyklopädie und Methode der Rechtswissenschaf* [*Enciclopédia e Método de Jurisprudência*]. 3ª ed. Giessen: Emil Roth, 1905, §5, p. 16).

[323] PETRAZYCKI, Lev. *Теория права и государства в связи с теорией нравственности* [*Teoria do direito e do Estado em conexão com a teoria da moralidade*]. vol. 1. São Petersburgo: [s.n.], 1909, p. 315.

evidente que ninguém, nem mesmo o melhor jurista, não apenas não conhece de cor o código de leis, mas, ainda, nunca o leu inteiro e, para a enorme maioria, trata-se de um livro lacrado a sete selos.

E é devido a esse caráter particularmente misterioso do direito que, na realidade, a lei não é conhecida por nenhum dos meros mortais; é por isso também que deve existir uma camada especial de jurisconsultos ou defensores que oferecem conselhos e soluções jurídicos em casos de conflito de uma pessoa física ou uma instituição com as normas ou as leis. Na Inglaterra, onde não há código e quase todo o direito é baseado em decisões contraditórias do tribunal, essa ficção da defesa jurídica é impotente. E nesse mesmo papel de conselheiro impotente sente-se, entre nós, uma parte não pequena de velhos juristas quando são, sabe-se lá por que motivo – já que não têm nem querem ter sequer uma ideia sobre nosso direito –, convocados como jurisconsultos.

Como surge e se desenvolve o direito em seu *aspecto formal*, no aspecto da norma jurídica?

As primeiras leis, como sabemos pelas *palavras de seus autores*, surgiram diretamente como se fossem de uma fonte sobrenatural. "Foi o próprio Deus que ordenou". Essa frase ainda hoje é empregada pelas massas de fiéis. Se, de fato, Deus ditou diretamente as leis (por exemplo, as tábuas de Moisés),[324] sua forma já está predeterminada de maneira inabalável. Trata-se de uma ordem superpolicialesca: "Farás isto; não farás aquilo". Na verdade, mesmo o jurista mais religioso dirá que essa forma das normas jurídicas é insatisfatória e tecnicamente caduca. E por isso, tal fé em uma legislação direta de Deus, apenas compromete o aspecto técnico do direito. Além disso, as leis de um deus sempre se assemelham muito às leis de outro, absolutamente hostil a ele, por exemplo, as leis do Deus de Moisés lembram extremamente as leis de Hamurábi da Babilônia, já o testamento do filho de Deus, judeu, as sentenças do Buda indiano.

---

324 Referência a "Os dez mandamentos". (N.T.)

CAPÍTULO VII – DIREITO E LEI

Por isso, essa legislação direta divina é, em geral, rejeitada hoje em dia, e todos os teólogos, na jurisprudência, limitam-se à fé em uma "inspiração divina" dos legisladores eclesiásticos, ou mesmo dos seculares. Tal forma de lei, é evidente, não tem nada de exteriormente distinto da lei secular comum.

Outros afirmam que a lei originária era *o costume popular.*[325] "Na cidade, a regra; no campo, o costume". E acrescentam: as primeiras compilações de leis, ainda que sob a forma divina, foram compilações de costumes populares. Nessa forma, a afirmação não está inteiramente correta ou até está inteiramente incorreta. Começou-se a ocupar-se de reuniões de compilações de costumes populares não antes do século XVIII da nossa cronologia. Ainda quando surgiram as compilações de leis, a cada vez comunicava-se que reinavam a rebelião, a iniquidade e semelhantes desordens. Dessa maneira, tais compilações, pelo conteúdo, refletiam esses acontecimentos, e não os velhos costumes. Mas disto já falamos no capítulo VI[326] e agora nos interessa somente a forma externa das leis e seu significado em relação ao direito.

As leis originárias eram, geralmente, provérbios, ditos, rimas, amplamente conhecidas das massas populares. "O costume é a norma jurídica que surgiu de modo *involuntário* e não artificial (outra vez, artificial ou não artificial), não de atos isolados realizados com um objetivo conscientemente determinado, mas, por assim dizer, procedente organicamente das relações da vida ocultas de modo

---

[325] Sobre o meu ponto de vista acerca do costume, surgiram evidentes mal-entendidos baseados na antiga crença ainda populista no "costume do povo". Em geral, o costume agora é válido apenas na medida em que é reconhecido pela lei de um país e não contradiga a lei. Mas não se pode confundir os antigos costumes como precedentes dos costumes dos tribunais da classe dos opressores, como um direito de primeira classe.

[326] Cf., neste volume, pp. 201-243 (capítulo VI). (N.E.B.)

imperceptível em nossa consciência.[327] Essa definição, na minha opinião, encaixa-se com dificuldade naquelas regras puramente técnicas[328] que têm sua fonte no instinto da "homem natural" e sua própria observação, transmitida às gerações seguintes, com toda fidelidade, também no período de declínio do imediatismo natural da pessoa "desabitada de cultura". A forma originária, pois, de transmissão desses hábitos é puramente real, advinda da prática, do trabalho ou ainda dos contos maravilhosos. Mas, muitas vezes, esses costumes expressos na forma antiga são *novos precedentes*. Sua forma antiga, muitas vezes casuística, adaptada a uma determinada ocasião, demonstra-o claramente: "nem numa curva se contorna um provérbio"; "onde há a lei, há também a ofensa"; "não existe tanto orvalho quanto suor"; "emprestar (pegar um empréstimo) é vender a si mesmo"; "pode se sentar, só há lugar"; "para o pátio do boiardo, o portão é largo, mas a saída, estreita (sobre a servidão)"; "houve uma vez a verdade, mas hoje ela é mentira".

Esses costumes, expressos oralmente, trazem, em geral, uma forma poética, quase sempre em rimas. E essa última é deveras compreensível. Para conferir à memória atos tão importantes, como os ditames originários de Deus ou dos antepassados, era necessário

---

327 Cf. KARASSIÉVITCH, Porfíri. *Гражданское обычное право во Франции в историческом его развитии* [*Direito consuetudinário civil na França em seu desenvolvimento histórico*]. Moscou: Tipografia de A. I. Mámontov, 1875.

328 "A maioria dos povos primitivos não era capaz de separar claramente o direito do campo geral dos *costumes populares* (...). Pode-se dizer que *o direito surge apenas com o surgimento do Estado*. Nas sociedades primitivas, a vida da união tribal é geralmente governada até certo ponto pela autoridade do chefe. Mas esse poder é em grande parte deliberativo, não imperativo (...). Mas esse direito *não 'é um direito em nosso sentido'*". Assim escreveu N. *[Nikolai] Zíber* em ZÍBER, Nikolai. "Сравнительное изучение обычного права" ["Estudo comparado do direito consuetudinário"]. *Iuridítcheski viéstnik* [*Mensageiro jurídico*], Moscou, Sociedade Jurídica de Moscou, ano 16, nº 5/6, maio/jun. 1884, p. 17.

CAPÍTULO VII – DIREITO E LEI

muni-los com uma forma tal que não sucumbiria à falsificação. "Não se tira a letra da canção". Aparentemente, não se trata de algo consciente, mas, simplesmente, espontâneo. Mas o fato é que a palavra original *"carmen"* em Roma significava tanto verso e canção quanto lei. Do mesmo modo, observamos na Grécia que a palavra *"nomos"* significa tanto canção quanto lei. Na Alemanha, os bardos cantavam as leis etc. As leis de Ísis, de Drácon, de Sólon, as *12 Tábuas* etc. eram em versos. O próprio Cícero diz que "no meu tempo, nós, as crianças, éramos obrigadas a estudar os versos (*carmina*) das *12 Tábuas*". E as primeiras leis isoladas, puramente de classes, tinham, dessa maneira, a forma de provérbios-versos. *"Le mort saisit le vif"* ("o morto constitui o vivo"). Era a regra sobre a transição imediata da propriedade da herança.

1. *"Ist das Bett beschritten.*

2. *So ist das Recht erstritten".*

3. *"Boire, manger, coucher ensemble.*

4. *C'est mariage, ce me semble".*[329]

É a fórmula primitiva do casamento do primeiro período da propriedade privada. Assim nascem os embriões primitivos do direito de classe. Mas da criação a massa já não participa, pois as massas, ainda que inconscientemente, *são contra eles*. Não se pode obrigar o trabalhador que destruiu a fábrica a elaborar a fórmula de seu encarceramento nessa fábrica. E aqui se encontra o primeiro legislador formal: *o juiz*. É evidente que o juiz originário era *o próprio senhor feudal, o próprio credor* (em relação ao devedor-escravo, ao *zákup*), ou seja, o próprio senhor ou, o que é pior, um serviçal, que anunciou aqui o seu precedente na qualidade de um novo provérbio, um novo costume, uma lei. É interessante que, em Gante, *"loi"* significa, ao

---

[329] 1. "Foi pra cama. 2. Assim se conquista o direito". 3. "Beber, comer, dormir juntos. 4. É casamento, eu acho". (N.E.B)

PIOTR STUTCHKA

mesmo tempo, lei, juiz (*juge*) e magistrado. Para esse juiz, claro, a "consciência jurídica" era *puramente intituitiva*, ou seja, resultava apenas *de seu interesse* e, quem sabe, até de uma dose de medo perante as massas. Mas, para ele, *não existia lacunas no direito, pois,* assim como o tribunal do distrito de Káchin, só precisava declarar que, em seu tribunal, "criou-se um precedente", e o direito estava evidente também para o "tempo vindouro".

As primeiras compilações *de leis* do período do domínio de classes já eram *uma manifestação da vontade de toda a classe,* para a qual não interessava de modo algum assumir coletivamente as preocupações e até os sofrimentos devido ao precedente de um senhor ou proprietário que possa ser demasiadamente ganancioso. Mas essas compilações, em todo caso, em sua grande maioria, já constituíam um precedente, *"os costumes" do período de dominação de classe,* e os artigos isolados, que compunham as exceções, eram contingentes, um resultado da inexperiência técnica bastante compreensível dos comentadores e codificadores.

Já vimos como, em Roma, a lei assumiu o sentido de principal fonte do direito. Mas não exclusivamente, pois, por um lado, em caso da ausência de lei,[330] o direito romano permite a aceitação do costume e, por outro, os pretores de distintas categorias desempenharam um papel não apenas de um "senado dirigente", mas também de juiz-legislador criador do direito.

Mas a principal novidade do posterior direito escrito de Roma foi uma certa apresentação, por assim dizer, moderna e científica. Ao lado das normas casuísticas, encontramos definições de instituições jurídicas individuais como *relações jurídicas típicas.* "O conceito de

---

[330] "Quanto às causas para as quais não temos leis escritas, é preciso observar o que foi introduzido pelos *mores* [usos] e pela *consuetudo* [costumes]" (D. 1. 3. 32pr) [Cf. JUSTINIANO I. *Digesto de Justiniano*: liber primus – Introdução ao direito romano. 3ª ed. rev. Trad. Hélcio Maciel França Madeira. São Paulo: Revista dos Tribunais; Osasco-SP: UNIFIEO, 2002, p. 50].

CAPÍTULO VII – DIREITO E LEI

tipo se forma por meio do destaque de características semelhantes comuns a todos os objetos tomados como suficientes para o conhecimento de um grupo de fenômenos". Assim ensinou a lógica formal. Mas para uma definição bem-sucedida desse tipo é fundamental um extenso trabalho preliminar e é fundamental uma compreensão correta do próprio fenômeno. Nessa relação, evidentemente, o direito romano peca bastante. Em contraposição à prática do "legislador--criador do direito" dos primeiros tempos, a ciência do direito peca justamente pelo excesso de abstração. Aqui, para nós, cabe notar apenas que ainda em Roma surge um novo meio de definição do direito vigente, não por meio de cada caso ou de um caso particular de lei ou precedente individuais, mas por meio da definição na lei, para o período dado, de tipos conhecidos de relações jurídicas, as assim chamadas instituições jurídicas. E a legislação atual já está limitada no futuro à introdução, na definição da instituição, de uma ou outra característica do tipo. Também a lógica vem em auxílio com o seu método estatístico, de acordo com o qual, para a formação do tipo, não se exige que todas as características importantes para o tipo necessariamente se encontrem em cada fenômeno, já para a sintetização do conceito de tipo a predominância quantitativa e a prevalência da característica são suficientes.

Tendo em vista a importância da questão, gostaria de explicá--la por meio de um par de exemplos. Já falamos sobre a instituição da propriedade e já observamos que essa instituição existe em uma formulação romana há mais de 2 mil anos. Mas ela não permaneceu sem alterações. Entre a propriedade como direito de retirar uma colheita (posse originária) e, em seguida, de não menos que uma colheita até a posse "eterna" e o uso dessa terra, há uma diferença bastante substancial. Mas a propriedade como o *direito* de "possuir", ou seja, receber um "tributo" ou uma renda pelo trabalho *alheio*, está *em contradição direta* com a primeira propriedade privada do agricultor sobre seu meio de produção. A seguir, a renda da terra na forma da corveia, ou seja, o trabalho adicional nos campos do senhor, e o trabalho necessário na "sua própria terra", até a escravidão – a condição da servidão –, depois, a renda natural da terra, por exemplo, o arrendatário-meeiro (renda natural de tipo II) e, finalmente, *a renda monetária* de tipo capitalista. Essas diferenças podem não ser expressas na lei, ou são, com frequência, expressas em uma lei especial, por exemplo, as que proíbem o trabalho dos não livres, as que abolem a condição da servidão ou proíbem a corveia etc.; e a conexão de tal artigo com a instituição da propriedade passa despercebida. Essa questão para nós está agora na ordem do dia. Nós declaramos *a socialização da terra*. Na realidade, foi somente *uma nacionalização* seguida do uso hereditário da terra por parte dos camponeses. Os próprios camponeses, como anteriormente, continuam a considerar a terra como sua. O novo código agrário introduz a liberdade de sair da comunidade, o camponês tem o direito de venda livre de seus produtos, sujeito ao pagamento do *prodnalog*.[331] Além disso, prevê-se, ainda, a possibilidade limitada do cultivo capitalista da terra por meio do trabalho assalariado. Assim se altera o caráter da propriedade privada ou estatal. Uma única palavra transforma toda a instituição.

Ou tomemos o contrato de compra e venda: trata-se, inicialmente, de uma troca de equivalentes, de produtos do trabalho (primeiro, provavelmente, até uma doação mútua), depois, de uma troca do produto por um equivalente comum, o dinheiro;[332] em seguida, a intermediação da troca como uma profissão especial de uma classe especial, até o capital comercial etc. Sabemos que em torno da característica do lucro ou dos juros se abriu uma luta encarniçada: proibição do lucro, sua plena liberdade ou a legalização dos juros. E cada uma dessas características confere ao conceito de

---

331 Imposto natural sobre alimentos cobrado das fazendas camponesas; foi introduzido por decreto do Comitê Executivo Central de 21 de março de 1921, em troca do excedente. Trata-se do primeiro ato da Nova Política Econômica, NEP, na sigla russa, de *Новая экономическая политика* [*Nóvaia Ekonomítcheskaia Política*]. (N.T.)

332 Hoje, para um jurista, "a troca é a fusão dos atos de compra e venda com a perda do elo: o pagamento em dinheiro" ([Aleksandr] Góikhbarg).

CAPÍTULO VII – DIREITO E LEI

troca-compra-venda os mais variados tons. Basta apenas acrescentar uma ou outra característica à definição da instituição da compra e venda para que ela se altere até a irreconhecibilidade. Assim, por exemplo, entre uma compra única e a compra como profissão, há uma diferença que, à primeira vista, é puramente quantitativa, mas, ao mesmo tempo, ela é profundamente qualitativa. Já falando da contemporaneidade, a especulação de um camponês-produtor com o seu produto – algo que hoje em dia, em certa medida, é permitido –, e o especulativismo como profissão, que doravante está proibido, são conceitos distintos, em primeiro lugar, quantitativamente, em segundo, também qualitativamente.

Acredito que esses exemplos serão suficientes para caracterizar a nova jurisprudência no terreno da legislação. E vemos aqui *por que a ciência burguesa sempre tende, entre outras coisas, às abstrações desmedidas*: ela não reconhece o ponto de vista de classe; além disso, *empenha-se em encobrir as contradições de classes por meio de fórmulas abstratas*.

A vida, todavia, nem sempre seguiu esse caminho. Por meio da recepção, com frequência, um país adotou o direito mais "desenvolvido" de outro país, e o feudalismo e o capitalismo alternadamente (às vezes, simplesmente de maneira tácita) introduziram mudanças de caráteres quantitativos e qualitativos a essas instituições, mantendo-as inalteradas em sua letra. Dessa maneira, o direito romano, para a surpresa do "marxista" Renner, sobreviveu mais de 2000 anos, e devido à mudança interna de suas instituições, na opinião de Renner, hoje em dia está próximo do socialismo! E milagres ainda maiores aconteceram na Rússia: o direito bizantino, misturado às normas originais do feudalismo russo, com determinados acréscimos insignificantes do senado elucidativo, continha em si o capitalismo envolvido. E em vão os marxistas de orientação jurídica acreditaram isso sozinho deveria "romper o invólucro": as transformações ssárias que a vida na esfera comercial, acionária etc., demandava insistência eram possíveis da mesma maneira que, por meio enxerto, o jardineiro, ao contrário da afirmação de Lassale, poderia obrigar uma figueira a produzir maçãs, e vice-versa. E, no fim das contas, havia na Rússia uma quantidade tal de pretores, liderados pelo senado elucidativo dirigente introdutor de provérbios, que, por esse viés, a Revolução de 1917 não corria nenhum perigo. Mas no dia seguinte da revolução de março de 1917, todos os estabelecimentos tribunais, com exceção de um par de dignatários detidos, já pronunciavam as sentenças da "nova ordem" nos *antigos formulários*, riscando apenas "majestade imperial" e escrevendo de acordo com o *"governo provisório"*, *segundo as velhas leis*, mas em pleno acordo com a nova ordem, definidamente burguesa. "A lei é como um guidão, irá aonde for guiada". Isso significa que a essência não está nas leis, mas no poder. Ora, se os tribunais depois da revolução de março, *sem qualquer ordem*, puseram-se a assinar em nome do novo governo, depois da derrubada em outubro-novembro desse governo provisório, os tribunais julgavam tranquilamente em nome do governo provisório deposto, e mesmo depois do decreto de abolição dos antigos tribunais, o senado elucidativo intentou uma *"insurreição"*, da qual acabaram desistindo apenas porque não encontraram maquinistas que concordassem em assinar a sua proclamação "rebelde". E só foi dissolvido depois do *fechamento* do prédio do senado dirigente e da nomeação de um comissário para a liquidação de seus casos.

O *caráter inabalável da letra* do direito é o *dogma da própria sociedade burguesa*, apenas trazida à vida por seus ideólogos típicos, os juristas. Daí o provérbio jurídico: "a lei é mais inteligente que seu autor".

Esse caráter inabalável *do costume* era compreensível e natural na sociedade primitiva, na medida em que expressava os pilares de sua vida: o comunismo primitivo ou, ainda, o semicomunismo tribal. Mas o caráter inabalável do direito de uma classe dominante da minoria é um engano sistemático que conduz, ainda, ao dualismo entre o direito escrito e o direito natural, intuitivo, justo etc. etc., do qual se ocuparam a filosofia, a psicologia, a sociologia etc. É claro que dessas ideologias caíram migalhas dos pensamentos revolucionários

CAPÍTULO VII – DIREITO E LEI

mais sinceros, e K. Marx dominou esse material, convertendo-o em arma de luta contra a velha ordem. Mas, para a maioria desses investigadores contemporâneos das novas ideias jurídicas da sociedade burguesa, não passa de um passatempo de gabinete ou de salão, e a característica de todas essas ideias jurídicas, que se expressam, se possível, em uma palavra, como liberdade, solidariedade, amor, etc. etc., são fórmulas incolores e sem conteúdo para o "engano das massas". Os trabalhos dos bons juristas técnicos, que de todo modo trabalharam na definição dos tipos de relações jurídicas, as assim chamadas instituições jurídicas, são incomparavelmente mais valiosos do que volumes inteiros dos trabalhos sobre o direito "verdadeiro" ou "devido".[333] Quando a Assembleia Constituinte Francesa, em nome da burguesia vitoriosa, decidiu, com base na declaração dos direitos humanos e dos cidadãos, compor um novo código civil, o relator [Jean-Jacques Régis de] Cambacérès, em seu relatório à Convenção, declarou:

> Depois de uma longa procissão pelos caminhos da destruição, é necessário erguer o edifício majestoso da legislação civil, um edifício simples pela sua estrutura, mas grandioso pela sua dimensão, majestoso graças à sua simplicidade, e tanto mais sólido, pois não se fundamenta no solo dos sistemas, mas no firme fundamento *das leis naturais* e na terra virgem da república (...). O que na terra pode ser mais majestoso e maravilhoso que um povo feliz com suas leis? Mas para a realização disso são necessários dois meios: a força do governo e o *caráter inabalável das leis*.

Incluí essa citação de um revolucionário burguês sobre o caráter inabalével das novas leis a fim de compará-la com as palavras acima

---

333 "Em contraste com esses dois conceitos – justiça e direito – a consciência social incorpora o estado ambivalente que experimenta, na medida em que tal dualismo diz respeito ao campo das relações jurídicas" (cf. MÚROMTSEV, Serguei. *Определение и основание разделения права Definição e bases de delimitação do direito*]. Moscou: [s.n.] 1879).

citadas do presidente do tribunal de cassação francês sobre sua
pretação *humanista*, pois, ainda em 1840 (talvez porque ain
se tinha chegado a 1848!), Pelegrino Rossi disse a respeito do
civil: "sociedade e lei já não coincidem inteiramente" ("*passer*
mehr vollkommen zusammen"). Mas, certamente, não no s
jurídico. Agora, depois do *Code civil*, há uma série de códig
na Alemanha, na Áustria, na Suíça, e havia um projeto até n
Rússia. Anton Menger, em seu interessante trabalho "O cód
mão e as classes pobres", teceu uma boa crítica a esse códig
eis o que ele mesmo escreveu sobre essas críticas:[334]

> Devemos, antes de tudo, constatar que as reprimend
> o fato de que o projeto do código civil alemão refe
> maneira negligente à proteção dos fracos e, por isso,
> um caráter social em si e por si, por mais que estej
> tamente correta, mas nos parece que na boca *dos*
> apenas em insignificante medida é justificável (...).
> de um "lugar comum" bem conhecido este de que
> conjunto de leis, uma vez que compilado em su
> mais importantes por juristas especialistas, *apenas*
> *as visões* e as tendências *da classe dominante de u*
> *época* (digamos mais corretamente, suas ideias c
> como ideólogos da classe dominante).

---

[334] O papel da casta dos juristas como ideólogos da burguesia
é bem expresso nas palavras de [Otto von] Gierke: "a ciên
reito não quer mais permanecer em relação ao direito no p.
gramática desempenha para a língua. Ela quer não apenas
mas também criar regras. Procura não apenas conhecer a
também administrá-la (*meistern*). Seu principal objetivo (*il*
Alles) é um sistema que de um meio se transforma em um
(GIERKE, Otto von. *Die Grundbegriffe des Staatsrechts un*
ten Staatsrechtstheorien [*Os conceitos básicos do direito co*
e as mais recentes teorias do direito constitucional]. Tübinge
Laupp, 1874). Nenhuma palavra é dita sobre o fato de que
"sistema de classe", mas está claro para todos que será assi

CAPÍTULO VII – DIREITO E LEI

Assim, a correlação entre direito e lei é tal que *o direito* em sentido contemporâneo, como um direito *de classe*, encontra sua expressão, principalmente, *na lei*, já a legislação e a implementação da lei, quando necessária por medidas coercitivas, constitui *o monopólio de classe do poder do Estado* (em toda sua totalidade). Dessa maneira, a lei demarca os limites pelos quais se definem as fronteiras de um dado ordenamento jurídico, de um dado sistema de relações jurídicas, mas vimos o quanto ela, devido à sua hipocrisia de princípio, estabelece com fidelidade esses marcos. A lei burguesa busca, justamente, silenciar o verdadeiro caráter desse sistema, e por isso, uma vez mais, devemos assinalar que *o direito é precisamente esse sistema, e não simplesmente a lei*. Teoricamente, *a lei* deve oferecer o princípio fundamental de um dado sistema (por exemplo, a propriedade privada, a feudal, a capitalista etc.) e, se possível, a definição clara e exaustiva, bem como suficientemente concreta, das instituições jurídicas mais importantes. E o restante já é o caso da aplicação do direito, que será sempre injusto para a classe oprimida e justo somente para a classe dominante. É evidente que não pelo princípio da *fiat iustitia, ruat mundus*,[335] mas interpretando essas leis de maneira "humana e liberal", pois qualquer interpretação burguesa será ainda assim apenas de classe. Nessa relação, convém notar a tendência popular na ciência burguesa da assim chamada *"Freirecht"*, que gostaria de conceder ao tribunal burguês a liberdade das leis, ou seja, novamente o "papel de criador do direito". E mais longe ainda vai o jurista prático burguês Ernest Fuchs: "o direito e a verdade na nossa justiça civil representam quase sempre o quadro da casualidade, próprio de uma loteria". E a essa prática tribunalícia ele contrapõe "a exposição das partes (*Rechtssprechung*), proveniente da *ponderação de interesses opostos*, da compreensão das necessidades práticas e do modo de pensar de instituições justas". Ele, portanto,

---

335 Em latim no original: "faça-se justiça nem que o mundo caia". O autor parece fazer referência aqui à locução latina: *"fiat iustitia, et pereat mundus"*: "faça-se justiça nem que o mundo pereça". (N.T.)

profetizou em palavras a seus colegas burgueses aquilo que nos trouxe, na prática, a Grande Revolução de Outubro.

Assim, a burguesia, confusa em sua hipocrisia, *do princípio do caráter inabalável da lei* chegou ao "tribunal livre da lei" (claro, o seu próprio, de classe), e mesmo à posição de avaliação justa do interesse como base das decisões judiciais ou, na Rússia, ao direito intuitivo de Petrazycki. Isso quer dizer que, quando propusemos a palavra de ordem: atear fogo às velhas leis e não apenas atear-lhes fogo, mas extirpá-las da nossa memória e da memória das amplas massas, não estaríamos corretos também do ponto de vista da ciência burguesa?

Temos, agora, atrás de nós, cinco anos de poder dos sovietes. Temos, hoje, nossos códigos do período da NEP. Vivemos durante cinco anos segundo a "consciência jurídica" de juízes do povo e, digamos francamente, não eram de modo algum, em sua maioria, comunistas conscientes ou, em grau ainda menor, trabalhadores conscientes. Não obstante, nós resolvemos essa questão *correta por princípio*, e caberá *a todas as revoluções proletárias* seguir esse caminho. Mas não precisamos de códigos de leis inabaláveis, e nossa Constituição deve nos dar a possibilidade de mudar uma lei em 24 horas.

Se hoje lemos os escritos não apenas dos juristas que se alegraram com nossas novas leis "burguesas", mas, ainda, dos nossos camaradas que com elas se angustiam, sempre encontramos a mesma lenda que devemos refutar, a saber, de que sempre fomos contra as leis em geral e os códigos em particular. Ao contrário, começamos com leis como a socialização da terra, a jornada de oito horas etc. E não poderia ser diferente. Ora, nossa revolução foi a mais organizada de todas as revoluções anteriores. E será que poderíamos ter renunciado de tal meio de reorganizar a sociedade, como o é a legislação? Ainda em 1917, eu, na qualidade de comissário do povo para a justiça, constituí um departamento especial de "projetos legislativos e *codificação*". Já no outono 1918, redigi um artigo para a

CAPÍTULO VII – DIREITO E LEI

coletânea de outubro, que se encerra com as minhas considerações, as quais considero hoje em dia plenamente corretas, tanto quanto as considerava naquela época. Então, escrevi:

> Tenho agora diante de mim o volume 71 da compilação de leis e disposições do governo operário-camponês, contendo 778 decretos. Esse livro grosso nos parece um livrinho fininho em comparação aos 16 volumes do antigo corpo de leis, ou as coletâneas de leis anuais do antigo governo. Mas, se deixarmos de lado as disposições que se referem aos casos particulares (confisco, nacionalização e questões de organização), sobrará apenas um livrinho fininho contendo as posições fundamentais do novo direito proletário.
>
> *Chegou a hora de dar início à codificação*, à compilação de todo o direito proletário do período de transição em uma compilação sistemática. Esse deverá ser um código *acessível para as mais amplas massas*. Mas conseguiremos compor tal código nos próximos meses? E se conseguirmos, por quanto tempo em geral ele manterá sua força? Ora, basta dar uma olhada no livro de decretos para nos convencermos de o quanto as instituições e as leis criadas pela revolução são instáveis e mutáveis.
>
> Censuram-nos pelo fato de termos abandonado a assembleia constituinte por nós mesmos desejada e criada. Além disso, já descartamos ou alteramos os fundamentos mesmos de instituições criadas por nós pela primeira vez. A revolução proletária não reivindica conquistas eternas e imutáveis. A revolução proletária é um processo de desenvolvimento por meio de uma guerra civil. Quanto menor o atraso, maior a agilidade – tais são as suas palavras de ordem. Isso porque no dia da vitória final dessa revolução terminará também o processo de definhamento e morte do próprio direito proletário, entendendo-se direito no velho sentido.
>
> O primeiro lugar no livro do nosso código do direito proletário, é claro, será ocupado pela nossa constituição soviética. Esses 90 artigos das leis fundamentais da RSFSR resumem em alguns volumes a compilação anterior. É verdade que a

constituição prevê algumas instruções para o desenvolvimento de suas disposições fundamentais, mas trata-se de algo relativo a questões especiais, por exemplo, à parte técnica das eleições dos sovietes, e é bem provável que sejam impressas em um livro especial junto com as demais instruções, delitos, encaminhamentos etc., os quais na antiga compilação estão espalhadas em todos os volumes.

Os direitos e deveres dos cidadãos, tanto russos quanto estrangeiros, devem seguir a Constituição. Teremos, de fato, tal distinção entre nativos e estrangeiros, mas, de acordo com o artigo 20 da Constituição, apenas entre *trabalhadores e não trabalhadores*. É óbvio que também esta é uma distinção apenas temporária, até a abolição da divisão de classes em geral, quando todos se tornarem trabalhadores. Em seguida, virão artigos temporários curtos sobre a passagem de uma cidadania a outra, talvez até de uma classe a outra. E isso é tudo.

A seção mais importante do livro I será a seção do *direito social*. Note-se que este é o mesmo livro que antes costumava ser colocado no volume X e era chamado de direito individual ou civil, ou seja, o direito burguês. Mas com dificuldade se reconhece esse velho conhecido: não permaneceu nele quase nada de burguês e ainda menos de individual ("privado"). Abrem-se as primeiras páginas: sobre o direito da família, sobre a sagrada família da burguesia, e não se encontra nada de sagrado. Esta é a única passagem em que o livre consentimento prevaleceu, tendo sido suplantado aí quaisquer impurezas (na forma dos sacramentos eclesiásticos ou civil, da coerção). Daí em diante, até que se introduza uma segurança social plena no direito da família proletária se preservará resquícios do direito precedente na forma dos alimentos (na condição de ausência de meios ou da falta de capacidade para o trabalho). A segurança social também eliminará esses resquícios do velho mundo.

Depois do direito de família, será a vez dos "direitos de propriedade", ou melhor, a abolição e a limitação desses direitos; a abolição da propriedade privada da terra e a socialização da terra, a nacionalização da produção e das moradias urbanas, a organização administrativa das propriedades nacionalizadas

CAPÍTULO VII – DIREITO E LEI

e, finalmente, a admissão da aplicação de vestígios da propriedade privada no período de transição.

Em seguida, virá a codificação *de todas as regulamentações relativas ao trabalho*, tanto ao trabalho na produção quanto ao trabalho de funcionários soviéticos e privados. Esta é a parte do direito social que, de uma forma ou de outra, passará para a nova sociedade. Mas já vimos que, ali, o trabalho, de dever e de obrigação, converte-se em direito, ou como disse Marx: "quando o trabalho tiver deixado de ser mero meio de vida e tiver se tornado a primeira necessidade vital".[336]

Essa seção será seguida, ainda, por algum resquício do direito contratual, logo, a liberdade de contrato. Mas se acrescentará uma nova seção: a do *direito internacional*. No que concerne aos países operários, a República manterá relações comerciais e contratuais até a introdução do socialismo generalizado. E a fim de romper para sempre com os longos contratos de diferentes tipos com os diferentes Estados, tentaremos formular disposições que reconhecemos como indiscutíveis por todos os países.

Não sei se tudo isso caberá em um único livro, mas esse será o direito fundamental obrigatório para todos. E ele não representará a antiga obrigatoriedade petrificada, pois mesmo uma mudança na Constituição é estabelecida pelo Comitê Central Executivo. Não obstante, em relação a esse livro I, aplicaremos o princípio rigoroso da inflexibilidade.

Caso diferente é o das legalizações futuras: as instruções e as diretivas técnicas para as quais são obrigatórios somente os lugares mais comuns. Quer se trate de regras sobre processos judiciais, o serviço de correios, telégrafos e ferrovias, ou, finalmente, a agricultura, a horticultura ou a apicultura soviéticas, a obrigatoriedade será apenas condicional. O mesmo se dará com as instruções adotadas relativas aos delitos criminais e às penas, ao cumprimento das penas ou à educação popular e à instrução em geral. Serão livros bastante volumosos, mas

---

[336] MARX, Karl. *Crítica do Programa de Gotha*. Trad. Rubens Enderle. São Paulo: Boitempo, 2002, p. 31. (N.E.B.)

destinados apenas a um outro grupo de indivíduos, a um outro caso particular etc. Não sei o quanto lograremos na aplicação estrita dessas seções, mas, em princípio, são aceitas entre nós. Já temos uma série de instruções como estas em vez das antigas leis: instruções para os juízes do povo, para os departamentos penais, sobre a separação da Igreja e do Estado etc.

Mas mesmo com existência de um código semelhante, cuja composição é hoje imprescindível que se inicie o mais rápido possível, resta ainda uma tarefa: tornar esse código acessível para todos. É claro que nosso código será significativamente menor do que os antigos, os quais nenhum jurista conheceu ou leu do princípio ao fim. É claro que uma ou outra parte dele será ensinada em escolas obrigatórias, comuns ou especializadas. Mas, de todo modo, restará a tarefa de popularização desse novo código, ainda que seja transitório.

Optei pela forma de catecismo e tentei redigir o "tribunal popular" por meio de perguntas e respostas. Publiquei da mesma forma a nossa Constituição soviética, sabendo do preconceito que qualquer leitor tem contra a exposição artigo por artigo de uma lei em particular. Esses manuais foram compilados na qualidade de publicações individuais, sem vínculo de obrigatoriedade. Mas é bem possível que essa forma, como a mais popular, encontre aplicação também nas publicações oficiais. Algo similar encontramos na codificação em inglês, sobretudo, na estadunidense. Teremos, lado a lado, dois códigos: um artigo por artigo e um de divulgação. Talvez essa última seja a forma do direito proletário do futuro, quando não restará sequer uma sombra do sistema burguês, pois para qualquer um de nós, evidentemente, *o direito proletário é, antes de tudo, uma simplificação, uma popularização do nosso novo sistema social*.

Somos acusados, por um lado, de emitir decretos em demasia e, por outro, de carecermos de uma série de leis que são as mais necessárias. Ambas as acusações são, ao mesmo tempo, fundadas e infundadas. Carecemos, sem dúvida, dos decretos mais necessários, por exemplo, ainda que de instruções sobre os delitos criminais e as penas. Mas diante da falta de juristas

CAPÍTULO VII – DIREITO E LEI

na nossa plataforma, isso é mais que natural. Por outro lado, decretos prematuros nesse terreno são particularmente perigosos. Nós, com pleno fundamento, acusávamos o governo provisório de Lvov e Kérenski de, ao longo de 8 meses, não ter publicado sequer uma única lei, mas, a todo momento, marchava na retaguarda do curso da revolução. Mas assim atuavam de modo claramente contrarrevolucionário e intencional, calculando a próxima ofensiva da reação. Esse tipo de acusação, contra nós, ninguém faz.

Contudo, por essa razão, é como se os decretos sobre a terra, sobre a jornada de 8 horas, sobre a família e a herança, a separação da Igreja etc., não fossem oportunos, já que nem todos entraram em vigor. Mas essa opinião também está errada. Nós agimos corretamente ao colocar esses marcos, e o fato de que nenhum desses decretos fundamentais precisou ser revogado e de que, hoje, um após o outro, passam a vigorar indica a sua utilidade. Mesmo um jurista burguês tão inteligente quanto Menger escreve que "os olhos do verdadeiro legislador não se voltam para o passado, mas inflexivelmente ao futuro". Num período revolucionário, é essa a diferença entre uma direção consciente, organizada da revolução, e um golpe espontâneo, se se quiser, anárquico. Não obstante toda nossa carência de forças, todas as imperfeições do nosso aparato, cada página da nossa compilação de decretos e, não em menor medida, do nosso código do direito proletário, mostra que se trata de uma superestrutura de uma revolução material séria, e não de um ímpeto temporário. A estreita interação entre o proletariado e o direito por ele criado, que se manifesta de maneira mais evidente na prática do tribunal popular, é o fio vermelho que percorre toda a revolução proletária. Não teme o erro ou os fracassos temporários, pois, enquanto a burguesia a cada fracasso perde uma esperança supérflua, o proletariado, como classe ascendente, a cada erro, torna-se rico em uma experiência.

Essas palavras são, é claro, inteiramente aplicadas apenas ao período "comunista" de 1918, porém refutam de maneira brilhante a calúnia de que seríamos inimigos das leis e dos códigos. Mas, de qualquer modo, se, no momento da ofensiva, era possível prescindir de alguma forma da consciência jurídica de classe, já no momento do recuo, os códigos se tornaram necessários. Esses códigos foram compostos muito rapidamente e demasiado de acordo com os antigos, mas, mesmo assim, em alguns deles, naqueles que contêm o direito material, como nos códigos Civil, Penal, Agrário e do Trabalho, encontram-se as características mais definidas dos códigos revolucionários. Sua popularização e correção é um trabalho para o futuro.

Ao tratar da lei, a teoria geral do direito, comumente, detém-se detalhadamente em diferentes estágios de passagem do projeto de lei e em seus diferentes tipos: lei, decreto, ordem, codificação etc. Nós não temos essa divisão, tendo em vista o ordenamento simplificado da legislação. Para nós, um decreto tem a mesmo força, seja emitido pelo Congresso Panrusso de Sovietes, pelo Comitê Central Executivo Panrusso ou seu *Presidium*, seja, finalmente, pelo Soviete de Comissários do Povo. Nos limites dos "Estatutos", têm pleno poder também as resoluções do Soviete do Trabalho e da Defesa, o Pequeno Soviete e os comissariados do povo especiais. Mas o Congresso Panrusso de Sovietes e o Comitê Central Executivo Panrusso, e na ausência desse último o seu *Presidium*, podem revogar qualquer decreto ou qualquer resolução do Soviete de Comissários do Povo, do Soviete do Trabalho e da Defesa e dos comissariados do povo especiais. Evidentemente, não há diferença entre legislação ordinária e codificação. Segundo o novo estatuto da estrutura judicial da RSFSR, "a interpretação correta das leis concernentes à prática tribunal" pertence ao Supremo Tribunal, e a legalidade é, em geral, fiscalizada pelo Comissariado do Povo para Justiça e pela procuradoria. Para observação da legalidade do ponto de vista das leis gerais da União, foi criado um Supremo Tribunal da União especial. Mas a interpretação da lei entre nós não pode admitir deformidades, uma vez que não tememos a interpretação autêntica, ou seja, a interpretação da mesma instituição que promulgou a lei, bem como modificações e acréscimos necessários às leis recém-formuladas, se necessário, em 24 horas. Doravante, desse direito não abdicaremos.

CAPÍTULO VII – DIREITO E LEI

Em conexão com a questão da lei e do direito, encontra-se, ainda, a questão da legalidade. Em uma época ainda anterior à revolução, em Leningrado [São Petersburgo] apareceu a revista *Pravo* [*O Direito*], dos *Kadets*, cuja palavra de ordem era "legalidade", ou seja, legalidade sob as leis tsaristas! Continou a sair depois da Revolução de Fevereiro com a mesma palavra de ordem (ora, a Revolução de Fevereiro não aboliu as leis tsaristas). Em 1922, em Moscou, começou a ser publicada a revista acadêmico-jurídica *Pravo i Jizn* [*O Direito e a Vida*], sob a mesma palavra de ordem "Lei" (sem qualquer reserva). Chegou então o momento em que proclamamos (em 1921) a "legalidade revolucionária". Alguns dos nossos camaradas estranharam a palavra "legalidade", e os nossos burgueses "benevolentes" ou simplesmente inimigos se detiveram perplexos diante da segunda palavrinha: "revolucionária".

É preciso que nos detenhamos também ante essa questão.

Quando eu estava em Berlim, tive que caracterizar nossa relação com a lei no primeiro período da revolução em um artigo em língua alemã e a defini como *"legitimidade revolucionária"*. Com a transição para uma nova política, deveríamos já ter passado para a *legalidade*, mas, é claro, *para a legalidade revolucionária*. O que essa expressão significa? Ela é colocada em oposição à legalidade *contrarrevolucionária*, que espera um retorno mais ou menos total às leis anteriores a Outubro.

Já observei na imprensa que devemos insistir com rigor no fato de que qualquer recuo, quando feito com vistas a uma ofensiva futura, deve ser interpretado de modo rigorosamente estrito. E essa ideia foi, em seguida, expressa com exatidão nos artigos 5° e 6° da resolução de introdução de um Código Civil: *"Fica proibida* a interpretação das resoluções do Código com base nas leis dos governos derrubados e nas práticas dos tribunais pré-revolucionários". "A interpretação extensiva do Código Civil RSFSR é permitida somente naquele caso em que se exige a defesa dos interesses do Estado operário-camponês e das massas trabalhadoras".

267

Mas a expressão legalidade *revolucionária* tem ainda um outro sentido. O juiz, ao deliberar sobre essas novas leis, deve ter em vista que os recuos foram feitos *voluntariamente e segundo os interesses da revolução*, uma vez que coincidem com os interesses de classe da classe vitoriosa do proletariado como um todo e, consequentemente, de acordo com sua consciência jurídica revolucionário. Só então será possível unificar a justiça de classe com uma rigorosa legalidade, ou seja, em conformidade com os decretos e códigos do governo operário-camponês.

O caráter revolucionário e a consciência de classe devem atravessar nossa compreensão do direito e nossa consciência jurídica como um fio vermelho. Devemos evitar quaisquer teorias do revisionismo e do economismo que professem *para nós a impotência da lei revolucionária* diante das relações de produção burguesas. Mas devemos, do mesmo modo, ter cautela em relação aos legalistas revolucionários *que acreditam na onipotência do decreto revolucionário*. Da força da classe vitoriosa, dos êxitos de sua luta de classes (que continua, só que por outros meios) depende a vitória final do novo sistema de relações sociais segundo os interesses do proletariado.

CAPÍTULO VIII

RELAÇÃO JURÍDICA E SUA ANÁLISE

Se decompusermos todo o sistema de relações sociais referentes a um dado ordenamento jurídico em suas partes constitutivas, obteremos o conjunto das assim chamadas relações jurídicas. Essas relações jurídicas reúnem-se em grupos denominados de instituições jurídicas que representam a união de relações individuais *nas relações* mais *típicas* de um dado ordenamento jurídico, como já vimos. Muita coisa tem sido dita sobre essas instituições. Foi formulada até mesmo uma teoria que lhe atribui não apenas o sentido *de um tipo* das relações jurídicas, mas que lhe imputa, inclusive, *objetivos ou funções* sociais especiais. Evitando, em geral, o amontoado de reflexões contraditórias da ciência burguesa, devo me deter mais minuciosamente nessa questão, uma vez que entre nós ela conta com um significado prático.

Essa última teoria foi popularizada entre nós pela pena hábil de Leon Duguit, cujo livro saiu em 1919[337] em tradução russa, com

---

337 Cf. DUGUIT, Leon. *Общие преобразования гражданского права со времени кодекса Наполеона* [*Transformação geral do direito civil desde*

edição e prefácio do camarada Góikhbarg. Duguit denomina sua teoria como "socialista", ao mesmo tempo que ele próprio rejeita categoricamente a denominação socialista. A essência de sua teoria consiste em que rejeita a teoria volitiva, como metafísica, e propõe, em vez do elemento volitivo (ou melhor, em vez apenas do *igual e livre arbítrio*), introduzir o elemento da *tarefa* ou *função social*. Não no sentido da imputação ao poder de certas funções determinadas por ele defendidas, mas no sentido da simples *renomeação* do ordenamento *atual* para *socialista*. "A propriedade, por exemplo, é transformada, a evolução se realiza no espírito socialista". Duguit destaca que aqui ele está falando sobre a propriedade *capitalista*. Quer dizer, sua teoria se resume ao fato de que o proprietário da terra, da fábrica etc. é *não apenas* um usurpador, um membro da classe dos escravizadores, mas que, *do desenvolvimento, da evolução, recebeu a tarefa mais alta*, e ademais socialista, de representar, de ser a personificação (palavra de K. Marx) da sagrada propriedade da terra ou de outra propriedade capitalista também *e como tal explorar as massas*, que estão privadas dessa propriedade. Quer dizer, sua teoria é o sistema jurídico mais acabado e declarado da proposição econômica dos economistas burgueses, de que *o capitalista realiza uma função social determinada*, pela qual recebe inclusive um pagamento (Roscher) e todo o lucro, excluída a porcentagem média. Evidentemente, Duguit dá um certo passo adiante ao rejeitar a teoria do *igual e livre arbítrio* das partes como base de um contrato justo, mas em vão define *apenas* a teoria volitiva como metafísica. Em sua exposição, o conceito de função social da instituição jurídica é *igualmente metafísica*.

O camarada Góikhbarg avalia corretamente, no prefácio, que o "autor é burguês até a medula". Mas ele mesmo se converte em um teleólogo quando enaltece a teoria da "função social" ou do objetivo social como *condição "de defesa pela sociedade"* de uma

---

o tempo do código de Napoleão]. Trad. Aleksandr Góikhbarg. Moscou: Editora do Estado, 1919.

CAPÍTULO VIII – RELAÇÃO JURÍDICA E SUA ANÁLISE

dada instituição. O camarada Góikhbarg introduziu essa teoria também em nosso código civil. Mas aqui, como muita coisa em nossa revolução, essa teoria recebeu um significado e um tratamento completamente distintos, graças justamente à revolução. O artigo 1º do código dispõe: "os direitos civis são protegidos pela lei, exceto nos casos em que são exercidos em oposição às suas designações econômico-sociais". Nas condições de uma revolução, o sentido do artigo é o de que a revolução faz uma concessão *voluntária* e introduz determinadas instituições jurídicas por ela já abolidas, mas apenas *sob a condição* de que dispondo desses direitos os indivíduos realizaram a tarefa: introduzir a iniciativa na vida econômica, ainda que por princípios burgueses, com a finalidade do desenvolvimento das forças produtivas do país, conforme dispõe o artigo 4º. Se essa condição for violada, *o direito será privado de defesa.* Mas essa situação corresponde apenas à época em que o poder já se encontra nas mãos do proletariado, e *esse objetivo é estabelecido conscientemente pelo poder operário.* Em condições diferentes, por exemplo, na aplicação ao direito burguês, a teoria dos "objetivos sociais" das instituições jurídicas é a mesma doutrina metafísica e, além do mais, em defesa e justificativa da estrutura burguesa.

Objetivamente, vemos na instituição jurídica apenas uma relação social jurídica, reduzida a um tipo característico de uma estrutura específica de relações jurídicas. A relação jurídica no mundo capitalista, segundo sua principal característica, é uma relação de "dominação-escravidão", pois aqui o proprietário dos meios de produção domina não apenas a produção, mas também a troca. A relação jurídica é uma inter-relação de duas partes (indivíduos ou totalidade de indivíduos), das quais, um lado ("sujeito ativo do direito") tem, em virtude dessa relação, determinados direitos, e a outra parte ("sujeito passivo do direito") tem determinadas obrigações. "direito-obrigação", tal é a fórmula abstrata da relação jurídica. Mas, é claro, não é a relação jurídica que cria o direito, em essência; ela é, como vimos, "apenas a realização formal" da relação econômica. Sem essa forma, contudo, a relação econômica não será jurídica, mas somente factual, talvez, simplesmente ilegal e inválida, e até diretamente criminosa e perseguida.

É interessante observar a teoria dos juristas romanos, os quais enxergam na relação jurídica apenas "as amarras", "os grilhões" do direito – *juris vinculum*.[338] O sujeito de direito (*subjectus*)[339] eles entendem também na forma do súdito, sujeito ao direito, "vinculado a ele", e somente os juristas da Europa Ocidental (a começar dos glosadores) atribuem significado particular e principal à parte *ativa*, e não à *passiva, da relação jurídica*. Isso quer dizer apenas que o jurista romano e o próprio direito romano assinalam abertamente o elemento do domínio. Para eles, não há uma *relação* livre, mas um *vínculo*! A Grande Revolução Francesa destruiu os velhos *vínculos* e declarou a pessoa livre das correntes e dos vínculos. Por isso, leva a toda parte a ideia do contrato social livre, os acordos entre *iguais e livres arbítrios*. Mas as novas relações foram preparadas ainda sob as velhas condições. Já se tinha habituado às fórmulas do direito romano, e a revolução apenas depurou essas fórmulas das excrescências feudais.

Ao abrirmos qualquer código civil contemporâneo do sistema burguês, encontraremos instituições bastante diferentes: em primeiro lugar, o direito *de família*, pois a família na sociedade burguesa é ainda a menor célula econômica de todo o sistema social. Em conexão com o direito de família está o *sucessório*, ainda que no testamento burguês já tenha se libertado da família e embora o sistema capitalista tenha destruído em sua raiz as bases da própria sagrada família. Originariamente, a família representava, ao mesmo tempo, também a propriedade: o *"paterfamilias"* era o pai de família e o patrão da propriedade. Agora a propriedade se tornara uma instituição autônoma, "o direito das coisas", cuja personificação, o proprietário, torna-se impessoal, converte-se, muitas vezes, em

---

[338] No latim, no original: vínculo jurídico. (N.E.B.)
[339] No latim, no original: sujeito. (N.E.B.)

CAPÍTULO VIII – RELAÇÃO JURÍDICA E SUA ANÁLISE

portador de papéis (ações, títulos). A instituição da propriedade dominou o direito de herança, como seu anexo. Todas essas instituições baseiam-se no princípio da dominação, do senhor-escravo na esfera da produção. A segunda metade de qualquer código é dedicada ao direito contratual, das obrigações, e se refere, principalmente, à troca de produtos: compra-e-venda, permuta, doação, empréstimo etc. Mas, além disso, nessa seção estão incluídos todos os contratos decorrentes da organização dos senhores da produção e da troca (sociedade, mandato, cessão de direito etc.), ou da participação nos lucros (juros, renda etc.). As instituições, por sua vez, tornaram-se autônomas e se reagruparam de acordo com características puramente formais, como, por exemplo, contratos de arrendamento de propriedade ou pessoais etc. Mas, além de todas essas relações que, de certo modo, têm uma relação com a produção e a troca, nesse código, estão incluídas quaisquer relações, que não essencialmente jurídicas, por exemplo, os contratos de jogos de azar, que são morais ou, ao contrário, imorais, mas especialmente permitidos. Para esse último grupo de relações, em essência, não há em absoluto um lugar no código material.

Em todas essas relações de produção, fica evidente o elemento de domínio-escravidão: a disposição (do verbo dispor!), posse (do verbo "possuir" – cf. capítulo II),[340] uso (extração de benefícios, de frutos). Aqui ainda se pode ver os "grilhões do direito" (*juris vinculum*). Mas no capitalismo desenvolvido (particularmente, em seu estágio monopolista) também a distribuição, ou seja, o comércio, está nas mãos da classe dos capitalistas que ditam seus preços e suas condições, de tal modo que não se pode falar de nenhuma livre vontade do comprador.[341] A partir desse fato, a ciência criou uma

---

[340] Neste volume, p. 157. (N.E.B.)

[341] De acordo com a regra geral, os direitos (com exceção do direito de família) são transferidos livremente sem o consentimento do devedor, mas o devedor não tem direito a transferir suas obrigações. Exceções, em um e em outro caso, são especificamente estipuladas.

teoria especial sobre "as relações jurídicas" surgidas *par adhesion*[342] (ou seja, por meio da adesão). Nessa teoria se manifesta a tendência da ciência burguesa ora mencionada de converter todas as inter-relações entre as pessoas em um tipo de relação entre coisas. Devemos considerar esse reconhecimento por parte dos cientistas burgueses sobre "a vontade unilateral que dita suas condições não a um indivíduo em particular, mas a um conjunto ilimitado de pessoas" como o reconhecimento deles das relações de "domínio-escravidão", mas, ao mesmo tempo, não devemos lhes dar a possibilidade de esconder o fato de que, de todo modo, trata-se de uma inter-relação de pessoas, da exploração de uma pessoa por outra. Dessa maneira, essa luta contra a teoria da vontade em favor das "relações entre coisas" não tem nada em comum nem com a nossa luta nem com a luta da mais recente escola psicológica.

Se olharmos desse ponto de vista para o nosso código civil, surgido como resultado do nosso recuo, veremos imediatamente sua diferença radical em relação aos demais códigos. O código civil "com o objetivo de desenvolvimento das forças de produção da RSFSR" representa o direito civil, mas, como já vimos, *condicional*, ademais, *limitadamente*. O direito de propriedade da terra permanece nacionalizado, a terra *não pode* ser objeto de circulação *privada*. O direito de herança é limitado a 10.000 rublos em ouro, excluindo-se os direitos de concessão. O direito de família não está incluído no código, mas sabemos que o divórcio livre por uma das partes já confere à família uma aparência distinta, e que seu antigo conteúdo burguês doravante baseia-se em condições econômicas excepcionais transitórias. As relações anteriores de *domínio privado* de tipo ilimitado não têm lugar nem na seção do direito das coisas nem no das obrigações. Esse último é o que mais se aproxima do direito puramente burguês, ou seja, o direito das obrigações, mas

---

342 Cf. SALEILLES, Raymond. *De la déclaration de volonté*: contribution à l'étude de l'acte juridique dans le Code Civil Allemand, art. 116 a 144. Paris: F. Pichon, successeur, 1901.

CAPÍTULO VIII – RELAÇÃO JURÍDICA E SUA ANÁLISE

também aqui ele é apenas um direito tolerado. Em um aspecto repete bastante servilmente os códigos civis da burguesia: em relação aos sistemas de disposição das instituições, cujas desculpas podem ser aceitas apenas devido à enorme pressa de sua elaboração. Também não está livre de censuras no sentido de que busca transferir para nós as formas mais sutis de exploração na circulação civil, ainda que nós, como um Estado operário-camponês, não estejamos interessados nisso, pelo contrário.[343] Mas não se esconde em parte alguma que, nesse código, trata da questão das inter-relações entre as pessoas e, dentro de determinados limites, da exploração de uma pessoa por outra pessoa.

O indivíduo participante de uma relação jurídica é denominado de sujeito de direito. O direito trata apenas das relações entre pessoas, e não entre pessoas e coisas, *entre objetos do direito*, como acreditam os juristas burgueses, e não apenas os burgueses. *As relações entre a pessoa e as coisas* pertencem a um outro ramo da ciência. O sujeito do direito pode ser qualquer pessoa dotada *de capacidade jurídica*, tanto uma pessoa física quanto jurídica. Como pessoa jurídica, segundo nosso código civil, são reconhecidas as associações de indivíduos, as instituições ou as organizações, as quais podem, como tais (as últimas mediante seus órgãos ou mediante seus representas), "adquirir direito de propriedade, assumir obrigações, buscar o tribunal ou responder em juízo". A pessoa jurídica deve ter um estatuto aprovado ou registrado por uma instituição autorizada ou, nos casos previstos pela lei, um contrato de sociedade. Mas ao mesmo tempo que os códigos burgueses tendem à despersonalização das relações na forma de direitos e títulos ao portador, entre nós, os direitos ao portador, como regra geral, não existem, salvo as exceções permitidas apenas por leis especiais. Mesmo as ações

---

[343] Para mais detalhes, cf. o meu informe: STUTCHKA, Piotr. *Классовое государство и гражданское право* [*Estado de classe e direito civil*]. Moscou: Editora da Academia Socialista, 1924.

devem ser nominais, e ao portador podem ser apenas na qualidade de exceção especial.

Eu já disse que pode ser sujeito de direito apenas o indivíduo dotado de capacidade jurídica. Esse indivíduo deve existir, ou seja, ter nascido ou, pelo menos, ter sido concebido e não estar morto, já a pessoa jurídica deve ter sido registrada e, se isto não for exigido, passa a existir a partir do dia em que foi assinado o contrato ou estatuto. Os detalhes dessa questão pertencem a ramos específicos do direito.

O sujeito de direito pode ser *ativo*, ou seja, *elegível*, ou *passivo*, ou seja, *portador de uma obrigação*. Nos contratos bilaterais pode ser, ao mesmo tempo, tanto um quanto outro. Por um lado, exigências, demandas e direito; por outro, dever e obrigação. É esse o esquema da relação jurídica. Denomina-se objeto do direito o conteúdo da relação, ou seja, a respeito do qual se constitui uma dada relação jurídica.

Como se sabe, a ciência burguesa denomina todo o conjunto de relações jurídicas concretas de *direito no sentido subjetivo*. Em contrapartida, denomina de direito no sentido objetivo não o direito do ponto de vista *do objeto*, ou seja, do conteúdo dessas relações, mas *toda a* totalidade, ou *todo o sistema* de *normas jurídicas* vigentes, ou seja, um simples corpo de leis. Isso significa que consideram a letra da forma *o elemento mais objetivo* do direito. Mas, além disso, também no conceito de direito subjetivo inclui-se não apenas o conceito de direito, pertinente a esse sujeito do direito, mas o conceito de direito como algo *inato* do sujeito, como o famoso "direito abstrato do homem" no sentido da famosa declaração da Revolução Francesa.

De acordo com nossa compreensão jurídica, se empregarmos as mesmas palavras, buscaríamos, evidentemente, o elemento objetivo não na lei e, em particular, não em sua letra, mas nas relações sociais concretas formadoras de todo o sistema jurídico. Para nós, o elemento subjetivo seria, então, antes de tudo, o enunciado subjetivo

CAPÍTULO VIII – RELAÇÃO JURÍDICA E SUA ANÁLISE

que essas relações concretas recebem na lei. Mas não estou propondo introduzirmos essas novas designações, pois são inúteis. Entretanto, escreveu-se muito sobre esse tema na literatura burguesa. Isso porque, apenas dessa maneira, encontraram a possibilidade de conciliar dois campos cujas conexões eles até agora não entendem: a esfera das relações jurídicas concretas e a esfera das relações abstratas, ou seja, das normas jurídicas.

Ora, os próprios juristas burgueses[344] declaram:

> É necessário advertir, todavia, que na sequência jurídica *não é o direito objetivo que precede o subjetivo, mas, ao contrário,* o subjetivo precede o objetivo (...). Cria-se, antes, os direitos subjetivos individuais, e só depois as normas gerais que os regulamentam.

E é na conciliação dessas duas esferas, as esferas do direito subjetivo e objetivo, que se desenvolve o trabalho milenar de toda a ciência e técnica da jurisprudência. Apenas na terminologia (e de modo algum na compreensão de seus conceitos) concorda, mais ou menos, toda a ciência burguesa.

Depois de examinar o conceito e ambos os polos da relação jurídica ou do direito, devemos nos deter na comparação de suas formas concreta e abstrata. Já vimos como as formas concreta e abstrata das relações sociais diferem e divergem entre si. Já vimos também que na base dessa divergência está a contradição dos interesses de classe. Na língua dos juristas, recebe o nome de "controvérsia jurídica", e inventou-se um tribunal especial "imparcial e independente" para a conciliação desses interesses. Mas não apenas os de classe, também os interesses de grupo e particulares complexificam a tarefa, e todo dia, no mundo burguês, temos milhares de casos

---

[344] Cf. prof. KORKUNOV, Nikolai. *Лекции по общей теории права* [*Palestras sobre teoria geral do direito*]. São Petersburgo: Loja N. K. Martínov, 1909, p. 119.

nos quais uma parte, ou seus doutores defensores, defende, com o mesmo entusiasmo, cada um em razão de interesse próprio, cada um a sua "justiça".

A lei estabelece uma demanda categórica de sua aplicação. Mas a concordância da relação concreta com a abstrata (a instituição jurídica) só é possível mediante uma determinada conciliação. Em linguagem jurídica, denomina-se *interpretação da norma jurídica* na aplicação a um caso concreto. A lei não admite contradições internas irreconciliáveis; mesmo em caso de "incompletude, ambiguidade ou contradição" da lei, o jurista procede não à negação, mas à interpretação da lei. Nessa interpretação, ele parte não das relações da vida, mas da letra da lei e, na insuficiência da letra, obtém auxílio da seção correspondente, quando não do código na íntegra ou de todo o sistema jurídico. "Ao atuarem conjuntamente em uma dada sociedade, as normas formam necessariamente um todo coerente. Nisso fundamenta-se a interpretação sistemática" (Korkunov).

Pode haver três casos de divergência entre as formas concreta e abstrata das relações sociais: 1) a lei está atrasada em relação à vida (o direito contrarrevolucionário), 2) a lei ultrapassou a vida (direito revolucionário), e 3) a letra da lei não corresponde à vida, por exemplo, quando é emprestada literalmente de outro país, de outra época etc. (recepção), ou, inversamente, caducou, perdeu sua força vital, "não reza". Em cada um desses casos, a tarefa da aplicação e da interpretação da lei e de seus resultados é diversa.

Nosso velho regime produzia, em massa, casos do primeiro tipo. O capitalismo trouxe à vida relações sociais desconhecidas do volume X do Corpo de Leis. Mas, tendo em vista a "inviolabilidade" da lei, o projeto pronto do "novo regulamento civil" permaneceu por décadas no esquecimento. E eis que o tribunal, em especial o senado, teve que se ocupar da "interpretação progressista" da lei. As relações capitalistas se complexificam, e a "qualificação" não é fácil, ou seja, a subsunção de características qualitativas a uma ou outra instituição em uma dada relação concreta. O que é um

CAPÍTULO VIII – RELAÇÃO JURÍDICA E SUA ANÁLISE

"meeiro", um trabalhador ou um arrendatário? O senado não encontrou uma resposta única. O bosque seria um bem móvel, ou a propriedade da terra é um imóvel? O senado mudou três vezes de opinião. A lei proibia a cessão de hipoteca, e o senado "interpretou" como um direito, ainda que limitado. Gradualmente, a interpretação introduziu toda uma nova instituição, por exemplo, o "enriquecimento ilícito", e essa interpretação teria sido mais "progressista" se a maioria dos senadores, e em geral também os juízes, não fosse do meio dos proprietários de terra, mas da burguesia.[345] Outro caso é o da revolução. A lei revolucionária conduz de maneira organizada também a revolução. Em especial, no período do recuo necessário (isto, de acordo com as palavras do camarada Lênin, será, ao que parece, um fenômeno comum a todas as revoluções). Aqui, o tribunal da classe do proletariado coloca-se de guarda dos interesses da revolução. Evidentemente, os decretos, as leis e os códigos revolucionários devem ser obrigatoriamente aplicados. Mas qualquer incompletude, qualquer contradição, será interpretada de acordo com o sistema revolucionário de relações. Assim, a lei sobre a "introdução" do código civil (art. 5°) dispõe como critério fundamental de interpretação: "defesa dos interesses do Estado operário-camponês e das massas trabalhadoras". Em outras palavras, em qualquer lugar em que o interesse burguês *não seja positivamente protegido pela lei*, o pressuposto legal (a presunção) deve ser sempre em favor do proletariado e de seu poder. O jurista burguês, é claro, procurará ampliar a esfera do interesse defendido extensivamente à burguesia, mas a "introdução" (art. 6°) do mesmo código coloca uma barreira determinada: "fica proibida a interpretação das disposições do Código com base nas leis de governos derrubados e na prática dos tribunais

---

[345] É característico do sistema burguês quase nunca recorrer à chamada interpretação autêntica, isto é, interpretação do próprio legislador. Isso se explica pela ficção da infalibilidade do legislador, na qual se baseia o princípio da inviolabilidade da lei. Em parte, também pelos interesses da casta dos juristas. Nosso sistema revolucionário está livre desse pecado: ele não teme admitir seus erros.

pré-revolucionários". Ou o parágrafo I do artigo 59 do Código: "os ex-proprietários, cujas propriedades foram expropriadas com base no direito revolucionário ou *em geral passaram para a posse dos trabalhadores antes de 22 de maio de 1922, não têm o direito* de exigir a restituição dessa propriedade". Eis a direção rumo à qual deve trabalhar a consciência jurídica do juiz operário-camponês. Mas, claro, a nossa "interpretação" jamais deve desempenhar o papel da "lei inabalável" burguesa. Nossas adições e alterações da lei transcorrem rapidamente.

Resta o terceiro caso: quando a lei *não é aplicada* literalmente. Tal caso pode se dar em momentos revolucionários, em que a lei não avaliou suficientemente a força do velho sistema. A lei é transposta para a vida, mas ou sem resultado, ou de maneira alterada. Ou quando ocorre a recepção do direito alheio (por exemplo, do romano, cf. capítulo VI),[346] quando, em sua introdução, pode haver uma compreensão distinta por parte do próprio legislador; ele o empresta *em uma compreensão incorreta*. Marx tinha a mesma opinião, de que esta última é *a regra geral*. É interessante e instrutiva a esse respeito a polêmica entre Marx e Lassalle.

Lassalle, em seu "Sistema dos direitos adquiridos", prova que a forma romana da *liberdade de testamento* plena (com plena liberdade também de exclusão de um parente consanguíneo) emerge de toda a história, a mitologia, a psicologia etc., do povo romano como instituição jurídica especificamente romana, que na Europa Ocidental não pôde se desenvolver de maneira autônoma. Marx respondeu que a instituição do testamento, ainda que emprestada do direito romano, *na sociedade burguesa, deve ter sua raiz autônoma* (carta de Marx a Lassalle de 11 de junho de 1861).[347] E na carta seguinte, Marx escreve:

---

[346] Neste volume, pp. 209-232. (N.E.B.)

[347] MARX, Karl. "Marx to Ferdinand Lassalle (London, 11 June 1861)". *In*: MARX, Karl; ENGELS, Frederick. *Collected Works*: Letters

CAPÍTULO VIII – RELAÇÃO JURÍDICA E SUA ANÁLISE

Que isto [ou seja, a plena liberdade de testamento] estava de acordo com o sistema de livre concorrência e com a sociedade baseada nela não resta dúvida, nem mesmo que o direito romano, *mais ou menos modificado*, foi adotado pela sociedade moderna, porque a *representação jurídica* de que o sujeito da livre concorrência tem de si mesmo *corresponde àquela do indivíduo romano* (não que eu tenha qualquer pretensão de tratar aqui longamente desta importante questão, nomeadamente que a *representação jurídica* de determinadas relações de propriedades, por mais que se origine delas, por outro lado, *não coincide* com elas *e nem pode ser coincidente [congruent sein]*). Você mostrou que a recepção do testamento romano se baseia originalmente em um mal-entendido (e ainda hoje na consciência científica dos juristas). Mas disso não deriva, de modo algum, que o testamento em sua *forma moderna* (...) seja simplesmente o testamento romano *compreendido de modo errôneo*. Se fosse assim, poderia ser dito que *toda realização de um período antigo* adotada por um período posterior *seria o passado entendido de maneira errônea.* (Marx cita exemplos) (...) *A forma entendida erroneamente* é precisamente a forma geral. É a que se presta *a um uso geral em um determinado estágio do desenvolvimento da sociedade.*[348]

Infelizmente, interrompeu-se nessa carta a correspondência entre Marx e Lassalle; ela é característica para a compreensão do olhar de Marx sobre a ideologia do direito e as relações jurídicas, e justamente no sentido de que as relações reais são mais fortes do que uma instituição mecanicamente assimilada, a qual, por isso, é, respectivamente, modificada e compreendida incorretamente mesmo antes de ser assimilada. Quer dizer, Marx destaca de maneira clara

---

1860-64. vol. 41. Dagenham (Inglaterra): Lawrence & Wishart Electric Book, 2010, pp. 293/294. (N.E.B.)

[348] MARX, Karl. "Marx to Ferdinand Lassalle (London, 22 July 1861)". *In*: MARX, Karl; ENGELS, Frederick. *Collected Works*: Letters 1860-64. vol. 41. Dagenham (Inglaterra): Lawrence & Wishart Electric Book, 2010, pp. 317/318. (N.E.B.)

e nítida a preponderância, no direito, da forma concreta (I) sobre a forma abstrata (II e III).

Mas, ao lado das relações sociais que se convertem em jurídicas, existem relações de produção e troca em massa ou em unidades, que não são passíveis de subordinação a uma instituição jurídica.[349] Do ponto de vista do direito, podem ser relações irrelevantes ou indiferentes. A norma não as proíbe, não as permite, nem as impõe subordinação a uma lei. Não integram nenhum sistema jurídico, tampouco são perseguidas. Aqui se incluem os costumes, na medida em que estes não são lícitos nem proibidos. Diretamente a seguir, vêm as relações não admitidas, ou seja, ilícitas; finalmente, as relações criminosas, talvez até massivamente, como as de contrabando. Evidentemente, devido à sua quantidade, exercem influência sobre as formas abstratas, sobre a lei e a ideologia, sobretudo, em períodos de transição. Nós, melhor que todos, vimos como as relações anticomunistas massivas do período do comunismo de guerra influenciaram tanto a lei quanto a ideologia. Como resultado, deu-se a mudança de todo o sistema, ou seja, o recuo voluntário, mas apenas um recuo parcial com vistas à ofensiva.

> Em todas as formas de sociedade, encontra-se uma produção determinada, superior a todas as demais e cuja situação aponta para sua posição (literalmente, posto) e sua influência sobre as outras. É uma iluminação universal em que atuam todas as cores, e às quais modifica em sua particularidade. É um éter

---

[349] O camarada Pachukanis (PACHUKANIS, Evguiéni. *Teoria geral do direito e marxismo*. Trad. Paula Vaz de Almeida. São Paulo: Boitempo, 2017, p. 96) escreve: "o camarada Stutchka já não está em condições de responder à capciosa questão do professor Reisner sobre como as relações sociais se transformam em instituições jurídicas ou como o direito se transformou no que é". Esta página, impressa um ano antes do trabalho do camarada Pachukanis, explica os mal-entendidos. A relação social é um conceito mais amplo que a relação jurídica. Esse algo a mais é o *poder organizado*, ou seja, *o poder de classe* do Estado.

CAPÍTULO VIII – RELAÇÃO JURÍDICA E SUA ANÁLISE

especial, que determina o peso específico de todas as coisas às quais põe em relevo.[350]

A pobreza do pensamento e dos métodos da jurisprudência burguesa, limitada às investigações jurídicas – por meio das leis ou normas e das instituições que nelas se expressam –, torna-se especialmente clara na comparação com a abundância de material que se abre diante dos nossos olhos, quando tomamos como base a pesquisa das relações sociais reais e de seus sistemas. Então, torna-se compreensível muita coisa que, até agora, restava incompreendida, não apenas nas leis, mas, ainda, na ideologia de séculos de trabalhos da "casta dos juristas". Lançar luz, a partir desse ponto de vista, ou seja, de classe, ao assim chamado "desenvolvimento do pensamento jurídico" será a tarefa do próximo capítulo.

---

[350] MARX, Karl. *Contribuição à crítica da economia política*. Trad. Florestan Fernandes. São Paulo: Expressão Popular, 2008, p. 266.

CAPÍTULO IX

HISTÓRIA DA CONCEPÇÃO JURÍDICA PRÉ-REVOLUCIONÁRIA

Devido à sua essência, em toda parte e sempre, a jurisprudência foi considerada uma ciência "ideológica", o que não impediu seus sacerdotes, os juristas, de serem sempre e em toda parte, na prática, os mais notórios "materialistas". E, de fato, a abordagem do *direito* como uma norma de conduta, como um princípio de condução da vida social, naturalmente, preparou nas cabeças dos juristas terreno fértil para qualquer tipo de correntes idealistas. Um jurista romano (Celso), que recebeu a linguagem jurídica como herança diretamente da história de sua cidade, que lembra em cada palavra o caráter extremamente materialista do direito ("as marcas de sangue e de suor"), fixou sua visão sobre o direito com as palavras *"jus est ars boni et aequi"*, "o direito (ou melhor, a jurisprudência) é a arte (*ars*) do bem e do justo". Nesse sentido, os herdeiros desse "estudioso do direito", a "casta" dos juristas, são os "verdadeiros artistas".[351]

---

[351] Mesmo se aceitarmos a tradução artificial dessa frase, proposta por Puntschart, de que "o direito é um acordo harmônico entre interesse e justiça", nossa conclusão acerca disso não será de forma alguma alterada.

Mas, por mais estranho que pareça, não há outra matéria cuja pesquisa objetiva confirme a cada passo a compreensão materialista da história do que, justamente, o estudo do direito e da ciência do direito. E se há uma área em que, por vezes, a interpretação materialista mais direta dos fenômenos é adequada, essa área é exatamente a do estudo da história do direito e de suas teorias. Não apenas o fato de que a ciência do direito sempre se colocou a reboque dos demais campos dos conhecimentos humanos em geral, mas, sobretudo, de qual ciência, em cada momento dado, tirou suas "leis" e métodos, tudo isso dá o mais eloquente testemunho em favor da compreensão materialista da história em geral. Consecutivamente, a mecânica, a biologia, a psicologia "ditaram suas leis" e métodos à jurisprudência, mas nem uma nem outra, tampouco a terceira, foram, em troca, enriquecidas pela ciência do direito, se não se considerar algumas emendas "voluntaristas" e algum "esclarecimento" trazidos pelos juristas toda vez que uma "lei" desta ou daquela ciência "não chegou ao lugar para o qual a direcionava" o sábio jurista.[352] E só a mais nova das ciências – a sociologia –, que, ademais, sempre foi uma prima da jurisprudência, realizando com precisão matemática o mesmo percurso de desenvolvimento da jurisprudência, conseguiu, em sua apresentação burguesa, colocar-se sob a influência da jurisprudência, em vez de dominá-la.

Já vimos, nos capítulos anteriores, como e por que o dualismo entre as esferas do direito real, por um lado, e do "ideal", por outro, entre os campos *positivo* (ou, como gostam de dizer: "artificial") e *natural* (ou seja, que existe *apenas na ideia*), atributivo-normativo e intuitivo etc., do direito, atravessa como um fio vermelho toda a história do desenvolvimento do direito. Essas esferas ora se afastam, ora se aproximam uma das outras, mas não passa pela cabeça de ninguém explicar esse fenômeno como simplesmente em decorrência da contradição de interesses, da luta de classes. Somente nos momentos de grandes rupturas, de revoluções sociais, em que ascende ao topo

---

352 Cf. a ciência psicológica corrigida do prof. Petrazycki.

CAPÍTULO IX – HISTÓRIA DA CONCEPÇÃO JURÍDICA...

uma nova classe, sente-se uma determinada aproximação ou, por um momento, mesmo a união dessas esferas, já que "só em nome dos interesses universais da sociedade é que uma classe particular pode reivindicar o domínio universal".[353] Foi, por exemplo, apenas em nome de toda a nação, que a burguesia da França saiu vitoriosa da Grande Revolução Francesa.

Em tempos normais, esse dualismo é tão profundo que o direito positivo, a partir da "casta dos juristas", e o direito "ideal", a partir da filosofia do direito, abriram entre si um completo abismo. Leia-se, por exemplo, o lamento do professor Chercheniévitch:[354]

> Enquanto os juristas se ocupavam exclusivamente com a interpretação e a sistematização das normas do direito positivo, a filosofia do direito era elaborada por pessoas muito pouco, ou de modo algum, envolvidas com a jurisprudência. Uns estudaram o direito tal como lhes é dado nas normas, sem ter ideia de como deveria ser e, mesmo, se poderia ser diferente, já os filósofos criaram o direito ideal, sem tomar conhecimento do que é o direito na vida real e como as normas se aplicam.

Ainda veremos que Chercheniévitch estava errado, que esses filósofos eram mais práticos do que pareciam.

Evidentemente, não se pode falar de uma ciência do direito onde não havia o direito como nós o entendemos. Mas os germes, por assim dizer, dos primeiros indícios do conhecimento científico do direito que encontramos na época da antiguidade clássica estão, sem dúvida, mais próximos da compreensão da própria essência

---

353 MARX, Karl. "Crítica da filosofia do direito de Hegel: introdução". *In*: _____. *Crítica da filosofia do direito de Hegel*. Trad. Rubens Enderle e Leonardo de Deus. São Paulo: Boitempo, 2005, p. 154.

354 Cf. o seu CHERCHENIÉVITCH, Gabriel. *Общая теория права* [*Teoria geral do direito*]. Moscou: Editora dos Irmãos Bachmakov, 1912, pp. 15/16.

dessas relações do que as diferentes escolas burguesas da jurisprudência, as quais se sucedem até o tempo presente. A antiga "filosofia do direito" da Grécia clássica, por exemplo, não obstante todo seu idealismo, pairava nas nuvens bem menos que as divagações dos juristas da nova época.

De acordo com a visão daquela época sobre a conexão de uma pessoa com a natureza externa, bem como sobre a conexão de uma pessoa com outra pessoa, não poderia existir esse individualismo, esse isolamento do meio social, por meio do qual se distinguem as distintas escolas filosóficas do alvorecer da era burguesa. Mesmo em Platão, o papel do indivíduo é rigorosamente passivo, já a máxima de Aristóteles de que o ser humano é um cidadão (ou melhor, um citadino, da "pólis", o "*politikon*"), ou seja, um membro da sociedade urbana de pessoas livres, caracteriza todo o sistema social daquele período. Na vida romana, o direito já é definido claramente como *domínio de classe*, já se nota também um determinado dualismo entre o direito positivo e a assim chamada justiça, que ali se manifesta na diferença entre a letra formal do direito e a explicação dos pretores e suas penas, entre o direito civil, "quiritário", e o direito dos "estrangeiros" (*jus gentium*), como a grande maioria de todo o Estado, e do assim chamado "*jus naturale*", o qual, segundo a definição de um jurista romano, a natureza formou da mesma maneira todos os animais, independentemente se nasceram na terra ou na água. Mas esse último direito, pelo visto, refere-se, em primeiro lugar, aos escravos, pois o próprio jurista citado fala sobre a dissolução do casamento, o roubo etc., o que não se pode em absoluto aplicar às feras e aos peixes. Quanto à comparação de humanos com bichos e peixes que tanto perturba os estudiosos, trata-se apenas da explicação de que o escravo era igualado aos animais.

O direito medieval, por si só, não poderia criar o dualismo, pois o direito feudal era declaradamente o direito do forte, o direito do punho e se encontrava sob a proteção direta do Deus feudal, ou melhor: da Igreja feudal, que era, ao mesmo tempo, o maior senhor feudal. O campesinato medieval não criou sua ideologia progressista e,

CAPÍTULO IX - HISTÓRIA DA CONCEPÇÃO JURÍDICA...

mesmo em momentos revolucionários, evocava seus antigos costumes do cotidiano da *gen*. E só a classe ascendente, a burguesia urbana, subiu ao palco com sua nova cosmovisão na forma do "direito natural". A partir desse momento, tem início claramente o dualismo expresso no direito, o qual mencionei de passagem.

O assim chamado direito natural, no sentido dos novos tempos, foi estabelecido pela primeira vez por Tomás de Aquino (1225-1274), ou seja, um monge escolástico *italiano*. Depois dele, vem o também italiano Maquiavel (1467-1527), famoso nem tanto pelo seu direito natural, mas pela sua compreensão puramente materialista da história. Considera-se como o primeiro pregador secular do direito natural o *holandês* Hugo Grócio (1583-1644). A seguir, a filosofia do direito consolida-se na *Inglaterra*, passa para a *França* e encerra seu caminho na filosofia *alemã* dos séculos XVIII-XIX. Basta pegar qualquer manual de história econômica da Europa para se verificar, se ainda o ignora, que esse cortejo da teoria do direito natural coincide por completo, sequencial e temporalmente, com o curso do desenvolvimento da propriedade privada capitalista moderna e com o capitalismo em geral. E se se analisa mais de perto, *o direito natural* não representa *nada além* do que somente o *programa* jurídico, ou seja, *político* da classe ascendente da *burguesia*, ou melhor, o esboço e o desenvolvimento consequente de seu programa econômico. Poderíamos acrescentar: muitas vezes, era uma busca bastante primitiva, pois todas as tentativas de encontrar "a essência fundamental" da natureza humana, para extrair dela uma fórmula correspondente ao "espírito das leis", lembram em muito as tentativas dos alquimistas da Idade Média de descobrir a pedra filosofal (*Stein der Weisen*).

Alguns consideram *Tomás de Aquino*, como ora observado, o fundador do direito natural, ainda que de modo um tanto condicional. Em realidade, ele se situa ainda na fronteira entre o velho e o novo mundo, com uma indiscutível inclinação para o passado. E isto é absolutamente compreensível, pois ele tem diante de si remanescentes frescos do comunismo primitivo, na forma do que denominei semicomunismo, uma vez que ele reconhece abertamente que, então, *tudo* (em primeiro lugar, é claro, a terra) deve *por natureza* ser reconhecido como comum. Essa sua tese do direito natural, todavia, ele interpreta apenas no sentido de que todos *os bens da natureza* foram realmente criados para o *sustento de todo o gênero humano*, e a própria natureza não considerava necessária a partilha desses bens. Mas, continua, essa comunidade de bens pode se realizar tanto por meio do *comunismo* quanto por meio da *propriedade privada*. O primeiro, ou seja, o comunismo, só foi possível no estado natural de inocência no paraíso, mas depois do pecado original a condição natural precisou reconhecer a propriedade privada como forma natural. Por meio de simples pensamento dedutivo, chega-se à conclusão da necessidade da propriedade privada para a sociedade presente. Ele, contudo, tendo ainda uma memória bastante fresca do antigo comunismo da *gen* e da obrigação da Igreja disto decorrente quanto ao "dízimo" (*beneficium*) para sustentar os pobres, enfatiza a obrigação *dos possuidores de bens de dar esmolas* aos pobres. Mas essa obrigação tem, para ele, um caráter puramente de esmola *voluntária* (*Liebesgaben*), condicionada apenas pela necessidade real. Ainda assim, a propriedade privada, para ele, existe *em função das pessoas*, e não o contrário. Ele é um adversário da acumulação de grandes propriedades; seu ideal é *uma camada média poderosa*.

Incomparavelmente mais moderno, e em algumas passagens muito mais moderno, ecoam as abordagens de outro famoso *italiano*, *Maquiavel*. A ciência burguesa, em virtude de sua excepcional sinceridade, viu nele apenas o diplomata diabólico, mas a sua maior força não é a diplomacia, tampouco o direito natural, mas a sua absolutamente *moderna compreensão materialista da história*, a qual ele expõe por meio de sua experiência pessoal em sua história da cidade de Florença.

Esse trabalho foi aproveitado de maneira magnífica pelo camarada M. N. Pokróvski em seu panfleto sobre o materialismo econômico. É ele o verdadeiro arauto da burguesia, uma vez que já em fins do século XV prenunciou o que ocorreria apenas três séculos mais tarde, a saber, que é preciso excluir da compreensão de Estado

CAPÍTULO IX – HISTÓRIA DA CONCEPÇÃO JURÍDICA...

o princípio teológico e introduzir-lhe a compreensão puramente *naturalista*, admitindo-o como produto de necessidades e interesses. Como conclusão final, exige a *separação* (mais precisamente, a *emancipação*) *do Estado e da Igreja* (no século XIX, após a vitória do Estado, coloca-se a questão de maneira invertida: a separação da Igreja e do Estado).

Passam-se mais de 300 anos desde Tomás de Aquino até o turbulento período das revoluções camponesas e da reforma eclesiástica: surge, na *Holanda*, o primeiro legítimo *representante da filosofia burguesa do direito*: *Hugo Grócio*. Ele rompe de modo abrupto com as teorias da antiguidade clássica, pois coloca na base de sua doutrina *não a natureza em geral, mas a natureza do ser humano*. Contrapõe nitidamente *ao direito histórico, o direito eterno, imutável, semelhante a uma lei da natureza*, baseado na essência, na natureza do ser humano. Com ele, perde-se a fronteira entre o conceito de direito natural e a moral. Seu traço *característico*, assim como de todo o percurso do direito natural, é o seu *individualismo. Mas ele rende* um tributo à sua época: considera como condição natural do ser humano a condição social e como sua principal propensão, *a propensão à comunicação (appetitus societatis)*. Estudioso secular, matemático de formação, encontra-se em certa medida sob influência do protestantismo. Já a base de sua compreensão jurídica retira das relações internacionais; seu primeiro e mais famoso trabalho se refere ao direito internacional: *"De jure pacis ac belli, libri tres*, 1625".[355] Assim, esse primeiro representante secular do direito natural defende a plataforma *da propriedade privada*, mas ainda lhe é alheio o puro princípio do individualismo.

Um passo adiante significativo em direção ao *individualismo burguês* é dado pelo inglês Hobbes (1588-1679). Amplamente influenciado pelos estudos da natureza de seu tempo, da tendência

---

[355] *O direito da paz e da guerra, livro três*, 1625. [Cf. GROTIUS, Hugo. *O direito da guerra e da paz*. 2 vols. Trad. Ciro Mioranza. Ijuí-RS: UNIJUÍ, 2004. (N.E.B)].

contemplativa passiva de Aristóteles, sua abordagem da natureza, assim como da matéria e da forma, é substituída por uma abordagem da natureza *como matéria e movimento*. Essa reflexão *sobre o movimento* como propriedade fundamental da natureza Hobbes tomou emprestada diretamente de Galileu, que ele conheceu pessoalmente e celebrou como a primeira pessoa a nos abrir as portas da física. Diferentemente de Grócio, Hobbes, em suas buscas pela essência fundamental do ser humano, *rejeita a natureza sociável da pessoa*. O homem é o lobo do homem (*lupus*: lobo); é guiado apenas pelo amor a si mesmo e não ao próximo, é atraído apenas pela glória e a conveniência, e só é refreado pelo medo. A condição natural é o estado de luta constante pela vida e os bens materiais. A saída desse estado natural é a transferência incondicional de todos os direitos ao Estado (figurativamente: Leviatã), que ele compara ao organismo humano. Somente o Estado estabelece a propriedade privada e só ele tem o direito de dispor ilimitadamente dessa propriedade, assim como das próprias pessoas. As pessoas, porém, submetem-se ao Estado incondicionalmente e permanecem elas mesmas *absolutamente desprovidas de direito*. Mas, como ideólogo da classe capitalista, franca defensora da *ditadura* do Estado, admite, ainda assim, uma certa liberdade, a saber, a exclusão objetiva daquilo que impede o movimento (ou seja, o desenvolvimento industrial); nessa relação, o poder deve ser aquilo que, no rio, pela relação com a corrente da água, são as margens.

A burguesia inglesa considerou como seu verdadeiro profeta outro filósofo, John Locke (1632-1704), que logo tornou monopólio o fornecimento de perspectivas filosóficas para todos os economistas não apenas da Inglaterra, mas também da França e Itália. E Locke também partiu dos métodos da ciência da natureza; foi influenciado, principalmente, por Newton. Em relação a Hobbes, ele dá um passo adiante no sentido do individualismo: no estado natural, *todos podem fazer tudo*. Para fins de autolimitação, as pessoas formam o Estado, mas seu poder não deve ser absoluto (alusão à ideia de Estado *de direito*), e o *principal objetivo* do Estado é a *inviolabilidade da propriedade*. Dessa maneira, o Estado é o *primeiro poder legislativo*, e

CAPÍTULO IX – HISTÓRIA DA CONCEPÇÃO JURÍDICA...

a lei é *o poder supremo do mundo*. Mas, acrescenta Locke, as leis da natureza e a lei contra o Estado não perdem sua força.

Assim, o direito natural inglês está apenas expressando timidamente aquilo que já *havia sido conquistado* na Inglaterra, ou seja, o capitalismo, o individualismo e a democracia. Mas somente em solo francês o direito natural assumiu claramente um caráter revolucionário. Para alcançar seu individualismo extremo, foi preciso passar ainda pela escola do racionalismo de *Descartes* (1596-1650), com seu protesto contra toda autoridade e em nome da razão. Como resultado desse desenvolvimento, obtivemos o célebre *Contrat social*,[356] *de J. J. Rousseau* (1712-1778), como a quintessência de toda a filosofia francesa do direito. O "Contrato" de Rousseau diferencia-se essencialmente dos contratos sociais que lhe precederam (por exemplo, o de Hobbes), na medida em que *defende a soberania incondicional e ilimitada do povo*, pois somente a vontade popular tem importância decisiva, apenas ela cria as leis. Mas Rousseau considera como estado *ideal o estado de natureza selvagem*, do ser humano não civilizado. As pessoas foram apartadas dessa condição pela propriedade privada e a desigualdade surgida como resultado da divisão do trabalho. Esse seu estado natural de igualdade Rousseau considera como a idade de ouro da humanidade. Mas ele parte, como de um fato, da existência da sociedade-Estado, não considera absolutamente o contrato social como um fato real do passado, mas apenas um fato "intelectual" imaginário. Rousseau está longe das ideias socialistas e considera *a inviolabilidade da pequena* propriedade privada como o direito natural ideal, em nome de cuja inviolabilidade ele proclama o *direito de revolução*, ou seja, o retorno à condição natural para a conclusão real de um novo contrato social.

Essa ideia de direito natural revolucionário tem sua realização na Grande Revolução Francesa. As declarações dos direitos do homem

---

[356] *Contrato social* (cf. ROUSSEAU, Jean-Jacques. *Do contrato social ou Princípios do direito político*. vol. 1. Trad. Lourdes Santos Machado. São Paulo: Nova Cultural, 2000, Coleção "Os pensadores"). (N.E.B)

e do cidadão, tanto a de 1789 quanto a de 1793, proclamam como direito positivo o *direito natural* da pessoa à *salvaguarda de seu direito à propriedade privada mediante o Estado*. O contrato social assume o aspecto real *da democracia burguesa*. As declarações, ao designarem entre os direitos naturais a propriedade privada como fundamento de toda a desigualdade (cf. Rousseau) e a igualdade (*egalité*) como igualdade política de direitos, desviam a desigualdade econômica[357] para a esfera de um "assunto privado" inviolável.

O *dualismo* entre direito natural ou filosofia do direito e lei positiva *desaparece sem deixar rastros* na Grande Revolução Francesa, e nós não encontramos mais, não apenas na França, os notáveis representantes do direito natural até o início do século XIX, quando nos campos burguês e social-democrata, além de muitos outros "de volta", ouvem-se as vozes: "de volta ao direito natural!" A base para semelhante fenômeno foi, evidentemente, o crescimento na consciência das massas de um abismo entre o sistema burguês ultrapassado e um novo sistema futuro, em que as mesmas causas provocam as mesmas consequências.

---

[357] Aristóteles é muito mais franco nesse sentido. Ele procede da *desigualdade* factual entre as pessoas e entende a justiça como concessão de direitos de honra de acordo com essa desigualdade específica. A ideia de *igualdade* é a ideia de um pequeno produtor que surge no campo da troca de mercadorias com base no equivalente. Engels, em seu artigo contra os juristas socialistas, escreve: "(...) imaginou-se que tais normas [jurídicas] não proviessem dos fatos econômicos, mas dos decretos formais do Estado. Além disso, uma vez que a concorrência, forma fundamental das relações entre livres produtores de mercadorias, é a grande niveladora, a igualdade jurídica tornou-se o principal brado de guerra da burguesia. (...) também o proletariado recebeu inicialmente de sua adversária a concepção jurídica e tentou voltá-la contra a burguesia. (...) a reivindicação de igualdade foi ampliada, buscando completar a igualdade jurídica com a igualdade social (...)" [ENGELS, Friedrich; KAUTSKY, Karl. *O socialismo jurídico*. Trad. Lívia Cotrim e Márcio Bilharinho Naves. São Paulo: Boitempo, 2012, p. 19]. (Cf. a definição de Kautsky do conceito de classe, na seção III).

CAPÍTULO IX – HISTÓRIA DA CONCEPÇÃO JURÍDICA...

O dualismo no direito desaparece com a unificação do direito natural e do positivo apenas para continuar a existência do *dualismo* ocultado pelo próprio direito positivo, ou seja, na forma daquela contradição hipocritamente ocultada entre o discurso e a prática, entre a lei escrita o direito real da democracia burguesa, como a particularidade que caracteriza toda a sociedade burguesa. E essa contradição interna era necessária. A burguesia venceu a revolução em nome de todo o povo, sem imediatamente tomar consciência de que representa apenas a classe da minoria. Esse foi o período da *hipocrisia inconsciente*. Esta se tornara consciente somente à medida que se sobressai e se fortalece, contra ela, a luta consciente do proletariado.

O direito natural vai desaparecendo simultaneamente à vitória da burguesia na Revolução Francesa. A filosofia alemã do direito tem um caráter completamente diferente.

> Tanto quanto na França no século XVIII, a revolução filosófica foi na Alemanha do século XIX o prelúdio do desmoronamento político. Mas quanta diferença entre uma e outra! Os franceses em luta aberta contra toda a ciência oficial, contra a Igreja e, não raro, mesmo contra o Estado; suas obras impressas fora das fronteiras, na Holanda ou na Inglaterra, e, além disso, os autores, com muita frequência, iam dar com os costados na Bastilha. Os alemães, ao contrário, eram professores em cujas mãos o Estado colocava a educação da juventude; suas obras, livros de texto consagrados; e o sistema que coroava todo o processo de desenvolvimento – o sistema de Hegel – era inclusive elevado, em certa medida, ao nível de filosofia oficial do Estado monárquico prussiano! Como poderia a revolução esconder-se por trás desses professores, por trás das suas palavras pedantemente obscuras e de suas frases longas e aborrecidas?[358]

---

[358] ENGELS, Friedrich. "Ludwig Feuerbach e o fim da filosofia clássica alemã". *In*: MARX, Karl; ENGELS, Friedrich. *Obras escolhidas*. vol. 3. São Paulo: Alfa-Ômega, [s.d.], p. 171. (N.E.B.)

Assim Engels (em seu "Feuerbach") caracteriza a diferença entre a França e a Alemanha a fim de mostrar como erravam nessa avaliação tanto o governo quanto os filisteus presunçosos. Essa luta filosófica de ideias acabou se revelando a mesma luta que se dava na França, porém semicensurada. Mas permanece, ainda assim, uma diferença essencial entre essa, como diz Marx sobre Kant, *"teoria* alemã da Revolução Francesa"[359] da própria revolução, assim como existe um abismo entre a Grande Revolução Francesa e a Revolução Alemã de 1848. A corajosa palavra de ordem "direitos naturais" do cidadão é substituída na Alemanha por um modesto filosofar acerca *dos deveres cidadãos*. O professor alemão Wundt sublinha de maneira acertada essa particularidade:[360]

> A ética alemã ("filosofia da moral") tem uma particularidade que se transmitiu também à filosofia do direito: o papel esmagador (*überwiegend*) que, ao longo de cem anos, de Leibniz até a tardia (assim chamada) "filosofia popular", desempenhou o conceito de dever, de modo que a ética é uma doutrina dos deveres (da dívida), e o direito natural na aplicação ao direito civil assume a forma de uma doutrina dos plenos poderes (*Befügnissen*) de uma pessoa em relação à outra.

O mais típico e, simultaneamente, o mais notável dentre esses filósofos é Immanuel Kant. Como assinala Mehring, ainda durante sua vida, foram escritos sobre ele, em alemão, 2.672 livros! E isso no século XVIII! E nele o dualismo do mundo burguês, sobre o qual já falamos, recebeu sua justificação filosófica. "Kant é um dualista: ele

---

[359] MARX, Karl. "O Manifesto filosófico da escola histórica do direito". Trad. Pádua Fernandes. *Prisma jurídico*, São Paulo, Uninove, vol. 6, 2007, p. 268. (N.E.B.)

[360] WUNDT, Wilhelm. *Völkerpsychologie*: Eine Untersuchung Der Entwicklungsgesetze Von Sprache, Mythus Und Sitte – Das Recht [*Psicologia popular*: um exame das leis de desenvolvimento da linguagem, do mito e do costume – O direito]. vol. 9. Leipzig (Alemanha): Engelmann, 1918, p. 77.

CAPÍTULO IX – HISTÓRIA DA CONCEPÇÃO JURÍDICA...

admite que a ideologia da classe dominante seja materialista na ciência e adote, ao mesmo tempo, o idealismo na esfera do conhecimento que está além do conceito científico".[361] Assim como seu antecessor Hume, também Kant, em seu sistema filosófico, parte do próprio ser humano, pois, para eles, a natureza humana é o único objeto do conhecimento humano, e qualquer conhecimento é reduzido ao autoconhecimento. As coisas em si, para Kant, são incognoscíveis, mas essas coisas atuam sobre a sensibilidade da pessoa e, somente ao deixar uma impressão sobre sua sensibilidade, convertem-se em fenômenos ou representações que existem, portanto, apenas em nós mesmos. Dessa maneira, em Kant, as coisas convertem-se na ideia das coisas. Este é o assim chamado mundo sensível, o reino da necessidade, em que a lei da causalidade está em pleno vigor. Mas, além desse mundo, existe outro mundo: o suprassensível, o reino da liberdade, ao qual pertencem as coisas em si, objetos da intuição sem a mediação dos sentidos.

Os imperativos *a priori* desse campo, os mandamentos, a consciência do dever, constituem esse caráter humano que se chama de moralidade, a qual induz a pessoa a, livremente, sem coerção, cumprir os deveres, ou seja, algo distinto dos imperativos naturais do ser humano. A esse mundo opõe-se outro mundo, no qual as condutas da pessoa podem ser, ainda, forçadas, conformadas, subordinadas às leis externas. Em um caso, *a subordinação voluntária* às exigências da moralidade; no outro, a conduta *forçada, leal* (legal). Em um caso, o imperativo categórico, o ditame *a priori*; no outro, um imperativo condicional (hipotético), uma conformação dos fins da conduta aos meios. Assim, *a moralidade e o direito* são dois mundos diferentes: as condutas podem ser forçadas, as opiniões, não. Contudo, em geral, a filosofia do direito é a parte mais fraca da

---

[361] PLEKHÁNOV, Gueórgui. *"Предисловие книге А. Деборина Введение в философию диалектического материализма"* ["Prefácio ao livro de Abram Deborin: *Introdução ao materialismo filosófico*"]. Moscou: Editora do Estado, 1922.

teoria de Kant,[362] assim como, no fim das contas, para ele, o direito não é um produto do interesse empírico, mas um conceito relativo ao propósito geral do ser humano, pois o objetivo do direito para Kant é estabelecer as condições segundo as quais o arbítrio de um pode ser conciliado ao arbítrio de outro por meio de uma lei universal da liberdade. Ora, "o que é o direito se não a conciliação das lutas de interesses e paixões, causada pela participação na vida moral"? Em seguida, Kant repete a doutrina de Rousseau do "*contrat social*", por ele atenuada, pois, para o primeiro, no estado originário, o direito tem apenas um sentido preparatório, e seu pleno sentido só é adquirido com o advento do Estado, o qual pode ser, ainda, resultado do contrato social.

Detive-me detalhadamente em Kant porque, já há algumas décadas, parte da nossa contrarrevolução, outrora nomeada revolução, convoca um "retorno" a ele. O próprio Kant permaneceu fiel a seu dualismo também em relação à revolução. Ele, a princípio, saudou a Revolução Francesa na ideia, como vitória da razão pura, conquanto a revolução caminhasse com o acordo do rei. Dela afastou-se como fato, tão logo a revolução assumiu o aspecto revolucionário (1793). Mas ainda mais claro é o dualismo de Kant em sua filosofia da religião.[363]

---

362 Um dos biógrafos de Kant, [Erich] Adickes, caracteriza essa contradição e incerteza nas questões de filosofia do direito, com base em materiais póstumos, com as seguintes palavras: "os mesmos pensamentos são repetidos na mesma ordem várias vezes. Como se Kant estivesse em uma '*treadmille*' [esteira]".

363 Mehring cita um traço característico de Kant: "Kant defende um pastor que, contrariando o imperativo categórico sobre a mentira, do púlpito, prega uma doutrina na qual ele não acredita. Ele, diz Kant, está preparado para pregar uma certa doutrina, sua atitude interior em relação a essa doutrina continua sendo seu 'assunto privado' (*Privatsache*). Não parte daqui o ponto do programa social-democrata alemão, acerca de que "*Religion ist Privatsache*" [a religião é um assunto privado]?" Ele mesmo, voluntariamente, "deu sua palavra" ao rei de que não tocaria na questão da religião em suas palestras e executou fielmente essa palavra.

CAPÍTULO IX - HISTÓRIA DA CONCEPÇÃO JURÍDICA...

Enquanto a filosofia de Kant considerava a "ideia", por assim dizer, em posição de repouso, *a ideia em seu movimento* foi tomada como objeto de análise de outro filósofo idealista, Hegel. Mas, além disso, em contraposição ao dualismo de Kant, ele é monista e, para Hegel, pensamento e ser não são dois mundos separados do movimento; ele compreende a ideia não evolutiva, mas dialeticamente, como um movimento através da tese, da antítese – a negação – e da síntese, ou seja, de maneira revolucionária. Nessas condições, suas reflexões "sobre o Estado racional" na Prússia assumem um sentido especial, pois só aquilo que tem fundamento de existência é racional, e tudo o que é real no campo da história humana se torna, por sua vez, irracional, pois desde o início carrega em si o germe de sua irracionalidade. De modo contrário, tudo o que é racional, que nasce nas mentes humanas, *está destinado a se tornar real*, ainda que entre em contradição com a realidade que existe e que parece. E tudo o que existe merece perecer (*Denn Alles, was besteht, ist wert, das es zu Grunde geht*).[364] À semelhança do conhecimento, também a história humana não pode chegar ao fim: "todas as formas do cotidiano social que se sucedem são apenas estágios transitórios do curso infinito do desenvolvimento da sociedade humana, desde uma condição inferior até uma, cada vez mais, superior".

Na filosofia do direito, Hegel *nega a oposição entre o direito natural e o positivo*. Denomina o direito natural, ou a filosofia do direito, de *fundamentos racionais do direito positivo*. Mas, transformando a filosofia do direito em um estudo do direito vigente, representa essa realidade em movimento, como o próprio pensamento. Tanto o Estado quanto o direito são racionais, na medida em que são reais, e na medida em que são reais, tornam-se, com o tempo, irracionais, ou seja, carregam em si desde o princípio o germe da sua irracionalidade. Só se tendo em vista tudo o que foi dito, torna-se

---

364 Referência de Stutchka ao *Fausto*, de Goethe [cf. GOETHE. *Fausto*. 3ª ed. Trad. Jenny Klabin Segall. Belo Horizonte: Villa Rica, 1991, p. 71 ("Primeira parte da tragédia. Quarto de trabalho")]. (N.E.B.)

PIOTR STUTCHKA

compreensível como o filósofo oficial do estatismo prussiano pôde ser, ao mesmo tempo, um sincero admirador da revolução, pois, não apenas na carta de 16 de abril de 1795 a Schelling,[365] Hegel saudou ardorosamente a filosofia de Kant como um ponto de partida da revolução do pensamento e também da própria sociedade, mas, ainda, nos últimos cursos sobre a "filosofia da história" fala da revolução como o entusiasmo de um jovem, como um "magnífico alvorecer".[366] E, de fato, ele *estabeleceu as bases da filosofia revolucionária do proletariado*, pois só através de Hegel *Marx e Engels* chegaram ao seu materialismo dialético.

Marx e Engels, partindo do método dialético de Hegel, chegaram ao *materialismo dialético ou econômico*. Depois do que foi dito no capítulo V,[367] não há necessidade de nos determos nesse tema. O marxismo não criou uma nova filosofia do direito nem ofereceu uma nova compreensão do direito, mas forneceu método e material para compreensões que permaneceram incompreensíveis e inutilizáveis até o surgimento do livro do camarada Lênin, *O Estado e a revolução*, e em geral até a Revolução de 1917. E em relação à cosmovisão "burguesa", ou seja, jurídica, no campo das relações jurídicas, o nosso marxista, até então, limitava-se a ignorar solenemente, sem perceber o entulho da ideologia burguesa que até hoje repousa em sua consciência. Ele espera apaixonadamente o momento de definhamento e morte deste e de qualquer direito, mas ainda não entendeu que, do mesmo modo que se deve passar por

---

[365] HEGEL, Georg Wilhelm Friedrich. "Hegel a Schelling, 16 de abril de 1795 – Correspondência Schelling-Hegel-Hölderlin (1794-1796)". Trad. Fernando M. F. Silva. *Con-Textos Kantianos*: International Journal of Philosophy, Madrid, Instituto de Filosofía del Consejo Superior de Investigaciones Científicas (IFS-CSIC), nº 11, jun. 2020, pp. 443-445. (N.E.B.)

[366] HEGEL, Georg Wilhelm Friedrich. *Suhrkamp-Werkausgabe* [*Coleção de obras Suhrkamp*]. vol. 12. Frankfurt: M. Suhrkamp, 1986, p. 524. (N.E.B.)

[367] Cf., neste volume, pp. 171-200. (N.E.B.)

CAPÍTULO IX – HISTÓRIA DA CONCEPÇÃO JURÍDICA...

um tipo especial de Estado de transição, deve-se também realizar um tipo especial de direito, *o direito do sistema soviético*.

E, ao mesmo tempo, na "ciência do direito" prosseguem placidamente as mesmas reflexões sobre o direito "geral" (ou seja, burguês) e, em particular, o "soviético" (ou seja, aqui, claro, o "*antinatural*"), com uma tintura marxista.

Já mencionei que Hegel foi o último "filósofo do direito" digno de atenção. Ele contava com seguidores mesmo entre os juristas burgueses. Já falei anteriormente sobre o mais importante dentre eles, Lorenz von Stein, e com isso mostrei como a ciência burguesa, amedrontando-se com a Revolução de 1848, buscou a *conciliação* do inconciliável, ou seja, procedendo a todo tipo de acordo, cujos típicos representantes pertencem a assim chamada escola jurídica do socialismo, tanto no sentido burguês quanto socialista, e essa concepção de uma revolução legal[368] atingiu seu apogeu no último livro de Kautsky.

---

[368] "A ideia de uma revolução por via legal é uma contradição em si mesma, uma impossibilidade prática". ENGELS, Frederick. "The internal crises [As crises internas] (Rheinische Zeitung n° 343/344, December 9-10, 1842)". *In*: MARX, Karl; ENGELS, Frederick. *Collected Works*: Frederick Engels 1838-1842. vol. 2. Dagenham (Inglaterra): Lawrence & Wishart Electric Book, 2010, p. 374. "O autor deveria ter dito que revoluções não se fazem por meio de leis" (MARX, Karl. *O Capital*: crítica da economia política – O processo de produção do capital. Trad. Rubens Enderle. São Paulo: Boitempo, livro I, 2013, p. 820). Os oportunistas sustentam uma opinião completamente oposta. Alguns deles (juristas socialistas) vão tão longe a ponto de dizer: "o socialismo será um socialismo jurídico ou não será" – Adler denomina socialismo em geral aquelas doutrinas "que esperam alcançar a eliminação da necessidade (*Elend*) por meio de uma reforma do direito" (cf. LASKINE, Edmond. "Die Entwicklung des juristischen Sozialismus" ["O desenvolvimento do socialismo jurídico"]. *Archiv für die Geschichte des Sozialismus und der Arbeiterbewegung*: In Verbindung mit einer Reihe namhafter Fachmänner aller Länder, herausgegeben von Carl Grünberg [*Arquivo para a história do socialismo e do movimento operário*: em conjunto com vários especialistas conhecidos de todos os países, editado por

O grito de guerra do direito natural revolucionário desapareceu com a Grande Revolução Francesa, ou seja, esperava sua incorporação no direito positivo. E o dualismo interno do direito recebeu sua expressão clássica na mais vulgar das filosofias do direito, na teoria de Jeremy Bentham (1748-1832). Todas as tentativas dos alquimistas do direito de encontrar a pedra filosofal jurídica na forma de uma palavra mágica ou de fórmula milagrosa, que expressa toda a essência da justiça burguesa e, por consequência, *eterna* e *absoluta*, encontraram seu termo em Jeremy Bentham, que domina as mentes dos juristas até os dias de hoje, sobretudo, entre nós. O professor Vladímirov, ainda em 1908, escrevia: "as obras completas de Bentham em russo, *tão necessárias no momento presente* de renovação do nosso sistema (ou seja, depois da revolução de 1905), esperam, ainda, seu editor". O professor Korkunov conclui com ele a sua história da filosofia do direito. E qualquer obra dos juristas mais destacados (cf., por exemplo, *Problemas fundamentais do direito civil*,[369] 1917, do famoso civilista I. Pokróvski) está salpicada de citações sobre esse "mago-feiticeiro" da sabedoria jurídica.

Vocês se lembrarão que Marx, no volume I de *O Capital*, diz sobre Bentham: "tivesse eu a coragem de meu amigo H. Heine, chamaria o Sr. Jeremy de gênio na arte da estupidez burguesa".[370] Sobre a ciência do direito, Bentham escreveu, literalmente, uma montanha de livros repletos de banalidades tiradas não da ideia abstrata da razão de uma pessoa ideal, mas da natureza, do filisteu inglês "médio".

Carl Grünberg], Leipzig (Alemanha), Verlag von C. L. Hirschfeld, nº 3, 1913, pp. 17-70). E é preciso dizer que essa definição ainda pode ser chamada de radical em comparação com a porcaria (*Quark*) que nos deu a época revolucionária no Ocidente depois de 1918.

[369] POKRÓVSKI, Ióssif. *Основные проблемы гражданского права* [*Problemas fundamentais do direito civil*]. Petrogrado: Livraria Jurídica Pravo, 1917. (N.E.B.)

[370] MARX, Karl. *O capital*: crítica da economia política – O processo de produção do capital. Trad. Rubens Enderle. São Paulo: Boitempo, livro I, 2013, p. 685. (N.E.B.)

CAPÍTULO IX – HISTÓRIA DA CONCEPÇÃO JURÍDICA...

Seu princípio utilitário, o princípio da utilidade, não é invenção dele, "este se limitou a reproduzir, sem espírito, o que Helvetius e outros franceses do século XVIII haviam dito espirituosamente".[371]

> *O interesse pessoal* para ele é a força motriz de todas as ações. Mas todos os interesses, se compreendidos corretamente, encontram-se em harmonia interna consigo mesmo. Bem entendido, o interesse do indivíduo é, ao mesmo tempo, o interesse social. E é justamente porque cada um se preocupa apenas consigo mesmo e nenhum se preocupa com os outros que todos, em consequência de uma harmonia preestabelecida das coisas ou sob os auspícios de uma providência todo-astuciosa, realizam em conjunto a obra de sua vantagem mútua, da utilidade comum, do interesse geral.[372]

Assim, "o supremo princípio da vida humana é o princípio da utilidade. Toda pessoa se guia pela determinação do justo e do injusto de acordo com o critério da utilidade, ou seja, busca o prazer e foge do sofrimento", tal é o "direito ideal" de Bentham. A teoria da utilidade marginal é, portanto, ao mesmo tempo, a teoria da *justiça suprema*. Tudo caminha para o melhor nesse melhor de todos os mundos! "A maior soma de felicidade *possível* para a maior quantidade de pessoas *possível*", e basta! Esse é o objetivo final (e, digamos, modesto) do Estado, segundo a doutrina de Bentham. Acima dessa teoria, depois de Bentham, não se elevou, como veremos, nenhuma teoria burguesa sobre o direito "justo", "devido", "correto". "O direito vigente é criado pela lei; apenas esses direitos reais conservam a paz, dão a todos proteção". *O direito natural é uma quimera.* Tal é o dogma da burguesia depois da revolução na pessoa de Bentham, o qual,

---

[371] MARX, Karl. *O Capital*: crítica da economia política – O processo de produção do capital. Trad. Rubens Enderle. São Paulo: Boitempo, livro I, 2013, p. 685.

[372] Cf. MARX, Karl. *O Capital*: crítica da economia política – O processo de produção do capital. Trad. Rubens Enderle. São Paulo: Boitempo, livro I, 2013.

aliás, esteve contra a revolução no período da revolução, mas ficou a favor da revolução *quando ela se tornou contrarrevolucionária.*

Após o colapso da ideia de direito natural, à ciência burguesa restou apenas uma direção possível: o positivismo-psicologismo. E tal esquema filosófico já estava pronto para o filósofo francês [Auguste] *Comte* (1798-1857). Ele reduz o papel da sua filosofia positiva à aplicação de métodos gerais das ciências naturais ao estudo da sociedade. E a nova ciência por ele criada, a sociologia, como a ciência sobre o ser humano-membro da sociedade, consiste na aplicação à sociedade e ao Estado de métodos de pesquisa do ser humano como indivíduo. Sua conclusão sobre a necessidade de uma religião especial da humanidade para essa ciência é pouco consistente com seu conceito fundamental do positivismo, mas parece ter sido criada para a ciência do direito, por assim dizer, como uma religião secular.

Se o positivismo é a ideologia da burguesia, a assim chamada *escola histórica* é a teoria da contrarrevolução, como reação contra o direito natural revolucionário. Tem como seus representantes os estudiosos alemães Hugo,[373] Savigny e [Georg] Puchta. Eles são inimigos de tudo o que é revolucionário, uma vez que o direito, segundo sua teoria, é a formulação do "espírito nacional" e de seu lento desenvolvimento. Marx, na juventude, odiava essa escola que "justifica (*legalisieren*) a infâmia (*Niederträchtigkeiten*) de hoje pela de ontem".[374] Essa escola, contudo, desempenhou o papel de incansável coletora de material valioso, como, aliás, as escolas históricas de todas as demais ciências, por exemplo, na economia política. Como

---

[373] "Se é correto considerar a 'filosofia de Kant' como a 'teoria alemã' da Revolução Francesa, assim é o "direito natural de Hugo" à "teoria alemã" do *ancien régime* francês (regime pré-revolucionário)" (MARX, Karl. "O Manifesto filosófico da escola histórica do direito". Trad. Pádua Fernandes. *Prisma jurídico*, São Paulo, Uninove, vol. 6, 2007, p. 268).

[374] MARX, Karl. "Crítica da filosofia do direito de Hegel: introdução". *In*: _____. *Crítica da filosofia do direito de Hegel*. Trad. Rubens Enderle e Leonardo de Deus. São Paulo: Boitempo, 2005, p. 146.

CAPÍTULO IX – HISTÓRIA DA CONCEPÇÃO JURÍDICA...

representante do velho mundo derrotado, ela pôde se relacionar com os fatos de maneira mais franca do que a burguesia hipócrita.

Ao se livrar dos médicos, dos matemáticos, entre outros "leigos" em termos de jurisprudência, que se ocupavam exclusivamente da filosofia do direito, a jurisprudência converte-se em uma técnica, mas uma técnica misteriosa.[375] Lei e costume, eis o material e, ao mesmo tempo, o resultado de seu trabalho. Mas de onde vem tudo isto? A esse respeito apenas um *leitmotiv* com distintas formulações: *é a teoria da origem volitiva do direito*. É a vontade de Deus, de uma divindade, da razão, do ser humano, do coletivo humano etc., mas seguramente o *arbítrio*, na medida em que se entende por arbítrio o *livre-arbítrio*, volta-se, por sua vez, ao *livre-arbítrio* do ser humano com fins a direcionar sua conduta, seu comportamento. Por esse caminho se poderia, no melhor dos casos, chegar às teorias *psicológicas*, e a ciência burguesa não foi além.

É verdade que foi feita uma tentativa na ciência burguesa de se voltar para uma formulação científica da teoria do direito, na pessoa do já algumas vezes citado Rudolf von Ihering (1816-1892). Ele reconhece abertamente a *relatividade* de qualquer direito e, finalmente, exclui *a teoria volitiva* de seu surgimento. Isso significa a conclusão daquela marcha do desenvolvimento que Engels caracterizou como a substituição iniciada no século XVIII da cosmovisão religiosa pela secular, ou seja, jurídica, porque remove da ciência do

---

[375] Até Hegel ridicularizou a casta dos juristas com as palavras: "a classe dos juristas, que tem um conhecimento particular da lei, toma isso muitas vezes para o seu monopólio, e quem não é do ofício não deve ter uma palavra a dizer. (...) Mas tampouco alguém precisa ser sapateiro para saber se os sapatos servem, tampouco ele precisa, em geral, pertencer ao ofício para ter conhecimento sobre o objeto de interesse universal". E acrescenta: "pendurar as leis tão alto que nenhum cidadão as possa ler, como fez Dionísio o Tirano (...) é um e o mesmo ilícito" [HEGEL, Georg Wilhelm Friedrich. *Filosofia do direito*. Coord. trad. Draiton Gonzaga de Souza, Agemir Bavaresco e Jair Tauchen. Porto Alegre: Editora Fênix, 2021, p. 226].

direito os últimos traços de teologismo. Quando Ihering, com mão corajosa, escreveu, em seu *Espírito do direito romano*, que o direito não é nada além do que um *interesse protegido*, sua afirmação pareceu uma heresia inédita aos juristas. "O conteúdo do direito não é o arbítrio, mas o interesse". Mas o interesse de quem? Ihering não tinha coragem ou erudição o suficiente para declarar abertamente: *o interesse de classe*. Como filósofo, era ruim: do hegelianismo passou à teoria psicológico-orgânica; em seu *Finalidade do direito*, busca a salvação na teologia – muito embora alije de qualquer base sua teologia, ao compreender *a finalidade* no direito apenas como um princípio *relativo, e não absoluto*; em suas reflexões "sobre a sociedade" – como "atividade conjunta para objetivos comuns, quando alguém, ao atuar/agir para o outro, atua para si, e ao atuar para si, atua para os outros" em nome "do sentimento de dever e do amor" – permanece, no fim das contas, fiel aos preconceitos de sua classe e nos braços do mesmo *Bentham*. Não puderam salvar Ihering nem a força do seu talento nem sua franca sinceridade; ele não pôde se colocar do ponto de vista do interesse de classe, a própria palavra interesse em sua boca assumia o caráter de uma utilidade individualista; já "sua luta pelo direito" como interesse defendido resumia-se a uma mera contenda na qual o "notável" Jeremy Bentham construiu sua teoria.

É interessante a tentativa do professor *Serguei Múromtsev* de libertar a teoria de Ihering da teologia e articulá-la ao realismo, ou seja, à abordagem sociológica de Comte. Esse grande estudioso, que contribui com interessantes trabalhos sobre a história do direito romano e de sua recepção, parte do pressuposto de que "a luta (o debate) de ideias é a forma necessária de desenvolvimento do direito em todos os estágios da existência (formação, aplicação, revogação)" e, estabelecendo como tarefa descobrir "*as leis do desenvolvimento do direito civil*", seguindo o exemplo de Comte, reconhece como objeto das ciências sociais em geral e, dessa maneira, também da jurisprudência, "a vida do ser humano como membro da sociedade". Por isso, toma como objeto de seu estudo as relações das pessoas com

CAPÍTULO IX – HISTÓRIA DA CONCEPÇÃO JURÍDICA...

os objetos e das pessoas entre si, mas, como complicador, insere o conceito de união social; ele divide todas as relações humanas que constituem o objeto da sociologia em geral em duas categorias: as relações da primeira categoria, ou seja, aquelas relações nas quais o sujeito recebe ajuda, defesa por parte das pessoas que o circundam *contra obstáculos* de qualquer tipo, que se encontram *fora desse* elemento *favorável*; as relações da segunda categoria são entendidas por Múromtsev como aquelas em que o sujeito da relação recebe defesa de possíveis obstáculos colocados pelos *membros da própria união social*. Essa defesa pode ser organizada ou não organizada, e a *defesa organizada*, realizada por ordenamento previamente estabelecido e geralmente com o auxílio de órgão especiais estabelecidos para isso, é que *chamamos de defesa jurídica*.[376]

Assim, segundo Múromtsev, *"a defesa jurídica (ou organizada)* consiste na principal *propriedade* distintiva *do direito*, a qual, com sua existência, condiciona e determina outras propriedades que lhe são características"; e ele entende o próprio direito como relações de segunda categoria, protegidas de uma maneira especial peculiar (organizada ou jurídica), em cuja raiz está o fato da defesa organizada. Todo o conjunto de direitos é o que se chama de ordenamento jurídico.

Pode-se ver o quanto Múromtsev se aproxima do nosso conceito de direito, mas a ausência de um ponto de vista de classe o aniquila impiedosamente. A fórmula sem conteúdo, abstrata, do conceito de relações sociais o condena à mesma esterilidade de Ihering. E ele conclui seu trabalho com a afirmação absolutamente pálida de que "é bem provável que esteja correta a opinião segundo a qual a *justiça* denotava, originalmente, um ordenamento jurídico, ao qual se deve buscar no lugar do ordenamento existente, oposto ao jurídico".

Mas quem indicará o caminho? Outra vez Comte ou Bentham?

---

[376] Cf. MÚROMTSEV, Serguei. *Определение и основание разделения права* [*Definição e bases de delimitação do direito*]. Moscou: [s.n.], 1879.

Vemos a completa esterilidade de semelhante ciência, que simplesmente ignora a compreensão materialista da história. Mas após fracassarem em silenciar completamente Marx e Engels, repete-se na ciência do direito o mesmo que na sociologia: tem-se início *a falsificação burguesa e "socialista" do materialismo econômico.*

Li em algum lugar o espirituoso conto maravilhoso sobre os três irmãos Ivan,[377] que estudavam teorias filosóficas. Dentre eles, dois eram considerados inteligentes, e o terceiro, um tolo. Os dois primeiros se debatiam nas infinitas contradições das doutrinas filosóficas, sendo que o primeiro Ivan salvou-se ao partir para a teologia, enquanto o segundo foi parar num manicômio. E só o terceiro solucionou de maneira brilhante a tarefa insolúvel: ele não encontrou quaisquer contradições, reduziu todas as contradições a um único sistema rigoroso e se tornou uma celebridade. Mas, ora, esse era o terceiro Ivan!Algo semelhante ocorreu com a questão colocada sobre o materialismo econômico: é a economia que determina o direito, como ensinou Marx, ou, ao contrário, é o direito que determina a economia? Sobre essa questão se deram calorosos debates na burguesia e na social-democracia. E, de repente, em 1896, surgiu o livro de R. Stammler que, em um segundo, resolve a tarefa: a economia e o direito são *dois lados de um único e mesmo fenômeno*; a economia é o conteúdo, o direito é a forma, além disso, a forma, ou seja, "a norma exterior", nesse caso, determina o conteúdo; quer dizer, a primazia do direito e a correspondência entre "direito correto" e regularidade social. Não há nenhuma contradição... Hoje em dia, Stammler é um notável professor e "conselheiro secreto da justiça", tem sua escola em Marburgo, publica, junto com outros, uma volumosa revista, e se a ciência burguesa quer elogiar, com particular lisonja, algum socialista, ela escreve: *"está se aproximando de Stammler"*. Mas é difícil imaginar algo mais vulgar do que sua exposição do "materialismo social" e sua prova

---

377 Referência a "Ivan Tolo e seus irmãos". A personagem é um tipo literário (o "tolo" sortudo) recorrente no folclore russo. (N.T.)

CAPÍTULO IX – HISTÓRIA DA CONCEPÇÃO JURÍDICA...

da "primazia" do direito. A própria sociedade, veja bem, é apenas a atividade conjunta de pessoas, regulada por regras externas. Já caracterizei esse modo de abordar a sociologia como *"justificação"* da ciência sobre a sociedade. E tanto aqui quanto em tudo o mais, a teoria de Stammler é ilimitadamente vulgar. Seu "direito correto" é a ideia de uma sociedade humana em que os objetivos do outro tornam-se objetivos próprios, em que governam os princípios do respeito e da participação (*Achten und Teilnehmen*). Ele, todavia, rejeita o "direito natural". Alguns encontraram nele a palavra de ordem: de volta a Kant! Mas enganaram-se, trata-se simplesmente do grito: *de volta* ao nosso querido amigo Bentham!

O professor Petrazycki é considerado o mais proeminente representante na Rússia da novíssima ciência burguesa do direito. Ele inicia sua teoria psicológica de maneira original, "explicando", ou seja, corrigindo, conforme necessário, a ciência da psicologia. Nesse sentido, ele não está sozinho entre os juristas. Também Stammler, a fim de aplicar sua compreensão jurídica à psicologia, corrigiu, antes, a sociologia, criando, de acordo com seus próprios objetivos, uma sociologia jurídica especial. O próprio Petrazycki escreve:

> Se partirmos do fato de que os fenômenos jurídicos são os ditames dos fortes endereçados aos fracos etc., teorias como as de Ihering, sobre a origem do desenvolvimento do direito, parecem plenamente possíveis e naturais. Já se temos em vista que os fenômenos jurídicos são um tipo especial de imperativos-atributivos éticos, tais teorias desmoronam.

Quer dizer, Petrazycki deveria, antes, provar sua premissa sobre o caráter dos fenômenos jurídicos por meio de dados da ciência da psicologia, mas, em vez disto, ele começa "explicando" a própria ciência da psicologia. A psicologia, até Petrazycki, baseava-se em elementos psicológicos unilaterais; Petrazycki precisa de elementos bilaterais e, para isso, redige uma psicologia emocional especial. "Para a resolução dos problemas mencionados, demanda-se *a formação* e a fundamentação de uma teoria científica dos processos psicossociais, uma ciência da sociologia". Mas, no fim das contas, ele mesmo declara abertamente: "em particular, a própria natureza dos fenômenos morais e éticos permanece, até agora, inexplicável, em grande medida controversa e diversamente interpretada". Por isso, ele, com palavras dóceis, chama para os seus braços, entre outros, os pesquisadores do materialismo histórico:

> Entre o darwinismo e o materialismo histórico e a minha doutrina não há discrepância ou exclusão mútua; ao contrário, ela representa uma grande conveniência ao materialismo econômico: ao relacionar a matéria do direito a fenômenos psicológicos especiais é, por assim dizer, uma resposta pronta naquilo que se refere à origem e ao desenvolvimento de tais fenômenos; eles são correlatos, um reflexo na psique da matéria social e de seus conteúdos na história, formado por meio da mudança social da matéria, como uma função dessa última.

E não faltaram marxistas para morder essa isca e tentar conciliar o irreconciliável, o que, claro, explica-se pela ausência de quaisquer outras tentativas, ao modo marxista, de explicar a esfera das relações jurídicas.[378] Para lhes abrir os olhos, deveria ser suficiente a grande popularidade com que a doutrina de Petrazycki conta nas esferas políticas dos *Kadets*.

Em primeiro lugar, Petrazycki permanece fiel à teoria volitiva do direito, partindo apenas da vontade do próprio sujeito e alterando um pouco o próprio conceito de "vontade". Em segundo, volta-se, no fim das contas, ao direito natural em sua forma mais grotesca, na forma do direito de Bentham e, ao mesmo tempo, cai nos braços de Stammler.

Eis como o próprio Petrazycki se pronuncia sobre o tema. Ele conta como, no artigo em alemão *"Vom Einkommen"* ["O

---

[378] Os arrotos da teoria psicológica de Petrazycki continuam entre nós, embora em casos raros, mesmo após a revolução.

CAPÍTULO IX – HISTÓRIA DA CONCEPÇÃO JURÍDICA...

rendimento"], descobriu a ideia fundamental do direito – por favor, não riam – "*na ideia de amor entre as pessoas*",[379] e que Stammler está de pleno acordo com ele, desde que *o amor* seja *razoável* e *recíproco*, e se entenda "não como uma sensação realmente existente, mas como uma ideia de convivência harmônica". Petrazycki concorda com isso e como resposta cita, com satisfação, a definição de sociedade de Stammler como "*uma sociedade de pessoas que desejam livremente*". O cuco elogiando o galo[380] etc.

Mas se você se lembra de que o direito natural não é nada além do que a plataforma jurídica da burguesia, como fórmula do direito natural se obtém uma palavra de ordem deveras idealista para um programa do partido KD: a ideia de amor entre as pessoas ou a propriedade privada da época imperialista!

Entre os juristas burgueses, ocupa uma posição um tanto especial *Gumplowicz*, professor da Universidade de Graz. Ele critica de maneira incisiva seus colegas juristas

> É uma desgraça ter que admitir que a questão do Estado tenha caído nas mãos dos juristas (...). Aquilo que eles fabricam e constroem (*Zimmern und Bauen*) tem interesse apenas para eles mesmos. Hoje eles apresentam teorias que destruirão amanhã mesmo: falam de teorias dominantes e derrotadas; o mundo não dá atenção nem a umas nem a outras.[381]

---

[379] Aqui Petrazycki se aproxima um pouco do famoso psicólogo de salão Freud (Viena), que também encontra fãs entre nossos marxistas.

[380] Referência à fábula de Krylov "O cuco e o galo" (cf. KRYLOV, Ivan. "Кукушка и петух" ["O cuco e o galo"]. *In*: _____. *Сочинения в двух томах* [*Obras em dois volumes*]. Moscou: Editora Estatal de Literatura Artística, 1955). (N.T.).

[381] Cf. o seu GUMPLOWICZ, Ludwig. *Staatsrecht Schlussbetrachtung* [*Conclusões sobre direito do Estado*]. [S.l.]: [s.n.], [s.d.].

Ele afirma, ainda, que a compreensão materialista da história de K. Marx – segundo a qual, no mais profundo, os motivos impulsionadores subjacentes (*tiefsliegende*) de todo o desenvolvimento histórico (e, consequentemente, também do desenvolvimento do Estado) têm um caráter econômico – contém, em grande medida, uma "abordagem nova e correta do Estado". Ele próprio encara o Estado como meio de opressão violenta da maioria pela minoria, e do mesmo ponto de vista encara tanto o direito quanto a propriedade. Ele adere inteiramente à opinião de Ratzenhofer de que "o Estado ajuda o Capital a usar o labor do trabalho, mas, ao mesmo tempo, converte-se ele mesmo em escravo do capital". Além disso, para ele, o Estado, o direito e a propriedade são, sempre, resultado *da luta* no campo dos interesses materiais e da injusta distribuição da propriedade. E chega mesmo a afirmar, de maneira bastante categórica, que "a história não tem sequer um único exemplo em que o Estado não tenha surgido por meio da violência, muito mais do que por qualquer outra coisa". Mas lhe é alheio o ponto de vista de classe, a luta encontra somente entre grupos raciais *heterogene* (heterogêneos), declara que Marx é um fenômeno psicológico e, quanto a Engels, acusa-o de "não suspeitar (*hat keine Ahnung*) que o processo social é também um processo da natureza (*Naturprozess*) como qualquer outro etc." Mas interessa saber: qual é a conclusão tirada por esse professor pequeno-burguês anarquista tão combativo no tom do discurso? Ele conclui dizendo que "se aproxima um compromisso (*Ausgleich*) com a finalidade de satisfazer os interesses contraditórios". "As condições sociais atuais estão passando por *lenta* melhoria, uma elevação e uma humanização". E a culpa de tal lentidão é a indiferença, a limitação, a grosseria e a barbárie das pessoas.

Ainda mais próximo do materialismo econômico – nas palavras, claro – está o professor vienense *Anton Menger*. Já o citei repetidas vezes, como o fundador do assim chamado socialismo jurídico. Em sua linguagem, talvez seja um dos que mais se ajusta ao socialismo. "Poderia a propriedade privada nascer do espírito de toda nação?", pergunta Menger e responde logo em seguida:

CAPÍTULO IX – HISTÓRIA DA CONCEPÇÃO JURÍDICA...

> Não! Nasce apenas da violência, das relações de poder. Tanto na Inglaterra quanto no continente, foi apenas por meio de guerras, revoluções, conspirações (...). Pelo menos no terreno do direito civil, a parte mais importante do ordenamento jurídico, a legislação se limitou a sancionar as relações de poder estudadas. E a própria legislação é apenas um joguete nas mãos dos agentes sociais de poder. Todo o ordenamento jurídico existente até nossos dias, no fim das contas, surgiu das correlações de poder e, portanto, sempre perseguiu o objetivo de beneficiar os poucos fortes às custas das amplas massas do povo (...). O mundo antigo e a Idade Média o expressam abertamente (...). Mesmo a Grande Revolução Francesa apenas encobriu (*verdeckt*) esse mal (*Misstände*), mas não o eliminou (...). As correntes econômicas foram por ela apenas embelezadas, mas não quebradas.

E, profetiza Menger, ainda *antes de fins do século XX* (como se pode ver, o professor é cuidadoso ao estabelecer o prazo), a questão social se tornará a ordem do dia para toda a humanidade.

Em seu voo de pensamento, o autor ultrapassou mais que um dentre os socialistas contemporâneos. Em seu trabalho *Código civil e as classes pobres*,[382] faz duras críticas ao código civil alemão, esse mais recente trabalho do pensamento jurídico burguês, do ponto de vista das *classes pobres*. Ao analisar a teoria da escola jurídica, refuta corajosamente sua teoria da gradualidade (*allmählich*) do desenvolvimento, por meio da indicação das reviravoltas radicais, graças à recepção do direito romano no período da saída da Idade Média e na adoção do constitucionalismo inglês no século passado. Contra a escola do direito natural, levanta a objeção plenamente razoável de que ela fez de tudo para as classes possuidoras.

---

[382] MENGER, Anton. *Das Bürgerliche Recht und die besitzlosen Volksklassen*: Eine Kritik des Entwurfs eines Bürgerlichen Gesetzbuches für das Deutsche Reich [*O direito civil e as classes pobres*: uma crítica ao esboço de um código civil para o Reino Alemão]. Tübingen (Alemanha): Heirinch Laupp, 1890. (N.E.B.)

Parece que o próprio Deus enviou tal estudioso burguês para ajudar os socialistas, e eu já notei que Engels, ainda em 1887, já tinha achado necessário respondê-lo imediatamente, quando de sua primeira aparição com um projeto socialista, criticando duramente a teoria de Menger sobre o direito à totalidade do produto do trabalho. E, na verdade, Engels novamente se revelou um profeta. Logo essa tendência, como uma epidemia, varreu toda a social-democracia e todo o socialismo. Sua ideia sobre uma evolução *pela via do direito* e, além disso, apenas por vias legais para uma nova sociedade, esse *Juristen-Sozialismus* [*Socialismo jurídico*], como Engels imediatamente batizou, foi o *leitmotiv* dos oportunistas de todo o mundo, começando em 1890 e permanecendo como seu canto do cisne ainda hoje, no papel do social-traidor.

Menger, talvez, em alguns momentos é o mais corajoso deles, pois, por exemplo, afirma diretamente que "não se pode falar de indenização completa da expropriação em condições revolucionárias (*Ablösung*), pois, nesse caso, permaneceriam em vigor as atuais correlações de poder". E quando Menger, em seu livro, busca oferecer o esquema da sua futura sociedade sob o nome de "Estado popular (*Volkstümlich*) do trabalho", expõe-se claramente o caráter contrarrevolucionário do autor, do que, como curiosidade, trouxemos exemplos gritantes da provável forma monárquica desse "Estado operário" na Alemanha. A história conferiu a essa curiosidade uma certa aparência de realidade no regime de Ebert-Noske. Mas, pelo menos, Anton Menger foi mais inteligente e honesto que eles, pois não escondia sua forma burguesa de pensar. E ele se desculpa pelo seu plano moderado devido ao atraso moral das massas, ou seja, com sua falta de confiança nas massas. Menger aponta para o fato de que a reforma e, em seguida, a revolução introduziram na história métodos de delito legal aberto (*Rechtsbruch*), mas, diz ele:

> as revoluções políticas apenas agitaram a superfície do fluxo da vida do povo, e nada mais, uma vez que, *quase sempre* (*znmeist*), apenas buscavam transferir o poder político de

CAPÍTULO IX – HISTÓRIA DA CONCEPÇÃO JURÍDICA...

uma camarilha (*Ceterie*) para outra, mas... a revolução social pressupõe o completo renascimento moral do ser humano.

Ao se analisar todo o conjunto das obras de socialistas, marxistas e não marxistas dedicadas aos temas jurídicos, encontra-se, ainda que menos declaradamente, o mesmo pensamento, só que, neles, aparece de maneira mais acentuada *a integração pacífica*, em relação à qual, todavia, Menger estabelece determinadas exceções. A ideia de um aprofundamento (*Aushöhlung*) do instituto da propriedade, de seu "renascimento" ou de sua "socialização gradual" se repete nas mais diversas formas em Jaurès, [Eduard] Bernstein, entre outros, mas a essência do socialismo jurídico, como cosmovisão puramente burguesa, permanece imutável.

Já falei sobre o fato de que, entre os trabalhos jurídicos dos socialistas, não há nenhum que tenha colocado a questão do ponto de vista da luta de classes revolucionária. E isso era impossível até o surgimento do trabalho do camarada Lênin *Estado e revolução*, que, pela primeira vez, e mesmo na atmosfera da revolução russa, revelou o verdadeiro pensamento de Marx e Engels, distorcido por todo tipo de "superestrutura" oportunista que pairava sobre o marxismo. Outubro colocou em prática essa teoria sobre o Estado proletário. O passo seguinte foi o tribunal de classe do proletariado. Por fim, tem início a revolução no campo do direito: a compreensão *de classe* do direito vence.

CAPÍTULO X

DIREITO E JURISPRUDÊNCIA

Já vimos que nossa compreensão de classe sobre o direito cria, pela primeira vez, a verdadeira ciência do direito. Tivemos, de fato, um material, um objeto para a pesquisa científica e se tornou possível tratar da jurisprudência não apenas como de uma técnica ou de uma arte, mas também como de uma ciência.

Entretanto, devemos definir novamente tanto as proporções do material quanto à metodologia, em certo sentido, de uma nova ciência, bem como distingui-la da esfera das doutrinas científicas afins, por um lado, e aproximá-la, por outro, dos campos do conhecimento que podem lhe oferecer, direta e indiretamente, o meio para a pesquisa bem-sucedida no campo jurídico.

A jurisprudência, como a entendemos, é uma ciência relacionada *à sociedade*, ou seja, à *inter-relação* entre as pessoas no processo de produção e de troca. Já existe uma série de ciências especiais trabalhando nesse campo: a ciência econômica, incluindo a economia política, a história, a sociologia, a etnografia, a política, a ética. É preciso delimitá-las. Em relação às demais doutrinas, não haverá debates e dificuldades especiais. Tarefa mais difícil é a da distinção entre economia política, jurisprudência e sociologia. Nas universidades

PIOTR STUTCHKA

pré-revolucionárias, inicialmente, a jurisprudência englobava todas essas doutrinas como matérias auxiliares; no Ocidente, a jurisprudência, por um lado, e a economia política, por outro, eram hostis entre si. Hoje elas estão entre nós, pelo menos, em pé de igualdade, ou, melhor dizendo, a jurisprudência entre nós encontra-se, ainda, no curral, pois ainda se crê que o direito não merece o "título" de ciência. A própria distinção das matérias exigirá bastante tolerância, pois será difícil, a princípio, evitar o paralelismo até que chegue a hora de uma delimitação racional autônoma de cada uma dessas doutrinas. Isso, por um lado.

Por outro lado, o jurista deve se interessar pela psicologia fisiológica[383] (deixando de lado quaisquer outras psicologias), a psiquiatria e a pedagogia para o direito penal, a lógica e a filosofia, na medida em que esta última pode ser considerada ainda uma ciência, e não beletrismo ou misticismo. Mas, aqui, não vou mais me deter nessa questão, ela se refere a distintos campos especiais da jurisprudência.

As ciências econômicas, em particular a economia política, consideram as relações sociais de um aspecto puramente econômico, como uma relação de produção e de troca, pela sua essência. Trata-se de uma pesquisa abstrata das relações entre pessoas no processo de produção e de troca. A *sociologia*, como propõe o camarada [Nikolai] Bukhárin, deve ser não como era antes, uma ciência sobre a pessoa-indivíduo, como membro da sociedade, mas a doutrina geral da sociedade como um todo e de suas leis de desenvolvimento. A *jurisprudência* deverá se ocupar, em primeiro lugar, das *formas* de relações sociais, ou seja, aquelas formas por meio das quais as pessoas, para empregar as palavras de Marx,[384] *realizam formalmente, efetivam (vermitteln) formalmente as relações sociais,*

---

[383] A escola de Pávlov evita a palavra "psicologia", considerando-a como não científica. Nós, por enquanto, continuamos a empregar essa palavra de maneira condicional.

[384] MARX, Karl. *O Capital*, I, p. 340, edição alemã [mantida a referência tal como Stutchka a anotou – N.E.B.].

CAPÍTULO X – DIREITO E JURISPRUDÊNCIA

como, por exemplo, as relações do capital, da propriedade, da troca de mercadorias etc.

À primeira vista, pode parecer que esse trabalho é extremamente limitado, uma vez que é estritamente formal. Na realidade, não é assim. Ora, essa forma não é de modo algum uma formalidade vazia, mas uma forma viva. Ora, o direito, em nossa concepção, como um sistema ou uma forma de organização das relações sociais e sua defesa do poder organizado de Estado, abarca um sistema gigantesco, no qual se inclui ou ao qual adere toda a luta de classes real. Na época revolucionária, não se trata de uma forma morta, mas revitalizadora, que busca unir todas as atividades isoladas das iniciativas revolucionárias em um único sistema revolucionário organizado. A jurisprudência se divide, naturalmente, em: *1) teoria* e *2) técnica*. Estou plenamente consciente de que no tempo presente *a técnica* ocupa o primeiro lugar, o *ponto de impacto*, mas começo com a teoria devido ao fato de que justamente aqui podem surgir equívocos e desacordos, tendo em vista que se trata de uma nova apresentação da questão.

A teoria da jurisprudência se ocupará, antes de mais nada, do estudo da substância *das formas concretas de relações sociais*, ou seja, daquelas mesmas relações de que se ocupa a economia política, só que a partir de sua forma, porém, de maneira plenamente *concreta*. Antigamente, a jurisprudência era considerada uma ciência abstrata, enquanto as ciências econômicas, uma ciência concreta. Em todo caso, chegou ao fim o tempo em que entre a economia política e a jurisprudência existia um certo antagonismo; agora, esse antagonismo deve ser substituído *por uma ligação estreita*.

Além disso, deve pesquisar todas as três formas de relações sociais (I, II, III, cf. capítulo V)[385] em suas inter-relações e em conexão com os resultados dos trabalhos da economia política, bem como da sociologia.

---

385 Cf., neste volume, pp. 171-200 (capítulo V). (N.E.B.)

Se, antes, o ser humano vivo integrava a teoria do direito, era somente como personalidade abstrata, sujeito do direito, em seu "aspecto" impessoal. Já a economia política, ao mesmo tempo, ele integrava como um ser vivente com todas as suas paixões.[386] Hoje em dia, em economia política, talvez, muitos de nós estejamos demasiadamente ocupados com a análise dos conceitos *abstratos*, embora as relações derivem dos seres humanos reais, enquanto a Teoria do direito deve restabelecer o direito da pessoa viva como membro de sua classe, "que se encontra em relações de classe absolutamente concretas com outras pessoas, dependendo de seu lugar na distribuição dos meios de produção e, com isso, também das pessoas no processo de produção". A matéria principal e fundamental dessa teoria será aquela que, na sociedade burguesa, denominava-se direito civil ou privado, mas de agora em diante deve ser reconhecido em conjunto sob a denominação de direito econômico privado e público. Trata-se justamente da distribuição formal das pessoas no sistema de produção e troca para o dado período, mas com a insígnia: *sob o poder dos sovietes e com a nacionalização dos meios de produção.* Essa insígnia não pode passar sem a influência das relações privadas capitalistas, bem como das relações semicapitalistas. Esse terreno se converteu no terreno mais em disputa (no sentido político e social) do direito (cf. as palavras de Lasalle).[387]

Mas a jurisprudência tem, ainda, uma outra área: *puramente técnica.* Em primeiro lugar, é uma técnica de legislação, de justiça e, em parte, de administração, como meio e método de formulação e execução do direito. Aqui, é claro, não se trata apenas de uma

---

[386] Cf. a teoria da utilidade marginal ou a robinsonada da economia política clássica.

[387] F. Lassale, na introdução ao seu *Sistema de direitos adquiridos*, escreve: "é ali onde o direito sob o nome de direito privado separa-se completamente da política, que ele adquire ainda mais significado político que a própria política, pois é ali que ele se transforma em um elemento social" (LASSALE, Ferdinand. *Das System der erworbenen Rechte* [*Sistema de direitos adquiridos*]. Leipzig: F. A. Brockhaus, 1861).

CAPÍTULO X – DIREITO E JURISPRUDÊNCIA

formulação bonita ou, ao contrário, burocrática e feia, mas sobre o melhor meio de incidência da forma abstrata na concreta, ou seja, da lei na vida. Ora, no caso de choque de duas forças, a econômica e a política, às vezes, a forma concreta assume uma aparência feia e distorcida (quando, por exemplo, a economia move à força os obstáculos jurídicos ou políticos, ou quando uma forma jurídica ou política, por exemplo, a burocracia, atrasa em vão o desenvolvimento das forças econômicas). Mas a técnica será sempre, em geral, a parte mais conservadora do direito, pois a quebra radical do sistema "com a máquina a pleno vapor" é sempre difícil e pouco desejável.

Em seguida, vem uma série de doutrinas especiais sobre a jurisprudência que têm como objetivo a sustentação do "sistema social", ou seja, do direito de propriedade etc. Dentre elas, o direito constitucional se converteu na área primordial, e o direito penal tsarista lhe atribui esse valor pelo fato de ameaçar com penas mais severas os opositores do sistema constitucional do que os do sistema social. Os autores desse código, embora teóricos ruins em questões revolucionárias, sugeriram, por intuição, que essa é uma ideia correta, pois a tomada e a consequente conservação do poder político constituem-se em instrumentos necessários e preliminares nas mãos da classe revolucionária para a modificação do sistema social. Adiante vem o direito penal, um meio auxiliar de manutenção tanto do sistema político quanto social e de suas instituições e atividades isoladas. Depois dessas, pode-se denominar, ainda, doutrinas isoladas, secundárias, as quais, além de sua técnica, desenvolveram também uma determinada teoria. Essa teoria, é claro, devemos seguir em uma nova direção, especialmente, nossa teoria sobre o Estado e, a seguir, do direito penal. Mas todas essas áreas especiais da jurisprudência derivam da subdivisão do próprio direito em ramificações.

Essa divisão teremos que adotar em grande medida da sociedade burguesa. Isso porque enquanto os teóricos dividiram o direito em interior e exterior, divino e secular etc., também os juristas práticos tiveram que dividir o direito em ramos. Para conceitos que não contavam com unanimidade, mesmo que entre dois ou três juristas, teve-se que encontrar uma classificação por grupos. E aqui colaborou simplesmente a vida prática, que fornecia divisões já prontas, para as quais os juristas tiveram somente que inventar uma denominação e uma fundamentação teóricas.

Já dissemos que o direito, *no sentido fundamental ou real*, enxergamos apenas no assim chamado direito civil ou econômico. Devo dizer que não são poucos os estudiosos burgueses que, de uma forma ou de outra, também reconhecem a primazia desse direito, mesmo o professor de *direito constitucional* Gumplowicz, por exemplo, na citação já referida por mim anteriormente.

Em geral, discutiu-se muito sobre a correlação entre direito civil e Constitucional. Aponta-se que o "direito civil" primitivo, ou seja, o romano, em essência, era um direito constitucional. Além disso, aponta-se que, com o tempo, uma série de instituições mudou, e ainda hoje muda, seus lugares. Não penso em fazer aqui um relato exaustivo dessas discussões, pois algo assim não teria nenhum sentido. Citarei apenas alguns exemplos das divergências mais importantes, além disso, devo dizer que os mal-entendidos nessas discussões desempenham um papel significativo, pois sob a denominação de direito constitucional mistura-se o sistema estatal, por um lado, e aquilo que ora destacamos como o assim chamado direito público econômico, por outro.

Sabemos que todo o conjunto dos direitos dos quirites era o denominado *jus civile* (direito civil) originário, ou seja, os cidadãos de Roma plenos de direitos (*cives*). Só posteriormente se formou o conceito de direito privado, particular e, ainda mais tarde, um misto dessas duas denominações. Uns acreditam que o momento mais importante aqui é *o interesse do indivíduo em particular* e a contraposição de seu interesse ao público, ao social ou, mais precisamente, ao interesse do Estado. Outros descobriram que a essência da distinção reside na iniciativa da proteção ou da defesa, e denominam de direito civil aquilo que se defende somente pela iniciativa de um indivíduo

CAPÍTULO X – DIREITO E JURISPRUDÊNCIA

em particular. Para uma pessoa que se coloca do ponto de vista de classe, que entende o direito como um sistema de relações sociais, protetor dos interesses da classe dominante por meio de seu órgão de poder, a linha divisória entre esses campos se perde. Já no que se refere à segunda definição, é evidente que advém da concepção da Grande Revolução Francesa, que introduziu uma bipartição na pessoa entre o cidadão e o indivíduo em particular, cuja atividade particular é passar fome, viver na necessidade, sofrer etc. Por isso, aproxima-se mais do direito burguês do que da divisão astuta de direito em um campo centralizado, o direito público, e um campo descentralizado, o direito civil (cf. Múromtsev, I. Pokróvski, entre outros). A opinião de que o direito privado refere-se ao indivíduo em particular enquanto o Estado regula a atividade social é refutada por Lassalle (cf. nota de rodapé neste capítulo). E dentre os juristas mais recentes, [Eugen] Ehrlich admite que

> todo direito privado é exclusivamente um direito social (*Verbandsrecht*), pois o direito privado é, predominantemente, e se excluirmos o direito da família, mesmo exclusivamente, *o direito da vida econômica*, já *a vida econômica transcorre exclusivamente em alianças*.[388]

Certa vez, foi proposto entre nós renomear esse direito privado ou civil de "direito social", mas isso foi feito quando ainda *não tínhamos nossa definição de direito*. Hoje, estaríamos repetindo a mesma característica que já está contida na própria definição de direito. Por essa razão, devemos denominar esse campo das relações simplesmente de direito ou direito econômico ou, ainda, conservar a denominação histórica de "direito civil".

---

[388] Até o jurista mais burguês Jellinek escreve: "todo direito é um direito *social* e, portanto, repousa sobre direito público". Já Ehrlich se esquece de que a família na sociedade burguesa é a menor célula econômica e, em parte, uma associação pública.

Assim nós denominamos nosso novo código de "código civil". Mas nele não incluímos o "direito da família", o "direito agrário" e o "direito do Trabalho". Tampouco dele consta toda uma série de outras relações referentes aos campos do assim chamado direito público-econômico. Queremos enfatizar com isso que esse código restaura somente um *campo limitado dos direitos burgueses*. Mas, por enquanto, no direito familiar, nós, afinal, também conservamos em parte o tipo burguês de família (com suas tarefas puramente econômicas). Nas relações agrárias, sem dúvida, há o acúmulo de capital privado, já no direito do trabalho, o elemento burguês atua como um segundo aspecto em uma medida deveras significativa. Por conveniência, todos esses códigos separados deveriam ser reunidos sob uma única denominação em um único Código "de direito econômico material".

O segundo ramo é o do *direito constitucional*. De acordo com nossos conceitos, esse ramo do direito desempenha um papel auxiliar, parcialmente técnico, mas, ao mesmo tempo, ocupa-se de um elemento fundamental como *a organização do domínio de classe*. Aqui é fundamental uma delimitação, na medida em que devemos evitar os erros da ciência burguesa e as relações sociais que, na sociedade burguesa, têm como sujeito o Estado, como *"Gesamtkapitalist"*,[389] bem como permanecer na esfera do direito civil, como direito público econômico.

Resta, ainda, uma série inteira de ramos que têm um sentido secundário, como: o direito de polícia, o eclesiástico, o tribunal ou de processos judiciais, o financeiro, por um lado, e, por outro, o direito penal, os quais ou são somente um destacamento do direito constitucional, por exemplo, os quatro primeiros grupos, com a inclusão de determinado elemento de política ou de economia política, ou são doutrinas sobre *medidas* puramente *auxiliares* para manutenção de uma dada ordem, por exemplo, o *direito penal*. Todas essas

---

[389] Ver nota 119, à p. 104. (N.E.B.)

CAPÍTULO X – DIREITO E JURISPRUDÊNCIA

matérias precisam ser revistas e reagrupadas, transformando tais ramos da ciência, por exemplo, o direito eclesiástico e o financeiro, em teorias da política eclesiástica ou financeira, enquanto os demais ramos devem assumir justamente o caráter que lhes é adequado de setores técnicos da jurisprudência.

O direito penal, segundo nossa definição,[390] tem como seu conteúdo normas e outras medidas jurídicas por meio das quais o sistema de relações sociais de uma dada sociedade de classes se protege de violação ("delito") mediante as assim chamadas medidas de defesa social. Nossa cosmovisão não admite nenhum castigo dos deuses, nenhuma vingança pessoal ou mesmo de classe, em que se baseava esse ramo do direito no passado. Nosso direito penal é, ainda, alheio ao conceito de humanitarismo no sentido burguês, que criou *segregações e meios refinados de tortura e flagelações em nome da "filantropia"*. Dos objetivos das medidas de defesa social, como a retaliação, a vingança, a reeducação da pessoa e sua correção, no sentido vulgar pequeno-burguês e filisteu, resta apenas a adaptação do "criminoso" à nova vida social e de impacto "psicológico" nele e nos demais etc., e se tudo isso não atingir os resultados, *seu isolamento*. Por isso, "a medida social de defesa deve ser racional e desprovida de sinais de tortura e não deve infringir sofrimentos inúteis e desnecessários ao criminoso" (art. 10). "Com o desaparecimento das condições em que um determinado ato ou indivíduo que o cometa representava perigos para uma dada estrutura, não estará sujeito à medida de defesa social aquele que a cometeu".

Mas devo advertir que jamais julgamos os opositores como opositores. "Para lutar contra forças contrarrevolucionárias e suas conquistas (...) estabelecem-se (...) tribunais revolucionários". Essa fórmula, é claro, foi inspirada pelo famoso discurso de Marx perante o júri de Colônia.

---

390 Cf. *Compilação de leis*, de dezembro de 1919, nº 66, p. 590.

Acredito que, sobre a questão da delimitação dos ramos do direito, podemos nos limitar a essas breves observações, pois a questão, para nós, tem um caráter puramente prático. É fundamental ter em mente que o direito, na medida em que protege o interesse de classe da classe dominante, é formulado no assim chamado direito civil, e que o segundo, se não o primeiro lugar, é ocupado pelo direito constitucional, como a organização do próprio poder da classe dominante. Os fins e os meios. Qual deles é mais importante em cada dado momento é uma questão de política prática.

Devemos agora nos deter, ainda que rapidamente, na *metodologia*. Antes, dedicava-se, em geral, demasiado espaço para questões de metodologia. Por muito tempo, considerava-se todo o materialismo histórico não mais que um método, até que o camarada Bukhárin lhe atribuiu o devido lugar, como sociologia marxista, deixando de lado, todavia, tanto a denominação quanto o papel de "método". Anteriormente, para a burguesia, era a jurisprudência que desempenhava tal papel de ciência que produz a cosmovisão burguesa e, ao mesmo tempo, o método tipicamente burguês, com sua lógica formal, e a qual deixou marcas profundas nas cabeças de nossos juristas, não obstante a tempestade da revolução. Como vimos, graças a esse papel da jurisprudência, a própria psicologia foi submetida a uma reelaboração radical e converteu-se em "ciência", cujo lugar terá, nessa forma, talvez, somente entre as doutrinas da jurisprudência burguesa. É evidente que devemos descartar tal ciência e seus métodos e voltar toda a atenção à assim chamada "psicologia fisiológica", a ciência do sistema nervoso, que tem obtido grandes êxitos na escola de Pávlov.

Quais eram os métodos adotados pelos juristas em sua ciência? Os mais diferentes a cada vez, de acordo, como já vimos, com a ciência dominante. Na história dos métodos não vamos nos deter. O jurista contemporâneo, para quem toda a matéria do direito resume-se em artigos prontos, em normas da lei, é o mais puro *dogmático*.

CAPÍTULO X – DIREITO E JURISPRUDÊNCIA

H. Cohen[391] fala da analogia "entre o sentido da matemática para as ciências da natureza e o sentido *da ciência do direito* para todo o *conjunto das ciências do espírito*". Eis o método típico da jurisprudência do passado: *fiat iustitia et pereat mundus*.[392] Mas, na prática, com base nas fórmulas do direito, calculava-se e liberava-se *matematicamente* a verdade e a justiça. Todo o antigo código era um cálculo matemático da "justiça" tsarista. Quer dizer, *matemática social* tanto na teoria quanto na prática! Tão logo o cientista burguês abandona o terreno dessas "fórmulas objetivas", ele cai nos braços da metafísica pura e oculta. Vimos, na pessoa de Petrazycki, um dos mais extremos representantes da escola psicológica, que a única fonte de pesquisa teórica do direito se obtém do estudo do próprio "eu". Mas Marx disse de maneira assertiva: "minhas investigações me conduziram ao seguinte resultado: as relações jurídicas, bem como as formas do Estado, não podem ser explicadas por si mesmas, nem pela chamada evolução geral do espírito humano".[393]

Já demonstramos anteriormente que nós buscamos o direito nas relações sociais. Nosso método se define pela *aplicação revolucionária da dialética* também ao estudo dessas relações. É claro que não podemos falar em um método já pronto, na medida em que ainda estamos debatendo sobre onde buscar o próprio direito e onde estão seus pontos de limite, os quais não tentamos definir com exatidão devido à presumida curta duração do próprio direito. Para nós, era importante definir seu lugar e seu caráter, a fim de dar à ciência acesso a esse sistema de fenômenos.

Resta-me dizer, ainda, algumas palavras sobre a relação entre *direito e moral, jurisprudência e ética*. Devo confessar que não encontrei uma definição de moral e, sobretudo, sua delimitação

---

[391] COHEN, Hermann. *Ethik des Reinen Willens* [*Ética da vontade pura*]. Berlim: B. Cassirer, 1904.

[392] "Faça-se justiça nem que o mundo pereça".

[393] MARX, Karl. *Contribuição à crítica da economia política*. Trad. Florestan Fernandes. São Paulo: Expressão Popular, 2008, p. 47.

do direito que satisfizesse completamente as exigências científicas. Trata-se de algo misterioso, imutável, sagrado, inexplicável, em nós, que nos alerta sobre nossa conduta, dizem alguns. Outros explicam que existem regras de nossa conduta interior, ou regras interiores da nossa conduta exterior, as quais se opõem ao direito como regra externa ou, novamente, como regras da nossa conduta externa. Tudo isso não passa de palavras bonitas ou jogos de palavras.

Da natureza do ser humano que age de maneira consciente, estabelecendo objetivos, decorre que, em sua cabeça (anteriormente, nesse sentido, confundia-se o coração-alma com a cabeça), criou-se um determinado código sistemático de conduta. Tudo se inclui ali, tanto a superstição que se conserva, a tradição (educação) etc. quanto a consciência de classe etc. Toda essa ideologia, em conexão com sentimentos religiosos ou antirreligiosos, forma um determinado "Código de deveres", que parece o mais estático e universal para todas as pessoas por meio de um conjunto de normas de conduta. Mas, afinal, onde está o limite desse código moral? Ele, é claro, está mais próximo do direito, e todos os remanescentes, expulsos de todos os campos da ideologia, procuram refúgio na moral e na sua elaboração "científica", a ética. Bem entendido que é disso que se nutre a ética.

Agora sabemos que tanto a moral quanto a ética não são coisas imutáveis e, portanto, não são particularmente sagradas, estáticas. Falamos de moral de grupo, de camada, de classe, e estamos corretos. Os pais, e em especial a mãe – hoje a parte mais atrasada de uma dada sociedade –, ao criar os filhos, fornecem-lhe as primeiras lições de vida, ou seja, as primeiras regras de conduta. Ajudam-lhes os padres etc. Somam-se todos os tipos de medos diante de tudo o que é incompreensível, inconsciente, desconhecido etc. E tudo isso está sistematizado em um todo único, geralmente, não comprovado por nenhuma ciência, exceto o catecismo dos padres. Há uma moral específica para qualquer pequeno grupo, mas ela tem muito em comum para as amplas massas, assim como para toda a humanidade, tanto quanto a fórmula $2 \times 2 = 4$ não nos parece ser de classe.

CAPÍTULO X – DIREITO E JURISPRUDÊNCIA

Examinar tudo isso de modo pormenorizado não se inclui na minha tarefa. Sou a favor de uma ética de classe, e esta nós também deveremos elaborar. Mas responderei resumidamente à questão colocada sobre *a delimitação do direito e da moral*. A moral é um conceito mais geral; o direito, mais restrito, pois o direito abarca *apenas as relações sociais entre as pessoas*, ou seja, em geral, apenas as relações de produção e troca. A moral da classe *dominante*, no terreno dessas relações sociais, *coincide*, mais ou menos, *com o direito*; quer dizer, *a consciência jurídica* da classe dominante também faz parte da ética dessa classe. Ao contrário, na da classe oprimida, ela definitivamente diverge do direito. Mas, como eu disse, as *"regras"* morais *"do dever"*, além disso, abarcam ainda todas as demais inter-relações entre as pessoas e se referem, inclusive, às relações de uma pessoa consigo mesma, com seres imaginários (deuses) ou até com objetos inanimados. Essa delimitação pode nos fornecer indicações do porquê, às vezes, o direito parece amoral ou injusto e, pelo contrário, em alguns casos, coincide com a moral. Uma verdadeira avaliação marxista do fenômeno da moral ainda não foi nem poderá ser dada enquanto até mesmo os marxistas se limitarem, nesse campo, à mera auto-observação e ao mero autoconhecimento.

REFERÊNCIAS
BIBLIOGRÁFICAS[394]

A DECLARAÇÃO DOS DIREITOS DO HOMEM E DO CIDADÃO DE 1789. *In*: COMPARATO, Fábio Konder. *A afirmação histórica dos direitos humanos*. 12ª ed. São Paulo: Saraiva, 2019.

A DECLARAÇÃO DOS DIREITOS DO HOMEM E DO CIDADÃO DA CONSTITUIÇÃO DE 1793. *In*: COMPARATO, Fábio Konder. *A afirmação histórica dos direitos humanos*. 12ª ed. São Paulo: Saraiva, 2019.

ADORÁTSKI, Vladímir. *Программа по основным вопросам марксизма. Пособие для студентов и для кружков повышенного типа* [*Programa sobre as questões fundamentais do marxismo*. Manual para estudantes e para os círculos de tipo avançado]. Moscou: *Krásnaia Nov* [*Terra Virgem Vermelha*], 1922.

ARISTÓTELES. "Política". Trad. Therezinha Monteiro Deutsch e Baby Abrão. *In*: _____. *Os pensadores*. São Paulo: Nova Cultural, 2000.

BAUER, Wilhelm. *Die öffentliche Meinung und ihre geschichtliche Grundlage* [*A opinião pública e sua base histórica*]. Tübingen (Alemanha): J.C.B. Mohr (Paul Siebeck), 1914.

---

[394] Listagem das referências feitas por Piotr Stutchka ao longo de seu texto. Sempre que foi possível anotar a referência original, ela aqui foi registrada. Quando não foi possível, buscou-se edição brasileira ou ainda publicações mais acessíveis.

BERMAN, Iákov. "Экономия и гражданское право" ["Economia e direito civil"]. *Anais da Universidade Comunista Sverdlov*, Moscou, Universidade Comunista Sverdlov, nº 1, 1923.

BEZOLD, Fredrich von. *Geschichte der deutschen Reformation. [História da Reforma Alemã]*. Berlim: G. Grote'sche Verlagsbuchhandlung, 1890.

BOGOLIÉPOV, Nikolai. *Учебник истории римского права [História do direito civil romano]*. Moscou: Ziérkalo, 2004.

BRUNNER, Heinrich. *Deutsche Rechtsgeschichte [História do direito alemã]*. 2 vols. Leipzig (Alemanha): Duncker & Humblot, 1887.

BULGÁKOV, Serguei. *Капитализм и земледелие [Capitalismo e agricultura]*. vol. 2. São Petersburgo: Tipografia e Litografia V. A. Tíkhanov, 1900.

CERVANTES, Miguel de. *O Engenhoso Fidalgo Dom Quixote de la Mancha*. Trad. Sérgio Molina. 2 vols. São Paulo: Editora 34, 2004.

CHERCHENIÉVITCH, Gabriel. *Общая теория права [Teoria geral do direito]*. Moscou: Editora dos Irmãos Bachmakov, 1912.

COHEN, Hermann. *Ethik des Reinen Willens [Ética da vontade pura]*. Berlim: B. Cassirer, 1904.

COMPILAÇÃO DE LEIS, de dezembro de 1919, nº 66.

DECLARAÇÃO DA CONSTITUIÇÃO DA URSS, 1922.

DEFOE, Daniel. *Robinson Crusoé*. Trad. Sergio Flaksman. São Paulo: Penguin Classics Companhia das Letras, 2011.

DEL VECCHIO, Giorgio. *Sull'idea di una scienza del diritto universale comparato*: comunicazione letta al Congresso Filosofico di Heidelberg il 4 settembre 1908. [*Sobre a ideia de uma ciência do direito universal comparado*: comunicação lida no Congresso Filosófico de Heidelberg em 4 de setembro de 1908]. 2ª ed. Torino: Fratelli Bocca, 1909.

DICKENS, Charles. *As aventuras do Sr. Pickwick*. Trad. Otávio Mendes Cajado. São Paulo: Globo, 2004.

DJIVILIÉGOV, Aleksandr. *Крестьянское движение на Западе [O movimento camponês no Ocidente]*. Petersburgo-Moscou: *Kniga [Livro]*, 1920.

DUGUIT, Léon. *Manuel de droit constitutionnel*: théorie générale de l'État, le droit de l'État, les libertés publiques, organisation politique [*Manual de direito constitucional*: teoria geral do Estado, direito do Estado, liberdades civis, organização política]. Paris: Fontenoing & Cie, E. de Boccard, successeur, 1918.

REFERÊNCIAS BIBLIOGRÁFICAS

_____. *Общие преобразования гражданского права со времени кодекса Наполеона* [*Transformação geral do direito civil desde o tempo do código de Napoleão*]. Trad. Aleksandr Góikhbarg. Moscou: Editora do Estado, 1919.

ELTZBACHER, Paul. *Totes und Lebendes Völkerrecht* [*Direito internacional morto e vivo*]. München und Leipzig (Alemanha): Duncker & Humblot, 1916.

ENGELS, Friedrich. *A origem da família, da propriedade privada e do Estado*. Trad. Nélio Schneider. São Paulo: Boitempo, 2019.

_____. *Anti-Dühring*: a revolução da ciência segundo o senhor Eugen Dühring. Trad. Nélio Schneider. São Paulo: Boitempo, 2015.

_____. "Engels a Mehring (Londres, 14 de julho de 1893)". *In*: MARX, Karl; ENGELS, Friedrich. *Obras escolhidas*. vol. 3. São Paulo: Alfa-Ômega, [s.d.].

_____. "Engels a Schmidt (Londres, 27 de outubro de 1890)". *In*: MARX, Karl; ENGELS, Friedrich. *Obras escolhidas*. vol. 3. São Paulo: Alfa-Ômega, vol. 3, [s.d.].

_____. "Engels to August Bebel (London, 11-12 December 1884)". *In*: MARX, Karl; ENGELS, Frederick. *Collected Works*: Letters 1883-86. vol. 47. Dagenham (Inglaterra): Lawrence & Wishart Electric Book, 2010.

_____. "Engels to August Bebel (London, 24-26 October 1891)". *In*: MARX, Karl; ENGELS, Frederick. *Collected Works*: Letters 1890-92. vol. 49. Dagenham (Inglaterra): Lawrence & Wishart Electric Book, 2010.

_____. "Friedrich Engels a August Bebel (março de 1875)". *In*: MARX, Karl. *Crítica do Programa de Gotha*. Trad. Rubens Enderle. São Paulo: Boitempo, 2012.

_____. "Ludwig Feuerbach e o fim da filosofia clássica alemã". *In*: MARX, Karl; ENGELS, Friedrich. *Obras escolhidas*. vol. 3. São Paulo: Alfa-Ômega, [s.d.].

_____. "Prefácio". *In*: MARX, Karl. *O Capital*: crítica da economia política – O processo global da produção capitalista. Trad. Rubens Enderle. São Paulo: Boitempo, livro III, 2017.

_____. "Progresso da reforma social no continente". Trad. Ronaldo Vielmi Fortes. *Revista Libertas*, Juiz de Fora, UFJF, vol. 20, nº 2, jul./dez. 2020.

_____. "The internal crises [As crises internas] (Rheinische Zeitung nº 343/344, December 9-10, 1842)". *In*: MARX, Karl; ENGELS, Frederick.

Collected Works: Frederick Engels 1838-1842. vol. 2. Dagenham (Inglaterra): Lawrence & Wishart Electric Book, 2010.

ENGELS, Friedrich; KAUTSKY, Karl. "Juristen-Sozialismus" ["O socialismo jurídico"]. *Die Neue Zeit*: Revue des geistigen und öffentlichen Lebens [*O novo tempo*: revista da vida intelectual e pública], Stuttgart, Verlag von J. H. W. Dietz, Heft 2, Jahrgang 5, 1887.

_____. "Юридически социализм" ["O socialismo jurídico"]. *Pod známienem marksisma* [*Sob a bandeira do marxismo*], Moscou, Materialist, nº 1, 1923.

_____. *O socialismo jurídico*. Trad. Lívia Cotrim e Márcio Bilharinho Naves. São Paulo: Boitempo, 2012.

ESPINOSA, Baruch de. "Ética (demonstrada à maneira dos geômetras)". Trad. Joaquim de Carvalho, Joaquim Ferreira Gomes e Antônio Simões. *In*: _____. *Os pensadores*. São Paulo: Nova Cultural, 2000.

FINN-ENOTÁEVSKI, Aleksandr. "Класс и партия" ["Classe e partido"]. *Obrazovánie* [*Formação*], São Petersburgo, Tipo-litografia de B. M. Wolf, nº 12, dez. 1906.

FRANCE, Anatole. *A rebelião dos anjos*. Trad. Merle Scoss. São Paulo: Axis Mundi, 1995.

GAREIS, Karl von. *Encyklopädie und Methode der Rechtswissenschaf* [*Enciclopédia e Método de Jurisprudência*]. 3ª ed. Giessen (Alemanha): Emil Roth, 1905.

GIERKE, Otto von. *Die Grundbegriffe des Staatsrechts und die neuesten Staatsrechtstheorien* [*Os conceitos básicos do direito constitucional e as mais recentes teorias do direito constitucional*]. Tübingen (Alemanha): Heirinch Laupp, 1874.

GOETHE. *Fausto*. Trad. Jenny Klabin Segall. 3ª ed. Belo Horizonte: Villa Rica, 1991.

GRIMM, Jacob. *Deutsche Rechtsalterthümer* [*Antiguidades jurídicas alemãs*]. Göttingen (Alemanha): Dieterich, 1828.

GROTIUS, Hugo. *O direito da guerra e da paz*. 2 vols. Trad. Ciro Mioranza. Ijuí-RS: UNIJUÍ, 2004.

GUMPLOWICZ, Ludwig. *Rechtsstaat und Sozialismus* [*Estado de Direito e socialismo*]. Innsbruck (Áustria): Wagner, 1881.

_____. *Staatsrecht Schlussbetrachtung* [*Conclusões sobre direito do Estado*]. [S.l.]: [s.n.], [s.d.].

REFERÊNCIAS BIBLIOGRÁFICAS

HEGEL, Georg Wilhelm Friedrich. "Hegel a Schelling, 16 de abril de 1795 – Correspondência Schelling-Hegel-Hölderlin (1794-1796)". Trad. Fernando M. F. Silva. *Con-Textos Kantianos*: International Journal of Philosophy, Madrid, Instituto de Filosofía del Consejo Superior de Investigaciones Científicas (IFS-CSIC), nº 11, jun. 2020.

_____. *Encyclopädie der philosophischen Wissenschaften im Grundrisse*: Die Logik. vol. I. Berlim: Leopold von Henning, 1840 [HEGEL, Georg Wilhelm Friedrich. *Enciclopédia das ciências filosóficas em compêndio*: ciência da lógica. vol. I. Trad. Paulo Meneses e José Nogueira Machado. São Paulo: Loyola, 1995].

_____. *Filosofia do direito*. Coord. trad. Draiton Gonzaga de Souza, Agemir Bavaresco e Jair Tauchen. Porto Alegre: Editora Fênix, 2021.

_____. *Suhrkamp-Werkausgabe* [*Coleção de obras Suhrkamp*]. vol. 12. Frankfurt: M. Suhrkamp, 1986.

HEYCK, Eduard. *Parlament order Volksvertretung?* [*Parlamento ou representação popular?*]. Halle an der Saale (Alemanha): Richard Mühlmann, 1908.

HUBER, *Max*. "Beiträge zur Kenntnis der soziologischen Grundlagen des Völkerrechts und der Staatengesellschaft" ["Contribuições para o conhecimento dos fundamentos sociológicos do direito internacional e da sociedade internacional"]. *Jahrbuch des Öffentlichen Rechts der Gegenwart* [*Anuário de direito público contemporâneo*], Tübingen (Alemanha), J. C. B. Mohr, vol. 4, 1910.

IHERING, Rudolf von. *A luta pelo direito*. Trad. Sílvio Donizete Chagas. São Paulo: Acadêmica, 1993.

_____. *Der Zweck im Recht*. 2 vols. Leipzig (Alemanha): Breitkopf & Härtel, 1877-1883. [IHERING, Rudolf von. *A finalidade do direito*. 2 vols. Trad. José Antônio Faria Correa. Rio de Janeiro: Rio, 1979].

_____. *Geist des römischen Rechts auf den verschiedenen Stufen seiner Entwicklung*. 4 vols. Leipzig (Alemanha): Breitkopf & Härtel, 1852-1865. [JHERING, Rudolf von. *O espírito do direito romano nas diversas fases de seu desenvolvimento*. 2 vols. Trad. Rafael Benaion. Rio de Janeiro: Alba, 1943].

IUJAKOV, Serguei N. (Coord.). *Большая энциклопедия*: *Слов. общедоступ. сведений по всем отраслям знания* [*Grande enciclopédia*: palavras acessíveis a todos os campos do conhecimento]. vol. 15. São Petersburgo: Editora Prosvechenie, 1900-1907.

JANSEN, Johannes. *Die Geschichte des deutschen Volkes seit dem Ausgang des Mittelalters* [*A história do povo alemão desde o final da Idade Média*]. 8 vols. Freiburg (Alemanha): Herder, 1878-1894.

JELLINEK, Walter (filho). "Revolution und Reichsverfassung: Bericht über die Zeit vom 9 November 1918 bis zum 31 Dezember 1919" ["Revolução e Constituição imperial: relatório sobre o período de 9 de novembro de 1918 a 31 de dezembro de 1919"]. *Jahrbuch des Öffentlichen Rechts der Gegenwart* [*Anuário de direito público contemporâneo*]. Tübingen (Alemanha), J. C. B. Mohr, n° 9, 1920.

JOERGES, Rudolf. "Recht und Gerechtigkeit" ["Direito e justiça"]. *Zeitschrift für Rechtsphilosophie in Lehre und Praxis* [*Revista de filosofia jurídica no ensino e na prática*], F. Meiner, vol. II, 1919.

JUSTINIANO I. *Digesto de Justiniano*: liber primus – Introdução ao direito romano. 3ª ed. ver. Trad. Hélcio Maciel França Madeira. São Paulo: Revista dos Tribunais; Osasco-SP: UNIFIEO, 2002.

KANT, Immanuel. *Crítica da razão pura*. Trad. Valério Rohden e Udo Baldur Moosburger. São Paulo: Nova Cultural, 2000. (Coleção "Os pensadores").

KARASSIÉVITCH, Porfíri. *Гражданское обычное право во Франции в историческом его развитии* [*Direito consuetudinário civil na França em seu desenvolvimento histórico*]. Moscou: Tipografia de A. I. Mámontov, 1875.

KAUTSKY, Karl. "Krisentheorien" ["Teorias da crise"]. *Die Neue Zeit*: Wochenschrift der deutschen Sozialdemokratie [*O novo tempo*: semanário da social-democracia alemã], Stuttgart, Verlag von J. H. W. Dietz, Heft 5 (31), Jahrgang 20, 1901-1902.

KHVOSTOV, Veniamin Mikháilovitch. *История римского права* [*História do direito romano*]. 7ª ed. Moscou: Editora Científica de Moscou, 1919.

KITIAKÓVSKI, Bogdan. *Социальные науки и право. Очерки по методологии социальных наук и общей теории права* [*Ciências sociais e direito. Ensaio sobre a metodologia das ciências sociais e da teoria geral do direito*]. Moscou: M. e S. Sabáchnikov, 1916.

KORKUNOV, Nikolai. *Лекции по общей теории права* [*Palestras sobre teoria geral do direito*]. São Petersburgo: Loja N. K. Martínov, 1909.

REFERÊNCIAS BIBLIOGRÁFICAS

KRYLOV, Ivan. "Кукушка и петух" ["O cuco e o galo"]. *In*: _____. *Сочинения в двух томах* [*Obras em dois volumes*]. Moscou: Editora Estatal de Literatura Artística, 1955.

LAMPRECHT, Karl Gotthard. *Deutsche Geschichte* [*História alemã*]. 12 vols. Berlim: Hermann Heyfelder & Weidmannsche Buchhandlung, 1906-1911.

LASKINE, Edmond. "Die Entwicklung des juristischen Sozialismus" ["O desenvolvimento do socialismo jurídico"]. *Archiv für die Geschichte des Sozialismus und der Arbeiterbewegung*: In Verbindung mit einer Reihe namhafter Fachmänner aller Länder, herausgegeben von Carl Grünberg [*Arquivo para a história do socialismo e do movimento operário*: em conjunto com vários especialistas conhecidos de todos os países, editado por Carl Grünberg]. Leipzig (Alemanha): Verlag von C. L. Hirschfeld, n° 3, 1913.

LASSALE, Ferdinand. *Das System der erworbenen Rechte* [*Sistema de direitos adquiridos*]. Leipzig (Alemanha): F. A. Brockhaus, 1861.

LÊNIN, Vladímir. "Политический Отчет Центрального Комитета РКП(Б) 27 марта" ["Informe político do Comitê Central do PCUS de 27 de março"]. *In*: _____. *Полное Собрание Сочинений* [*Obras completas*]. vol. 45, 5ª ed. Moscou: Editora de Literatura Política, 1970. [LENIN, V. "Informe político del Comité Central del PC(b) de Rusia, 27 de marzo de 1922". *In*: _____. *Obras completas*. Moscou: Progreso, tomo 45, 1987].

_____. "Великий почин (О героизме рабочих в тылу. По поводу коммунистических субботников)" ["Uma grande iniciativa. O heroísmo dos trabalhadores na retaguarda. Sobre os 'sábados comunistas'"]. *In*: _____. *Полное Собрание Сочинений* [*Obras completas*]. vol. 39, 5ª ed. Moscou: Editora de Literatura Política, 1970. [LENIN, V. "Una gran iniciativa (El heroísmo de los obreros en la retaguardia. A propósito de los 'sábados comunistas' – 28 de junio de 1929"). *In*: _____. *Obras completas*. Moscou: Progreso, tomo 39, 1986].

_____. *O Estado e a revolução*. Trad. Edições Avante! e Paula Vaz de Almeida. São Paulo: Boitempo, 2017.

LÍVIO, Tito. *História de Roma*. vol. 1. Trad. Paulo Matos Peixoto. São Paulo: PAUMAPE, 1989.

LUNATCHÁRSKI, Anatóli. "Революция и суд" ["Revolução e tribunal"]. *Pravda [A verdade]*, São Petersburgo, Comitê Central do Partido Bolchevique, nº 193, 1917.

MARX, Karl. "Carta a Weydemeyer (Londres, 5 de março de 1852)". *In*: MARX, Karl; ENGELS, Friedrich. *Obras escolhidas*. vol. 3. São Paulo: Alfa-Ômega, [s.d.].

_____. *Carta de Karl Marx a Joseph Weydemeyer (Londres, 5 de março de 1852)*. Trad. Emil Asturig von München. Disponível em: http://www.scientific-socialism.de/FundamentosCartasMarxEngels050352.htm. Acessado em: 15.12.2022.

_____. *Contribuição à crítica da economia política*. Trad. Florestan Fernandes. São Paulo: Expressão Popular, 2008.

_____. "Crítica da filosofia do direito de Hegel: Introdução". *In*: _____. *Crítica da filosofia do direito de Hegel*. Trad. Rubens Enderle e Leonardo de Deus. São Paulo: Boitempo, 2005.

_____. *Crítica do Programa de Gotha*. Trad. Rubens Enderle. São Paulo: Boitempo, 2002.

_____. "Discurso sobre o problema do livre-câmbio". *In*: _____. *Miséria da filosofia*: resposta à Filosofia da Miséria, do Sr. Proudhon. Trad. José Paulo Netto. São Paulo: Boitempo, 2017.

_____. *Grundrisse – Manuscritos econômicos de 1857-1858*: esboços da crítica da economia política. Trad. Mario Duayer, Nélio Schneider, Alice Helga Werner e Rudiger Hoffman. São Paulo: Boitempo; Rio de Janeiro: UFRJ, 2011.

_____. "La crítica moralizante o la moral crítica". *In*: MARX, Carlos; ENGELS, Federico. *La sagrada familia*: o crítica de la crítica crítica contra Bruno Bauer y consortes. 2ª ed. Trad. Carlos Liacho. Buenos Aires: Claridad, 1971.

_____. "La España revolucionaria (IV, 27 de octubre de 1854)". *In*: MARX, Karl; ENGELS, Friedrich. *La revolución española*: artículos y crónicas, 1854-1873. La Habana: Ciencias Sociales, 1975.

_____. "Marx a Bolte (Londres, 23 de novembro de 1871)". *In*: MARX, Karl; ENGELS, Friedrich. *Obras escolhidas*. vol. 3. São Paulo: Alfa--Ômega, [s.d.].

REFERÊNCIAS BIBLIOGRÁFICAS

_____. "Marx a P. V. Annenkov (Bruxelas, 28 de dezembro de 1846)". *In*: MARX, Karl; ENGELS, Friedrich. *Obras escolhidas*. vol. 3. São Paulo: Alfa-Ômega, [s.d.].

_____. "Marx to Ferdinand Lassalle (London, 11 June 1861)". *In*: MARX, Karl; ENGELS, Frederick. *Collected Works*: Letters 1860-64. vol. 41. Dagenham (Inglaterra): Lawrence & Wishart Electric Book, 2010.

_____. "Marx to Ferdinand Lassalle (London, 22 July 1861)". *In*: MARX, Karl; ENGELS, Frederick. *Collected Works*: Letters 1860-64. vol. 41. Dagenham (Inglaterra): Lawrence & Wishart Electric Book, 2010.

_____. "Marx to Joseph Weydemeyer (London, 5 March 1852)". *In*: MARX, Karl; ENGELS, Frederick. *Collected Works*: Letters 1852-55. vol. 39. Dagenham (Inglaterra): Lawrence & Wishart Electric Book, 2010.

_____. *Miséria da filosofia*: resposta à Filosofia da Miséria, do Sr. Proudhon. Trad. José Paulo Netto. São Paulo: Boitempo, 2017.

_____. *O Capital*: crítica da economia política – O processo de produção do capital. Trad. Rubens Enderle. São Paulo: Boitempo, livro I, 2013.

_____. *O Capital*: crítica da economia política – O processo global da produção capitalista. Trad. Rubens Enderle. São Paulo: Boitempo, livro III, 2017.

_____. *O 18 de brumário de Luís Bonaparte*. Trad. Nélio Schneider. São Paulo: Boitempo, 2011.

_____. "O Manifesto filosófico da Escola Histórica do direito". Trad. Pádua Fernandes. *Prisma jurídico*, São Paulo, Uninove, vol. 6, 2007.

_____. "O processo contra o Comitê Distrital Renano dos Democratas: discurso de defesa de Karl Marx". *In*: MARX, Karl. *Nova Gazeta Renana*. Trad. Lívia Cotrim. São Paulo: Expressão Popular, 2020.

_____. *Sobre a questão judaica*. Trad. Nélio Schneider. São Paulo: Boitempo, 2010.

_____. *Teorias da mais-valia*: história crítica do pensamento econômico – Livro 4 de "O Capital". vol. I, 2ª ed. Trad. Reginaldo Sant'Anna. Rio de Janeiro: Bertrand Brasil, 1987.

_____. "Trabalho assalariado e capital". *In*: _____. *Trabalho assalariado e capital* & *Salário, preço e lucro*. São Paulo: Expressão Popular, 2006.

MARX, Karl; ENGELS, Friedrich. *A ideologia alemã*: crítica da mais recente filosofia alemã em seus representantes Feuerbach, B. Bauer e Stirner, e do socialismo alemão em seus diferentes profetas. Trad.

Luciano Cavini Martorano, Nélio Schneider e Rubens Enderle. São Paulo: Boitempo, 2007.

_____. *A sagrada família ou A crítica da Crítica crítica contra Bruno Bauer e seus consortes*. Trad. Marcelo Backes. São Paulo: Boitempo, 2003.

_____. *Manifesto comunista*. Trad. Álvaro Pina e Ivana Jinkings. São Paulo: Boitempo, 2010.

_____. "Mensagem do Comitê Central à Liga dos Comunistas". *In*: _____. *Obras escolhidas*. vol. 1. São Paulo: Alfa-Ômega, [s.d.].

MENGER, Anton. *Das Bürgerliche Recht und die besitzlosen Volksklassen*: Eine Kritik des Entwurfs eines Bürgerlichen Gesetzbuches für das Deutsche Reich [*O direito civil e as classes pobres*: uma crítica ao esboço de um código civil para o Reino Alemão]. Tübingen (Alemanha): Heirinch Laupp, 1890.

_____. *Die neue Staatslehre* [*A nova doutrina do Estado*]. Jena (Alemanha): Gustav Fischer, 1902.

MUCKE, Johannes Richard. *Horde und Familie in ihrer urgeschichtlichen Entwickelung*: Eine Neue Theorie auf Statistischer Grundlage [*Horda e família em seu desenvolvimento pré-histórico*: uma nova teoria com fundamentos estatísticos]. Stuttgart (Alemanha): Enke, 1895.

MÚROMTSEV, Serguei. *История римского права* [*História do direito romano*]. Moscou, 1877.

_____. *Определение и основание разделения права* [*Definição e bases de delimitação do direito*]. Moscou: [s.n.], 1879.

_____. *Гражданское право Древнего Рима* [*O direito civil na Roma Antiga*]. Moscou: Tipografia de A. I. Mámontov e Cia., 1883.

PACHUKANIS, Evguiéni. *Teoria geral do direito e marxismo*. Trad. Paula Vaz de Almeida. São Paulo: Boitempo, 2017.

PETRAZYCKI, Lev. *Введение в изучение права и нравственности основы эмоциональной психологии* [*Introdução ao estudo do direito e da moralidade baseado na psicologia emocional*]. São Petersburgo: Tipografia Iu. N. Erlikh, 1908.

_____. *Теория права и государства в связи с теорией нравственности* [*Teoria do direito e do Estado em conexão com a teoria da moralidade*]. vol. 1. São Petersburgo: [s.n.], 1909.

PLEKHÁNOV, Gueórgui. "*Предисловие книге А. Деборина Введение в философию диалектического материализма*" ["Prefácio ao livro de

REFERÊNCIAS BIBLIOGRÁFICAS

Abram Deborin: *Introdução ao materialismo filosófico"*]. Moscou: Editora do Estado, 1922.

POKRÓVSKI, Ióssif. *Основные проблемы гражданского права* [*Problemas fundamentais do direito civil*]. Petrogrado: Livraria Jurídica Pravo, 1917.

POKRÓVSKI, Mikhail. *Русская история с древнейших времён* [*A história russa desde os tempos antigos*]. Moscou: [s.n.], 1913.

_____. *Очерки истории русской культуры* [*Ensaio sobre a história da cultura russa*]. Kursk: Cooperativa Editorial do Comitê Provincial do Partido Comunista Russo de Kursk, parte I, 1924.

RATZENHOFER, Gustav. *Die Soziologische Erkenntnis*: Positive Philosophie des sozialen Lebens [*O conhecimento sociológico*: filosofia positiva da vida social]. Leipzig (Alemanha): F. A. Brockhaus, 1898.

REISNER, Mikhail. "Курс конституции" ["Curso de Constituição"]. *Основы Советской Конституции*: лекции, читанные М. А. Рейснером на ускоренном курсе Академии Генерального Штаба Р.-Кр. Кр. Армии в 1918/19 учебном году [*Fundamentos da Constituição Soviética*: palestras proferidas por M. A. Reisner no curso avançado da Academia do Estado-Maior Geral do Exército Vermelho de Operários e Camponeses no ano letivo de 1918-19], Editora da Academia do Estado-Maior Geral do Exército Vermelho de Operários e Camponeses, 1920.

ПОСТАНОВЛЕНИЕ НАРКОМЮСТА РСФСР ОТ 12 ДЕК. 1919 Г. "Руководящие начала по уголовному праву Р.С.Ф.С.Р.", *Собрание узаконений РСФСР (СУ РСФСР)* [RESOLUÇÃO DO COMISSARIADO DO NARKOMIUST DA RSFSR DE 12 DE DEZEMBRO DE 1919. "Princípios diretivos para um direito penal da RSFSR", *Assembleia de Legalizações da RSFSR (AL RSFSR)*], nº 66, 1919.

RICARDO, David. *Princípios de economia política e tributação*. Trad. Paulo Henrique Sandroni. São Paulo: Abril Cultural, 1982.

ROBESPIERRE, Maximilien de. *Discursos e relatórios na Convenção*. Trad. Maria Helena Franco Martins. Rio de Janeiro: EDUERJ; Contraponto, 1999.

ROUSSEAU, Jean-Jacques. *Do contrato social ou princípios do direito político*. Trad. Lourdes Santos Machado. vol. 1. São Paulo: Nova Cultural, 2000. (Coleção "Os pensadores").

SALEILLES, Raymond. *De la déclaration de volonté*: contribution à l'étude de l'acte juridique dans le Code Civil Allemand, art. 116 a 144. Paris: F. Pichon, successeur, 1901.

SALTYKOV-SCHEDRIN, Mikhail. "Современная идилия" ["Idílio moderno"]. *In*: _____. *Собрание сочинений в 20 томах* [*Obras reunidas em 20 volumes*]. vol. 15. Moscou: Literatura Artística, livro 1, 1973.

SCHERR, Johannes. *Deutsche Kultur und Sittengeschichte* [*História cultural e moral alemã*]. Leipzig (Alemanha): Wigand, 1858.

SCHUBERT-SOLDERN, Richard von. "Individuum und Gemeinschaft" ["Indivíduo e comunidade"]. *Zeitschrift für die gesamte Staatswissenschaft* [*Jornal para toda a ciência política*], Tübingen (Alemanha), Heirinch Laupp, 1899.

SIMIÉVSKI, Vassíli. *Крестьяне в царствование Императрицы Екатерины II* [*Os camponeses no reinado da Imperatriz Ekaterina II*]. vol. I. São Petersburgo: Tipografia F. S. Suschínski, 1881.

SIMMEL, Georg. "Die Soziologie der Über- und Unterordnung" ["A sociologia da superioridade e subordinação"]. *Archiv für Sozialwissenschaft und Sozialpolitik* [*Arquivos para ciências sociais e políticas sociais*], Tübingen (Alemanha), Mohr, 24, n° 6, 1907.

_____. *Philosophie des Geldes*. [*Filosofia do dinheiro*]. Leipzig (Alemanha): Duncker & Humblot, 1900.

SINZHEIMER, Hugo von. *Die soziologische methode in der Privatrechtswissenschaft* [*Método sociológico no direito privado*]. Munique: M. Rieger, 1909.

SMITH, Adam. *A riqueza das nações*: investigação sobre sua natureza e suas causas. vol. 2. Trad. Luiz João Baraúna. São Paulo: Abril Cultural, 1983.

STEIN, Lorenz von. *Der Socialismus und Communismus des heutigen Frankreichs*: ein Beitrag zur Zeitgeschichte [*Socialismo e comunismo da França contemporânea*: uma contribuição para a história contemporânea]. Leipzig (Alemanha): O. Wigand, 1842.

STUTCHKA, Piotr. "Марксистское понимание права" ["A concepção marxista do direito"]. *Kommunistítcheskaia rievolútsia* [*Revolução comunista*], Moscou: Departamento de Edição do Comitê Central do Partido Comunista Russo, n° 13/14, nov. 1922. [STUTCHKA, P. I. "La concepción marxista del derecho". *In*: _____. *La función revolucionaria*

REFERÊNCIAS BIBLIOGRÁFICAS

del derecho y del Estado. Trad. Juan-Ramón Capella. La Paz (Bolívia): Ministerio de Trabajo, Empleo y Previsión Social, 2008].

_____. "Материалистическое или идеалистическое понимание права?" ["Concepção materialista ou idealista do direito?"]. *Pod známeniem marksizma* [*Sob a bandeira do marxismo*], Moscou, Materialist, nº 1, 1923. [STUTCHKA, P. I. "A Materialist or Idealist Concept of Law?" *In*: _____. *Selected Writings on Soviet Law and Marxism*. Ed. e trad. Robert Sharlet, Peter B. Maggs e Piers Beirne. Abingdon: Routledge, 2015].

_____. "Заметки о классовой теории права" ["Notas sobre a teoria classista do direito"]. *Soviétskoe Prava* [*Direito soviético*], Moscou, Revista do Instituto do Direito Soviético, nº 3, 1922. [STUTCHKA, P. I. "Notas sobre la teoría clasista del derecho". *In*: _____. *La función revolucionaria del derecho y del Estado*. 2ª ed. Trad. Juan-Ramón Capella. Barcelona: Península, 1974].

_____. *Учение о государстве и о Конституции РСФСР* [*Teoria do Estado soviético e da Constituição da RSFSR*]. Kursk: Editora da Seção de Agitação do Comitê da Província, 1921 (7ª ed., 1931).

_____. *Классовое государство и гражданское право* [*Estado de classe e direito civil*]. Moscou: Editora da Academia Socialista, 1924.

TIMIRIÁZEV, Arkádi. *Наука в Советской России (за 5 лет)* [Ciência na Rússia Soviética (aos 5 anos)]. *Krásnaia Nov* [*Terra Virgem Vermelha*], Moscou, 1922.

TIUMÉNEV, Aleksandr. "Очерки экономической и социальной истории Древней Греции" ["Ensaio de história econômica e social da Grécia Antiga"]. *In*: *Революция* [*Revolução*]. vol. 1. São Petersburgo: Editora do Estado, 1920.

TÖNNIES, Ferdinand. *Gemeinschaft und Gesellschaft*: Grundbegriffe der reinen Soziologie [*Comunidade e sociedade*: conceitos básicos da sociologia pura]. Berlim: K. Curtius, 1922.

TRAININ, Aron. "*О революционной законности*" ["Sobre a legalidade revolucionária"]. *Pravo i jizn* [*Direito e vida*], Moscou, Editora Direito e Vida, nº 1, 1922.

TRUBETSKÓI, Evguiéni. "*Определение права*" ["Definição de direito"]. *In*: *Лекции по энциклопедии права*. [*Palestra para uma enciclopédia do direito*]. Moscou: Tipografia A. I. Mamontov, 1917.

VINOGRÁDOV, Pável. *Римское право в средневековой Европе* [*O direito romano na Europa medieval*]. Moscou: Editora A. A. Kartsev, 1910.

VIRGÍLIO. *Eneida*. Trad. Carlos Alberto Nunes. São Paulo: Editora 34, 2014.

WUNDT, Wilhelm. *Völkerpsychologie*: Eine Untersuchung Der Entwicklungsgesetze Von Sprache, Mythus Und Sitte – Das Recht [*Psicologia popular*: um exame das leis de desenvolvimento da linguagem, do mito e do costume – O direito]. vol. 9. Leipzig (Alemanha): Engelmann, 1918.

_____. *Völkerpsychologie*: Eine Untersuchung Der Entwicklungsgesetze Von Sprache, Mythus Und Sitte – Die Gesellschaft I [*Psicologia popular*: um exame das leis de desenvolvimento da linguagem, do mito e do costume – A sociedade I]. vol. 7. Leipzig (Alemanha): Engelmann, 1917.

ZENKER, Ernst Victor. *Die Gesellschaft*: Die natürliche Entwicklungsgeschichte der Gesellschaft [*A Sociedade*: a história natural do desenvolvimento da sociedade]. vol. I. Berlim: G. Reimer, 1899.

ZÍBER, Nikolai. ["Estudo comparado do direito primitivo"]. *Yuriditchesky Vestnik*, ano 16, nº 5/6, maio/jun. 1884.

_____. "Сравнительное изучение обычного права" ["Estudo comparado do direito consuetudinário"]. *Iuridítcheski viéstnik* [*Mensageiro jurídico*], Moscou, Sociedade Jurídica de Moscou, ano 16, nº 5/6, maio/jun. 1884.

ZIEHEN, Theodor. *Leitfaden der physiologischen Psychologie in 15 Vorlesungen* [*Elementos de psicologia fisiológica em 15 lições*]. Jena (Alemanha): Gustav Fischer, 1891.

POSFÁCIO (1967)[395]

395 Texto publicado em CERRONI, Umberto. "Introduzione". *In*: STUCKA, Pëtr I. *La funzione rivoluzionaria del diritto e dello stato e altri scritti*. Trad. Umberto Cerroni. Torino: Giulio Einaudi, 1967, pp. XI-XXXIX. Tradução de Baruana Calado dos Santos e Marcel Soares de Souza. Revisão da tradução de Moisés Alves Soares. Este "Posfácio" é a "Introdução" à edição italiana que reúne vários textos de Piotr Stutchka. Por isso, as referências de Umberto Cerroni ao texto de *O papel revolucionário do direito do Estado* correspondem à tradução direta do russo constante deste volume, com a devida remissão. As referências de Cerroni a outros textos, por sua vez, foram traduzidas a partir do texto original em italiano e, como não possuíam referências no texto-fonte, não foram objeto de remissão. A "Introdução" de Umberto Cerroni à edição italiana dos escritos selecionados de Piotr Stutchka faz um balanço da teoria marxista do direito produzida na URSS, tendo como fio condutor o destino do trabalho teórico desenvolvido pelo jurista letão. Caminho que Cerroni tateava desde a década de 1950 por meio de traduções diretas do russo para refletir sobre a relação entre direito e marxismo, o que o levou ao pioneirismo de editar os principais juristas da Revolução de Outubro em sua integralidade no ocidente em 1964 (Cf. CERRONI, Umberto (Coord.). *Teorie sovietiche del diritto*: Stucka, Pasukanis, Vysinskij, Strogovic. Milano: Giuffré, 1964) e, posteriormente (na já referida compilação 1967), talvez a melhor edição da obra de Stutchka. A força e os eventuais problemas de sua leitura decorrem de sua segunda tradução: a tradutibilidade, como conceituou Gramsci, do pensamento de Stutchka à realidade italiana. Portanto, não isento de contradições, a via italiana ao socialismo e seus compromissos transbordam nas páginas a seguir com a problemática da legalidade socialista no centro de suas preocupações. No entanto, pelo texto apresentar um balanço mais amplo e um olhar mais crítico à obra de Stutchka, apresenta-se como um convite para realizar a mesma tarefa de Cerroni: traduzir o potencial crítico de *O papel revolucionário*

1 O presente volume

Este volume fornece ao estudioso italiano a primeira tradução integral das duas principais obras de Piotr I. Stutchka e uma extensa seleção de seus escritos menores. Isto, portanto, vem a constituir a primeira documentação orgânica e direta do pensamento de um dos protagonistas do debate teórico sobre os problemas do direito e do Estado que é levado a cabo entre 1917 e 1930 na União Soviética. Os escritos aqui reunidos, por isso, podem-se considerar representativos de um clima teórico e político e de uma problemática que, por muitos aspectos, foram, em seguida, profundamente modificados, e pelos quais somente nos últimos anos a cultura soviética se interessou e retomou positivamente. Documentam, além disso, pesquisas e discussões sobre as quais ainda se tem, na Itália, um conhecimento completamente indireto e fragmentário, mediado essencialmente por escritores estrangeiros e substancialmente impreciso.

O papel revolucionário do direito e do Estado, editado em Moscou no ano de 1921, constituiu o primeiro tratamento orgânico e sistemático, na Rússia, dos problemas teóricos da filosofia do direito inspirada no marxismo e por cerca de uma década foi, com *teoria geral do direito e marxismo*, de Evguiéni Pachukanis, o mais credenciado texto soviético sobre a teoria do direito, objeto de acaloradas discussões que se deram na imprensa, nas Universidades e nas instituições políticas e legislativas da URSS. A *Introdução à teoria do direito civil* foi publicada em Moscou em 1927, reorganizando de forma sistemática pesquisas que Stutchka havia conduzido nos dez anos anteriores, e constituiu a principal análise crítica do direito civil e a primeira tentativa de sua reelaboração adequada aos problemas da nova sociedade em formação. Com essas duas obras, Stutchka estabeleceu um vasto trabalho de revisão geral do fenômeno jurídico e dos institutos de direito civil, provendo uma

---

do direito do Estado para a realidade brasileira e latino-americana. (N.E.B.)

POSFÁCIO (1967)

interpretação de Marx e uma diretriz de desenvolvimento do direito positivo soviético sobre a qual meditara por muito tempo também na assunção de importantes funções políticas e legislativas, como documentam os escritos menores. Seu nome e o de Pachukanis eram, assim, os mais representativos na nova ciência soviética do direito, amplamente conhecidos além das fronteiras. A esses dois mestres se acercavam alguns discípulos já ativos e um grupo de teóricos de formação e de interesses científicos mais limitados e especializados (Krylenko, Reisner, Góikhbarg, Strogóvitch, Stalgevitch, Trainin, Amfiteátrov, Ginzburg, Koróvin, Piontkóvski, Razumóvski) que mantiveram viva a tradição dos estudos jurídicos na nova Rússia e animaram um profícuo debate teórico. A consolidação do poder absoluto de Stálin depois de 1930 não conseguiria conviver com essa intensa vida jurídica cujos fermentos críticos, frequentemente arriscados e criativos, punham constantemente em discussão os problemas gerais da teoria do direito e do Estado e caíam fatalmente em conflito com a linha política do momento. No plano político, aquilo que desse fermento resultava sobretudo preocupante para os adeptos da linha stalinista era certamente a base fundamentalmente crítica dos estudos sobre o fenômeno jurídico e estatal, a disposição geral negativa (que Vychínski chamou de "niilista") quanto à sobrevivência da normatividade jurídica e do Estado ou, ao menos, a contínua representação da problemática do "fenecimento" do direito e do Estado. Precisamente a partir dessa preocupação política, iniciou, depois de 1930, a demolição da velha escola jurídica dos anos 1920 e principalmente da obra de Stutchka, Pachukanis, Reisner e Krylenko. O condutor político e teórico dessa campanha foi Andrei I. Vychínski, Procurador-Geral da URSS e acusador público nos processos políticos de Moscou, que dos estudos de direito penal seguiu, na trilha de seu sucesso político, para a teoria geral e a filosofia do direito. A campanha atingiu o ápice da acusação política e mesmo da repressão penal nos anos trágicos de 1937-1938, conduzindo à morte de Pachukanis, o gênio certamente mais brilhante da escola jurídica soviética dos anos 1920. Stutchka havia morrido em 1932 e foi sepultado com honras nos muros do Krêmlin, mas o seu passado de velho militante comunista não lhe poupou a acusação de sabotador e inimigo da revolução por parte de Vychínski. De resto, já depois de sua morte o silêncio calava sobre suas obras; um silêncio que seguiu até 1956, ano da dura acusação de Khruschov contra Stálin, da qual começou a reabilitação das vítimas da repressão política. A partir de então, a obra de Stutchka retomou a circulação na cultura soviética, ao tempo em que procedia a demolição teórica da obra de Vychínski. Também por essa circunstância, isto é, a de constituir com Pachukanis uma alternativa teórica a Vychínski que dominou a ciência jurídica soviética entre 1936 e 1956, Stutchka merece ser conhecido e acompanhado em suas propostas e pesquisas.

2 O clima dos estudos jurídicos soviéticos

Já se recordou a ignorância que reinou por muito tempo na Itália sobre eventos e sobre a problemática dos estudos soviéticos da teoria jurídica e política. Sobre isso, valeria a pena se deter para aferir as causas de uma negligência de fato surpreendente, que não tem correspondência, por exemplo, em outros países ocidentais, como os Estados Unidos, a Inglaterra, a França, a Bélgica e mesmo a Alemanha. Em geral, essa negligência vem coberta, quando não justificada, aduzindo a pouca originalidade dos estudos soviéticos, seu dogmatismo, sua rigorosa dependência da política do momento. As críticas têm certo fundamento, mas não podem, evidentemente, servir de explicação e tanto menos de justificativa para uma desatenção que nem mais pode ser imputada às dificuldades de comunicação existentes no período fascista.

Na realidade, considerada no contexto de uma experiência que toca os confins de meio século, a produção jurídica e política da URSS não apresenta um quadro muito brilhante. Os nomes dos teóricos, dos historiadores e dos juristas de grande envergadura são poucos e a própria quantidade da produção não é por certo notável. Muitas vezes, e realmente com monotonia, os próprios fóruns mais autorizados da cultura e da política soviéticas manifestaram

POSFÁCIO (1967)

reprovação quanto ao estado de atraso dos estudos jurídicos. Isso não impede, contudo, que a consolidação das novas relações econômicas e sociais tenha, por si, determinado no plano da sistematização jurídica esforços consideráveis que se traduziram, por exemplo, em uma série de codificações bastante originais e tenha expressado uma problemática objetivamente distinta daquela tradicionalmente notada por nossa cultura.

Também se deve dizer que a tradição sobre a qual a nova ciência jurídica soviética se inseriu era substancialmente muito pobre, seja sob o plano propriamente teórico, seja sob o plano institucional. A tardia evolução moderna da Rússia, o limitadíssimo desenvolvimento das instituições econômicas, jurídicas e políticas do capitalismo moderno e, em suma, a ausência de uma sociedade e de um Estado modernos bloquearam, por muito tempo, a elaboração do ordenamento jurídico como a Europa conheceu pelo menos desde a codificação napoleônica. As poucas e sempre parciais reformas sobrevieram com grande atraso em comparação com o Ocidente e se realizaram em geral apenas de forma reativa, buscando no Ocidente os próprios modelos e impedindo, assim, uma dinâmica autônoma de seu pensamento jurídico. Remetendo a causas históricas mais distantes, enfim, é preciso também recordar como a Rússia permaneceu separada da experiência do renascimento romanístico, comprimida em um tipo de experiência social e política fortemente condicionada por travas com a pressão do Oriente mongólico, a longa permanência da mistura entre Estado e religião e a sobrevivência secular de um feudalismo particularmente atrasado.

Tão longo foi o atraso histórico e social da Rússia quanto breve foi, ao revés, em seguida, a consumação da experiência liberal-burguesa e a passagem a formas inéditas de gestão da comunidade: institutos e categorias como a propriedade privada (em seu sentido moderno) ou como o direito subjetivo, como o princípio da legalidade ou como a distinção moderna entre público e privado mal eram esboçados e já eram postos em dúvida, revistos ou revogados. Seria, contudo, profundamente equivocado, em nossa percepção, ver nesse insuficiente escorço histórico das formas políticas e sociais um argumento para construir uma representação genérica da Rússia como envolta sem solução de continuidade nas trevas do autoritarismo, do estatismo e da subordinação da cultura à política. Em verdade, a revolução de 1917 constituiu uma ruptura profunda e irremediável com a velha santa Rússia e suscitou não somente energias intelectuais poderosas (que encontram um peculiar respiro no grande florescimento artístico e cultural dos anos 1920), como também modificações estruturais que levaram ao palco e impuseram (quisessem ou não os dirigentes políticos do momento) problemas, institutos e relações absolutamente originais em comparação com o Velho Mundo. Nem mesmo a restauração estatalista do período stalinista conseguiu apagar essas transformações de fundo, as quais sempre imprimiram a toda a vida e toda a problemática social soviética uma marca originalíssima, que de nenhum modo pode ser forçada a refluir nos esquemas da velha tradição russa. Correspondentemente, também no plano teórico, a ruptura foi irremediável no sentido de que o chamado ao socialismo, ao marxismo e a Lênin constituiu um polo completamente novo da cultura.

3 Marxismo e direito

Quando, em 1917, os teóricos soviéticos começaram a trabalhar em torno do problema da teoria do direito, o legado que reuniram foi muito modesto. A vitória de uma revolução que foi desejada e conduzida sob o signo do marxismo exaltou enormemente o domínio teórico de Marx sobre a velha e a nova *Intelligentsia*. Mas como o próprio Stutchka documenta, bem pouco encontraram no corpo da tradição marxista que pudesse facilitar a elaboração teórica dos problemas do direito e do Estado socialistas. Inclusive Marx, que também tinha formação jurídica, havia deixado apenas algumas indicações sumárias.

O entusiasmo por Marx que se deu na Rússia depois de 1917 e a pobreza dos estudos sobre seu pensamento (recorde-se que, entre

POSFÁCIO (1967)

outras, ainda eram inéditas obras como a *Crítica da filosofia do direito de Hegel*, os *Manuscritos econômico-filosóficos*, a *Ideologia alemã*, os estudos preparatórios de *O Capital*), unidos à súbita urgência com a qual se punham os problemas de "destruir e construir", geraram, no campo do direito, uma situação muito curiosa. Juristas dos mais diversos matizes (darwinistas, positivistas, partidários do psicologismo de Petrazycki, mengerianos e até entusiastas de Duguit e de Ferri) proclamaram o "verdadeiro marxismo", amarrando aos textos de suas formações algumas citações de Marx e Engels. Por um lado, todos os juristas ativos na cena científica se esforçaram para fazer valer, de qualquer modo, as suas ideias como recepcionadas; por outro, procuravam em algumas citações de Marx ou de Engels um aval marxista. No todo, a situação era dominada por três linhas fundamentais: a inspirada no positivismo filosófico e mediada por algum representante do sociologismo jurídico ocidental; a inspirada no psicologismo jurídico de Petrazycki, muito enraizada na tradição russa também graças à escola empiriocriticista; e a economicista, que seguia mais de perto as análises econômicas concretas de Marx, envolvendo-o na "filosofia geral" do materialismo dialético. Contudo, por assim dizer, o direito não gozava de popularidade e seus estudiosos eram marginalizados da vida cultural soviética mais pujante, que encontrava seus principais lugares de explicação, assim como na literatura e na arte, a partir das indagações políticas e econômicas. Disto é prova o prefácio,[396] entre frustrado e cáustico, que faz Stutchka em junho de 1921 ao seu primeiro trabalho de teoria do direito. Ali, lamentava-se pela indiferença científica substancial dispensada ao direito, limitando-se o trabalho de renovação a "trocar o nome das ruas", a "inverter os sinais" ou a aplicar às velhas categorias a etiqueta do "significado soviético". Tal não significava, obviamente, que não se procedesse em concreto a uma renovação dos institutos, mas isso não se fazia acompanhar de um repensar sistemático dos problemas teóricos cardeais: a política recorria aos

---

[396] Cf., neste volume, p. 75 ("Prefácio à terceira edição"). (N.E.B.)

instrumentos jurídicos como meros "instrumentos", acessórios não essenciais de que a vontade política se servia, sem lhes questionar o alcance e a natureza.

Foi um grande mérito (talvez o maior) da obra *O papel revolucionário do direito e do Estado* de Stutchka levar ao plano científico uma análise teórica do fenômeno jurídico capaz de subtraí-lo simultaneamente à indiferença dos políticos e ao dogmatismo dos juristas. Fechando a terceira edição de seu livro, de 1924, Stutchka afirmava: "seria leviano acreditar que uma reorganização tão grandiosa das relações sociais é possível por meio de formas simplesmente adotadas da burguesia. Mais crítica, incluindo a autocrítica, no campo do direito!"[397] Certamente, encorajavam essa exortação o imprevisto sucesso de seu volume, as discussões que ele havia promovido, e o fato de que justamente naquele ano viria à luz a citada obra de Pachukanis. Tomando isso em conta, pode-se dizer que naquele ano nascia, na URSS, uma teoria geral do direito e do Estado como disciplina metodicamente liberada tanto da política quanto da dogmática. Ao desprezo pela "velha" filosofia e pela ciência "reacionária" do direito, seguia-se um período de reconsideração e de sistemática reconstrução dos problemas muito ingenuamente postos de lado por um marxismo impreciso que na distinção entre "estrutura" e "superestrutura" via também um critério de seleção entre coisas sérias e coisas não sérias, entre substanciais e acidentais.

Na verdade, já em 1919 os juristas reunidos no Colegiado do Comissariado do Povo para a Justiça, redigindo os *Princípios diretivos do direito penal da RSFSR*, haviam conjuntamente formulado (inaugurando uma tradição soviética que ainda dura) uma definição do direito "do ponto de vista marxista": "o direito é um sistema (ou um ordenamento) de relações sociais correspondentes aos interesses da classe dominante e protegido por sua força organizada

---

[397] Cf., neste volume, p. 81 ("Prefácio à terceira edição"). (N.E.B.)

POSFÁCIO (1967)

(ou seja, dessa classe)".[398] Foi, contudo, uma formulação vinda de fora do apressado trabalho da prática legislativa, que precisava ser debatida, discutida e aprofundada. Os problemas e as perguntas se avolumaram: se o direito é um sistema de *relações*, o que é então a *norma*?; se o direito é um sistema de relações sociais, em que ele se distingue de outros sistemas de relações sociais, como, por exemplo, as relações econômicas?; se o direito é um *sistema ou ordenamento*, quem é seu sistematizador ou ordenador?; que nexo se dá entre as relações jurídicas e as normas jurídicas e que nexo se dá entre as relações jurídicas de fora das normas sistematizadoras?

Antes de entrar no mérito dessas indagações vale a pena recordar uma outra definição "coletiva" do direito formulada pelos juristas soviéticos no I Congresso de 1938, dominado por Vychínski:

> O direito é o conjunto de regras de conduta que exprimem a vontade da classe dominante, estabelecidas legislativamente, bem como seus costumes e regras de convivência sancionadas pelo poder estatal, cuja aplicação é garantida pela força coercitiva do Estado a fim de tutelar, sancionar e desenvolver as relações sociais e os ordenamentos vantajosos e convenientes à classe dominante.

Um rápido confronto entre as duas definições mostra como, em um arco de vinte anos, a ciência jurídica soviética havia realizado um giro de 180 graus e como, desse modo, a abertura das investigações científicas sobre o direito havia revelado a inconsistência das certezas ingênuas "oficiais", recolocando em discussão, praticamente, toda a tradição filosófico-jurídica pós-kantiana. Na segunda definição, de fato, o direito, longe de ser considerado uma *relação*, é visto como um *regra de conduta* ou norma; a sistematicidade, antes considerada uma decorrência *objetiva* das relações *sociais*, é agora uma expressão *subjetiva* legislativa; a correspondência das relações sociais aos

---

[398] Cf., neste volume, p. 94 (capítulo I). (N.E.B.)

interesses de classe, antes organicamente incluídas na mesma sistematicidade dos *interesses*, aparece agora explicitamente mediada pela *vontade de classe*; os problemas antes ausentes ou marginais do *costume* e das outras regras de convivência, da *coerção* e da estatalidade, agora, surgem como decisivos.

Sobre essa radical inversão de tendência, podem-se fazer muitas observações. As mais óbvias concernem à absoluta esterilidade teórica do critério simplista de caracterização do direito em função de fórmulas abstratas que não levem a mensurar e avaliar os elementos específicos constitutivos do fenômeno jurídico. Limitar-se a proclamar o direito uma "superestrutura" ou a relativizar sua noção destacando-o como uma simples operação verbal da esfera dos valores e das verdades "eternas" ou filosóficas serve a muito pouco se não se assume a contestação teórica concreta e positiva, bem como a igualmente concreta explicação histórica dos institutos. Em segundo lugar, a certeza sempre demonstrada pelos estudiosos soviéticos acerca da eficiência científica do conceito genérico de "classe" se demonstra extremamente frágil, não somente no sentido de que não consegue descartar os "velhos" problemas, mas sobretudo no sentido de que corre o risco de se converter em um esquema que impede de avistar esses problemas pelo simples fato de que a noção mesma de "classe" pode se configurar de modo variado e, como se acabou de mencionar, pode refluir de tempos em tempos em velhos modelos interpretativos de tipo sociológico-positivista, psicológico e até mesmo espiritualista. Uma terceira observação diz respeito à surpreendente tautologia em que cai cada tentativa de *relativizar* o conceito de direito, *absolutizando* o conceito de classe, à medida que, quando não se procede à decomposição histórico-teórica dessa última noção, não se compreende como o conceito de direito pode eficazmente ser resolvido em uma série concatenada de noções historicamente explicadas e, assim, subtraído ao persistente (e lamentável) destino de redução à *ideia* de juridicidade (necessariamente em refluxo à esfera da especulação filosófica ou eternizante). Enfim, impressiona que a unilateralidade de todas essas construções

POSFÁCIO (1967)

alegadamente "dialéticas" se manifestem superiores a todas as boas intenções "filosóficas", de modo que, enquanto a primeira definição, de 1919, que quer se deter sobre a conexão direito-interesse consegue perder totalmente o nexo direito-norma ou direito-vontade; a segunda definição, de 1938, querendo restaurar a ligação entre fenômeno jurídico e normatividade leva a perder de vista (de que os mesmos marxistas soviéticos acusam os normativistas) o nexo entre direito e relações econômico-sociais.

Não será necessário, deve-se enfatizar, jogar todas as responsabilidades dessas contradições e dessas tautologias sobre os ombros dos juristas e filósofos soviéticos. Depois de tê-los censurado, de todo modo, pela certeza com que, de uma ou de outra posição, alguém tão facilmente jurou suas próprias verdades, exigiu uma certeza oficial sobre tais verdades friáveis, impondo o banimento (e talvez a morte) a quem discorda, e também será necessário reconhecer que contradições e tautologias do mesmo tipo ou de tipo análogo costumam ser encontradas também entre nós na análise daquela *testa di Giano*[399] que emerge da problemática do direito.

Deve-se acrescentar que a lição verdadeiramente central que nos foi dada pela experiência dos juristas soviéticos diz respeito à recondução do problema do direito ao problema filosófico geral e, nesse caso, à necessidade de não limitar a investigação à descoberta de um "ponto de vista de classe" ou de um "ponto de vista marxista" (necessidade também ressaltada por Stutchka), mas de estendê-lo organicamente à reconstrução crítica do nexo economia-ideologia, ou estrutura-superestrutura, ou realidade-ideia que aparece na obra de Marx. Sem isso, refugiar-se nas certezas aparentes de distinções puramente empíricas (direito burguês, direito feudal, direito socialista

---

[399] Optou-se por preservar a referência em italiano, pois a expressão equivalente "cabeça de Janus" – que remete ao deus romano cuja cabeça possui faces bifrontes – é de baixa frequência em língua portuguesa (N.T.).

etc.) reproduzirá, como vimos, todos os "antigos" problemas com a agravante de ter-lhes negado preliminarmente qualquer validade.

Mas esse não é o lugar para retomar e desenvolver o discurso geral sobre a interpretação de Marx: será mais útil seguir Stutchka em algumas de suas pesquisas fundamentais e, nelas, medir os problemas gerais.

4 O direito como relação social e não como norma

Os teóricos soviéticos mobilizaram-se, como observado ao se comparar as duas definições de direito de 1919 e 1938, entre dois polos extremos: a redução do direito a relação social e a qualificação classista do direito concebido como norma. Agora, para fixar os problemas teóricos centrais de uma teoria marxista do direito, parece muito útil destacar sumariamente as dificuldades que as duas posições acima mencionadas apresentam tanto no nível científico geral quanto no mais específico do materialismo histórico e tentar compreender as razões que reproduziram na ciência soviética uma dicotomia que foi e é central para a ciência jurídica ocidental.

Stutchka inicia sua construção teórica do direito como sistema de relações atacando o tradicional "dogma da vontade", que fundamenta a redução do direito à lei ou à norma. A base científica desse ataque é de grande interesse e constitui um dos pontos mais relevantes da teoria de Stutchka, posteriormente elaborada por Pachukanis. Confirma-se que a lei – diz Stutchka – é o ordenamento voluntário que o homem dá a toda conduta humana na sociedade; nesse sentido, portanto, como argumentam Stammler e Engel – "o próprio conceito de sociedade pressupõe uma regulação externa, ou seja, uma decisão, uma lei ou um *ato de vontade*". A essa tese Stutchka contrapõe a existência de leis naturais que circunscrevem o campo da "liberdade da vontade" e que, por exemplo, impedem a possibilidade ou, pelo menos, a eficácia das normas jurídicas (não entra em vigor, ou seja, não se torna eficaz – escreve Stutchka – uma

POSFÁCIO (1967)

lei "que ordena parar o curso de um rio ou o nascimento de um herdeiro"). Mas entre as "leis naturais" e as "leis artificiais" (jurídicas, no caso em questão), existe um outro tipo de "lei" concernente às relações interindividuais que não dizem respeito à produção de atos de vontade, mas à produção de coisas ou bens necessários à subsistência. O mérito de Marx está justamente na descoberta desse continente social-natural, que os primeiros economistas já haviam avistado. Além disso, não só a alegada onipotência das normas jurídicas se enraíza na ignorância geral deste continente, mas aquele conjunto de valores, ideais, aspirações, representações gerais que podem ser negadas como um todo como "ideologia", em que – por assim dizer – condensam tanto as "falsas representações" do real quanto as supostas conexões que o homem mais ou menos arbitrariamente simula diante do real não reconhecido. Três áreas de fenômenos sociais emergem para Stutchka, que ele chama de "três formas" de relação econômica (ou social). Uma primeira forma, eminentemente concreta, é constituída das relações de produção ou relações propriamente econômicas. Uma segunda forma abstrata é constituída da normatização jurídica de tais relações. E uma terceira forma, também abstrata, é constituída da esfera ideológica ou dos valores. Embora relacionadas, conclui Stutchka, essas três formas apresentam uma hierarquia interna, que, em essência, se constitui entre a "lei natural", impeditiva da vontade, e a "lei artificial" ou meramente voluntária. Levando em conta o fato de que a segunda e a terceira formas têm uma afinidade qualitativa eminente para Stutchka, não é difícil notar que a construção resultante é de tipo dualista: por um lado, relações puramente econômicas (ou materiais) e, por outro, relações puramente voluntárias. Como, então, essa dialética de "estrutura" e "superestrutura" será soldada a uma unidade, já que o problema é justamente mostrar como uma relação econômica (material) se torna uma relação jurídica (voluntária)? Stutchka luta com essa questão, e com razão. E, a ele, a pergunta se multiplica e se diferencia continuamente. De fato, levanta-se, em primeiro lugar, o problema de como passar da economia ao direito e, depois, de como o momento volitivo da norma entra no sistema jurídico e de como se realiza uma unidade sistemática de "classe" no sistema de valores. A solução que Stutchka propõe consiste na indicação de três elementos-chave para a unificação dos três sistemas: o conceito de interesse e modo de produção (o que Lênin chamou de "formação econômico-social"), o conceito de "poder organizado" ou Estado, e o conceito de "consciência de classe". A divisão dos homens dentro do modo de produção se oporia a eles em linhas de interesses diferentes e concorrentes, o poder adquirido pela "classe dominante" na economia se converteria em um poder sancionador e garantidor por meio das normas coercitivas e a consciência de classe conferiria clareza e conhecimento tanto ao interesse quanto ao poder. Finalmente, a diversidade dos modos de produção articularia uma tipologia paralela das formas de Estado e direito, bem como de consciência de classe.

Nem é preciso dizer que a articulação desse esquema é conduzida por Stutchka de uma maneira muito diferente daquela que Vychínski e sua escola tornarão usual entre os juristas soviéticos. A atenção do estudioso está constantemente voltada para o reconhecimento e verificação histórica. Dedica não poucas páginas e apresenta contribuições interessantes sobre o direito romano, o desenvolvimento do direito moderno, a formação de disciplinas jurídicas particulares e a respeito da evolução dos institutos de direito civil. Stutchka está longe de fazer um único feixe de todas as pesquisas da "ciência burguesa" e sabe usar de maneira inteligente para seus próprios fins as considerações e sugestões de Ihering ou de Múromtsev. Ocorre, no entanto, que todo o problema teórico, tão logo seja mencionado, se dissolve no reconhecimento histórico e se detém diante dos nós mais intrincados da filosofia jurídica. Assim, o esclarecimento perspicaz desse esquema teórico é constantemente adiado de capítulo para capítulo, a análise da especificidade do fenômeno jurídico é substituída pela referência abundante de observações pretensamente agudas sobre a evolução dos institutos, a distinção entre relação econômica e jurídica se esgota com alguma menção a *O Capital* e a distinção entre direito e moral é substancialmente eludida.

POSFÁCIO (1967)

Tampouco se trata, evidentemente, de uma mera predileção por problemas históricos, já que a suposição de Stutchka é precisamente a de esboçar uma teoria geral do direito: este é precisamente o subtítulo do *O papel revolucionário do direito e do Estado*. O fato é que o esquema permanece um esquema e a problemática histórica, tão presente nas páginas de Stutchka, parece cumprir uma função externa de documentação e prova, em vez de constituir a própria matéria de reflexão crítica.

Tomemos, por exemplo, aquele momento no capítulo V em que Stutchka parece aproximar-se da necessidade de esclarecimento teórico de seu esquema. O estudioso soviético observa: "está claro que Marx e Engels atribuíam à palavra 'superestrutura' somente um sentido figurativo de comparação, e não o significado literal e arquitetônico sobre algum palacete de muitos andares". E, depois dessa constatação que já revela uma insatisfação teórica, continua:

> Em essência, todo o debate entre nós, todavia, consiste não no debate sobre a relação entre base e superestrutura, mas no debate sobre *onde buscar o conceito fundamental de direito*: no sistema de relações concretas ou no domínio abstrato, ou seja, na norma escrita ou na representação não escrita do direito, a justiça, ou seja, a ideologia. Eu respondo: *no sistema de relações concretas*. Mas faço uma ressalva: se falamos do sistema e do ordenamento das relações e de sua proteção pelo poder organizado, fica claro para qualquer um que *também consideramos as formas abstratas e sua influência na forma concreta*.[400]

A incerteza persiste, apesar da e também graças à tentativa de separação (em nota) de Reisner e seu "palacete de muitos andares".[401]

---

[400] Cf., neste volume, p. 184 (capítulo V). (N.E.B.)
[401] Cf., neste volume, p. 183 (capítulo V). (N.E.B.)

A substância da disputa é mais bem esclarecida logo em seguida nestes termos:

> Em seu trabalho fundamental O *Capital*, K. Marx encara o processo de troca da época capitalista, em seu lado econômico, como um movimento de categorias abstratas: mercadoria, dinheiro, capital, força de trabalho, terra etc. Por outro lado, não se esquece nem por um momento de que cada uma dessas categorias abstratas tem, ao mesmo tempo, o seu representante personificado, que as relações entre as *coisas* são, de fato, relações entre pessoas, e além disso são justamente relações volitivas, e como tais são, ao mesmo tempo, também relações jurídicas.[402]

A única coisa clara que está de fora do argumento é que o direito, para Stutchka, não é uma norma, mas uma relação e que, no entanto, essa relação *jurídica* nada mais é do que a relação econômica. E assim como o direito é, portanto, economia, a economia é direito. O fato de a relação econômica tomar forma no mundo moderno como uma relação entre coisas mediada por uma relação entre homens (relação de vontade) parece suficiente para Stutchka estabelecer uma equação entre relação econômica e relação jurídica. Ele evidentemente negligencia a circunstância que não é nada secundária (e a qual será justamente censurada tanto por Vychínski quanto por Kelsen) de que a relação de vontade, que chamamos de jurídica, é jurídica e não econômica na medida em que se apresenta como relação de vontade referida a uma *norma coercitiva* colocada por uma autoridade que, por assim dizer, constitui um terceiro em relação às duas partes da relação. Desaparecida essa referência, poderemos ter um interessante corpo de investigações sobre as circunstâncias histórico-econômicas em que a regulação jurídica se torna possível ou atinge seu grau de pureza abstrata e típica, mas nunca um esclarecimento intrínseco do fenômeno jurídico. Stutchka, em suma, depois de ter analisado

---

[402] Cf., neste volume, p. 185 (capítulo V). (N.E.B.)

POSFÁCIO (1967)

inteligentemente, a partir de O *Capital*, as estruturas econômicas do mundo moderno que preparam um universo atomizado de indivíduos cuja mediação no metabolismo social se faz pela troca de coisas, e depois de nos ter representado também o fenômeno da "reificação" da pessoa e da "personificação" das coisas, ainda nos deve um esclarecimento sobre pelo menos estes pontos essenciais: 1) qual é o lugar da norma no sistema do direito; 2) qual é, portanto, o lugar da autoridade que o coloca (o Estado); 3) qual é a diferença entre uma relação econômica, uma relação jurídica e uma relação moral.

No entanto, Stutchka reconhece que nas citações de Marx há, sem dúvida, uma "*contraposição*: do ato volitivo ou jurídico, ou seja, *da forma concreta* da relação, e sua *forma legal ou abstrata*" e reconhece que é "fundamental nos determos, como uma *marca característica de todas as relações jurídicas*", mas acredita poder satisfazer-se afirmando que "a *forma jurídica concreta* da relação coincide com a relação econômica, enquanto a *forma abstrata*, proclamada na lei, pode não coincidir, e com bastante frequência diverge significativamente dela".[403] Estamos, agora, legitimados a tirar algumas conclusões: 1) para o essencial (para sua forma *concreta*), a relação jurídica nada mais é do que a relação econômica; 2) não essencial, portanto, é a referência *normativa* que, no entanto, constitui o aspecto *formal* eminente do direito; 3) a investigação do direito é, portanto, essencialmente uma investigação econômica e *não é nada além disso*; 4) já que, no entanto, "a forma legal ou abstrata" caracteriza todos os fenômenos jurídicos, nos encontraremos em uma encruzilhada: ou renunciamos a dar conta do que caracteriza todos os fenômenos jurídicos e não é necessário explicá-los, ou teremos que dar uma explicação da normatividade jurídica que sai da economia, que não toma a "anatomia da sociedade" como ponto de referência; 5) como a primeira alternativa é claramente inconsistente, Stutchka terá que explicar a norma em um nível não naturalista-social, mas voluntarista e psicológico, vendo nela uma pura

---

403 Cf., neste volume, p.187 (capítulo V). (N.E.B.)

expressão da "vontade de classe", um artifício e, como tal, também um engano; 6) reconhecendo a essencialidade da *coercibilidade* da norma, Stutchka deve ao mesmo tempo ser confrontado – de repente – com o até então desconhecido fenômeno do Estado que deve lhe aparecer como um mero "aparelho" de coerção, "inventado" pela classe dominante para tornar a lei coercitiva e, assim, sancionar a relação econômica para ela "vantajosa". Em conclusão, Stutchka, como Reisner o repreende, não explicou como as relações sociais se transformam em relações jurídicas ou "como o direito se torna ele mesmo". Ele não deixa apenas de nos dar uma teoria *materialista* completa do fenômeno jurídico (como pretendia fazer), mas, inesperadamente, deve aceitar as sugestões da sociologia positivista (de Gumplowicz, assim como de Ihering) e mesmo aquelas da desprezada psicologia de Petrazycki.

5 O problema do Estado

Um ponto firme da posição teórica de Stutchka é retomar e manter viva aquela linha de pensamento que, a partir de Marx, marcou todas as teorias políticas revolucionárias: a crítica do Estado. Nessa adesão à crítica do Estado se radica não apenas a constante polêmica política de Stutchka contra o "socialismo jurídico", mas – no plano teórico – também sua hostilidade ao normativismo. Assim, discutindo as críticas à coercibilidade do direito, ele sublinha sintomaticamente que se "a maioria dos juristas sérios, de uma maneira ou de outra, ainda assim admite a teoria do poder coercitivo (...), a essência dessas reflexões encerra-se no fato de que a força, o poder, ou seja, o Estado atual, não apenas conserva, mas, ainda, *cria o direito*, como simples conjunto de todas as normas jurídicas, ou seja, das leis".[404] Pode-se dizer que toda a tentativa de Stutchka de dar uma explicação "econômica" do direito está ligada a esse antiestatismo inicial. É ainda mais surpreendente, portanto, que os

---

[404] Cf., neste volume, p. 152 (capítulo IV). (N.E.B.)

POSFÁCIO (1967)

resultados de sua pesquisa teórica contradigam claramente a tese de partida. Basicamente, de fato, Stutchka conclui que, embora o direito – reduzido à economia – tenha uma estrutura e consistência objetivas, a classe dominante tenta, por assim dizer, selecioná-lo e, por meio das leis, fixa e sanciona seus elementos "vantajosos", e contando que essa seleção deva ser eficiente, dota a lei de força coercitiva ao jogar o peso do aparelho estatal na balança da relação de forças de classe, traduzindo sua dominação econômica em dominação política e jurídica. O que resta além da proposta de explicação histórico-materialista das categorias centrais da norma e do Estado?

Também é surpreendente que Stutchka, que mostra estar familiarizado com obras como *Sobre a questão judaica*, de Marx, se atenha quase exclusivamente a Engels sobre o problema do Estado. Claro, trata-se de uma surpresa inteiramente retórica, pois, de fato, *A origem da família, da propriedade privada e do Estado* detinha à época o campo da teoria marxista do Estado (e, em grande medida, ainda hoje, apesar da publicação bem-sucedida de obras de Marx inéditas na época em que Stutchka escrevia e particularmente esclarecedoras sobre o pensamento marxista acerca do Estado). Não podemos fazer aqui uma comparação entre a posição de Engels e de Marx sobre o problema do Estado, mas bastará colocar em dúvida o caráter "materialista" da posição de Engels e, assim, esclarecer a fonte do erro de Stutchka (e de muitos outros estudiosos marxistas e não marxistas, soviéticos e não soviéticos) no final verdadeiramente singular do capítulo IV da obra engelsiana. Esse final, que introduz o capítulo central V, dedicado a explicar a "gênese do Estado ateniense", soa assim: "não havia instituição que eternizasse não apenas a nascente divisão da sociedade em classes, mas também o direito da classe dominante para explorar a classe não abastada e o domínio daquela sobre esta. E essa instituição apareceu. O Estado foi inventado". Essa ideia de "invenção do Estado" equivale à outra de que o direito normativo é uma invenção da classe dominante. Individualmente, todas as preocupações que Stutchka (e tantos outros com ele) demonstram para devolver a "superestrutura" à "estrutura" e demonstrar as raízes econômicas dos institutos caem diante dessa ingênua representação *à la* Gumplowicz da origem do Estado e do direito. No que diz respeito a Stutchka, então, a surpresa é ainda maior quando, na *Introdução à teoria do direito civil*,[405] ele expõe e usa de maneira muitas vezes valiosa "as famosas palavras do jovem Marx, escritas em 1843", insistindo particularmente no contraste entre sociedade civil e sociedade política ou Estado. Precisamente nos primeiros escritos de Marx, que hoje podemos ler à luz da *Crítica da filosofia do direito de Hegel*, dos *Manuscritos econômico-filosóficos* de 1844 e da *Ideologia alemã*, Stutchka poderia ter percebido ser estranho ao pensamento de Marx a ideia bastante antiga e maçante do Estado e do direito como uma invenção dos poderosos. É verdade que, em *Sobre a questão judaica*, Marx considera a gênese do Estado moderno (do "Estado político ou abstrato"). No entanto, a leitura da *Introdução à crítica da economia política* de 1857, que Stutchka mostra ter feito de modo diferente de outros estudiosos seus contemporâneos, deveria tê-lo advertido de que, para Marx, a compreensão das categorias mais desenvolvidas ou modernas, e não a pesquisa cientificamente muito pobre de sua origem cronológica, constitui a autêntica chave explicativa do passado.

Seja como for, Stutchka não atenta que, no pensamento de Marx, o problema do Estado não seja um problema de *consciência* da classe dominante (ou só surge em um momento logicamente posterior) e que, por exemplo, a emergência do Estado de Direito moderno não constitui (primariamente) uma refração do interesse de classe "através do prisma da consciência, isto é, do poder do Estado", como Stutchka mostra que acredita, ao menos na medida em que, para Marx, o Estado moderno não é pura e simplesmente "consciência estatal", mas sim uma complexa articulação institucional da sociedade moderna que, precisamente ao atomizar os indivíduos,

---

405 STUTCHKA, P. I. "Introduzione ala teoria del diritto civile". *In*: _____. *La funzione rivoluzionaria del diritto e dello stato e altri scritti*. Trad. Umberto Cerroni. Torino: Giulio Einaudi, 1967, pp. 167-351.

POSFÁCIO (1967)

expressa uma esfera separada e abstrata de gestão comunitária. Da mesma forma, a igualdade formal no plano jurídico-político que se estabelece no Estado moderno é diferente para Marx do "caráter diabólico" referido por Stutchka. Mas, para o estudioso soviético, obviamente, a (pior) lição de Engels é a única que permite uma "explicação" para o fenômeno incomum de uma "dominação de classe" que se realiza por meio de uma equalização meramente formal. E, no entanto, como se verá, Stutchka toma um caminho completamente diferente quando, em um terreno que provavelmente é mais conhecido e mais adequado para ele, examina os institutos econômicos e o direito civil moderno. Na teoria do Estado, no entanto, Stutchka não hesita em afirmar que o *Rechtsstaat* é uma "invenção" da "ciência do direito constitucional", evidentemente abraçando a tese de que o Estado de direito seja um mero conceito (não aquela verdadeira articulação da sociedade moderna que se postula, segundo Marx, a partir do fim da inserção orgânica do indivíduo no grupo). E ao fazê-lo, talvez até inadvertidamente, ele margeia a "jurisprudência dos conceitos" a que, no entanto, constantemente mostra se opor em todos os outros campos do direito.

Nessa linha, Stutchka perde no direito público todas as inovações de sua contribuição ao direito privado (mesmo que, certamente, tal contradição não possa ocorrer sem antecedentes metodológicos gerais que afetam a própria teoria do direito privado). E assim, enquanto, no contexto da teoria do direito privado, ele busca uma diferenciação histórica das instituições a partir das diferenças apresentadas pelos modos de produção, no plano do direito público, passa por cima das diferenças macroscópicas que separam o Estado moderno do Estado feudal ou do Estado antigo, chegando à construção de um conceito geral e unívoco de Estado como "poder organizado da classe dominante", sem perguntar, por exemplo, por que a representação política ou a divisão de poderes é um resultado *específico* do Estado político moderno. Além disso, o leitor perceberá que todo o campo do direito público é lavrado por Stutchka com categorias muito grosseiras que não só não resistem à crítica, como se mostram incapazes de reter a própria natureza autônoma da disciplina. A afirmação da "primazia do direito civil" e, de fato, a identificação substancial do direito com o direito civil não têm, em última análise, esse significado? Que se trata de uma evidente limitação básica do pensamento jurídico de Stutchka é facilmente entendido, mesmo sem mencionar os desenvolvimentos por ele pouco conhecidos no processo de publicização do direito. A esse respeito, também pode não bastar – como Stutchka parece acreditar – invocar o testemunho favorável não casual de Gumplowicz.

Mas há outra consequência, não menos grave. Uma vez reduzida a noção de Estado à de unidade supra-histórica, não apenas as diferenças históricas que progressivamente articulam a distinção entre direito privado e direito público são obscurecidas (um ponto que Stutchka parece ignorar de modo muito simplista), mas também se perde o significado *específico* do direito público como direito. De fato, proclamada a dominação da "hipocrisia constitucional", fundamento eletivo do "engano" que a classe dominante consome sobre as classes oprimidas para "esconder" as contradições do sistema, o direito público é imediatamente identificado com a política e, além do mais, com uma política concebida como puramente maquiavélica, sobre a qual, certamente, nunca será possível fazer ciência.

A limitação da teoria do Estado desenvolvida por Stutchka torna-se particularmente evidente quando, depois de ter privado todo o campo da ciência política e do direito público de fundamentação científica, passa a formular as linhas de um "novo" Estado. Aqui, sendo assim, ele tem muito pouco a dizer além das generalidades relativas ao "fenecimento" do Estado. No entanto, sua perspicácia como jurista não deixa de alertar que algo sério nesse campo corre o risco de amadurecer em seu país. Nesse sentido, por meio de atenta leitura dos artigos dos últimos anos, percebe-se que Stutchka está lutando, nas formas e modos que lhe foram possibilitadas, contra um grave processo de distorção da revolução. Esse, por exemplo, é o sentido de seu constante retorno ao problema da "legalidade revolucionária", um retorno que, de ano para ano, perde sua ousadia

POSFÁCIO (1967)

e agressividade e que emerge cada vez mais como uma tentativa desesperada de frear a arbitrariedade política. Mas quais defesas teóricas substanciais pôde ser capaz de encontrar diante de si alguém que, como Stutchka, demoliu todo o problema da liberdade e da democracia política, *substituindo-o* pelo da "vontade de classe"?

Muito sintomática a esse respeito é a posição de Stutchka – em 1918 – contra a proclamação constitucional da liberdade de consciência como uma liberdade que inclui também a propaganda religiosa. Ele demonstra acreditar que tal liberdade não pode ser conciliada com a separação do Estado da Igreja e, assim, que a raiz dessa (e por que só dessa?) liberdade não é garantia da livre expressão do indivíduo como membro do novo Estado, mas fruto puro e simples de uma relação particular entre dois corpos (do Estado e da Igreja). Dessa forma, porém, ele embarca em uma estrada inclinada repleta de perigos que não serão evitados mais tarde. Os indivíduos, cujas inter-relações tramam o organismo social, alcançarão a unificação de sua "dupla alma" privada e pública, de sua dupla figura como entidades sociais e políticas (de indivíduos e cidadãos), mas apenas na medida em que sua determinação pública de membros do Estado gradualmente engolir toda a sua determinação social (de indivíduos e trabalhadores), quando se perder o ponto de referência essencial de que o novo Estado não pode ser outro senão a *auto-organização da sociedade, ou seja, dos próprios indivíduos.* Quando a tese afirmada por Stutchka de que "uma efetiva liberdade de consciência (...) é garantida pela liberdade de propaganda antirreligiosa e somente por ela" for aceita, ela passará junto com uma tese mais geral: de que, a medida da liberdade individual não é mais dada pela explicação política efetiva do homem, por sua participação soberana na determinação da vida pública, mas, ao contrário, por sua subordinação a uma vida pública completamente *preestabelecida.* Pior: então prosperará a tese de que essa natureza política preestabelecida ao povo, nutrida essencialmente pelo partido e, internamente, pela escala cada vez mais estreita da hierarquia, deve prevalecer, pois é o destino "verdadeiro" da vida pública, sua autêntica "revelação", nas mesmas formas políticas garantidas pela Constituição socialista. Então, aquilo que a batalha de Stutchka pela legalidade pretendia salvar será perdido. O exemplo mais convincente dessa involução progressiva da vida pública soviética que levará ao absolutismo stalinista é advertido (tarde demais!) pelo próprio Stutchka quando, em 1930, no artigo *Legalidade revolucionária*,[406] ele fará um balanço das deformações ocorridas no curso da coletivização do campo. O assédio a que foram submetidos os camponeses médios e pobres – como nos conta Stutchka – durante a campanha pela eliminação dos *cúlaques*, não foi apresentado como "uma escola de socialismo", embora violasse descaradamente a letra da lei socialista e seu próprio espírito? Stutchka conta: "nós nos lançamos com particular interesse nas cadernetas de poupança, cujo *sigilo* é garantido pela lei também no interesse do sistema de crédito soviético, ou seja, do socialismo". Seu protesto é certamente meritório. Mas Stutchka se apega a um nível de contestação que prejudica sua perspicácia teórica quando acredita que "as deformações do aparato foram, em grande medida, resultado da preguiça dos carreiristas (...) e também de uma certa tendência à partilha de bens expropriados". Na realidade, já estava surgindo no topo da vida pública soviética uma concepção para a qual, em certa medida, Stutchka também havia contribuído: a ideia de que as garantias do indivíduo estabelecidas pelo direito (soviético!) eram constantemente medidas por propósitos políticos, a ideia de que, em suma, era a política do momento ("escola de socialismo" que todos tinham que frequentar) que dava ao direito (soviético!) sua certeza, e não a lei, mas a decisão política que expressava a "vontade da classe dominante". A redução da ciência constitucional a uma mera decorrência da política sem referências pertinentes e congruentes às dimensões objetivas das instituições socioeconômicas e, portanto, irredutíveis a uma medida certa e unívoca, abriu as portas para tal concepção. Vychínski, então, chegará a conclusões

---

406 STUTCHKA, P. I. "La legalità rivoluzionaria". *In*: _____. *La funzione rivoluzionaria del diritto e dello stato e altri scritti*. Trad. Umberto Cerroni. Torino: Giulio Einaudi, 1967, pp. 512-516.

POSFÁCIO (1967)

teóricas, demonstrando a Stutchka (ou a quem lhe fizer o lugar) que o direito, sendo a tradução da política em normas, vincula-se a uma deliberação política inalterada, mas se modificará com a variação desta. Então, aquilo que antes parecia ser "deformações" se tornará a efetiva e sancionada "interpretação dinâmica e política" da lei, e as violações da legalidade serão consumadas em nome do socialismo! Desse modo, foi em vão a advertência de Stutchka a respeito da "contraposição da diretiva do partido à lei soviética"; em vão, igualmente, foi opor as palavras de ordem "revolução *ou* legalidade", que agora dominam as mentes e os lábios, às de "revolução *e* legalidade revolucionária": a legalidade foi de fato reduzida à linha política vigente.

Todo o problema do "Estado de transição" passa em Stutchka sob o signo, em vão ocultado, de uma pressa teórica que se revelará historicamente ilusória e de uma tendência a traduzir na realidade política imediata o que deveria permanecer um modelo teórico de longa perspectiva. Sua crítica do direito, que cientificamente, por certo, se insere na talvez mais nova e menos estudada vertente do pensamento de Marx, padece justamente desse generoso utopismo, cujo fundo friável é provavelmente dado justamente pela subestimação teórica da complexidade do problema do Estado. E, a esse respeito, é de suma importância notar como Vychínski colocará em marcha essa mesma redução do Estado a um aparato e instrumento "inventado" pela classe dominante para endossar a degeneração de Stálin. Nesse ponto, a discordância é quase irrelevante e, portanto, mais interessa ao estudioso notar como abordagens muito diferentes partem da mesma matriz de simplificação teórica. Vychínski tem seu próprio argumento de força imediata: ele reivindica o caráter normativo da lei e atinge uma fraqueza evidente na posição de Stutchka e Pachukanis. Mas enxertou essa justa pretensão de normatividade no tronco da corrente teoria do Estado. Conclui, portanto, da conhecida afirmação do *Manifesto* de que a lei é a vontade da classe dominante traduzida em norma, não o princípio de que a lei soviética é a vontade expressa do proletariado no poder, mas, ao contrário, que a vontade expressa do proletariado no poder é a verdadeira lei soviética. E como a vontade expressa pelo proletariado, numa situação de esvaziamento total do direito público, é a diretriz do partido, o ato político "consciente", tudo o que o partido quer é a lei. Todo o problema da comensuração do direito às relações interindividuais concretas, que Stutchka inteligentemente desvendou, está submerso pelo voluntarismo político normativo: agora será realmente possível, de fato, uma lei que ordene que os rios mudem seu curso! A redução do Estado e de seus problemas ao "caráter diabólico" das classes dominantes dá agora seu último e inesperado resultado: o próprio novo Estado vê a si mesmo e sua organização como uma imensa ficção que realiza "bons" atos diabólicos a serviço de fins que o cidadão não pode escrutinar. Assume a forma de uma pirâmide faraônica que dá poderes divinatórios e reveladores ao topo e o dever de obedecer à base. Mas há ainda algo mais grave: esse estatismo não tem mais a medida do Estado; não é mais nem mesmo o topo do Estado como tal para tomar o lugar do Todo-Poderoso. A verdadeira alma do Estado está de fato *fora* do Estado, é o partido, que é também o único intérprete carismático da vontade do povo e do proletariado. Um deus verdadeiramente multiforme que está em toda parte e em lugar nenhum e que talvez encontre uma representação adequada apenas na inacessibilidade acessível de *O Castelo*, de Kafka.

6 A teoria do direito civil

Stutchka é principalmente um analista do direito civil. Um analista do direito civil, não um civilista: a diferença é evidente, pois Stutchka é muito mais do que um sistematizador das instituições do direito civil. Ele é, antes de tudo, um crítico e um historiador desses institutos e, nesse sentido, desvincula-se da ciência civilística contemporânea e está ligado a uma tradição que desapareceu quase completamente na Europa, derrotada e substituída pela dogmática: a tradição de Savigny, Windscheid, Ihering, retomada em alguns aspectos pela pesquisa histórico-sociológica de Ehrlich. Mas mesmo essa referência à tradição é apenas formal e de tipo classificatório,

POSFÁCIO (1967)

porque a metodologia de Stutchka é muito diferente daquela da escola histórica do direito, do positivismo ou da sociologia jurídica. É uma metodologia que pode encontrar algum contato com certas pesquisas em teoria econômica estritamente condicionadas pela problemática teórica de *O Capital*, mas que têm pouquíssimas comparações na ciência jurídica. Nisto, Stutchka é verdadeiramente um líder (que não fez tantos adeptos).

Dizer que Stutchka difere da abordagem dogmática tradicional da ciência civilística por suas referências metodológicas a Marx é dizer pouco e, de fato, pode significar eventualmente reduzir seu papel científico, levando em conta seja a esterilidade da ciência jurídica marxista antes dele, seja a configuração econômica genérica das instituições jurídicas, seja a irrelevância de suas perspectivas metodológicas. Para Stutchka, o problema do direito civil é muito mais do que o problema do "condicionamento" econômico das instituições jurídicas e do descritivismo sociológico-humanitário que fez a fama de Menger, ou do funcionalismo de Renner-Karner. Ele não pesquisa nem as relações extrínsecas que possam existir entre as instituições do direito civil e a condição social do proletariado moderno, nem as conexões abstratas que elas podem apresentar na perspectiva de uma "socialização do direito". Suas fontes, nesse campo, não são as análises, ainda que valiosas, de Engels sobre a situação da classe trabalhadora na Inglaterra ou as de Marx sobre o roubo de madeira na Alemanha, mas aquelas estruturas teóricas gerais de *O Capital* que só lentamente cresceram nos últimos trinta anos no centro do interesse científico, subtraindo a obra principal de Marx do destino singular de permanecer uma pura obra de técnica econômica ou, ao contrário, uma mera "aplicação" filosófica à economia. Mesmo sem atingir a clareza metodológica geral (na verdade ainda hoje longe de ser completa), Stutchka destaca, em *O Capital*, a centralidade do problema da construção categorial e vê aqui (e não nas afirmações gerais e até genéricas sobre o ser que determina a consciência ou sobre as investigações, ainda que importantes, sobre a legislação trabalhista) a matriz na qual é necessário cavar para fixar as pedras angulares de uma possível teoria materialista geral do direito. Esse é seu mérito fundamental que permite superar as lacunas apontadas em sua teoria do Estado e que permite considerar muitas de suas páginas (assim como muitas das de Pachukanis) um importante ponto de referência para futuros estudos críticos sobre o direito positivo, o que – por muito tempo – esteve quase ausente na tradição ocidental.

Para apreciar a importância da contribuição de Stutchka, também seria errado referir-se à definição que ele dá de direito civil como uma "forma de organização das relações sociais, isto é, relações de produção e troca, protegidas no interesse da classe dominante pelo poder estatal organizado dessa classe". Nessa definição, Stutchka, de fato, se vê diante das objeções que já mencionamos na teoria geral e, especificamente, aquelas referentes ao nexo entre norma e relação, objeções que – certamente – reduzem o alcance de suas próprias contribuições na ciência civilística. O ponto de partida mais adequado para apreciar a importância de Stutchka é, antes, o do tipo de investigação que realiza sobre o sistema de direito civil, entendido como um sistema de mediação do "metabolismo social" ou da "troca social de bens", postulado por um tipo de sociedade em que a vida social progressivamente deixa de ser uma vida comunitária e se organiza como uma "livre" agregação de indivíduos separados mediada pela agregação e pela substituição "necessária" das coisas.

Para chegar a essa visão do direito civil, Stutchka não deve se ater tanto em desmantelar nem a "malícia" dos "civilistas burgueses" nem um sistema conceitual que demonstra uma resistência teórica secular. Contra suas próprias intenções, os momentos teoricamente mais originais e vigorosos de sua pesquisa não são as disputas em torno dessa "hipocrisia", mas, ao contrário, as demonstrações da adesão substancial do arcabouço conceitual tradicional a um tipo de relações individuais objetivas. Quando, por exemplo, Stutchka, desviando sua atenção central da busca de explicações conclusivas e definições generalizantes, passa a analisar a relação jurídica ou quando examina a estrutura interna da norma ("uma tabela de

POSFÁCIO (1967)

preços sem indicação de preços"), ele nos apresenta um tipo de abordagem de conceitos e instituições jurídicas que merece a mais séria consideração. Com efeito, ele nos sugere que a razão essencial pela qual a jurisprudência é "uma ciência que manca nas quatro pernas" não é a malícia "classista" dos juristas, mas a própria estrutura da normatização jurídica e dos institutos jurídicos, o arcabouço geral da mediação jurídica, sobre a qual o jurista reflete. O jurista – argumenta Stutchka – se pergunta, em seu trabalho de sistematização, o que é o sujeito de direito, o que é a capacidade jurídica, o que é o direito subjetivo, o que é esta ou aquela instituição jurídica e busca uma resposta na sistemática da normatização. Mas a dinâmica dessa normatização, que, à primeira vista, parece determinar todo o edifício do direito, dirige-se pouco a pouco, desde que se saiba traçar o caminho e segui-lo, a um sistema de relações econômicas de cuja configuração específica deriva a *própria possibilidade* de levantar essas questões, ou seja, a própria possibilidade de o indivíduo se colocar historicamente *como tal*, separado do outro homem e, ao mesmo tempo, buscar *necessariamente* uma nova conexão "voluntária" com outro homem. Identificado esse problema essencial, Stutchka já se encontra fora dessa pura "dialética da vontade" que constitui a teia das relações jurídicas propriamente ditas e que, no entanto, é também onde o jurista está enredado para sair apenas sob a demanda de referências extrajurídicas que o processo de normatização lhe impõe. A relação do homem com outro homem aparece para o jurista como uma relação "deliberada" ou, precisamente, "desejada" apenas enquanto essa relação é considerada em suas determinações abstratas e estáticas. Mas o dinamismo do direito reside precisamente no "querer algo" e em referir eficazmente ao "algo", a relação abstrata das vontades. Por outro lado, essa mensurabilidade *do algo* das vontades encontra um equilíbrio inesperado na mensurabilidade *humana* (social) das próprias coisas, em sua relação efetiva, aquela que faz com que objetos geralmente vistos como partes não contaminadas de uma natureza morta possam ser referenciados pela vontade. Em suma, Stutchka apreende um fio extremamente relevante da relação jurídica: ele vê como a correlação de indivíduos isolados em sua determinação volitiva "livre" é o *pendant*[407] de uma correlação das próprias coisas, e como busca no caráter relacional das coisas sua fisionomia específica de "bens" ou produtos eminentemente sociais, busca na necessária correlação voluntária dos indivíduos uma determinação social única, histórica, logicamente anterior à sua separação individual, ao seu "estar só". Ao contrário, tenta reconstruir no traço de *O Capital* as estruturas de um tipo de sociedade que se move justamente na total e extrema separação dos homens como indivíduos, na medida em que *os separa e os une* por meio de um "comércio civil", de um universo infinito de atos individuais de vontade referentes a coisas sociais.

Não é difícil apreender nessa questão o próprio problema que Marx desenvolve em *O Capital*, tentando explicar o "mistério" do valor e o conexo "mistério" do "fetichismo da mercadoria", no centro do qual está a relação entre produção e troca. Não por acaso, a questão central que Stutchka coloca, fazendo-a ao seu crítico Pachukanis, é a mesma do primeiro livro de *O Capital*: "onde se dá a apropriação do trabalho não remunerado?" Em outras palavras, onde é feita a sutura entre os dois domínios do direito e da economia, da igualdade e da desigualdade? Assim como o mercado, a esfera da mediação jurídica é uma constelação inumerável de relações de vontade na qual o homem entra porque é um *indivíduo separado* e porque não pode assim permanecer, e nela entra com atos de vontade que o igualam ao outro indivíduo, como sujeito de direito cuja determinação concreta é completamente esquecida na coisa que oferece ou pede. A troca, esse domínio régio da vontade, é o terreno em que cresce a multiplicidade de contratos entre indivíduos de livre vontade que decidem livremente como estabelecer entre si uma relação da qual *não podem* escapar. Mas – argumenta ainda Stutchka – eles só trocam coisas se as possuem e, portanto, só trocam se forem produzidas. E como

---

[407] Optou-se por manter a expressão original em francês, cujo significado é o de "objeto de arte que se destina a figurar simetricamente com outro". (N.T.)

POSFÁCIO (1967)

"não é a troca, mas a produção que cria a mais-valia como objeto de enriquecimento" conclui que por trás do "direito da igualdade", que caracteriza e domina o mundo dos contratos (isto é, da troca), está o "direito da desigualdade", que, ao sancionar a apropriação privada do produto, revela o caráter fictício da igualdade, trazendo à tona a eficiência da propriedade das coisas.

Esse núcleo da teoria de Stutchka (que o estudioso soviético alimenta com percepções agudas sobre a história econômica e jurídica) constitui também a plataforma sobre a qual nasce sua teoria geral do Estado e do direito, desdobrada em armas contra as objeções de Pachukanis. Dado que por trás do direito da igualdade está um direito da desigualdade, garantidor da propriedade, compreende-se que Stutchka veja na normatização e no Estado que a emana dois instrumentos moldados pela classe economicamente dominante, meios pelos quais a relação igualitária da troca se fixa como mera função da relação desigual entre proprietários e assalariados, como articulação formalmente igualitária de uma relação de "dominação e subordinação".

Em sua análise da relação jurídica, Stutchka, entre tantas observações agudas, deixa em aberto uma falha: a matriz da legalidade dessa relação. Nesse ponto, não consegue evitar as sérias dificuldades que se lhe opõem e as percebe, no fundo, quando tenta recuperar uma distinção entre a relação jurídica e a relação econômico-social há muito abandonada, usando de alguma forma a distinção tradicional entre uma relação jurídica abstrata e uma relação jurídica concreta. Como no contexto da teoria geral, também aqui seus esforços teóricos falham em manter firme a distinção e a "relação jurídica concreta" escorrega continuamente para a identificação com a relação econômica, na medida em que Stutchka tem que procurar um correlato econômico (material) consistente para sustentar a interpretação oferecida, e, no entanto, deve constantemente voltar a esclarecer a especificidade imaterial do direito, sua abstração ou tipicidade que só a norma pode mediar. Mas é, justamente, a norma que Stutchka sempre deixou de fora do campo de sua explicação econômica do direito. Assim, agora, a referência à norma corre o risco de apenas restituir com os dogmas da vontade um primado inexplicável daquilo que, com uma original reviravolta da tradição, o próprio Stutchka quis chamar de domínio da *subjetividade* normativa em oposição ao domínio *objetivo* das relações concretas. De duas, uma: ou a relação jurídica se identifica com a relação econômica (como Stutchka tende a argumentar para justificar sua teoria "materialista") e, então, seria necessário mostrar a conexão genético-causal entre a norma e um tipo de relação econômica, avaliando-a, além disso, como um elo essencial na dinâmica do direito; ou a relação jurídica tem uma especificidade própria decorrente do arcabouço normativo do direito (como Stutchka deve admitir quando tem que justificar tratar-se do direito e não da economia) e, então, cai a tese da redução do direito a uma relação econômica.

Provavelmente, aquele complicado vínculo entre troca e produção, que o próprio Stutchka indicou como o lugar central onde a natureza do direito amadurece como um sistema de desigualdade por meio da igualdade, precisava de mais estudo. Ao afirmar que "não é a troca, mas a produção que cria a mais-valia", Stutchka evidentemente deixou de investigar o modo de produção *moderno* ao qual também remete a substância de seu argumento. Porque não parece de forma alguma que a produção moderna possa se configurar (e o aponta o próprio Stutchka quando repetidamente polemiza contra a "propriedade baseada no próprio trabalho") como uma produção anterior e separada da troca; pelo contrário, aquela produção mediante trabalho assalariado que Stutchka indica como característica da sociedade moderna é precisamente uma produção pelo trabalho de outrem utilizado por meio de troca, tanto que o próprio Stutchka faz notar como "o nascimento do direito do trabalho especificamente remonta, em particular, à era do capitalismo, à era do trabalho assalariado". Aqui a referência a *O Capital* desaparece subitamente: Stutchka não segue mais o vínculo que Marx busca entre troca e produção e, de fato, negligencia seriamente o nó central do contrato de trabalho moderno. Ele não percebe que a produção

POSFÁCIO (1967)

que "está por trás" da troca é ela mesma uma *produção por meio da troca*, mediada por aquele contrato em virtude do qual – na opinião de Marx – dinheiro e força de trabalho *são trocados* e cuja realização é dada a um polo pelo consumo de salários para o sustento e ao outro polo pelo consumo da força de trabalho... como trabalho produtivo: uma troca, conclui Marx, entre valor e mais-valia, *uma troca de equivalentes sem equivalência*, entre um igual e um *a mais* a partir do qual se inicia a produção de *novo* valor.

Nesse ponto, surge uma questão conclusiva em relação ao problema de Stutchka: se a produção é realmente mediada pela troca e se, portanto, o "direito da desigualdade" está incluído no mesmo "direito da igualdade", que sentido há em buscar a legitimação da desigualdade em outro lugar que não o da própria relação de uma produção por meio da troca? Com efeito, não é precisamente essa disposição peculiar da relação econômica moderna que, expressando a desigualdade sob a forma de igualdade, surge como o terreno escolhido para a igualdade meramente formal (político-jurídica) e para a tipificação abstrata dos homens como sujeitos portadores de coisas-mercadorias e de seu próprio corpo como coisa-mercadoria? Não é justamente nesse terreno que – desenvolvendo ainda mais a dialética identificada por Stutchka entre ato de vontade, contrato e coisa – se torna *possível e necessária* uma normatização abstrata de sujeitos, dos atos e das coisas, que estilhaça a unidade de produção e troca em um sistema das volições abstratas e de coisas "mortas", garantindo assim sua reprodução infinita? Não é precisamente a partir da atomização individualista da sociedade moderna que toma forma não só esse problema teórico do direito formal e do Estado político, mas a própria instituição da norma estatal niveladora abstrata e do Estado político separado das atividades sociais materiais? Se assim fosse, porém, seria necessário concluir que uma reconstrução "materialista" do direito e do Estado deveria partir de uma precisa especificação histórica da relação economia-direito e economia-política, para buscar nas mais complexas, mais desenvolvidas e, portanto, "mais puras" determinações modernas do direito formal e do Estado representativo esse esclarecimento categorial (mas histórico) que pode abrir, de forma *comparativa e diferencial*, uma discussão eficiente sobre os antecedentes históricos e, possivelmente, sobre suas origens. Direito e Estado deixariam de ser os "instrumentos" indiferenciáveis das distintas "classes dominantes". Nesse nível, aliás, pareceria de central importância o problema do direito público e da teoria política, que historicamente "completa" o desenvolvimento do fenômeno jurídico e a separação do indivíduo dos vínculos de grupo. Todo o tema científico da soberania, direitos públicos e liberdade se abriria em pleno arco, o que em Stutchka, por outro lado, permanece praticamente ignorado.

7 A teoria do direito soviético

Outro mérito de Stutchka, estritamente relacionado à análise dos fundamentos teóricos do direito soviético, é o de ter reavaliado o problema jurídico na URSS sublinhando – como ele diz – o "papel revolucionário" que o direito (e o Estado) podem e devem desenvolver no novo sistema social.

Para compreender a importância dessa "reavaliação", é preciso lembrar que o direito não foi ameaçado apenas, depois de 1917, pela aversão à "casta dos juristas" e pela "pedante" tradição jurídica. A ameaça (e talvez a mais grave) também tomou forma em nível científico por aqueles que argumentavam que a socialização e a planificação não apenas restringiam o campo das disputas privadas, que eram parte constitutiva da vida tradicional do direito, mas também introduziam a homogeneidade social nas relações econômicas que permitia uma direção puramente *técnica* da vida econômica. Contra essa tese, Stutchka afirma, com razão, que enquanto o plano funcionar como um plano *estatal*, ele permanecerá uma regulação *externa* ao organismo econômico e funcionará como uma lei e por meio de prescrições jurídicas. Além disso, dentro de um mesmo setor socializado, a negociação interempresarial continuará a sobreviver, ainda que de forma regulada, decorrente das diferenças postuladas pela gestão baseada na rentabilidade. Esse tema será posteriormente

POSFÁCIO (1967)

eclipsado da teoria jurídica soviética, quando – no período stalinista – o critério de rendimento e cálculo econômico for sufocado sob o manto de chumbo de índices de planos imperativos e eminentemente quantitativos. Nessa visão puramente administrativa da gestão planificada, a aversão teórica à disciplina do "direito econômico" (tanto privado quanto público), para cujo fundamento Stutchka contribuiu não pouco, vai se enraizar. Não é por acaso que na última década, com o ressurgimento do problema da rentabilidade e do cálculo econômico, essa teoria também foi resgatada.

Mas mesmo sem se referir ao setor socializado da economia, na URSS da década de 1920, havia outro vasto setor em que sobreviviam as relações privadas: o setor dos contratos privados de bens que não eram dos meios de produção, bem como o direito agrário, o direito de família, o direito das sucessões etc. Aqui, depois de algum extremismo, as coisas rapidamente se normalizaram e exigiram um arranjo que não era tanto legislativo, mas científico. Como se verá, Stutchka é partidário de uma demarcação clara entre os vários campos específicos e o direito civil econômico (obrigações e direitos reais). Os argumentos que ele traz a esse respeito não parecem muito convincentes e mesmo que, de fato, a legislação soviética tenha seguido (e ainda segue) o critério de uma codificação separada, em substância, os diversos ramos do direito civil foram reunidos no tratamento científico. De modo geral, em suma, a sistemática do direito teve que se mostrar ao longo do tempo muito menos distante da tradicional do que se pensava no tempo de Stutchka, que muitas vezes recordava as afirmações de Marx e Lênin sobre a persistência do "direito burguês". Esse elemento também serve para sublinhar como a luta contra o direito fez muito pouco sentido em termos de regulação positiva das instituições. Hoje, na URSS, chegamos a ponto de conceber a própria codificação do direito administrativo!

Considerações históricas devem ser levadas em conta ao avaliar outros aspectos da teoria de Stutchka, por exemplo, suas teses sobre as fontes do direito. A indistinção formal da teoria das fontes constituiu uma tradição que remonta ao período tsarista e, depois de

1917, encontrou uma continuidade singular no terreno revolucionário. O próprio Stutchka, muitas vezes, parece saudá-la, embora faça questão de recomendar o uso cauteloso do decreto. No entanto, após o período de emergência revolucionária, o problema da distinção formal entre lei, decreto e *ukaz*[408] reapareceu gradualmente e hoje constitui uma das áreas de maior discussão. Na teoria das fontes, ainda deve ser apontada a posição que Stutchka toma em relação à retroatividade da lei. Suas considerações sobre o uso que as revoluções (e, em particular, a Revolução Francesa) fizeram do princípio da retroatividade podem ser compartilhadas. Mas parece que Stutchka mostra demasiada indulgência em relação a esse princípio a ponto de considerá-lo uma marca eminente dos sistemas revolucionários. A evolução subsequente do direito soviético também fez justiça a essa indulgência. Mais compreensível, talvez, seja a aversão que Stutchka demonstra pelo costume, mas também aqui se deve notar que, à medida que a tradição pré-revolucionária se afastava ao longo do tempo e um costume com novo conteúdo se consolidava no corpo da nova vida social, a hostilidade original foi revisada.

O problema da prática judicial como fonte do direito merece uma discussão à parte. A posição de aversão de Stutchka à escola de direito livre diminui quando passa a considerar o papel da prática judicial no sistema soviético. No entanto, ele mantém uma reserva substancial em relação à teoria da "consciência revolucionária" como criadora do direito e isso o protege de indulgências excessivas e o faz distinguir claramente a figura do precedente judicial da figura da lei, distinção que foi posteriormente perdida e que foi recuperada pela ciência soviética na última década. A esse respeito, é preciso dizer que,

---

[408] Em russo, "*указ*" ("decreto"; "ordem"): proclamação normativa com força de lei observada no Império Russo, podendo ser emitida pelo tsar, por autoridades do governo e clérigos. Excluída do léxico depois da Revolução de 1917, substituída pelo sinônimo de origem francesa "*dekret*" (em russo: *декрет*), foi reabilitada no âmbito da Constituição Soviética de 1936 e permanece vigente até hoje, na forma do "decreto do presidente da Federação Russa". (N.T.)

POSFÁCIO (1967)

tendo em conta o clima que estava a amadurecer na URSS, Stutchka também procede com muita cautela naquele campo minado constituído pela interpretação da lei por meio de "esclarecimentos" do Tribunal Supremo. Essa prática, que se revelará muito grave e prejudicial, especialmente no período de predomínio teórico de Vychínski, é de fato admitida por Stutchka com limitações consideráveis.

Finalmente, merecem ser mencionadas as considerações de Stutchka sobre a técnica legislativa. Apoiam-se em duas teses: a necessidade de reduzir a quantidade de leis e aumentar sua acessibilidade. Essa demanda por maior "simplicidade" da legislação (e da codificação) deve ser colocada no período histórico cheio de transformações profundas e rápidas em que Stutchka operou, bem como no clima cultural da Rússia camponesa onde a campanha contra o analfabetismo constituía um empreendimento essencial. No entanto, parece que as considerações de Stutchka vão além desses condicionamentos históricos objetivos, em busca de uma fisionomia mais "popular" do direito. Em certa medida, a evolução posterior da sociedade soviética deixou esse problema de lado no sentido de que, talvez também devido ao crescimento cultural das massas mais atrasadas, prevaleceu – especialmente como reação aos simplismos e vazios jurídicos do período stalinista – a avaliação da complexidade da regulação social em uma sociedade industrial e evoluída. Longe de seguir os modelos indicados por Stutchka de Códigos "catequéticos" e populares, a codificação (e a legislação em geral) se empenhou, ao contrário, em diferenciar as prescrições normativas e articular mais detalhadamente os próprios Códigos, e se hoje surgem, com insistência, algumas queixas contra a técnica legislativa e de codificação, é justamente contra a persistente insuficiência de previsões legislativas e contra a raridade das leis orgânicas de organização setorial.

Conclusão

Muitas das propostas e considerações teóricas de Stutchka perderam hoje seu significado efetivo na realidade jurídica e social da

União Soviética. Depois de Stálin, a sociedade soviética não poderia retomar sua evolução com um *heri dicebamus*.[409] Entretanto, e apesar de pagar custos muito elevados, a sociedade soviética tornou-se altamente industrializada e experimentou um vasto processo de crescimento cultural, científico e técnico. As próprias transformações sociais mais duramente pagas, como a acelerada coletivização da terra, foram consolidadas. A crítica e mesmo a condenação da obra de Vychínski obviamente não poderia significar uma recepção das teorias jurídicas às quais ele se opusera em todos os seus detalhes. Além disso, como mencionado acima, a matriz profunda das teorias de Stutchka e Pachukanis não diferia muito daquela que Vychínski havia posteriormente elaborado em relação à teoria do Estado. E justamente nesse campo, porém, o trabalho de revisão crítica se exigia com maior urgência. Essa distância histórica substancial significava que não havia "retorno a Stutchka" ou "retorno a Pachukanis"; suas obras foram reconsideradas com grande cautela e a queda da proibição stalinista não levou à sua plena recuperação. O que fez os juristas soviéticos desconfiarem com razão de um "retorno" desse tipo não foi, de fato, o lento e complicado processo de crítica ao stalinismo que acompanhou as "reabilitações". O tema da natureza normativa do direito se impôs e se libertou não apenas das teorias vychinskianas sobre a primazia da política sobre o direito, mas também das inclinações dos anos 1920 de desviar a atenção da norma para as relações. Hoje, no entanto, fala-se intensamente de uma "fundação científica" das normas jurídicas e, portanto, da sua constante recondução à sondagem das relações econômico-sociais, mas o problema verdadeiramente dominante da ciência jurídica soviética hoje é o da articulação de um corpo normativo capaz de fornecer garantias efetivas contra novos arbítrios políticos e uma elaboração científica que gire em torno do princípio da legalidade.

---

[409] Manteve-se a expressão em latim, como no original, cujo significado é o de "como dizíamos ontem". (N.T.)

POSFÁCIO (1967)

Um retorno, então, ao normativismo? Não exatamente, se ao menos não se quiser confundir a reavaliação da legalidade jurídica com a perspectiva particular do "purismo". Em vez disso, um retorno a uma meditação mais equilibrada sobre as categorias jurídicas como categorias estritamente conectadas a uma determinada disposição das relações sociais que precisam da mediação normativa do direito. E, portanto, um retorno também à séria consideração do problema das garantias que o direito oferece sob o duplo perfil da autonomia individual e da participação pública. Após as trágicas experiências do passado, os juristas soviéticos realmente colocaram em bom uso a lição talvez mais importante que Stutchka deu em seu tempo ao se envolver em uma análise minuciosa do fenômeno jurídico; parafraseando uma expressão usada por Stutchka, eles não têm mais tempo para a pressa.

UMBERTO CERRONI

Jurista italiano (nascido em 1926; falecido em 2007) e professor emérito de Ciência Política pela Universidade de Roma – Sapienza.

ÍNDICE ONOMÁSTICO

Adickes, Erich 298

Adler, Max 206, 301

Adorátski, Vladímir 198

Akhelis 115

Aleksándrov, Nikolai 51

Amfiteátrov, Gueórgui 347

Ánnienkov, Pável 110

Aquino, Tomás de 289, 291

Aristóteles 68, 108, 118, 288, 292, 294

Bachofen, Johann Jakob 53

Baden, Max von 203, 204

Baldo 225

Bartolo 225

Bauer, Wilhelm 114

Bebel, August 38, 130, 168

Bentham, Jeremy 302, 303, 306, 307, 309, 310

Berdiáev, Nikolai 125, 179

Berman, Iákov 195

Bernstein, Eduard 315

Bezold, Friedrich von 121, 227

Bodenheimer, Edgar 42

Bogdatev, Serguei 237

Bogoliépov, Nikolai 159

Bolte, Friedrich 97

Bonaparte, Napoleão [ou Napoleão] 89

Brunner, Heinrich 163

Buda 248

Bukhárin, Nikolai 318, 326

Bulgákov, Serguei 125, 179

Cambacérès, Jean-Jacques Régis de 257

Capella, Juan-Ramón 11, 12, 24, 35, 37, 38

Carey, Henry 132

Catarina 227

Catilina [Lucius Sergius] 142

Celso 285

Cerroni, Umberto 11, 12, 18, 24, 51, 345

ÍNDICE ONOMÁSTICO

Cervantes, Miguel de 76

Chercheniévitch, Gabriel 93, 168, 188, 287

Cícero 251

Coggiola, Osvaldo 50

Cohen, Hermann 327

Comte, Augusto 109, 304, 306, 307

Cunow, Heinrich 70, 158, 187

Darwin, Charles 102, 213

Dauge, Pauls 24

David, René 23

Deborin, Abram 297

Defoe, Daniel 108

Del Vecchio, Giorgio 114

Della Volpe, Galvano 47

Dickens, Charles 86

Drácon 251

Duguit, Léon 166, 269, 270, 351

Dühring, Eugen 67, 79, 141, 183, 198, 199, 208

Dzerve, Pauls 24

Ebert, Friedrich 202, 203, 204, 314

Edelman, Bernard 51

Ehrlich, Eugen 323, 370

Eltzbacher, Paul 204

Engel, Evguiéni 178, 356

Engels, Friedrich 9, 14, 27, 30, 38, 50, 51, 53, 54, 55, 60, 65, 67, 68, 72, 79, 80, 83, 84, 96, 104, 105, 109, 115, 116, 130, 131, 141, 149, 154, 155, 164, 165, 166, 168, 170, 180, 181, 183, 189, 197, 198, 199, 206, 206, 207, 208, 212, 222, 237, 241, 243, 294, 296, 305, 308, 312, 314, 315, 351, 359, 363, 365, 371

Ferri, Enrico 351

Feuerbach, Ludwig 245, 296

Finn-Enotáevski, Aleksandr 135, 136

Ford, Henry 193

France, Anatole 179

Frank, Semen 125, 179

Freud, Sigmund 311

Fuchs, Ernest 259

Galilei, Galileu 292

Gareis, Karl von 247

Gierke, Otto von 258

Ginzburg 347

Goethe, Johann Wolfgang von 299

Gógol, Nicolai 56

Góikhbarg, Aleksandr 46, 254, 270, 271, 347

Goremykin, Ivan 15

ÍNDICE ONOMÁSTICO

Górki, Maksim 56

Graudins, K. 24

Grimm, Jacob 226

Grotius, Hugo (também Hugo Grócio, Huig de Groot e Hugo de Groot) 226, 289, 291, 292

Guilherme 204

Gumplowicz, Ludwig 104, 105, 153, 156, 160, 216, 311, 322, 362, 364, 366

Haase, Hugo 202

Hamurábi 248

Haussmann, Georges-Eugène 203

Hazard, John 23

Hegel, Georg Wilhelm Friedrich 55, 141, 181, 199, 210, 295, 299, 300, 301, 305, 351, 364

Heine, Heinrich 112, 302

Heinzen, Karl 137

Helvetius, Claude-Adrien 303

Hessen, Ióssif 153

Heyck, Eduard Karl Heinrich Berthold 96

Hobbes, Thomas 109, 291, 292, 293

Huber, Max 99

Hugo, Gustav von 304

Hume, David 297

Iávitch, Lev 51

Ihering, Rudolf von 41, 43, 98, 101, 102, 140, 141, 149, 150, 152, 204, 205, 213, 218, 236, 246, 305, 306, 307, 309, 358, 362, 370

Ísis 251

Jagow, Gottlieb von 204

Jansen, Johannes 163, 223, 226, 227

Jaurès, Jean 206, 305

Jellinek, Georg 153, 323

Jellinek, Walter (filho) 203, 204

Joerges, Rudolf 99, 100

Kafka, Franz 370

Kant, Immanuel 93, 296, 297, 298, 299, 300, 304, 309

Kapp, Wolfgang 203

Karassiévitch, Porfíri 250

Karner, Josef (pseudônimo de Karl Renner) 206, 234, 247, 371

Kautsky, Karl 9, 27, 96, 133, 134, 135, 195, 207, 208, 232, 294, 301

Kchessínskaia, Matilda 237

Kelsen, Hans 23, 42, 44, 360

Kérenski, Aleksandr 59, 202, 203, 237, 265

Khrushchov, Nikita 19

Kitiakóvski, Bogdan 98

ÍNDICE ONOMÁSTICO

Koltchak, Aleksandr 59

Korkunov, Nikolai 100, 196, 197, 277, 278, 302

Kornílov, Lavr 59

Koróvin, Evguiéni 347

Kovalevsky, Maksim 53

Kozlóvski, Metchislav 22, 237, 239

Krylenko, Nikolai 18, 347

Kúrski, Dmítri 18

Laband, Paul 153, 204

Lamprecht, Karl Gotthard 122

Laskine, Edmond 206, 246

Lassalle, Ferdinand 54, 235, 236, 280, 281, 323

Le Bon, Gustave 113

Lênin, Vladímir 14, 15, 16, 17, 20, 26, 46, 49, 50, 53, 54, 55, 56, 57, 58, 60, 61, 62, 63, 74, 76, 77, 78, 80, 81, 84, 139, 148, 156, 241, 242, 279, 300, 315, 350, 358, 379

Lévy, Emmanuel 207

Lilienfeld, Paul von 109

Linguet, Simon-Nicholas Henri 233

Livius, Titus (Tito Lívio) 151

Locke, John 292, 293

Loening, Edgar 246

Losano, Mario Giuseppe 23

Luís XVI 201, 202

Lunatchárski, Anatóli 58, 240

Lvov, Gueórgui 202, 203, 265

Lyra Filho, Roberto 24

Magnaud, Paul 246

Maquiavel, Nicolau 289, 290

Marx, Karl 14, 27, 28, 29, 30, 36, 40, 41, 46, 50, 51, 53, 54, 55, 59, 60, 64, 65, 66, 67, 68, 69, 70, 72, 78, 79, 80, 84, 96, 97, 104, 105, 109, 110, 111, 112, 115, 117, 120, 126, 129, 130, 131, 132, 133, 134, 135, 137, 138, 139, 144, 145, 149, 157, 167, 171, 172, 173, 174, 179, 180, 181, 182, 183, 184, 185, 187, 189, 190, 194, 195, 207, 210, 211, 212, 221, 226, 228, 230, 231, 232, 235, 237, 238, 239, 242, 243, 257, 263, 270, 280, 281, 296, 300, 302, 304, 308, 312, 315, 318, 325, 327, 347, 350, 351, 355, 356, 357, 359, 360, 361, 362, 363, 364, 365, 369, 371, 374, 376, 377, 379

Mascaro, Alysson Leandro 25

Mater, André 246

Maxweiler, Emile 108

Mehring, Franz 296, 298

Menger, Anton 25, 99, 152, 206, 207, 258, 265, 312, 313, 314, 315, 371

Miliukov, Pável 202, 203, 237

Moisés 209, 248

Monômaco, Vladímir 143

Montesquieu (Charles-Louis de Secondat) 53, 234

ÍNDICE ONOMÁSTICO

More, Thomas 226

Morgan, Lewis Henry 53

Mucke, Johannes Richard 116

Múromtsev, Serguei 101, 152, 160, 215, 216, 224, 246, 247, 306, 307, 323, 358

Naves, Márcio Bilharinho 24, 25

Newton, Isaac 292

Nicolau II 15, 202, 204, 237

Noske, Gustav 314

Novgoródtsev, Pável 195

Novoa Monreal, Eduardo 51

Pachukanis, Evguiéni 13, 18, 24, 26, 32, 41, 42, 45, 74, 78, 79, 282, 346, 347, 348, 352, 356, 369, 372, 374, 375, 382

Panini 227

Paulus 98

Pávlov, Ivan Petróvitch 197, 318, 326

Payer, Friedrich von 203

Pedro, o Grande 246

Petrazycki, Lev 71, 73, 113, 151, 169, 187, 192, 195, 197, 205, 210, 240, 247, 260, 286, 309, 310, 311, 327, 351, 352

Piontkóvski, Andrei 347

Plekhánov, Gueórgui 297

Plieksans, Janis (Rainis) 15

Pokróvski, Ióssif 217, 302, 323

Pokróvski, Mikhail 105, 106, 119, 143, 157, 162, 163, 218, 219, 228

Popper, Karl Raimund 65

Proudhon, Pierre-Joseph 70, 110, 186

Puchta, Georg 304

Puntschart, Paul 285

Ratzenhofer, Gustav 115, 122, 156, 302

Razumóvski, Isaak 347

Reisner, Mikhail 183, 189, 282, 347, 359, 362

Ricardo, David 130, 132, 138

Robespierre, Maximilien de 201, 202, 205

Rochefort, Victor Henri 225

Roscher, Wilhelm Georg Friedrich 270

Rossi, Pelegrino 258

Rousseau, Jean-Jacques 293, 294, 298

Saleilles, Raymond 274

Saltykov-Schedrin, Mikhail 153, 220

Savigny, Friedrich Carl von 90, 304, 370

Schäffle, Albert 109

Scheidemann, Philipp 202, 203

Schelling, Friedrich Wilhelm Joseph 300

Scherr, Johannes 163

ÍNDICE ONOMÁSTICO

Schiffer, Eugen 203, 204

Schubert-Soldern, Richard 113

Semiévski, Vassíli 227

Simmel, Georg 112, 113, 116, 124, 127, 150

Sinzheimer, Hugo von 98, 99, 246

Smith, Adam 153

Sólon 143, 212, 251

Spencer, Hebert 109, 147

Spinoza, Baruch/Benedictus 176

Stalgevitch, Alfred 347

Stálin, Ióssif 47, 49, 61, 347, 348, 369, 382

Stammler, Rudolf 96, 101, 112, 178, 205, 308, 309, 310, 311, 356

Stein, Lorenz von 132, 133, 301

Stolypin, Piotr 56

Strogóvitch, Mikhail 24, 347

Struve, Peter 124, 125, 173

Stutchka, Dora Plieksans 15

Stutchka, Piotr 7, 8, 9, 10, 11, 13, 14, 15, 16, 17, 18, 19, 20, 21, 22, 23, 24, 25, 26, 27, 28, 29, 30, 31, 32, 35, 36, 37, 38, 39, 40, 41, 44, 45, 46, 49, 50, 59, 60, 63, 64, 65, 66, 67, 68, 69, 70, 71, 74, 78, 88, 90, 91, 143, 151, 153, 155, 165, 184, 185, 189, 191, 195, 220, 226, 232, 239, 242, 282, 299, 318, 331, 345, 346, 347, 348, 350, 351, 352, 355, 356, 357, 358, 359,

360, 361, 362, 363, 364, 365, 366, 367, 368, 369, 370, 371, 372, 373, 374, 375, 376, 377, 378, 379, 380, 381, 382, 383

Sviérdlov, Iákov Mikháilovitch 85

Tarde, Gabriel de 113

Thiers, Adolphe 165

Timiriázev, Arkádi 197

Tiuménev, Aleksandr 212, 213

Tolstoi, Lev 56

Tönnies, Ferdinand 115

Trainin, Aron 95, 347

Trigoso Agudo, Gonzalo 11, 12, 25

Trótski, Leon/Lev 17, 18, 63

Trubetskói, Evguiéni 100

Tugan-Baranóvski, Mikhail 125

Uliánov, Aleksandr 14, 16

Ulpiano, Eneu Domício 95

Vinográdov, Pável 221, 222, 223

Vladímirov 302

Vychínski, Andrei 18, 44, 45, 347, 348, 353, 358, 360, 368, 369, 381, 382

Ward, Lester 113

Weydemeyer, Joseph 129, 130

Weyl, Monique 51

ÍNDICE ONOMÁSTICO

Weyl, Roland 51

Windscheid, Bernhard 370

Wolkmer, Antonio Carlos 24

Wundt, Wilhelm Maximilian 127, 296

Zedong, Mao 47

Zenker, Ernst Victor 156

Zíber, Nikolai 250

Ziehen, Theodor 175

A Editora Contracorrente se preocupa com todos os detalhes de suas obras! Aos curiosos, informamos que este livro foi impresso no mês de janeiro de 2023, em papel Pólen Natural 80g, pela Gráfica Copiart.